"十一五"国家重点图书出版规划

法律科学文库
LAW SCIENCE LIBRARY

总主编 曾宪义

医疗刑法研究

杨丹 著

Study on the Medical Criminal Law

中国人民大学出版社
·北京·

法律科学文库
编委会

总主编
曾宪义

副总主编
赵秉志（常务） 王利明 史际春 刘 志

编 委
（以姓氏笔画为序）

王利明	史际春	吕世伦	孙国华	江 伟
刘文华	刘 志	刘春田	许崇德	杨大文
杨春洗	陈光中	何家弘	郑成思	赵中孚
赵秉志	高铭暄	郭燕红	曾宪义	程荣斌

总　序

曾宪义

"健全的法律制度是现代社会文明的基石",这一论断不仅已为人类社会的历史发展所证明,而且也越来越成为人们的共识。在人类历史上,建立一套完善的法律体制,依靠法治而促进社会发展、推动文明进步的例证,可以说俯拾即是。而翻开古今中外东西各民族的历史,完全摒弃法律制度而能够保持国家昌隆、社会繁荣进步的例子,却是绝难寻觅。盖因在摆脱了原始和蒙昧以后,人类社会开始以一种"重力加速度"飞速发展,人的心智日渐开放,人们的利益和追求也日益多元化。面对日益纷纭复杂的社会,"秩序"的建立和维持就成为一种必然的结果。而在建立和维持一定秩序的各种可选择方案(暴力的、伦理的、宗教的和制度的)中,制定一套法律制度,并以国家的名义予以实施、推行,无疑是一种最为简洁明快、也是最为有效的方式。随着历史的演进、社会的发展和文明的进步,作为人类重要精神成果的法律制度,也在不断嬗变演进,不断提升自身的境界，逐渐成为维持一定社会秩序、支撑社会架构的重要支柱。17世纪以后，数次发生的工业革命和技术革命，特别是20世纪中叶发生的电子信息革命，给人类社会带来了天翻地覆的变化，不仅直接改变了信息交换的规模和速度，而且彻底改变了人们的生活方式和思维方式，使人类生活进入了更为复杂和多元的全新境界。在这种背景下，宗教、道德等维系社会人心的传统方式，在新的形势面前越来越显得力不从心。而理想和实际的选择，似乎是透过建立一套理性和完善的法律体制，给多元化社会中的人们提供一套合理而可行的共同的行为规则，在保障社会共同利益的前提下，给社会成员提供一定的发挥个性的自由空间。这样，既能维持社会整体的大原则、维持社会秩序的基本和谐和稳定，又能在此基础上充分保障个人的自由和个性，发挥每一个社会成员的创造力，促进社会文明的进步。唯有如此，方能达到稳定与发展、整体与个人、精神文明与物质进步皆能并行不悖的目的。正因为如此，近代以来的数百年间，在东西方各主要国家里，伴随着社会变革的大潮，法律改革的运动也一直呈方兴未艾之势。

中国是一个具有悠久历史和灿烂文化的国度。在数千年传承不辍的中国传统文化中，尚法、重法的精神也一直占有重要的位置。但由于古代社会法律文化的精神旨趣与现代社会有很大的不同，内容博大、义理精微的中国传统法律体系无法与近现代社会观念相融，故而在19世纪中叶，随着西方列强对中国的侵略，绵延了数千年的中国古代法律制度最终解体，中国的法制也由此开始了极其艰难的近现代化的过程。如果以20世纪初叶清代的变法修律为起点的话，中国近代以来的法制变革活动已经进行了近一个世纪。在这将近百年的时间里，中国社会一直充斥着各种矛盾和斗争，道路选择、主义争执、民族救亡以及路线斗争等等，使整个中国一直处于一种骚动和不安之中。从某种意义上说，社会变革在理论上会给法制的变革提供一定的机遇，但长期的社会骚动和过于频繁的政治剧变，在客观上确实曾给法制变革工作带来过很大的影响。所以，尽管曾经有过许多的机遇，无数的仁人志士也为此付出了无穷的心力，中国近百年的法制重建的历程仍是步履维艰。直至20世纪70年代末期，"文化大革命"的十年动乱宣告结束，中国人开始用理性的目光重新审视自身和周围的世界，用更加冷静和理智的头脑去思考和选择自己的发展道路，中国由此进入了具有非凡历史意义的改革开放时期。这种由经济改革带动的全方位民族复兴运动，也给蹉跎了近一个世纪的中国法制变革带来了前所未有的机遇和无限的发展空间。

应该说，自1978年中国共产党第十一届三中全会以后的20年，是中国历史上社会变化最大、也最为深刻的20年。在过去20年中，中国人民高举邓小平理论伟大旗帜，摆脱了"左"的思想的束缚，在政治、经济、文化各个领域进行全方位的改革，并取得了令世人瞩目的成就，使中国成为世界上最有希望、最为生机勃勃的地区。中国新时期的民主法制建设，也在这一时期内取得了令人惊喜的成就。在改革开放的初期，长期以来给法制建设带来巨大危害的法律虚无主义即得到根除，"加强社会主义民主，健全社会主义法制"成为一个时期内国家政治生活的重要内容。经过近二十年的努力，到90年代中期，中国法制建设的总体面貌发生了根本性的变化。从立法上看，我们的立法意识、立法技术、立法水平和立法的规模都有了大幅度的提高。从司法上看，一套以保障公民基本权利、实现司法公正为中心的现代司法诉讼体制已经初步建立，并在不断完善之中。更为可喜的是，经过近二十年的潜移默化，中国民众的法律意识、法制观念已有了普遍的增强，党的十五大确定的"依法治国"、"建设社会主义法治国家"的治国方略，已经成为全民的普遍共识和共同要求。这种观念的转变，为中国当前法制建设进一步完善和真正依法治国目标的实现提供了最为有力的思想保证。

众所周知，法律的进步和法制的完善，一方面取决于社会的客观条件和客观需要，另一方面则取决于法学研究和法学教育的发展状况。法律是一门专业性、技术性很强，同时也极具复杂性的社会科学。法律整体水平的提升，有赖于法学研究水平的提高，有赖于一批法律专家，包括法学家、法律工作者的不断努力。而国家法制总体水平的提升，也有赖于法学教育和法学人才培养的规模和质量。总而言之，社会发展的客观需要、法学研究、法学教育等几个环节是相互关联、相互促进和相互影响的。在改革开放的20年中，随着国家和社会的进步，中国的法学研究和法学教育也有了巨大的发展。经过20年的努力，中国法学界基本上清除了"左"的思想的影响，迅速完成了法学学科的总体布局和各分支学科的学科基本建设，并适应国家建设和社会发展的需要，针对法制建设的具体问题进行深入的学术研究，为国家的立法和司法工作提供了许多理论支持和制度上的建议。同时，新时期的法学教育工作也成就斐然。通过不断深入的法学教育体制改革,当前我国法学人才培养的规模和质量都有了快速的提升。一大批用新思想、新体制培养出来的新型法学人才已经成为中国法制建设的中坚,这也为中国法制建设的进一步发展提供了充足和雄厚的人才准备。从某种意义上说,在过去20年中,法学界的努力,对于中国新时期法制建设的进步,贡献甚巨。其中,法学研究工作在全民法律观念的转变、立法水平和立法效率的提升、司法制度的进一步完善等方面所发挥的积极作用,也是非常明显的。

法律是建立在经济基础之上的上层建筑,以法律制度为研究对象的法学也就成为一个实践性和针对性极强的学科。社会的发展变化,势必要对法律提出新的要求,同时也将这种新的要求反映到法学研究中来。就中国而言,经过近二十年的奋斗,改革开放的第一阶段目标已顺利实现。但随着改革的逐步深入,国家和社会的一些深层次的问题也开始显现出来,如全民道德价值的更新和重建,市场经济秩序的真正建立,国有企业制度的改革,政治体制的完善等等。同以往改革中所遇到的问题相比,这些问题往往更为复杂,牵涉面更广,解决问题的难度也更大。而且,除了观念的更新和政策的确定外,这些复杂问题的解决,最终都归结到法律制度上来。因此,一些有识之士提出,当前中国面临的难题或是急务在于两个方面:其一,凝聚民族精神,建立符合新时代要求的民族道德价值,以为全社会提供一个基本价值标准和生活方向;其二,设计出一套符合中国国情和现代社会精神的"良法美制",以为全社会提供一系列全面、具体、明确而且合理的行为规则,将各种社会行为纳入一个有序而且高效率的轨道。实际上,如果考虑到特殊的历史文化和现实情况,我们会认识到,在当前的中国,制度的建立,亦即一套"良法美制"的建立,更应该是当务之急。建立一套完善、合理的法律体制,当然是一项极为庞大的社会工程。而其中的基础性工作,即理论的论证、框架的设计和实施中的纠偏等,都有赖于法学研究的进一步深入。这就对我国法学研究、法学教育机构和广大法律理论工作者提出了更高的要求。

中国人民大学法学院建立于1950年,是新中国诞生以后创办的第一所正规高等法学教育机构。在其成立的近半个世纪的岁月里,中国人民大学法学院以其雄厚的学术力量、严谨求实的学风、高水平的教学质量以及极为丰硕的学术研究成果,在全国法学研究和法学教育领域中处于领先行列,并已跻身于世界著名法学院之林。长期以来,中国人民大学法学院的法学家们一直以国家法学的昌隆为己任，在自己的研究领域中辛勤耕耘，撰写出版了大量的法学论著，为各个时期的法学研究和法制建设作出了突出的贡献。

鉴于当前我国法学研究所面临的新的形势，为适应国家和社会发展对法学工作提出的新要求，中国人民大学法学院和中国人民大学出版社经过研究协商，决定由中国人民大学出版社出版这套"法律科学文库"，陆续出版一大批能全面反映和代表中国人民大学法学院乃至全国法学领域高品位、高水平的学术著作。此套"法律科学文库"是一个开放型的、长期的学术出版计划，以中国人民大学法学院一批声望卓著的资深教授和著名中青年法学家为主体，并聘请其他法学研究、教学机构的著名法学家参加，组成一个严格的评审机构，每年挑选若干部具有国内高水平和有较高出版价值的法学专著，由中国人民大学出版社精心组织出版，以达到集中地出版法学精品著作、产生规模效益和名著效果的目的。

"法律科学文库"的编辑出版，是一件长期的工作。我们设想，借出版"文库"这一机会，集中推出一批高质量、高水准的法学名著，以期为国家的法制建设、社会发展和法学研究工作提供直接的理论支持和帮助。同时，我们也希望通过这种形式，给有志于法学研究的专家学者特别是中青年学者提供一个发表优秀作品的园地，从而培养出中国新时期一流的法学家。我们期望并相信，通过各方面的共同努力，力争经过若干年，"法律科学文库"能不间断地推出一流法学著作，成为中国法学研究领域中的权威性论坛和法学著作精品库。

1999 年 9 月

前　言

> 伴随着医疗制度的复杂化，发生错误的机会也在增加。要解决的话，需要医务人员、医疗机构、医疗服务购买人（保险人）、医疗消费者、法律家、决策者等等的共同努力。
>
> ——摘自《人都会犯错》
> （To Error is Human Being）[1]

"医疗纠纷是全世界的问题"[2]。医疗关乎民众的生命与健康，以预防疾病、促进健康、解除痛苦、延长生命为追求目标；法律关注整个社会的公平、正义与秩序，以确立权利、保障自由、

---

[1] Kohn L., Corrigan J., and Donaldson M., eds., *To Error is Human Being: Building a Safer Health System*, National Academy Press, 1999.

《人都会犯错》是医疗法学界的重要著作，揭示了医疗损害的不可避免性。但是，各方仍然应当共同努力以尽可能地减少损害发生。其中，刑法是最后的、不得已的、却又不可或缺的手段，这是医疗刑法的基本立场。

[2] 高也陶等编著：《中美医疗纠纷法律法规及专业规范比较研究》，1页，南京，南京大学出版社，2003。

定分止争、维持秩序为主要目的。医疗与法律，分属于自然科学和社会科学，皆是具有高度专业性的领域。如何使医疗和法律有机结合，将医疗更有效地纳入法律调整的范围，让法律更好地规范和促进医疗，实乃各国面临的重大课题。

随着医疗技术日益复杂，当代医疗保健领域渐趋变化，医生和患者的社会互动方式正在远远超出两个人的范畴。[①] 自 20 世纪 90 年代中期以来，我国医患关系严重恶化、医患纠纷呈爆炸性增长。在全体医疗纠纷中，尽管刑事案件所占比例很小，却具有相当严重的社会危害性，造成了极其恶劣的社会影响。[②] 1997 年《刑法》第 335 条、第 336 条规定了"医疗事故罪"、"非法行医罪"和"非法进行节育手术罪"，这是我国刑事立法在医疗领域的集中体现。然而，对于作为刑法分支之一的医疗刑法的诸多问题，我国刑法学界的研究仍然显得非常薄弱。医疗技术的发展对刑法产生了深远的影响，不断为刑法哲学、刑法理论和刑法实务提出新的课题，医疗和刑法的结合愈加紧密。因此，笔者以"医疗刑法研究"作为博士论文选题，尝试对医疗刑法中的基本问题进行系统的梳理和研究。

本书的研究框架是，全文主要分为导论、本论和余论三个部分。第一部分导论（第一章至第三章）是研究的实在基础。以医疗行为的刑法规制的必要性和谦抑性作为理论前提，整理了医疗问题的刑事立法和司法的状况。第二部分本论（第四章至第九章）是研究的本体。首先，阐述了成立医疗犯罪的基本要件，即医生[③]客观上违反了作为义务，主观上违反了注意义务，并且，损害结果可以被归责于医生的行为；其次，论证了虽然医

---

① 参见［美］威廉·科克汉姆：《医疗社会学》，7 版，杨光军等译，209 页以下，北京，华夏出版社，2000。

② 近年来，很多恶性的医疗伤害案件引起了公众和媒体的广泛关注，例如，"肖志军拒签致孕妇死亡案"，齐齐哈尔第二制药厂的有毒"亮菌甲素注射液"致十余人死亡案等。

③ 医生是"掌握医药卫生知识，进行疾病防治工作的专业人员的通称。"（《辞海》（缩印本），2006 页，上海，世纪出版集团、上海辞书出版社，2002。）即，医疗行为的实施者都可以称为医生。因此，医生与医务人员应当具有相同的含义，依职责和身份的不同分为医师、护士、药师、技师等。但是，在日常口语中，通常会将"医生"与"护士"等作为并列的称呼。本文遵循辞海的解释，将从事医疗行为的人统称为医生，若问题仅与某一特定身份的医疗者有关，则准确说明其具体身份。

疗行为在形式上可能损害一定的法益，但是，患者的同意阻却了医疗行为的违法性、使医疗行为蕴涵了正当性实质，从而阻却医疗犯罪的成立；最后，论述了组织医疗中需要在医疗行为参与者之间分配责任，通过法定刑的配置和司法适用最终实现刑事负担。第三部分余论（第十章）简要地指出了刑法应当积极介入尖端医疗的各个领域，展望了医疗刑法的未来趋势。

本选题的理论意义在于，首先，将刑法的一般理论运用于具体的医疗领域之中。在现代高风险社会中，医疗是一个必需且重要的构成部分，刑法的一般理论在医疗领域可以得到具体的运用，例如，信赖原则能够推广运用于组织医疗的责任分担问题；其次，从医疗领域发展出来的特定理论可能上升为刑法的一般理论，成为刑法理论的发展源泉，例如，医疗行为的正当性已然成为正当化研究的一个专门论题。本选题的实践意义在于，对医疗过失、因果关系等实务难题进行系统的理论研究，有助于准确界定医疗正当行为和医疗不当行为、区分医疗违法和医疗犯罪，最终实现刑事责任的正确承担。通过在医疗领域开展"最精确的"刑法学研究①，希望能够为理论的精致化和实践的精准化聊尽绵薄之力。

本书的研究方法主要是文献分析法、比较分析法和实证分析法。首先，采用的是文献分析法。经过百余年来的发展，国外医疗刑法的研究已经达到了相当高的水平，我国在医疗刑法领域也形成了一定的成果，本书通过整理和阅读国内外文献，开展文献综述和理论分析，以期能够"站在巨人的肩膀"上看到精彩的风景。其次，运用了比较法的研究方法。尽管各国法律制度具有不同的传统和思想背景，但人类社会关系的共性决定了不同的社会共同体仍然存在相同的问题，从而使得比较分析成为可能和必要，唯有通过比较方能达到中国刑法学需要具有的知识品格和实践能力。② 德国的医疗刑法迄今一百多年来的发展脉络清晰地显示了，医疗刑法的研究核心正在从传统的医师义务、医疗侵袭、医师过失等问题，不断扩大延伸到新兴治疗技术。英美法系持续深入地研究了医疗和伦理、医疗和法律的关系等问题。因此，通过分析大陆法系和英美法系的医疗刑法理

---

① "刑法学是最精确的法学"，[德]克劳斯·罗克辛：《德国刑法学总论》，第1卷，王世洲译，译者序，北京，法律出版社，2005。

② 参见冯军主编：《比较刑法研究》，序，北京，中国人民大学出版社，2007。

论和案例，能够为我国医疗刑法的研究提供有益的借鉴和参考。最后，运用了以问题为中心的实证分析法。基础理论的研究离不开实务的支撑，了解实践状况必须借助于实证分析的方法。本书对我国处理医疗刑事案件的状况进行了详尽的数据统计和内容分析，总结了我国医疗刑事案件的解决模式和发展趋势，探寻实践中各方对医疗刑法的看法和态度，认识医疗刑法在实践运作中可能面临的问题，使得理论的探索服务于实践的需要，避免理论成为自说自话、空洞无物的"沙上楼阁"。

目 录

第一部分 导 论

第一章 医疗和刑法 …………… 3
  第一节 医疗和法律 …………… 3
    一、医疗的界定 …………… 4
    二、医疗的法律调整 …………… 6
  第二节 医疗行为的类型和
         刑法规制 …………… 9
    一、医疗行为的类型 …………… 9
    二、医疗行为的刑法规制 …………… 10
  第三节 医疗刑法的研究状况 …………… 12
    一、大陆法系的医疗刑法研究 …………… 13
    二、英美法系的医疗刑法研究 …………… 16
    三、我国医疗刑法研究的展开 …………… 17
  第四节 研究范畴的界定 …………… 19
    一、医疗犯罪 …………… 19
    二、研究重点 …………… 20
  本章小结 …………… 21

第二章 医疗问题的刑事立法 ······ 22
第一节 大陆法系 ······ 23
一、德国 ······ 23
二、日本 ······ 24
第二节 英美法系 ······ 25
一、美国 ······ 26
二、英国 ······ 27
第三节 我国 ······ 29
一、香港地区 ······ 29
二、澳门地区 ······ 30
三、台湾地区 ······ 32
四、大陆 ······ 33
本章小结 ······ 35

第三章 医疗案件的刑事审判 ······ 37
第一节 大陆法系 ······ 37
一、德国 ······ 37
二、意大利 ······ 38
三、日本 ······ 40
第二节 英美法系 ······ 45
一、美国 ······ 45
二、英国 ······ 49
第三节 我国 ······ 52
一、台湾地区 ······ 52
二、大陆 ······ 54
本章小结 ······ 78

第二部分 本 论

第四章 医疗作为义务与不作为犯罪 ······ 81
第一节 紧急救治义务与不作为犯罪 ······ 82
一、紧急救治义务 ······ 82
二、紧急救治义务的不作为的法律性质 ······ 85

第二节 诊疗义务与不作为犯罪 90
  一、诊疗义务 90
  二、不履行诊疗义务的典型样态及其法律性质 92
第三节 转诊义务与不作为犯罪 98
  一、转诊义务 98
  二、转诊义务的不作为的法律性质 99
第四节 保密义务与不作为犯罪 100
  一、保密义务 100
  二、保密义务的不作为的法律性质 101
第五节 报告义务与不作为犯罪 102
  一、报告义务 102
  二、报告义务的不作为的法律性质 102
第六节 说明义务与不作为犯罪 103
  一、说明义务 104
  二、说明义务的不作为的法律性质 107
本章小结 110

第五章 医疗注意义务与医疗过失 112
第一节 过失理论与医疗 113
  一、旧过失论与医疗 113
  二、新过失论与医疗 114
  三、新新过失论与医疗 115
第二节 注意义务的基本问题 116
  一、注意义务的违反和过失的认定 116
  二、注意义务的内容 118
  三、注意义务的根据 119
第三节 医疗过失的认定 121
  一、认定医疗注意义务的一般标准 121
  二、认定医疗注意义务的具体问题 126
第四节 医疗过失的裁断 133
  一、基本原理 133
  二、根据医学观点作出事实认定 135
  三、根据法律观点作出过失裁断 135

本章小结 ……………………………………………………… 138
第六章　医疗损害的因果关系与客观归责 ………………………… 140
　第一节　医疗损害结果 ……………………………………………… 141
　　一、"严重损害就诊人身体健康"的不同理解 ………………… 141
　　二、本书的观点 ……………………………………………… 142
　第二节　医疗因果关系的查明 ……………………………………… 146
　　一、医疗中的因果关系 ……………………………………… 147
　　二、刑法上的因果关系与客观归责 ………………………… 148
　　三、医疗因果关系的特殊问题：医疗损害中不宜引入
　　　　疫学因果关系理论 ……………………………………… 150
　第三节　损害结果的客观归责 ……………………………………… 156
　　一、制造不被容许的风险 …………………………………… 156
　　二、实现了未被容许的风险 ………………………………… 158
　　三、行为处于构成要件的效力范围 ………………………… 164
　　本章小结 ……………………………………………………… 165
第七章　医疗行为的正当化 ………………………………………… 167
　第一节　阻却医疗行为违法性的根据 …………………………… 167
　　一、学说的诸象 ……………………………………………… 167
　　二、"自我决定"与"知情同意"法则 ……………………… 173
　第二节　患者同意的成立要件 ……………………………………… 180
　　一、同意的主体 ……………………………………………… 180
　　二、同意的内容 ……………………………………………… 184
　　三、同意的方式 ……………………………………………… 191
　　四、同意的时间 ……………………………………………… 192
　　五、同意的自愿性 …………………………………………… 193
　第三节　欠缺患者同意的医疗行为 ……………………………… 195
　　一、无须患者同意的强制医疗 ……………………………… 195
　　二、无法获得患者同意的紧急医疗 ………………………… 197
　　三、专断医疗 ………………………………………………… 201
　第四节　"知情同意"的实态——评"肖志军拒签事件" ……… 209
　　一、事件概要 ………………………………………………… 210
　　二、问题聚焦及理论争议 …………………………………… 211

三、实定法视角下的责任评析 ………………………………… 212
　　四、基于"知情同意"的应然法理解 …………………………… 215
　　五、"知情同意"的反思 ………………………………………… 219
　本章小结 ……………………………………………………………… 220
第八章　医疗犯罪刑事责任的分配 …………………………………… 221
　第一节　医疗专业人员的业务分工 ………………………………… 221
　第二节　医疗共同过失（竞合过失）犯罪 ………………………… 223
　　一、概念澄清 ……………………………………………………… 223
　　二、医疗共同过失（竞合过失）犯罪刑事责任的承担 ………… 225
　第三节　医疗过失共同犯罪 ………………………………………… 231
　　一、过失共同犯罪中的共同注意义务 …………………………… 231
　　二、医疗共同注意义务 …………………………………………… 233
　　三、医疗过失共同犯罪的刑事责任分配 ………………………… 236
　第四节　医疗行为中的监督过失 …………………………………… 236
　　一、监督过失的概念和理论定位 ………………………………… 236
　　二、医疗监督过失 ………………………………………………… 237
　　三、医疗监督过失的刑事责任的承担 …………………………… 243
　第五节　医疗行为中的信赖原则 …………………………………… 243
　　一、信赖原则的含义 ……………………………………………… 243
　　二、信赖原则可以适用于医疗领域 ……………………………… 244
　　三、信赖原则适用于医疗领域的条件 …………………………… 248
　本章小结 ……………………………………………………………… 251
第九章　医疗犯罪的刑罚配置 ………………………………………… 252
　第一节　医疗事故罪中轻缓的主刑 ………………………………… 253
　　一、我国刑法中业务过失犯罪的刑罚配置 ……………………… 253
　　二、业务过失犯罪加重刑罚的理论争议 ………………………… 255
　　三、坚持医疗事故罪现有的主刑强度 …………………………… 258
　第二节　医疗事故罪中必要的附加刑 ……………………………… 262
　　一、增设剥夺从医资格 …………………………………………… 262
　　二、增设罚金刑 …………………………………………………… 265
　　三、医疗事故罪中扩大适用缓刑 ………………………………… 266
　本章小结 ……………………………………………………………… 268

第三部分 余 论

第十章 尖端医疗与医疗刑法的未来发展 ……………………… 271
第一节 人工生殖 ……………………………………………… 272
一、人工生殖的概念 ………………………………………… 272
二、各国人工生殖的立法状况 ……………………………… 272
三、人工生殖的相关犯罪 …………………………………… 274
四、我国人工生殖犯罪的立法动向 ………………………… 278
第二节 性别选择 ……………………………………………… 280
一、性别选择及其危害 ……………………………………… 280
二、各国性别比的失衡状况及相关立法 …………………… 281
三、我国的立法状况和非法性别鉴定入罪化的争论 ……… 283
第三节 变性手术 ……………………………………………… 285
一、各国变性手术的立法状况 ……………………………… 286
二、我国变性手术的实践及立法状况 ……………………… 287
第四节 器官移植 ……………………………………………… 288
一、各国器官移植的立法状况 ……………………………… 289
二、器官移植的罪与非罪 …………………………………… 290
三、我国《人体器官移植条例》与刑法的衔接 …………… 292
本章小结 ………………………………………………………… 298
代结语——我国医疗犯罪的立法完善 ………………………… 299
一、改进已有医疗犯罪的罪刑规范 ………………………… 299
二、填补刑法在尖端医疗领域的空白 ……………………… 305

案例索引 …………………………………………………………… 309
参考文献 …………………………………………………………… 314
后记 ………………………………………………………………… 323

第一部分

导论

第一章 医疗和刑法

伴随人类生活品质的提高，对医疗的需求相应增长；面对渐趋复杂的社会生活，法律愈发显得重要。法律成为规范和促进医疗发展的直接手段，法律逐渐渗入了以自然科学为主导的医疗领域，于是，"法律遇见了医疗"[①]。现代法治国家应当形成完整的医疗法体系，对医疗进行全方位的调整，其中，运用刑法来规制医疗是必要的，但是，应当谦抑地进行。

第一节 医疗和法律

随着医疗科技的迅速发展，器官移植、人工生殖、克隆等尖端医疗技术不断涌现，医疗伦理和医疗法律面临着全新的挑战；医疗专门化程度

---

① 杨秀仪：《当法律遇见医疗——台湾、美国、英国医疗法学专著之评析比较》，载（台湾）《律师杂志》，2005（5）。

日益提高，医疗分工和合作更为细致和紧密；以医疗契约为基础，医生和患者之间形成了平等的法律关系，患者有了更多的权利和诉求；在医疗行为日趋普遍化和常态化的同时，世界各国的医疗纠纷以及与医疗相关的药品公害等事件亦呈"爆炸式"增长。上述因素为现代医疗法的发展提供了契机。

一、医疗的界定

我国的医疗法律法规没有明确规定"医疗"的概念。医学上通常认为，医疗活动是旨在保护和加强人体健康、预防和治疗疾病的实践活动。① 这是一种传统的界定，它将医疗活动局限于以治疗为目的的范围。有刑法学者在研究正当行为时，将医疗行为界定为："医务工作者出于正当目的，经就诊人或其监护人、亲属、关系人同意，对其进行身体健康检查、疾病治疗或进行计划生育手术的行为"②。该定义的主要不足之处在于，没有全面列举医疗行为的具体形式，未将卫生防疫、医学美容等医疗行为包括在内。还有学者认为，医疗行为是指对疾病的预防、诊断、治疗、护理和对身体之矫正、助产、堕胎等以医学知识和医学技术为行为的准则，直接作用于人体，导致人体的行为和/或功能发生一定变化或回复的医学行为的总称。③

日本学者大谷实分别从医学和行政的角度，对医疗行为进行了分类。医学上的"医疗行为"应当具备"医学的适应性"和"医疗技术的正当性"两个要素。所谓"医学的适应性"，是指医疗技术具有被允许的性质，即治疗的方法和手段在专业上得到了承认。在此意义上，传统的医疗形态包括了治疗、减轻、预防疾病，矫正畸形，助产和医学上的堕胎，以诊疗为目的的医学实验，以及以促进医疗技术进步为目的的医疗实验；所谓"医疗技术的正当性"，是指医疗行为在医学上是正确的，按照获得承认的医疗技术的标准来实施。在判断某一行为是否属于医疗行为时，需要考虑以上两个要素，对医疗行为的有效性和有害性进行利益衡量，当有效性超过有害性、具有客观治愈效果时，医疗行为就是正当的。行政上的"医疗

---

① 参见陆志刚：《医学导论》，23页，北京，人民卫生出版社，1999。
② 王政勋：《正当行为论》，346页，北京，法律出版社，2000。
③ 参见臧冬斌：《医疗犯罪比较研究》，3页，北京，中国人民公安大学出版社，2005。

行为"又称为"医业",是指以医疗行为为业的活动。《日本医师法》第17条规定,"如果不是医师,不能从事医业"①。医学上的定义强调医疗行为的客观性质的正当性,即目的正当和技术正当;而行政上的定义,则从国家对医疗资格进行审批和管理的角度,着眼于医疗行为的外在合法性和主体合法性。

我国台湾地区将医疗行为区分为狭义的医疗和广义的医疗。台湾"行政院卫生署"在2002年2月8日作出的解释中,界定了狭义的医疗行为。"所谓医疗行为,系指以治疗或预防人体疾病、伤害或残缺为目的,所为之诊察、诊断及治疗;或基于诊察、诊断结果,以治疗为目的,所为之处方、用药、施术或处置等行为的全部或一部之总称。"② 该定义强调了"以治疗为目的"这一核心要素。广义的医疗行为则包括临床性医疗行为、实验性医疗行为、诊疗目的性医疗行为以及非诊疗目的性医疗行为。③ 司法实务采取的是广义医疗行为的概念,将整形美容手术等纳入"医疗法"第28条规定的"医疗业务"的范围。④

德国学说对医疗的定义也呈现出扩大传统见解的趋势,将非以治疗为目的的整形美容等也纳入了医疗的范畴。这些行为虽然不具有医疗目的,但是,其实施必须运用医学专业知识和医疗技术,并且,可能危及人的生命或者身体健康,原则上必须由经过专业训练后获得医师资格的人实施,因此,应当将此类行为视为医疗行为。⑤

笔者认为,医疗的内涵和外延不是一成不变的,与医疗技术的发展、

---

① [日]大谷實:《医療行為と法》,新版補正版,5～7页,东京,弘文堂,1997。

② 台湾"'行政院卫生署'2002年2月8日卫食字第2479号函释"。转引自郭吉助:《论医事法上之医疗行为——由法制面谈起》,载台北荣民总医院全球资讯网,http://homepage.vghtpe.gov.tw/~ged/listn/listn_a122.htm,访问日期:2008-03-01。

③ 参见蔡振修:《医疗过失》,增订1版,58页,台北,作者发行,2005。

④ 参见朱柏松:《整形、美容医学之区别及其广告应有之法规范》,载(台湾)《月旦法学教室》,2005(5)。

⑤ Vgl. Laufs/Uhlenbruk, Handbuch des Arztrechts, 3. Aufl. 2002, S100. 转引自王皇玉:《整形美容、病人同意与医疗过失中之信赖原则——评台北地院2002年诉字第730号判决》,载(台湾)《月旦法学杂志》,2005(12)。

国民生活质量的提高，以及研究者的研究立场和问题意识密切相关。本书以医疗刑法为研究内容，立足于我国医疗实践的具体状况，关注医疗技术的未来发展以实现研究的前瞻性，因而，笔者采取广义医疗的观点，即，除了以诊疗为目的的传统的核心医疗行为之外，医疗还应当包括非以诊疗为目的的美容、变性等行为，以及实验性的尖端医疗行为。

二、医疗的法律调整

对于涉及公民最基本的生命权和健康权的医疗领域，现代法治国家应当进行全方位的法律规制。在宪法的根本立场上，应当指导建立旨在保护公民最基本的生命权和健康权的医疗法律制度。在部门法中，民法涉及医疗合同、医疗权利和义务、医疗违约行为、医疗侵权行为及其责任等；刑法主要关系到犯罪故意和过失、治疗行为、因果关系、被害人同意、刑罚配置等；行政法主要规范职业许可和营业许可、医疗业和药业的限制性规定、数据保护、医疗预算等；社会法规制的则是医疗保险、养老金、监护权等问题。基于医疗行为与各部门法存在的有机联系，有学者提出，解决现代医疗问题，必须借助于多项专门领域和跨学科的方式，建立综合性的医疗事务法。[①] 有学者认为，从研究对象上看，医事法以医事法规、医疗业务、医患关系、医疗事故与医疗法律责任为研究对象。[②] 从医学角度看，医事法属于理论医学、人文与社会医学的范畴；从法学角度看，医事法属于应用法学的范畴，是自然科学和社会科学相互交融和渗透的产物。[③]

要真正实现医疗和法律的有机结合，综合性医疗事务法是未来发展的基本方向，这是一个涉及与部门法领域、与其他医疗相关专门领域（例如，医疗伦理、法医学）之间双重甚至多重意义上的跨学科合作的、开放的医疗事务法体系。但是，建立这种真正的综合体系，在方法论上、在世界各国的实践上，仍然处于不断的探索之中。[④] 因此，要建立综合性医疗事务法，必须首先从部门法的角度对医疗行为进行深入的研究。从刑法的

---

① 参见［日］植木哲：《医疗法律学》，冷罗生等译，2页，北京，法律出版社，2006。
② 参见黄丁全：《医事法》，序，北京，中国政法大学出版社，2003。
③ 参见陈晓阳等主编：《医学法学》，1页，北京，人民卫生出版社，2006。
④ 参见［日］植木哲：《医疗法律学》，17页以下。

角度，运用刑法的一般理论，结合医疗行为本身的特点和面临的新问题，研究医疗犯罪及其刑事责任，乃是医疗刑法的基本内容。

至今，我国已经出台了一系列医疗法律法规，对于医疗行为主体、医疗行为准则、药品器械管理、纠纷事故解决等作出了一系列规定，形成了相对完整的医疗法规范体系。

（一）医疗机构和医务人员的管理

医务人员和医疗机构是医疗行为的实施主体，《执业医师法》是规范医疗主体的核心法律。该法第2条规定，医师包括执业医师和执业助理医师，指依法取得执业医师资格或者执业助理医师资格，经注册在医疗、预防、保健机构中执业的专业医务人员。该法规定了执业医师的考试和注册、执业规则、考试和培训等。此外，针对不同类型的医疗机构和医务人员制定了《医疗机构管理条例》及其实施细则、《中外合资、合作医疗机构管理暂行办法》、《中医医疗机构管理办法（试行）》、《中医医院工作人员职责（试行）》、《执业药师资格制度暂行规定》、《护士条例》、《中医师、士管理办法》、《乡村医生从业管理条例》等。

（二）医疗工作规范

医疗活动应当遵守相应的工作规范。关于医院工作制度、病历书写、医疗废物管理、消毒、感染、计划生育管理、医疗美容管理、临床实验室管理、事故报告等具体医疗工作，我国制定的相关规范主要有：《医院工作制度》及《医院工作制度的补充规定（试行）》[①]、《病历书写基本规范（试行）》、《医疗机构病历管理规定》、《医疗废物管理条例》、《消毒管理办法》、《医院感染管理规范（试行）》、《医院感染诊断标准（试行）》、《计划生育技术服务管理条例》及实施办法、《医疗美容服务管理办法》、《医疗机构临床实验室管理办法》、《重大医疗过失行为和医疗事故报告制度的规定》等。

（三）药品、医疗器械、血液制品的使用与管理

药品、医疗器械和血液制品是实施医疗行为所必不可少的，其质量、

---

① 《医院工作制度》是1982年制定的，《医院工作制度的补充规定（试行）》是1992年制定的。为了适应医疗和社会的发展，在上述规定的基础之上，卫生部于2008年2月发布了《全国医院工作制度与人员岗位职责（征求意见稿）》，2008年8月发布了该征求意见稿的第二稿，该规定正式通过后，它将成为我国医疗工作的基本规范。

管理和使用对于能否达到医疗效果、实现医疗目的至关重要。《药品管理法》是药品管理的核心法律，相关法规还有《药品管理法实施条例》、《中医药条例》、《药品不良反应报告和监测管理办法》、《药品说明书和标签管理规定》、《处方药和非处方药分类管理办法（试行）》等；关于特殊药品的管理法规，有《麻醉药品和精神药品管理条例》、《医疗用毒性药品管理办法》、《放射性药品管理办法》等。关于医疗器械管理的法规，有《医疗器械监督管理条例》、《医疗器械说明书、标签和包装标识管理规定》。涉及血液制品的法律法规，有《献血法》、《血液制品管理条例》、《医疗机构临床用血管理办法》、《临床输血技术规范》。此外，对于涉及公众健康的相关产品的生产、检验等，必须经过特定的行政许可程序，《健康相关产品卫生行政许可程序》对此作了规定。

（四）传染病防治及公共卫生管理

关于传染病防治及公共卫生管理的规范，有《传染病防治法》、《职业病防治法》、《艾滋病防治条例》、《血吸虫病防治条例》、《突发公共卫生事件应急条例》、《国家突发公共卫生事件应急预案》、《国家突发公共事件医疗卫生救援应急预案》、《重大动物疫情应急条例》等等。

（五）医疗事故及医疗纠纷赔偿

医疗事故是引起医疗纠纷的原因之一，在医疗纠纷中占了一定的比例。《医疗事故处理条例》是处理医疗事故的基本规范，该条例规定了医疗事故的概念、分级、预防处置、技术鉴定、行政处理与监督、赔偿、罚则，此外，《医疗事故技术鉴定办法》对实践中争议最大的医疗事故鉴定进一步作了详细规定。《医疗事故分级标准（试行）》是对《医疗事故处理条例》的细化，它详细地列举了《医疗事故处理条例》所划分的四个等级的医疗事故中每一等级的具体情形。

损害赔偿是解决医疗纠纷民事责任的基本途径，除了《民法通则》、《合同法》的一般性规定之外，最高人民法院针对医疗纠纷赔偿发布了一些司法解释，这些司法解释成为医疗损害赔偿的重要法律依据。

以上五类规范构成了我国医疗法规范的主体，在这些规范中，一部分是国家立法机关制定的法律，但更多的是国务院及卫生部发布的行政法规和规章，此外，还有最高司法机关作出的司法解释。医疗法规范是医疗行为的基本准则，而刑法作为一切部门法的后盾，其"第二位性"和"保障性"决定了医疗刑法的研究、医疗犯罪的定罪量刑，都需要以准确地理解

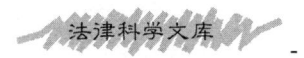

和把握医疗法规范为前提。例如，确定医疗犯罪的主体，离不开医疗法规范划定的"医务人员"的范围；"非法行医"中的"非法"，首先违反的是《执业医师法》；是否遵守医疗工作基本规范，是认定医疗过失的关键；是否构成医疗事故，是医疗事故罪成立与否的核心。因此，研究医疗刑法的基本前提是了解我国庞大的医疗法规范体系，然而，医疗刑法亦是我国医疗法规范体系不可或缺的重要组成部分，是实现医疗犯罪刑事责任的根本依据。

第二节 医疗行为的类型和刑法规制

一、医疗行为的类型

从不同的角度、根据不同的标准，可以将广义的医疗行为划分为不同的类型。例如，根据科别，可以将医疗行为分为内科、外科、妇产科、儿科等；以是否以诊疗为目的，可以分为诊疗性的医疗行为和非诊疗性的医疗行为。站在医疗刑法的研究立场，可以根据与作为诊疗核心的治疗行为的关系，将医疗行为划分为医疗核心行为、医疗辅助行为和医疗类似行为，这一分类有利于认识不同类型医疗行为的主体及其义务，认识不同义务主体之间的分工、合作和监督关系，以及认识哪些行为属于非法行"医"中的"医疗"行为。

（一）医疗核心行为

所谓医疗核心行为，是指以治疗为目的的诊疗行为，包括医师的问诊、观察、检查、判断、治疗、手术等等。

（二）医疗辅助行为

所谓医疗辅助行为，是指以实现治疗为目的，对医师的诊疗予以辅助的行为，包括护理、麻醉、药物分发、注射、放射线检查、仪器检查等等。

（三）医疗类似行为

在我国，除了西医和传统中医之外，还有一些既不属于中医又不属于西医，但是，能够在某种程度上治疗或者减轻病痛的疗法。这些疗法被称为医疗类似行为①，具体包括民间接生、食物疗法、气功、按摩、非使用药物的单纯针灸、拔罐等等。有学者认为，随着医疗技术的发展，医疗类似行为在理论上将逐渐被正规医疗所取代。② 但是，我国当前仍然普遍存在缺医少药的现象，尤其在广大农村地区，医疗类似行为发挥着非常重要的补充正规医疗的作用。历史性和民族性是医疗类似行为的重要特征，具有客观的治愈效果且获得了国民的信赖，不能简单予以否定。因此，医疗类似行为是否属于"医疗"的范围，不具有从医资格者实施这些行为是否构成非法行医，应当首先由医疗法规作出具体规定，从而使刑事审判实践能够根据这些规定作出相应的认定。

二、医疗行为的刑法规制

医疗原本"仁心仁术"，以悬壶济世、治病救人为宗旨；规定犯罪和刑罚的刑法，则以追究严重侵害法益的行为的刑事责任为己任。在医疗的本原意义上，医疗和刑法应当不会产生关联和交叉。然而，在现实的医疗过程中，总是会出现一些偏离正常医疗轨迹或者利用医疗之机实施的严重危害社会的行为，从而使得对医疗行为进行刑法规制成为必要，同时，医疗行为自身的特殊性也决定了相应的刑法规制应当秉持谦抑主义的基本立场。

（一）必要性

在医疗及医疗相关过程中，可能会产生各种侵害公民的生命、健康、财产等法益，危害国家的公共卫生管理秩序、司法秩序以及公共安全的行为。例如，医务人员在医疗过程中的严重违规行为，往往会极大地损害病人的生命和健康法益，与医疗本欲实现的目的背道而驰；某些医务人员甚至违背基本的职业道德和职业准则，借医疗之机骗取钱财、猥亵妇女；在医疗纠纷的处理过程中，为了湮灭证据，可能会出现伪造、毁弃、涂改核心和关键的病历记录的行为；与基本诊疗行为密切相关的药品和医疗器械等行业，生产、销售质量伪劣、毁人健康、甚至夺人性命的药品和医疗器

---

① 参见蔡墩铭：《医事刑法要论》，2版，204页，台北，翰芦图书出版有限公司，2005。
② 参见曾淑瑜：《医疗过失与因果关系》，上册，119页，台北，翰芦图书出版有限公司，1998。

械，危及公共卫生和公共安全，造成了严重的公害事件；此外，不具有医生资格的人擅自以医生之名从事医疗活动，损害了公众健康，破坏了医疗卫生管理秩序。因此，为了实现大众对医疗安全的期待，维持大众对规范的信赖，必须加强对医疗行为的法律规制，有必要将医疗及相关过程中的严重危害行为纳入刑法规制的领域。

在上述行为中，有的行为只是发生在医疗过程之中，与医疗本身的属性和目的无关，例如，借医疗之机施行的诈骗和猥亵，其本质与普通的诈骗和猥亵无异，因而不是医疗刑法研究的重点。医疗刑法研究的主要内容是，考察和探讨发生在医疗领域、与医疗本身的目的和属性密不可分的医疗犯罪行为，例如，医疗过失、非法行医、药品及医疗器械的公害事件等等。

我国台湾地区医学界有学者主张，基于医疗行为的高风险性、救死扶伤的本质、医师培养的不易，以及追究医生刑事责任可能产生的负面影响等，应当对医疗过失行为除罪化[1]，大陆亦有学者提出了医生的"刑事豁免"问题。[2] 但是，就立法和实务状况看，保留追究医疗过失的刑事责任的可能性是各国的通例。我国亦有学者从事实根据、哲学根据和道义根据的角度论证了刑法规制医疗过失行为的必要性。[3] 笔者认为，在现代风险社会中，很多业务行为在造福人类的同时也可能带来极大的危害，如果因为医疗行为的特殊性就可以将医疗过失除罪化，那么，其他业务行为也可以同样基于自身行业的特殊性逃脱刑罚的制裁，这显然是不现实和不妥当的。因此，对医疗过失进行刑法规制是必要的，在此前提之下，医疗刑法的关键在于将刑法的规制限定在恰当的范围之内，即，刑法规制应当遵循谦抑主义。

（二）谦抑性

医疗行为具有高度的专业性和风险性，医疗行为的主体——医务人员

---

[1] 参见郭正典：《医疗疏失不应以刑事处理》，载（台湾）《自由时报》，2001-12-31。

[2] 参见张赞宁：《试论医务人员的刑事豁免》，载张赞宁编著：《医事法学研究及典型案例评析》，90页，南京，东南大学出版社，2003。

[3] 参见张芳英：《医疗过失罪责研究》，43~51页，武汉大学博士学位论文，2006。

是经过长期训练的、具有专门医疗知识和技术的专业人士，因此，医疗行为和医务人员的特性使得医疗犯罪具有不同于普通领域犯罪的特殊性。对医疗犯罪进行刑法规制，既要保障医患双方的合法权益、平衡二者之间的风险和利益，又不得妨碍医疗行为正常开展、阻碍医学技术进步。因此，刑法对于医疗及其相关过程中严重危害法益行为的规制，更应当具有谦抑性。这种谦抑性体现在刑事立法和刑事司法的各个层面和阶段，需要区分正当医疗行为与不当医疗行为，确定普通医疗违法行为与医疗犯罪的界限，从而准确地规定和追究医疗犯罪的刑事责任。

对医疗及相关过程中的犯罪行为进行刑法规制是必要的，但是应当遵循谦抑主义，这一类规范结合了刑法和医疗两个领域的专业知识，被称为医疗刑法。我国台湾地区学者提出了"医事刑法"的概念，认为医事刑法是结合医学与法学双方的知识，对医疗犯罪进行检讨的刑法，由于台湾尚无针对医疗犯罪的专门刑法，所以，医事刑法并不是指特别刑罚法规，而是刑法学的一个分支，是针对医疗犯罪探讨相关的法律问题。[1] "医疗刑法"和"医事刑法"是大陆和台湾地区由于对"医疗"的称谓不同而形成的两个术语，二者间并不存在实质性的区别。医疗刑法的核心在于：就医疗过程中的行为对人的生命、身体、健康的介入和影响，进行一种刑法上的评价。[2]

第三节　医疗刑法的研究状况

在大陆法系中，医疗刑法是刑法学研究的一个重要分支，其源头最早可以追溯到19世纪末20世纪初的德国。历经一个多世纪的磨砺，德国的医疗刑法伴随着医疗技术的日新月异而不断成熟、完善。英美法系对于医疗行为的研究，集中于医疗过失、医疗因果关系以及尖端医疗等问题，产生了很多重要的论著。受德国法和英美法的影响，日本的医疗刑法研究取得了大量成果。我国台湾地区的医疗刑法亦有长足进展。

---

[1] 参见蔡墩铭：《医事刑法要论》，2版，III页。
[2] 参见［日］米田泰邦：《医療行為と刑法》，14页，东京，一粒社，1985。

一、大陆法系的医疗刑法研究
(一) 德国医疗刑法的发展

1899年，德国刑法学家海姆贝尔格（Heimberge）发表了《刑法和医学》一文，提出了医疗行为（医师的侵害的权利）的问题。1909年，威廉·卡尔（Wilhelm Kahl）在德国《整体刑法杂志》第29卷发表了《刑法中的医师》一文，这篇论文是为祝贺路德维希·阿朔夫（Ludwig Aschoff）教授古稀而写作的。该文引起了德国学者的关注，当年便出版了单行本。《刑法中的医师》论述了医师保密义务的界限和医师职业行为的责任（特别是医师的外科侵袭的正当性问题）。①

在《刑法中的医师》发表三十年之后，被誉为"医事刑法（Arztstrafrecht）先驱"的埃伯哈德·施密特（Eberhard Schmidt）于1939年出版了《刑法中的医师》（与卡尔的论文同名）一书。这是一部极负盛名的专著，时至今日，该书在被誉为刑法的经典著作之一的同时，也被认为具有现代意义。在该书中，施密特将以下三个问题作为研究对象：医师的保密义务及其界限；以治疗为目的的医师侵袭（特别是患者承诺和妊娠中绝）；医师的技术过失（医疗过失）。②

1957年，施密特在阿尔贝特·庞佐尔德（Albert Ponsold）编辑的《法医学教科书》第2版上发表了《刑法中的医师》（与1939年单行本同名），该文至今仍然被视作医事法最基本的文献之一。施密特论述了如下几个问题（范围广于1939年的单行本）：患者的接诊（医师的诊疗义务）；医师的生命维持义务（安乐死、妊娠中绝）；医师的保密义务；治疗目的中的医师侵袭（侵害）；医师的技术过失（医疗过失）；医学研究中的医师义务（尸体解剖、活体解剖、人体实验）；医师作为鉴定人的义务。③

在施密特的《刑法中的医师》出版近三十年之后的1968年，被誉为"古典医事法之父"的保罗·博克尔曼（Paul Bockelmann）出版了《医师刑法》（Strafrecht des Arztes）一书。尽管这只是一本正文仅127页的小册子，但达到了当时医疗刑法学的最高水平，对医学和刑法学都

---

① 参见［日］齊藤誠二：《医事刑法の基礎理論》，5～6页，东京，多贺出版株式会社，1997。

②③ 参见上书，7～8页。

产生了巨大的影响，今天仍被作为医事法的基本文献之一。该书研究的问题包括：医疗从业资格；医师的救助义务；医师的保密义务；医师的侵袭——患者的承诺·医师的说明义务；医师的过失；刑法上的器官移植。①

1986年，特奥多尔·伦克纳（Theodor Lenckner）在巴尔－杜因·福斯特（Bal-duin Forster）编辑的《针对医学家和法学家的法医学实际》（这本杂志取代了有名的《法医学教科书》）上发表了《医师和刑法》的论文。这篇论文在德国也获得了极高的评价。论文以如下问题为研究对象：刑法中医师的救治义务；保密义务；医师的侵袭，特别是治疗行为的侵袭；生死之间的医师行为（积极安乐死、消极安乐死）；特殊医师侵袭（①不妊②妊娠中绝③移植）。②

1988年，克劳斯·乌尔森海姆（Klaus Ulsenheimer）出版了《实务医事刑法》。这本书也是德国医事刑法的基本文献之一，不仅论述了实体医事刑法，而且，从医疗刑事案件的辩护人的机能与搜查开始，论述了医疗刑事诉讼各阶段中辩护人的活动，主要问题包括：过失伤害·过失致死；救助义务的不作为；医师的死亡援助（医师治疗义务的界限——嘱托杀人——帮助自杀）；器官移植在刑法上的问题；妊娠中绝；现代生殖技术和遗传基因工程学领域的可罚性行为；医师保密义务的侵害；虚假诊断书的作成；麻醉剂的可罚性处方；可罚性治疗试验；医师的可罚性广告和营业活动。③

1989年，阿图尔·考夫曼（Arthur Kaufmann）对1985年夏季学期慕尼黑大学法学部研究课堂上各位参加者的报告进行编辑，出版了《现代医学与刑法》一书。该书也是医事法的基本文献之一，书中涉及的问题有：基本问题（①历史展开②医师的说明义务和专断治疗行为③医疗过失及其证明）；试验和治疗行为（①医学研究和人体试验②治疗试验和允许的危险③法律上的器官移植④死亡时间及其判定⑤起搏器的摘除和再利用⑥羊水的摘除和出生前的伤害）；生死之际的医师任务（①急救医疗和人工呼吸器的取出②尊严死——自杀的帮助③嘱托杀人④医师依嘱托不介入

---

① 参见［日］齐藤诚二：《医事刑法の基礎理論》，8页。
② 参见上书，8～9页。
③ 参见上书，9～10页。

死亡⑤死亡援助［临死介助］⑥最严重障碍的新生儿的生存权）；生殖技术和人类遗传学（①非配偶者间的人工授精②体外受精和胚胎移植③受精卵・初期胚胎的处置［实验・废弃等］④代孕母亲⑤人类的无性生殖⑥人类的遗传基因操作）；个别问题（①患者的指示②医院的职务分担问题③医师的治疗义务和医师的强制处置④检查和尸体解剖⑤动物实验）。书中并未重点提及围绕医疗的传统题目（例如，医师的保密义务和医疗过失等），并且有意识地将艾滋病和妊娠中绝的问题排除于外。尽管仍然存在必须进一步整理的问题点，但是，现代医事刑法的大部分问题均已在该书中提出来了。①

德国医疗刑法一百多年来的发展脉络清晰地显示，医疗刑法的研究核心从传统的医师义务、医疗侵袭、医疗过失等问题，不断扩大延伸到新兴治疗技术的刑法规制，例如，器官移植、人工生殖、安乐死等。医疗技术的发展对刑法产生了重大影响，不断为刑法理论提出新的课题，医疗和刑法的结合愈来愈紧密。

（二）日本医疗刑法的发展

日本医事法的发展深受德国和美国的影响。二战以前，日本仅将医疗行为作为违法性阻却事由的根据而已；二战以后，债法上关于医疗合同、医生责任、违反说明义务、技术过失等的讨论日益深入，并且得到了判例的事后确认，宪法上对患者的自我决定权、医生的告知义务的定位渐趋稳定。②

随着一系列医疗刑事判例的出现，日本医疗刑法的研究取得了长足进展。代表性著作有：《医疗行为和刑法》（米田泰邦著，《医療行為と刑法》，一粒社，1985），《刑事裁判和国民性（医疗编）》（青柳文雄著，《刑事裁判と国民性（医療編）》，信山社，1989），《医疗事故刑事判例》（中山研一等，《医療事故の刑事判例》，成文堂，1995），《医疗行为和法》（大谷實著，《医療行為と法》，弘文堂，1995），《医事刑法的基础理论》（齊藤誠二著，《医事刑法の基礎理論》，多賀出版株式会社，1997），《治疗行为的正当化原理》（小林公夫著，《治療行為の正当化原理》，日本评论社，2007）等等。上述著作对医疗刑法的基础理论、审判实务、判例动

---

① 参见［日］齊藤誠二：《医事刑法の基礎理論》，10～11页。
② 参见［日］植木哲：《医疗法律学》，12页。

向等展开了全方位的研究。

二、英美法系的医疗刑法研究

受医疗技术进步的影响,英美法系对医疗法展开了相应的研究,司法实务对医疗法的立法和理论起到了重要的推动作用。美国被认为是对医疗纠纷研究得最为广泛和深入的国家[①],美国的医疗法对英国产生了重大影响,进而影响到加拿大等英美法系国家,并且传播到欧洲的大陆法系国家以及日本等等。[②] 英美法系非常全面系统地研究了法律与医疗伦理、医患关系、医疗过失、医疗不当行为等等,出版了大量的医疗法教科书、专著和论文。例如,《法律和医疗伦理》(J. K. Mason, *Law and Medical Ethics*, LexisNexis, 2002)、《医疗法》(Ian Kenedy, *Medical Law*, Butterworths, 2000)、《医疗法简明案例》(Alasdair MacLean, *Briefcase on Medical Law*, 武汉大学影印版, 2004)等。医疗行为的法律责任以过失为基础,医疗过失是英美医疗法研究的重点,大量的专著和论文将之作为研究论题,例如,《医疗过误法》(Margaret C. Jasper, *The law of Medical Malpractice*, Oceana Publications, 2001)、《医疗过失》(Michael A. Jones, *Medical Negligence*, Sweet & Maxwell, 2003)、《医疗过失法:寻求平衡》(Andrew Fulton Phillips, Aldershot Hant, *Medical Negligence Law: Seeking a Balance*, 1997)、《医疗过失案例法》(Rodney Nelson-Jones, *Medical Negligence Case law*, Butterworths, Ashgate Pub. Co., 1995)等等。此外,知情同意论肇始于20世纪60年代的美国,经过不断的完善和发展,已经成为医疗法的基本原理之一,是医疗法研究的重点,美国学者对该问题展开了专门的研究,例如,《医疗中的同意法则》(Andrew Hockton, *The Law of Consent to Medical Treatment*, Sweet & Maxwell, 2002)。

医疗领域的法律责任是业务行为的法律责任的一个方面,自20世纪80年代以来,业务行为的责任作为一个整体开始受到了各国研究者的普

[①] 参见杨秀仪:《医疗纠纷与医疗无过失制度——美国经验四十年来之探讨》,载(台湾)《政大法学评论》,2001(12)。

[②] See Dieter Giesen, *International Medical Malpractice Law*, Tübingen, j. c. b. mohr, p. xiii.

遍关注。英美医疗法研究医疗不当行为的法律责任主要着眼于民事责任，该责任以过失为基础，论证主要在合同法和侵权法的层面展开。① 医疗行为的刑事责任不是英美法系医疗法研究的重点，在笔者的检索范围内，没有检索到医疗刑法方面的专著，但是，在各类医疗法著作中，会有少量篇章涉及医疗行为的刑事过失和医疗刑事判例。② 有的国家（例如，英国）随着实务中医疗刑事判例数量的不断增加，发表了一些分析医疗刑事案例和探讨医疗刑事责任的论文，例如，《医疗错误被指控为杀人罪》（R. E. Ferner, Medication Errors that Have Led to Manslaughter Charges, BMJ, Nov. 11, 2000）等等。

三、我国医疗刑法研究的展开

（一）台湾地区

自20世纪50年代以来，台湾地区医疗纠纷呈爆炸性增长。民众将医疗纠纷的解决主要诉诸刑事诉讼，这是台湾医疗纠纷解决的重要特色。③ 正确界定医疗行为中罪与非罪的现实需要，催生了医疗刑法的发展。从医学接近法学，或者，从法学接近医学，医疗刑法为二者架设了沟通的桥梁。④

1994年，蔡墩铭教授主编了《医疗纠纷裁判选集（刑事篇）》，引起了医界和法界的注意。1995年，蔡墩铭教授出版了专著《医事刑法要论》，这是台湾第一部全面研究医疗刑法的著作，该著作于2005年重新修订。《医事刑法要论》系统地研究了医师与刑法的关系、医师的权利和义务、病人的权利和义务、医疗犯罪的成立和追诉、尖端医疗与医疗犯罪、传染病与医疗犯罪、精神病与医疗犯罪、临终医疗与医疗犯罪等传统和现代的医疗刑法问题。

---

① See Dieter Giesen, *International Medical Malpractice Law*, Tübingen, j. c. b. mohr, pp. xiv-xvii.

② For example, J. K. Mason, *Law and Medical Ethics*, LexisNexis, 6th ed., 2002, pp. 305-308; Alasdair MacLean, *Briefcase on Medical Law*, 武汉大学出版社（影印版），2004, ch. 14.

③ 参见下文第三章第三节"一、关于台湾医疗刑事案件审判状况的研究"。

④ 参见蔡墩铭：《医事刑法要论》，2版，iv页。

除了《医事刑法要论》的系统性研究之外，台湾学者还对医疗刑法中某些特定的问题进行了深入的探讨。代表性著作包括：曾淑瑜博士以医疗犯罪认定中最棘手的过失和因果关系为着眼点，于1998年出版了专著《医疗过失与因果关系》；学者蔡振修以医疗犯罪中最典型的医事过失为研究对象，于1996年出版了专著《医事过失犯罪析论》，该书于2005年进行了修订，重新命名为《医事过失犯罪专论》。相当数量的博士论文和硕士论文也围绕着医事刑法展开研究。[①] 此外，台湾地区学者还翻译和介绍了日本的医疗刑法理论和判例，例如，中村敏昭等日本学者与台湾地区学者合著了《医疗纷争与法律》（台湾文笙书局，2004年），廖詹明义编译了《医疗疏忽的真相》（台湾安立出版社，2004年）等等。

从整体上看，台湾地区对于医事刑法的研究已经相当成熟，取得了比较丰硕的研究成果。

（二）大陆

相对于上述国家（地区）医疗刑法研究的全面和深入而言，我国在该领域的研究可以说刚刚处于起步阶段。

我国1979年刑法没有规定专门的医疗犯罪，1997年刑法规定了医疗事故罪、非法行医罪、非法进行节育手术罪这三个典型的医疗犯罪。理论界的研究主要集中于个罪的罪名、构成要件、刑罚等具体问题，代表性著作有《医疗事故罪的认定与处理》（冯卫国著，人民法院出版社，2003），《医疗犯罪比较研究》（臧冬斌著，中国人民公安大学出版社，2005）。新近，有学者开始从宏观上关注"医疗刑法"这一课题，《医事刑法初论》（刘维新著，中国人民公安大学出版社，2009）一书展开了较为系统和初步的研究。与医疗刑法有关的博士学位论文有两篇，即《医疗事故罪研究》（臧冬斌著，武汉大学博士学位论文，2002）和《医疗过失罪责研究》（张芳英著，武汉大学博士学位论文，2006）。近年来，医疗刑法这一领域引起了学界一定的重视，中国人民大学刑事法律科学研究中心于2007年10月召开了"海峡两岸医疗刑法问题研讨会"。在这次会议上，我国大

---

① 例如，郑淑屏：《医疗过失案件中过失之类型与证据之判断》，台湾大学博士学位论文，1995；王皇玉：《医疗行为于刑法上之评价——以患者之自我决定权为中心》，台湾大学硕士学位论文，1994；邱琪雯：《医师告知义务法律责任之再研究——以是否负刑事责任为中心》，中原大学硕士学位论文，2006等。

陆、台湾地区和日本的学者对医疗事故罪、医疗事故刑事鉴定、尊严死等问题进行了深入的沟通和研讨。

从总体上看，我国刑法理论界对于医疗刑法的研究比较薄弱，其深度和体系性尚需加强，缺乏站在沟通医疗与刑法的高度，从医疗的各个环节、层面和刑法学的各个角度、层次，系统研究医疗刑法的基本问题的专著。医疗刑法的研究，应当在充分考虑医疗行为的性质的基础上，将刑法理论有机地贯彻于医疗犯罪的研究之中，抑或在医疗犯罪中形成特定的刑法理论，从而有效地指导司法实践，促进现代医学发展。因此，笔者不揣浅陋，以"医疗刑法"作为博士论文选题，意在系统地展开医疗刑法的研究。

第四节 研究范畴的界定

医疗刑法以医疗犯罪及其刑事责任为研究对象，医疗犯罪的本质和特征决定了医疗刑法研究的范围和重点。本书着力于探讨能够体现医疗犯罪特征、反映医疗刑法共性的理论问题。

一、医疗犯罪

各国刑法都没有以专章、专节或者特别刑法的形式规定"医疗犯罪"，医疗犯罪不是法定的个罪名或者类罪名，因此，可以从不同的层次界定医疗犯罪的内涵和外延。[1] 如前所述，本书在最广义的层次上界定医疗犯罪，即，医疗犯罪是指医疗及其相关过程中实施的，侵犯生命、健康、财产等法益以及危害社会公共卫生秩序的行为。

可以从不同的侧面总结医疗犯罪的特性：医疗犯罪主要发生在医生和患者之间，就犯罪人和被害人的关系而言，属于熟人之间的犯罪；医疗犯罪的主体是具有高度专业知识的医务人员，是一种专业性极强的犯罪，又被称为专家犯罪；医务人员具有很高的社会地位，犯罪的发生与其实施的医疗行为相关，是典型的白领犯罪和智能犯罪。[2]

---

[1] 参见臧冬斌：《医疗犯罪比较研究》，3页。
[2] 参见蔡墩铭：《医疗行为与犯罪》，载（台湾）《法令月刊》，1994（9）。

根据不同的标准，可以对医疗犯罪进行不同的分类：（1）根据犯罪的主观方面，可以将医疗犯罪分为医疗故意犯罪和医疗过失犯罪。在故意心理支配之下实施的医疗犯罪，是医疗故意犯罪，例如，医师在医疗过程中骗取病人财物；医疗过失犯罪是在疏忽大意或者过于自信的过失心理支配之下实施的医疗犯罪，以医疗事故罪为典型。在医疗犯罪中，以过失犯罪为常态，故意犯罪为例外，毕竟医疗过程中违背医生职责故意实施犯罪的是极少数。因此，医生的作为义务、注意义务、医疗过失与损害结果之间的因果关系等等，是医疗刑法研究的重点。（2）根据犯罪的行为方式，可以将医疗犯罪区分为医疗作为犯和医疗不作为犯。医疗过程中以作为的方式实施的犯罪是医疗作为犯，例如，非法行医；承担医疗作为义务并具有履行义务的能力，却不履行该义务的，可能成立医疗不作为犯，例如，负有紧急救治义务的医生在值班时间拒绝抢救病人。目前，刑法没有规定纯正的医疗不作为犯，医疗作为犯和医疗不纯正不作为犯是医疗刑法的检讨重点。（3）根据犯罪侵害的法益，可以将医疗犯罪分为狭义医疗犯、广义医疗犯和最广义医疗犯。这是台湾学者蔡墩铭以法益为标准进行的分类。狭义医疗犯，是指侵害病人的生命、身体法益的犯罪，属于传统的人身犯罪。广义医疗犯，是指在侵害人身法益的同时，附带侵害财产法益或者社会法益的犯罪，此类犯罪主要是医师利用医疗机会和医疗技术，滥用医疗权利和违反医疗伦理实施的不法行为，例如，非法人体实验、强奸病人等。最广义的医疗犯，是指侵害行政刑法上行政法益的行为，例如，无照行医。此外，医师给病人开出伪药和禁药，或者为病人违法注射麻醉药品，违反了药事法的规定，也可以归在最广义医疗犯的范畴之内。①

二、研究重点

由于作为研究对象的医疗犯罪的内涵和外延具有不确定性，必然相应地影响到医疗刑法的理论和实务。本书以最广义的医疗犯罪作为研究对象，但是，发生在医疗过程中的诈骗、强奸、猥亵等行为，与普通领域发生的诈骗、强奸、猥亵等并没有本质的区别，因而不是本书的研究重点。

可以从一般理论和具体罪名两个层次，展开医疗刑法研究。医疗刑法

---

① 参见蔡墩铭：《医事刑法要论》，2版，115页以下。

的一般理论是医疗犯罪所整体涉及的根本和核心的理论问题，既要从医学的角度和根据出发，又要运用传统的刑法理论，还可以进一步发展刑法理论，以契合医疗行为的特点。医疗刑法的基本问题包括各国医疗刑法的立法模式、实务状况、医疗义务、因果关系、医疗犯罪的刑事责任分配、医疗犯罪的刑事负担、尖端医疗的刑法规制等等。医疗刑法在具体罪名层次上的研究，主要是结合我国刑法的罪刑规范和实践状况，逐一讨论医疗事故罪、非法行医罪、药品犯罪等等。本书的研究主要着眼于基础理论的层次，但是，基础理论的研究必须以具体罪名的规定为根据，基础理论的研究最终应当服务于具体犯罪的立法和司法。

综上，本书重点关注医疗刑法的基本问题，在基础理论的层次上，系统研究发生在医疗领域、与医疗本身的目的和属性具有不可分割联系的医疗犯罪。

本章小结

本书立足于我国医疗实践的现实状况，同时，关注医疗技术的未来发展以实现研究的前瞻性，因而采用的是医疗的广义概念。对医疗进行全方位的法律规制是现代法治国家的必然选择。我国已经制定了比较完善的医疗法律规范体系，医疗刑法是其中不可或缺的重要组成部分。

医疗刑法理论的源头最早可以追溯到19世纪末20世纪初的德国。德国医疗刑法百余年来的发展脉络清晰地显示了，医疗技术的发展在不断为刑法理论提出新的课题，医疗和刑法的结合日益紧密。美国对医疗纠纷的研究最为广泛和深入，美国的医疗法对英国、加拿大等英美法系国家，乃至欧洲的大陆法系国家和日本均产生了重要影响。相对而言，我国大陆刑法理论界对于医疗刑法的研究非常薄弱，需要加强研究的深度和体系性。

本书以发生在医疗领域的一切犯罪作为研究对象，但是，研究重心集中于医疗刑法基础理论的层次，主要探讨发生在医疗领域、与医疗本身的目的和属性具有不可分割联系的医疗犯罪的共性问题。

第二章 医疗问题的刑事立法

医疗刑法的立法史源远流长。我国对于医疗犯罪的明文处罚，最早可以追溯至唐朝。《唐律》规定了"合和御药过失罪"和"诸医杀伤人罪"①，对御用医师和普通医师的医疗过失予以刑罚制裁。此外，对于医生利用医疗机会实施的其他犯罪，《唐律》也有明确的规定，例如，《唐律·诈伪律》规定："诸医违方诈疗病，而取财物者，以盗论。"② 比较而言，西方法律对于医疗犯罪的规定要远远早于我国。根据古埃及的法律，医师的医疗行为必须按照圣书记载的方式进行，若按照规定的形式实施治疗导致了患者死亡，医师无罪；但是，若因未遵守规定的形式治疗而引起了患者死亡，医师需要偿命。这是关于

---

① [唐]长孙无忌等撰：《唐律疏议》，190～191、483～484页，北京，中华书局，1983。

② [唐]长孙无忌等撰：《唐律疏议》，472页。

医疗犯罪的最早规定。① 在当今世界上保存得最完整的最早的法典《汉穆拉比法典》中，也有关于医疗犯罪的规定。②

本章以当今世界主要国家的医疗刑事立法作为研究对象，按照通常的法系划分方式，系统梳理大陆法系和英美法系的代表性国家和我国四个独立法域关于医疗问题的刑法规定及其立法模式，研究的重心集中于医疗过失罪、无照行医罪、堕胎罪、药品犯罪等典型的医疗犯罪。

第一节 大陆法系

大陆法系国家具有制定法传统，通过考察其刑法典、特别刑法、附属刑法和行政刑法关于医疗犯罪的规定，可以探知医疗刑法的基本立法状况。

一、德国

德国1871年刑法典第222条规定，过失致人死亡的，处3年以下禁锢，由于职务、职业或者行业而违背注意义务，致人死亡的，则加重其刑为5年以下禁锢。③ 后一款规定针对业务过失特别加重了刑罚，医疗作为一类特定的业务行为，自然适用该规定。

德国现行刑法典废弛了"业务过失"的规定，第222条仅规定了一款"过失杀人"，即："行为人由于过失行为引起他人死亡的，处五年以下的自由刑或者金钱刑。"第229条"过失的身体侵害"规定："行为人过失地造成他人的身体侵害的，处三年以下的自由刑或者金钱刑。"④ 当医生因为医疗过失致人死亡、伤害，符合相应犯罪的成立要件时，应当适用上述两条的规定。此外，可能与医疗行为相关的犯罪，主要是刑法第218条规

---

① 参见王镭主编：《中国卫生法学》，24页，北京，中国人民大学出版社，1988。

② 参见臧冬斌：《医疗犯罪比较研究》，26页。

③ 参见［德］弗兰茨·冯·李斯特：《德国刑法教科书》，徐久生译，312页，北京，法律出版社，2000。

④ 《德国刑法典》，冯军译，137、140页，北京，中国政法大学出版社，2000。

定的"妊孕中止",该条规定了妊孕中止以及加重情节的刑罚,排除了不具有可罚性的妊孕中止行为,并且厘定了未经医生确定的妊孕中止和不正确的医生决定。该条 C 特别规定,医生在实施妊孕中止时没有向孕妇履行特定的告知义务或者提出了不正确的建议的,处 1 年以下的自由刑或者金钱刑。①

德国刑法中的医疗犯罪,主要涉及过失杀人罪、过失侵害身体罪和妊孕中止罪等罪名,规定得非常简明扼要,因而被认为可能是世界上关于医疗犯罪最简明的立法例。②

二、日本

日本刑法典于 1908 年 10 月 1 日正式实施,施行至今已经百年,其间总共修改了 21 次,距今最近的一次修改发生在 2005 年。③《日本刑法典》第 28 章为"过失伤害罪",其中,第 211 条"业务上过失致死伤等"规定:"懈怠业务上必要的注意,因而致人死伤的,处五年以下惩役、监禁或者五十万元以下罚金;因重大过失致死伤的,亦同。"④ 根据该规定,基于业务上的过失致人死伤的,构成过失伤害罪和过失致死罪的加重类型,与重大过失处以相同的刑罚。"业务"是指一种个人维护社会生活的、继续反复地从事的工作,该工作并非一定就是合法的,通常对人的生命、身体具有危险。⑤ 因此,医生(包括无照行医者)因医疗过失致人死亡或者伤害的,应当成立本罪。

《日本刑法典》第 214 条规定了"业务上堕胎和业务上堕胎致死伤罪",该罪以医务人员为主体,医师、助产师、药剂师或者医药品贩卖者受女子的嘱托或者得其承诺,而使其堕胎的,处 3 个月以上 5 年以下惩

---

① 参见《德国刑法典》,137、135 页。
② 参见蔡振修:《医事过失犯罪专论》,增订 1 版,296 页,台北,作者发行,2005。
③ 参见《日本刑法典》,2 版,张明楷译,1 页,北京,法律出版社,2006。
④ 同上书,78 页。
⑤ 参见[日]大塚仁:《刑法概说(各论)》,3 版,冯军译,59 页,北京,中国人民大学出版社,2003。

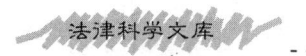

役，因而致女子死伤的，处6个月以上7年以下惩役。①

病历记录、护理记录等是医疗活动的客观记载，是确定医患双方责任的依据，一旦发生纠纷，这些记录就成为至关重要的证据。然而，实践中在发生纠纷之后，医方可能会篡改病历，掩盖事实，拖带案情陷入泥沼之中。为了规制此类现象，《日本刑法典》将篡改病历的行为规定为专门的犯罪，第160条"制作虚伪诊断书等罪"规定："医师在应向公务机关提出的诊断书、检验书或者诊断证明书上作虚伪记载的，处三年以下监禁或者三十万元以下罚金。"第161条还规定，使用虚假诊断书的行为处以与第160条规定的刑罚相同的处罚。②

此外，《日本医师法》第31条第1项和第17条都规定，没有医师资格而擅自执行医疗业务者，处两年以下惩役或者两万元以下罚金。第31条第2项规定了加重情形，即无医师资格者冒用医师或者类似名义，擅自执行医疗业务的，处3年以下惩役或者3万元以下罚金。

第二节　英美法系

英美法系是否追究医疗过失行为的刑事责任，在我国台湾地区医疗法的研究中是一个颇具争议的话题。台湾医界有人主张对医疗过失实行刑事豁免，其重要理由之一就是，应当学习欧美先进国家以民事赔偿代替刑事制裁的做法。例如，台湾医师公会联合会前理事长及前"立法委员"吴基福认为，英国医疗业务过失之责任，是普通法中规定……美国也是依据普通法审判纠纷案件……由此可见，台湾地区与英美两国对审判医疗业务过失案件的法律依据，有显著的不同，台湾地区是依据"刑法"审判医疗过失案件，但英美两国是依据普通法，即民法，审判医疗业务过失……③有学者认为："在先进国家的司法实务上虽有将一切医疗纠纷案件限于民事

---

① 参见《日本刑法典》，2版，79页。
② 参见上书，59页。
③ 参见吴基福：《医疗业务责任之检讨》，载吴正吉编著：《医疗纠纷秘辛》，75页以下，台北，合记图书出版社，1978。转引自蔡振修：《医事过失犯罪专论》，增订1版，198页以下。

过失，而不承认有刑事过失之情形，亦即不承认医疗纠纷案件成为刑事案件，均以民事案件之方式处理。先进国家的司法实务上有此种处理方式，虽有其理论上的根据，尤其站在医学伦理的观点，认为医师莫不具有仁心仁术，故对其一时的疏失，似不应追究其刑责，只应令其对受害的患者或家属，付出相当的民事赔偿，以补偿其所受的损害即可。"[1]

英美法系的判例法传统与大陆法系的成文法传统具有相当大的差异，然而，有的学者在研究某些犯罪时常常会忽略这种法系的差别，医疗刑法研究领域同样存在这种情况。英美国家的法律是否的确如上述台湾地区研究者所言，对医疗过失实行了刑事豁免，需要作更深入的探讨。下面，以《美国模范刑法典》和英国的相关判例作为考察对象，概览英美法系关于医疗问题的刑事立法状况。

一、美国

《美国模范刑法典》没有规定医疗过失致人死伤的专门罪名，因此，只能考察普通杀人罪和普通伤害罪是否适用于造成死亡或者伤害后果的医疗过失行为。

以侵害他人生命的犯罪为例。《美国模范刑法典》第210节规定了杀人罪，并将其区分为谋杀、非预谋杀人和疏忽杀人三类。第210.1条规定："任何人蓄意地、明知地、轻率地、疏忽地致使他人死亡，即为杀人罪。杀人罪包括谋杀、非预谋杀人和疏忽杀人。"第210.2条、第210.3条分别规定了"谋杀"（蓄意和明知）和"非预谋杀人"（轻率），第210.4条规定了"疏忽杀人"，即"疏忽地致人死亡的杀人罪，构成疏忽杀人。疏忽杀人属于三级重罪"[2]。

第210.4条"疏忽杀人"的规定试图将"疏忽"的概念予以明确化，使其成为惩罚疏忽杀人行为的正当基础。该条文主要被用于取代关于驾驶交通工具杀人（vehicular homicide）的制定法，也被用于减少在非预谋杀人之下所有疏忽实施的杀人罪的数量。该条文承认了，对于疏忽杀人适用

---

[1] 蔡墩铭：《医疗纠纷裁判选集（刑事篇）》，序，台北，景泰文化事业有限公司，1994。

[2] 美国法学会：《美国模范刑法典及其评注》，刘仁文等译，126页以下，北京，法律出版社，2005。

刑事制裁是适当的。① 由此可见，疏忽杀人的罪刑规范并没有明文规定排除其适用于某些特定的行业或者领域。

医疗犯罪与交通犯罪都是在科技迅速发展的现代社会中激增的新型犯罪，医疗与快速交通均属于高风险行为，其危害后果通常由过失所致。大陆法系研究刑事过失，正是以这两类犯罪为样本，二者在理论上存在诸多共通之处。②《美国模范刑法典》以疏忽杀人罪来取代关于交通工具杀人的制定法规定，这一基本思路亦可推演至医疗犯罪，能够确立对医疗疏忽致人死亡适用刑事制裁的正当性。

因此，医务人员在医疗过程中由于疏忽而导致病人死亡的，鉴于《美国模范刑法典》没有明文排除医疗过失的刑事责任，根据罪刑法定的基本精神，医生可能构成疏忽杀人罪。若医生轻率、明知或者蓄意地造成病人死亡的，例如，借治疗的机会杀害仇人，则可能构成非预谋杀人罪和谋杀罪。类似地，医师在医疗过程中因蓄意、明知或者轻率造成他人伤害的，可能构成第211.1条规定的伤害罪，但是，对于疏忽造成他人身体伤害的，客观上要求有"使用致命武器"（主要指枪支）的行为，因此，医疗疏忽致人伤害很难成立犯罪。

此外，与医疗行为密切相关的典型犯罪，还有《美国模范刑法典》第230.3条规定的堕胎罪。

综上所述，对于医生的医疗疏忽行为，《美国模范刑法典》没有明文排除其刑事责任，因此，医生因疏忽、轻率、明知、蓄意造成他人死亡或者因轻率、明知、蓄意而造成他人伤害的，可能构成相应的杀人罪或者伤害罪。

二、英国

在英国普通法中，事前无预谋的杀人构成非故意杀人罪，包括因非法以及危险行为而导致的杀人和因极度疏忽和轻率而导致的杀人。多年以来，法院一直使用极度疏忽和轻率这两个术语来表示非故意杀人的主观过

---

① 参见美国法学会：《美国模范刑法典及其评注》，刘仁文等译，125页，北京，法律出版社，2005。

② 参见［日］米田泰邦：《医療行為と刑法》，1页。

错，但是，没有明确这两个术语的定义。①

理解这两个术语需要参照上诉法院关于"学徒案"、"阿道马克案"和"霍洛威案"的判决，以及上院作出的"阿道马克案"的判决。其中，"学徒案"和"阿道马克案"都是医师实施的犯罪。在"学徒案"中，医师为病人注射药物，发生了引起病人死亡的明显危险，并且事实上最终导致了病人死亡。陪审团遵循了"劳伦斯案"的指导：如果医师从来没有考虑到存在任何这样的危险的可能性，他将被认定为有罪。然而，问题的关键应该是，医师不能确定药品的正确使用方法是否就构成刑事上的严重疏忽。上诉法院批准了该案的上诉。在"阿道马克案"中，被告人是一个麻醉师，他没有注意到病人的氧气管断开了，根据专家证言，这一状况是任何称职的麻醉师都会立即注意到的。但是，与其他判例不同，法官指导陪审团说，应该要求一种更高程度的义务。上诉法院和上院均驳回了该案的上诉。②

在英国刑法中，以疏忽为核心特征的犯罪很少，仅体现为疏忽杀人罪和妨害公共利益罪。疏忽本身没有程度之分，但产生疏忽的过错却有程度上的区别，危险越明显，没有认识到危险的过错就越大，如果疏忽被视为达到了所要求的行为标准，就会有程度之分。严重疏忽已经确立一个明晰的标准：被告人必须违反通常的疏忽原则所规定的注意义务；疏忽必须造成了死亡；陪审团必须认为他成立严重疏忽。该标准是客观的，但问题在于，根据环境所要求的危险对于正常、谨慎和有经验的医师来说是否是明显的。因此，严重疏忽的标准比轻率的标准更有利于被告人，因为轻率的认定并不要求陪审团确认被告人的行为是否足够恶劣以至应当成立刑事犯罪。③

现在，英国法律委员会建议废除非故意杀人罪，而代之以轻率杀人罪和极度疏忽杀人罪。轻率杀人，是指行为人认识到其行为会引起他人死亡或者重伤，并在相关条件下采取了不正当的冒险行为，对该行为可处以终身监禁；极度疏忽杀人，是指杀人行为已经包含了行为人能够认识到的造成他人死亡或者重伤的情况，行为人的行为远远超出了其合理期望的情况，行为人或者故意造成了某种伤害，或者进行了非合理性的冒险，对该

---

① 参见[英]J.C.史密斯、B.霍根：《英国刑法》，李贵方等译，411页，北京，法律出版社，2000。
② 参见上书，418页以下。
③ 参见上书，109～111页。

28

行为可处以适当的监禁。①

英国制定法对非法堕胎作了禁止性规定。1967年英国通过了《堕胎罪法》，该法使得英国关于堕胎问题的立场从完全禁止转变为有条件的允许，在西欧各国中率先踏上了将妊娠中绝合法化的道路。② 根据该法的规定，注册医师按照法定的条件和程序终止怀孕不被认为是犯罪，即，注册医师出于"保护母亲生命的目的"，在合理的基础上根据充分的知识，如果认为继续怀孕可能造成母亲身体或者精神上的不幸后果，那么，医师在良好信念支配之下为保护母亲的生命实施的堕胎手术就是合法的。③ 换言之，医师通常是堕胎手术的实施者，如果医师不是为了保护母亲而实施了堕胎手术，就构成堕胎罪，这也是一类典型的医疗犯罪。随着人工生殖技术的发展，英国在1990年修正并且进一步放宽了《人类受精和胚胎法》中关于堕胎的规定。

因此，根据英国判例法，医生由于极度的医疗疏忽造成他人死亡时，可能构成极度疏忽杀人罪。事实上，极度疏忽的标准在很大程度上正是通过医疗刑事判例来确立的。由于可责性较大的心理状态必然能够涵盖可责性较小的心理状态，因此，当医疗过错导致病人死亡时，也不排除医生成立轻率杀人罪和故意杀人罪的可能。

综上所述，《美国模范刑法典》和英国判例法都没有明文豁免医疗过失的刑事责任，医生在极度疏忽、轻率、故意、明知等状态下实施不当医疗行为而导致病人死亡或者伤害的，可能构成相应的杀人罪或者伤害罪。

第三节 我国

一、香港地区

《香港刑法》第4章杀人罪行规定了误杀罪。其中，误杀包括非法和

---

① 参见［英］J.C.史密斯、B.霍根：《英国刑法》，422页。
② 参见黄丁全：《医疗、法律与生命伦理》，修订版，627页，北京，法律出版社，2007。
③ 参见［英］J.C.史密斯、B.霍根：《英国刑法》，431页以下。

危险的行为、轻率、严重疏忽等情形。所谓"轻率"（4.3.3.2），是指当被告人的行为必然产生致人伤害的明显而又极大的风险时，被告人意识到这种风险的存在，或者根本没有考虑这种风险存在的可能性，而仍然作出该行为。所谓"严重疏忽"（4.3.3.2.3），是指被告人负有法律责任，但违反了其应当履行的责任，且被告人的行为与应当履行的行为存在极大的差异，此差异足以令其承担刑事责任的，被告人即成立严重疏忽。① 据此，医生在医疗活动中，因轻率或者严重疏忽造成他人死亡的，可能成立误杀罪。

从事医疗职业需要掌握特定的知识和技术，并且取得相应的资格。香港制定法详细规定了各类医务人员的资格和执业活动，不具备特定资格的人非法使用医师等名衔或者未经注册而执业的，构成犯罪。例如，《医生注册条例》第28条第1款"非法使用名衔等或未经注册执业"规定："任何人（a）故意或虚假地充作有资格从事内科或外科执业，或已注册，或其姓名已列入专科医生名册；（b）故意或虚假地采用或使用任何称号、名衔、加称或说明以默示其有资格从事内科或外科执业，或其已注册，或其姓名已列入专科医生名册，或并非已注册或临时注册或并非获豁免注册，而自称从事内科或外科执业或公布其姓名为正如此执业者，即属犯罪。一经定罪，可处第六级罚款及监禁三年。"与此类似，《助产士注册条例》、《护士注册条例》、《辅助医疗业条例》都规定，冒用助产士、护士、放射技师等资格从事医疗行为的，成立相应的犯罪。

《香港侵害人身罪条例》第47条规定，在受术妇女符合法定条件的情况下，经两名注册医生真诚地达成一致意见，堕胎是被允许的，否则，医生单独擅自实施堕胎手术的，成立杀胎罪。

二、澳门地区

《澳门刑法典》第134条"过失杀人"规定，"过失杀人者，处最高三年徒刑。如属重过失，行为人处最高五年徒刑。"该条文将普通过失和重过失分别规定，配置了轻重有别的法定刑。有学者认为，这是在立法上将业务过失与重过失统一考虑。② 医生因过失造成病人死亡的，成立过失杀

---

① 参见赵秉志主编：《香港刑法纲要》，49页，北京，北京大学出版社，1996。
② 参见林亚刚：《犯罪过失研究》，241页，武汉，武汉大学出版社，2000。

人罪。

《澳门刑法典》第136条"堕胎"规定,"未经孕妇同意的堕胎,处二年以上八年以下有期徒刑;如因堕胎或因所采用之方法引致孕妇死亡,或身体完整性受严重伤害,则对使孕妇堕胎者可科处之刑罚之最低及最高限度,均提高三分之一刑。"对于孕妇自愿的堕胎,则由专门的法例(澳门第59/95/M号法令"规范自愿中断怀孕")加以规范。

澳门刑法关于医疗犯罪的专门规定,主要体现在分则第三章"侵犯身体完整性罪"之中。《澳门刑法典》第142条"过失伤害身体完整性"第2款a项规定,若"行为人系在从事职业活动中之医生,且医疗行为不引致患病或无能力从事本身工作超逾八日",免除刑罚。这是针对医疗过失专门作出的从宽规定。并且,第144条"内外科手术或治疗"明文排除了正当医疗行为的犯罪性,规定"医生或依法获许可之其他人,意图预防、诊断、消除或减轻疾病、痛苦、损伤、身体疲劳,或精神紊乱,而按职业规则进行手术或治疗,且依照当时之医学知识及经验,显示其为适当者,则该等手术或治疗不视为伤害身体完整性"。

除了侵害生命和身体完整性的犯罪之外,《澳门刑法典》还规定了医务人员作为犯罪主体,违反说明义务、诚实记载义务和紧急救助义务的犯罪。《澳门刑法典》第150条"擅做手术或治疗罪"规定:"医师或依法获得许可之其他人,以医疗为目的,在未经患者作出有效同意的情况下进行手术或治疗者,处最高三年有期徒刑或罚金。但若如行为人因重过失错误认为符合同意之前提,则处最高六个月徒刑,或科最高六十日罚金。"第270条"传染疾病或将化验、处方改变罪"第1款b项和c项规定:"身为医生或其雇员、护士或实验室雇员,或依法获许可制作帮助诊断之检查书或记录之人,又或依法获许可提供内科或外科治疗之人,而提供不准确之资料或结果;或身为药剂师或药房雇员,而不按医生处方内所载者提供医疗物质,因而对他人生命造成危险,或对他人身体完整性造成严重危险者,处一年至八年徒刑。"过失实施上述行为的,亦构成犯罪。第271条"医生之拒绝"规定,"医生在他人生命有危险、或身体完整性有严重危险之情况下,拒绝提供其职业上之帮助,而该危险系无他法排除者,处最高五年徒刑。"第273条和第274条针对上述行为的加重结果或者减轻情节,分别作了加重或者减轻刑罚的规定。

三、台湾地区

在我国台湾地区，医疗犯罪除了规定在"刑法典"中的自然犯，还有规定在"医师法"、"药事法"、"后天免疫缺乏症候群（艾滋病）防治条例"等卫生行政法规中的医疗行政犯。

(一)"刑法典"规定的医疗犯罪

台湾地区"刑法典"尽管没有规定专门的医疗犯罪，但是，很多普通罪名可以适用于医生，或者医生属于某些犯罪的特殊主体之一，或者某些犯罪与医生的业务有一定关系。总体而言，医疗犯罪中最应当重视的就是侵害人身的犯罪。[①] 台湾地区"刑法典"第 276 条第 2 项"业务过失致死罪"规定："从事业务之人，因业务上之过失犯前项之罪（即过失致人于死——笔者注），处五年以下有期徒刑或拘役，得并科三千元以下罚金。"第 284 条第 2 项规定："从事业务之人，因业务上之过失伤害人者，处一年以下有期徒刑、拘役或一千元以下罚金；致重伤者，处三年以下有期徒刑、拘役或二千元以下罚金。"所谓"业务"，学说和判例大体认为是"基于社会生活的地位所反复继续实施的事务"[②]。医生（包括无照医生）的医疗行为属于业务的一种，医生因医疗过失侵害他人身体法益，构成业务过失致死罪或者业务过失伤害罪，这是医疗犯罪的典型形态。而对于与医疗行为密切相关的堕胎，台湾地区"刑法典"第 289 条、第 290 条规定了"加工堕胎罪"和"图利加工堕胎罪"。

台湾地区"刑法典"第 316 条规定，医师、药师、助产士等无故泄露因业务知悉或者持有之他人秘密者，构成"泄露业务秘密罪"。此外，第 216 条规定："从事业务之人，明知为不实之事项，而登载于其业务上作成之文书，足以生损害于公众或他人者，处三年以下有期徒刑、拘役或五百元以下罚金。"据此，从事医疗业务的医师、护士等对病历记录、护理记录等作虚假记录的，可能构成该条规定之"业务上之登载不实罪"。

(二)"行政法"规定的医疗犯罪

在"刑法典"之外，台湾的医疗卫生行政法规对某些违反法规的行为

[①] 参见蔡墩铭：《医事刑法要论》，2 版，3 页。
[②] 甘添贵：《业务过失与普通过失之分际》，载蔡墩铭等主编：《刑法争议问题研究》，124 页，台北，五南图书出版公司，1999。

规定了刑罚,这些行为通常被称为医疗行政犯,以下择其要者加以介绍。

2002 年修订的"医师法"第 28 条规定:"未取得合法医师资格,擅自执行医疗业务者,处六个月以上五年以下有期徒刑,得并科新台币三十万元以上一百五十万元以下罚金,其所使用之药械没收之。但合于下列情形之一者,不罚:①在'中央'主管机关认可之医疗机构,于医师指导下实习之医学院、校学生或毕业生。②在医疗机构于医师指示下之护理人员、助产人员或其他医事人员。③合于第 11 条第 1 项但书规定。④临时施行急救。"该条在规定非法行医罪的同时,明确了不构成非法行医罪的四种特定情形。修订前的"医师法"第 28 条规定,非法行医导致伤害、死亡的,加重其刑二分之一。然而,2002 年修订"医师法"删除了这一规定。

2006 年修订的"药事法"详细规定了与药品和医疗器材有关的六种犯罪。该法第 82 条规定了"制造或输入伪药或禁药罪",第 83 条规定了"贩卖、供应、调剂、运送、寄藏、牙保、转让或意图贩卖而陈列伪药或禁药罪",第 84 条规定了"未经核准擅自制造或输入医疗器材罪",第 85 条规定了"制造或输入劣药或不良医疗器材罪"以及相应的过失犯罪,第 86 条规定了"擅用或冒用他人药物之名称、仿单或标签者罪","明知是擅用或冒用他人药物之名称、仿单或标签前项之药物而输入、贩卖、供应、调剂、运送、寄藏、牙保、转让或意图贩卖而陈列罪"。上述条文对制造、输入、贩卖、供应、调剂、运送、寄藏、牙保、转让伪药、禁药、擅自制造的医疗器材、劣药、不良医疗器材等行为规定了相应的刑罚,与之对应的过失行为也成立犯罪,并且处罚某些行为的未遂,因此,上述犯罪在整体上属于重罪。

总之,台湾地区的医疗刑法采用的是普通刑法和行政刑法并列的立法模式。普通刑法中的业务过失致死罪、业务过失伤害罪、无故泄漏业务秘密罪、业务上之登载不实罪,犯罪主体虽然并非仅限于医生,但是,医疗业务行为往往最容易触犯上述罪名;在医疗行政刑法中,非法行医罪、药事犯罪以及不履行 HIV 检验义务罪,主要存在于执业资格准入、药品和特殊检验等领域,是典型的医疗犯罪。

四、大陆

我国大陆刑法典第 233 条和第 235 条分别规定了过失致人死亡罪和过

失致人重伤罪，在普通过失罪名之外，还单独规定了各个特定领域的过失犯罪，例如，针对交通领域规定了交通肇事罪，针对生产领域规定了重大责任事故罪等等。具体到医疗领域，1997年刑法增设了医疗事故罪这一典型的医疗犯罪。刑法第335条规定："医务人员由于严重不负责任，造成就诊人死亡或者严重损害就诊人身体健康的，处三年以下有期徒刑或者拘役。"针对医务人员的医疗过失规定专门的罪名，是我国医疗刑法在立法模式上明显区别于其他国家的特征。医疗事故罪在主观方面表现为"严重不负责任"，过失程度高于普通过失，类似于德日刑法理论中的"重大过失"，然而，本罪配置的法定刑却低于普通过失。对更重的过失处以了较轻的刑罚，这样的规定表面上看似矛盾，实质上是立法者充分参酌了医疗行为的目的、风险性、裁量性、刑事政策导向等因素之后，作出的科学而合理的立法选择，也获得了台湾学者的认可。①

刑法第336条第1款"非法行医罪"、第2款"非法进行节育手术罪"规定了未取得医生执业资格的人非法行医、非法进行节育手术的罪刑规范，是涉及执业资格准入和特殊手术许可的犯罪。

与医疗相关的药品、医用器材方面的犯罪被规定在刑法分则第三章"破坏社会主义市场经济秩序罪"第一节"生产、销售伪劣商品罪"中。刑法第141条规定了"生产、销售假药罪"，第142条规定了"生产、销售劣药罪"，第145条规定了"生产销售不符合标准的医用器材罪"。根据刑法分则中犯罪分类的标准，可以认为立法者将药品犯罪、医用器材犯罪的主要客体界定为药品和医用器材的质量监管秩序、社会主义的市场经济秩序。②但是，药品、医用器材本身与医疗行为密切相关，对公民的生命和健康法益造成的重大损害更是不容忽视，例如，2005年齐齐哈尔第二制药厂"亮菌甲素注射液事件"、深圳富华医院整形填充材料"奥美定事件"所造成的阴霾，至今仍然笼罩于众多无辜受害者和普通民众的心

---

① 参见陈自强等：《"我国"医疗事故损害赔偿问题的现况与展望研讨会（一）》，载《台湾本土法学杂志》，2002（10）。

② 参见高铭暄等主编：《刑法学》，2版，414页，北京，北京大学出版社、高等教育出版社，2005。

中。① 然而，受犯罪的立法分类的影响，理论界对药品犯罪和医用器材犯罪的研究往往聚焦于其作为经济犯罪的一侧，本书将从医疗的一侧将之纳入医疗刑法讨论的范畴。

本章小结

通过考察各个国家（地区）在医疗问题上的刑事立法，可以看出：就整体立法模式而言，世界上主要国家（地区）均未制定医疗特别刑法，对于医疗犯罪的规定散见于判例法、刑法典、医疗行政法规等之中；就单个罪名来看，对于医务人员在医疗活动中的不当行为，各国（地区）立法都没有明文豁免其刑事责任，但是，有的国家（地区）考虑到医疗本身的目的正当性和行为风险性，对医疗过失行为规定了相对较轻的法定刑（例如，我国大陆）或者免除了刑罚（例如，澳门地区）。

综观各国法律中典型的医疗个罪，依次总结具体个罪的立法特征如下：（1）医疗过失。除了我国大陆刑法对医务人员的医疗过失规定了专门的医疗事故罪之外，其他国家（地区）均将医疗过失作为一般过失犯罪处理。英美刑法通常将过失犯罪的主观方面表述为极度疏忽或者轻率，大陆法系刑法则存在两类立法例，其一，对所有过失犯罪作统一规定，医疗过失属于过失的一种，例如，德国；其二，将过失犯罪区分为普通过失和业务过失（或者重过失），医疗过失构成典型的业务过失（或者重过失），例如，日本和我国台湾、澳门地区。（2）无照行医。各国（地区）对医疗执业资格采取了行政审批的准入模式，无照行医在各国（地区）均构成犯罪，但是，有的国家（地区）将其规定在行政刑法中，例如，日本和我国台湾地区；有的将其规定在刑法典中，例如，我国大陆。在无照行医的成立要件上，大多数国家（地区）规定无照行医是行为犯，一经施行即构成犯罪，我国大陆刑法则规定无照行医是情节犯，只有情节严重才构成犯罪；非法行医导致患者死伤的，大多数国家（地区）按照（业务）过失致人死伤定罪量刑，在我国大陆则构成非法行医罪的结果加重犯。（3）堕

---

① "亮菌甲素注射液事件"和"奥美定事件"的详细情况，参见吴革主编：《中国影响性诉讼 2006》，上，93 页以下、107 页以下，北京，中国检察出版社，2007。

胎。关于堕胎，共有三种立法模式：第一种模式是完全禁止，第二种模式是有条件地允许，第三种模式是自由放任。自二战以后，西方主要发达国家均从严格禁止堕胎发展到有条件地允许堕胎。① 在妊娠初期的一段时期之内（例如，法国为 10 周，德国为 12 周）或者出于保护母亲的目的，在符合法定条件和程序的情况下允许堕胎，否则，构成堕胎罪。并且，随着节制生育政策的出现和性道德价值判断标准的改变，即使规定了堕胎罪的国家（地区），实务上也已经很少追究单纯堕胎行为的刑事责任。② 苏联在 1920 年颁布了《堕胎自由化法》，很多东欧国家受其影响允许自由堕胎。③ 我国也是允许自由堕胎的国家，堕胎在我国不构成犯罪，因此，堕胎罪不是本书讨论的重点。(4) 药品和医疗器械犯罪。大陆法系国家（地区）是在药事法等医疗法规中规定涉及药品和医疗器械的罪刑规范；我国大陆将此类罪名统一规定在刑法典中。(5) 每个国家（地区）特有的其他医疗犯罪。每个国家（地区）具有各自特殊的经济社会背景和医疗管理体制，形成了独特的刑罚理念和立法选择，因此，除了上述普遍的医疗犯罪之外，各国（地区）还会有一些关于医疗犯罪的特殊规定，例如，台湾的无故泄露业务秘密罪、澳门的擅做治疗、手术罪，我国大陆的非法进行节育手术罪等等。

---

① 参见［日］中谷谨子：《医疗行为之界限——生命科学之进步所形成的问题》，吴景芳译，载（台湾）《刑事法杂志》，1986 (3)。
② 参见臧冬斌：《医疗犯罪比较研究》，38 页。
③ 参见［日］中谷谨子：《医疗行为之界限——生命科学之进步所形成的问题》，吴景芳译，载（台湾）《刑事法杂志》，1986 (3)。

第三章 医疗案件的刑事审判

虽然世界上主要国家（地区）的立法没有明文豁免医疗过失的刑事责任，但同样不可否认的是，由于医疗活动本身的目的向善性、高风险性、裁量性和专业性，追究医务人员的刑事责任更应当始终秉承刑法的谦抑精神。要想真正了解医疗刑法在实务中的运作，必须将目光投向复杂而具体的刑事司法实践。本章描述了主要发达国家和我国的医疗案件的刑事审判状况，尽可能地勾勒出医疗刑事案件审判的鲜活图景。

第一节 大陆法系

一、德国

德国的医疗技术相当发达，享有很高的医疗盛誉，但医疗事故的数量仍然很多。大多数医疗事故纠纷以庭外调解或者民事诉讼的方式解决，只有极少数的案件进入刑事诉讼程序，并且医生的无罪率很高。

（一）医疗事故状况

据新华社柏林 2002 年 9 月 23 日电报道，德国卫生组织公布的统计资料显示，德国每年的医疗事故数量达到 10 万起，其中 2.5 万起出现了病人死亡的后果。对于医疗事故引起的纠纷，当事人除了通过法院解决问题之外，采用得最多的还是庭外解决的方式。①

事故发生后，患者通常与医院协商解决纠纷，若协商不成，患者可以将案件提交"医疗事故调解处"寻求解决。"医疗事故调解处"是德国设立的专门负责医疗事故庭外解决的机构，由各州的医生协会单独设立或者几个州的医生协会联合设立。该机构是独立的，其职责是从调解民事纠纷的角度来处理医疗事故，判断医疗事故中医生有无责任、责任大小以及赔偿数额。通过调解处的工作，可以省去因诉讼而支出的大量时间和金钱成本，并且有利于医患关系的和谐。但是，调解处对事故的最后处理意见只是建议性的，并不具有法律效力。如果当事的任何一方不同意该处理意见，仍然可以诉诸法律。②

（二）医疗刑事案件的审判

根据德国的《刑法典》和《医生责任法》，对医疗事故负有责任的医生，按照情节轻重可以被判处 10 年以下不等的徒刑或者罚金。但实际上，在法院处理的医疗事故刑事案件中，只有 0.3% 的案件中的医生被宣判有罪受到刑事制裁，换句话说，在医疗事故刑事诉讼中，医生的无罪率非常之高，达 99.7%。③

二、意大利

世界著名医学杂志《柳叶刀》（The Lancet）曾经刊登文章《意大利：成为犯罪的医疗过失》（Italy: Medical negligence as a crime），全面介绍了意大利医疗刑事案件的状况、特征和影响。

（一）医疗刑事案件激增

近年来，意大利的医疗保健体系发生了巨大变化。过去的地方医疗机构（local health authority）变成了公司（firm），收支平衡成为衡量其表

---

①②③ 参见郑汉根：《德国是这样处理医疗事故的》，载《中国保险报》，2002 - 10 - 16。

现的标准,利润在医院的管理者和医生之间进行分配。与此同时,处理医疗过失的方式也发生了变化。1999年6月2日,意大利民事诉讼体系回复到双轨制,由于缺乏有效的法律援助,在大多数医疗过失案件中,患者往往采取没有任何成本的刑事诉讼来起诉医生。然而,刑事案件的证据标准是超越合理怀疑(beyond all reasonable doubt),而不仅仅是优势证据(on the balance of probability)。提起刑事诉讼的最终结果,往往却是在法庭外解决争议。大多数案件都无视法律的价值,预防性告发(preventive complaint)从1993年的21%上升到1998年的37%,相反,对不当行为告发的数量从307件下降到288件。①

在过去十年中,意大利的医疗保健体系(无论是公共的还是私人的)陷入了医疗过失纠纷呈几何级数增长的困境。在大多数医疗纠纷中,患方提起的是刑事诉讼。患方作为诉讼的启动者,不需要支付任何费用,收集证据和起诉的费用都由国家承担。这样的救济对于穷人至关重要,但是,同时也意味着可能存在大量无确实根据的刑事起诉。

(二)医疗案件的刑事诉讼程序

当发生了病人死亡、病情恶化、拖延或者失当的诊断和治疗等情况时,若被害人宣称存在医疗过失,刑事调查就以医生收到通知应诉(informing warrant)作为开端。医疗过失致人死亡是公诉案件,其他则是自诉案件,非致命性伤害案件的诉讼程序可以依原告的要求而中止,纠纷通常在刑事审判之前就被解决了。②

在医疗刑事诉讼中,控方、辩方和法官都可以指定专家作为证人,当专家意见出现冲突时,由法官指定非属于控辩双方的专家作为证人。此外,病历记录也是重要的证据,检察官可以将证据封存,以病历为基础撰写报告并呈交法庭。多数案件最终由保险公司赔偿大笔金钱、原告撤回案件来了结。③

(三)刑事诉讼泛滥的影响

刑事诉讼的泛滥使得医院里弥漫着怀疑和对抗的空气,医生之间的话题总是谁又成了替罪羊,花多少钱能够了结案件,如此种种。此番状况对医生的心理、对他们的行为可能产生怎样的负面影响,目前还很难估量。

---

①②③ See Stefano Jourdan etc.,"Italy:Medical Negligence as a Crime",*The Lancet*,Oct,2000:356,9237.

病人初进医院就会清楚地宣称，如果他的病情不能好转就要提起告诉。难道这是一种实现医疗效果的方法吗？今天，意大利的医生们都在计划着怎样退休，如何避免心理压力过大而不得不去寻求心理帮助，或者如何避免利用和滥用这个奇怪的法律制度可能带给他们的困扰。①

三、日本

米田泰邦教授总结了日本医疗刑事案件追诉谦抑、无罪率高的特征，研讨了审判中的实体和程序难题、刑法理论和刑事裁判的关系、量刑的动向及其问题点。透过他的研究，可以一窥日本医疗案件刑事审判的概貌。

（一）医疗案件的基本状况

20世纪60年代后期，日本医疗民事诉讼案件激增。据日本国立保健科学院研究者的估计，日本每年因医疗疏失而死亡的人数，大概是交通意外事故死亡人数的3倍，即，每年约有26 000人死于医疗疏失，发生约800起医疗纠纷。② 日本的法院每年一审的医疗过失纠纷案件大约是300件。③ 与一般案件相比，医疗案件撤诉的少，但是，调解的比例较高（高于10%）。其主要原因是，医疗纠纷的证据收集较为困难，同时，也与超期审判导致诉讼时间延长、诉讼成本增加有很大关系。医疗纠纷的诉讼外和解，主要由各都道府县设立的医疗纠纷处理委员会解决。与普通民事案件85%的胜诉率相比，医疗民事案件的胜诉率仅占结案数的30%左右。④

但是，相对于医疗民事纠纷的"法化"现象来说，医疗过误案件被入罪化（定罪科刑）的却很罕见，刑事案件与民事案件的数量差距悬殊。例如，自1976年至1989年间，一审法院审理的医疗过失民事案件

---

① See Stefano Jourdan etc., "Italy: Medical Negligence as a Crime", *The Lancet*, Oct. 2000：356，9237.

② 参见詹廖明义编译：《医疗疏失的真相》，20页，台北，安立出版社，2004。

③ 关于每年医疗案件的数量，詹书和植木书存在数据差异，这是由于统计对象和统计范围不同所致的。詹书的数据是每年发生的纠纷数量（包括诉讼内案件和诉讼外案件），植木书的数据仅限于法院审理的医疗案件数量。

④ 参见[日]植木哲：《医疗法律学》，34页以下。

每年约有300件，但是，第二次世界大战后至90年代初期，数十年间被文献刊载的医疗过失刑事判决却不及百例（其中还包括了无罪判决），涉及的罪名也非常之广，涵盖了故意杀人罪或者故意伤害罪、加工自杀罪、堕胎罪、其他医务人员的医疗过误罪、密医的医疗过误罪等若干罪名。① 据齐藤教授推测，至1995年左右，日本的医疗过误刑事案件在130件到150件之间，主要集中于医务人员的单纯失误和初步的技术性失误，例如，取错药品、操作医疗装置失误、注射失误等。② 值得注意的是，战后日本刑法理论和刑事实务的发展在很大程度上与交通事故案件有关，依日本刑法第210条业务过失致死伤罪定罪科刑的案件大量增加，占全部刑事犯罪的60%；然而，在业务过失被大量犯罪化的时代，医疗过失领域却显示出其独特性，反映了医疗过失刑事追诉的谦抑化和非罪化。③

（二）医疗疏失刑事审判状况

1. 医疗疏失刑事裁判的特征

在日本，医疗刑事案件以医疗疏失刑事裁判为主，其特征是无罪率比较高。据松仓博士调查，本类案件的有罪率由战前的67%增长到战后的86%，无罪率由33%下降到14%④；饭田检事1975年的报告显示，战后起诉的70宗公诉案件中，有31宗作出了判决，其中有7宗判决无罪，无罪率为22.58%。⑤ 青柳教授和中山教授认为，医疗疏失刑事案件的无罪率是30%。⑥ 前田教授以1970年的案件为样本，计算出医疗疏失刑事案

---

① 参见［日］米田泰邦：《医療行為と刑法》，17页以下。需要明确的是，此处所统计的医疗过误刑事案件的范围很广，而不是仅限于医疗过失案件。

② 参见［日］齐藤静敬：《从日本刑事判例看医疗事故——以案例为中心》，载［日］中村敏昭等：《医疗纷争与法律》，增订1版，38页，台北，文笙书局，2004。

③ 参见［日］米田泰邦：《医療行為と刑法》，1页。

④ 参见［日］松仓豊治：《医療過誤と医師の立場》，法时40卷2號，10页。转引自［日］米田泰邦：《医療行為と刑法》，41页。

⑤ 参见［日］米田泰邦：《医療にホける未知の事故とチーム医療にホける医師の責任》，26页，判夕315-6（昭和50年）。

⑥ 参见［日］青柳文雄：《医療過誤事件の搜查と裁判》，17页，警论34卷9号（昭和50年）。转引自［日］米田泰邦：《医療行為と刑法》，41页。

件的无罪率由 10.4% 上升到 25%。①

各类报告之所以得出了不同的无罪率数据，是因为作为统计对象的总体样本是不同的。很难无一遗漏地掌握所有的判例，只能从各种各样的报告和资料中获取信息。例如，在饭田检事的报告中，漏掉了大审院公布的类似于战前麻药过量、外国船员吗啡注射事件这样的遣返案例。但是，也不能认为统计的总体数据越多越好，相同的专门职业中存在着医疗行为重合的部分，所以，尽管将牙科医生的刑事案件计入医疗事故案件之中是没有问题的，但是，将兽医误诊狂犬病事件、托儿所幼儿伏卧事件等无差别地作为医疗案件并不恰当。并且，对经历不同审级审理的同一案件可能会出现重复计算的情况，这也会导致无罪率发生变化。②

无罪率说明了检察官提起公诉的主张与法院不予支持其主张的比例。尽管不同的研究者得到了不同的数据，但是，无论采用哪一个数据，与一般事件和普通业务过失致死案件不足 1% 的无罪率相比，医疗疏失刑事裁判的无罪率都是相当高的。由于大部分案件的刑事责任非常明了，近半数的医疗事故刑事案件通过简易程序进行处理。因此，有必要将有罪和无罪的结论导入确定的刑事裁判程序之中进行探讨，但是，这样的考察超出了刑法理论的范围，刑法理论研究必须超越实体法和程序法的界线。③

2. 医疗疏失刑事审判的疑难化

在确定有罪和无罪之前，各审级之间作出不同判决的情况很常见，在三审终审的审级制度中，判决结果动摇本身并不是很大的问题。但是，当这种动摇处在医疗疏失高无罪率的延长线上时，其数量不能忽视，这是由医疗事件因果关系把握的困难性、法律判断基准的不确定性和浮动性所导致。④

医疗疏失刑事审判的疑难化主要与过失和因果关系有关。很多案件并非都是非常明确的重大过失，在医疗行为的裁量范围内可能会涉及各个方

---

① 参见 [日] 前田雅英：《医療過誤と過失犯の理論》，361 页，唄・法の倫理（昭和58年）。转引自 [日] 米田泰邦：《医療行為と刑法》，42 页。
② 参见 [日] 米田泰邦：《医療行為と刑法》，42 页。
③ 参见 [日] 米田泰邦：《医療行為と刑法》，44～46 页。
④ 参见上书，48 页。

面，包括诊断、观察等判断工作和治疗方式的选择是否适当，在可能引起特异反应的场合对患者体质的判断是否适当等等。此外，患者的症状发生急变，与预见可能性和回避可能性联系在一起。在一些有罪判决中，尽管应急体制很完备，也的确采取了急救措施，但是，由于手术的危险性很大，仍然难以确定是否具有结果回避可能性。结果与原因之间的关系难以确定，也是常见的问题。①

在程序上，医疗事故的刑事诉讼程序可谓错综复杂，例如，事故鉴定结论反复化，争点流动化（检察官变更诉因），诉因的时空性扩大化，以及不均衡的裁判长期化等等。②

3. 医疗疏失有罪判决存在的问题点

医疗疏失的刑事审判涉及医疗行为的事实评价和法律评价，有罪判决在事实认定和法律判断上都存在问题。

首先，事实认定。在医疗疏失刑事案件中，正是因为作为对象的事实关系是特殊的，事实关系的争端显示了科学的根据，所以，法院也必须反映出心证形成的过程。在医疗刑事案件的场合，很可能从医学的角度特别对此加以批判。有的判例评释不加批判地接受刑事判决认定的事实，并且将之贯穿于法律争论的始终，具有明显的局限性。③

其次，法律判断。有罪判决适当化的第二重保证是正确运用刑罚法规，这与刑法理论直接相关。在与医疗行为相关的刑法理论中，论及故意人身犯罪的学说占了很大比重，但实践中，刑事追诉的案件仅仅是堕胎儿遗弃致死等案件，其他案件主要与民事赔偿案件间接相关。因此，与裁判实务相关联的、围绕刑事过失的刑法理论，应当成为医疗刑事案件的主题。④

（三）医疗疏失案件中的刑法理论和刑事裁判

米田教授曾经认为，肇始于构造论的刑事过失理论大多缺乏与刑事实务的关联，实践中更重要的是有无"预见结果发生的可能性及其义

---

① 参见［日］米田泰邦：《医疗行为与刑法》，50～52页。
② 参见上书，56页。
③ 参见上书，57～59页。
④ 参见上书，64页。

务、预防结果发生的可能性及其义务"①。战后过失犯理论与实务的关系围绕两极发生了变化，一极是以交通事故为中心发展的限定刑事过失的信赖原则，另一极是以意图扩大公害事件为目标的危惧感说。信赖原则对于固定裁判实务具有重要意义，危惧感说使检察实务发生了变化，引发了刑事追诉，产生了很多无罪判决，也给裁判实务带来了一定的冲击和影响。在医疗疏失刑事案件中，没有从正面支持意识性的、特定的构造论和危惧感说的起诉。护士接错手术刀的电板两极的案件（"北大电手术刀误接事件"）否定了危惧感说。在众多案件中，虽然作出了否定具体预见可能性的无罪判决，但是，并不能说明这些诉讼就是根据危惧感说来提起的。

从整体上把握医疗疏失刑事案件的裁判动向，较高的无罪率反映出，在单纯超越事实问题的法律评价方面，检察和裁判存在差异，即使是个案的裁判，也不能被认为形成了很稳定的法律运用基准。②

（四）医疗疏失刑事案件的量刑

1. 量刑动向

在医疗疏失刑事案件中，量刑不均衡的问题突出地存在。1970年的研究指出，某些医疗事故案件中的医生被判处实刑，不仅高于当时交通事故案件的实刑率，与此后其他医疗过失案件被判处罚金相比，也是不均衡的。③

医疗过失的重刑化状况逐渐被修正，禁锢的实刑不再被认可，在因医疗过失构成业务上过失致死伤罪被判处自由刑的案件中，很多都适用了缓刑。刑罚宽缓化从过失的刑事控制这一角度获得了承认，但是，问题远未结束，特别是还存在与医疗案件相对比的量刑群。例如，将医疗刑事案件与交通事故案件进行比较，由于医疗刑事案件的数量比较少且具有多样性，很难对二者作出形式上的对比。求刑和量刑的基准也存在相同的困难，可罚性评价的流动性和重大不均衡性，仍然事实地存在。④

---

① ［日］米田泰邦：《過失處罰の實情と過失犯理論》，38页，LS 26号，1970。
② 参见［日］米田泰邦：《医疗行为与刑法》，65～68页。
③ 参见［日］前田雅英：《医療過誤と過失犯の理論》，363页，唄·法の倫理（昭和58年）。转引自［日］米田泰邦：《医疗行为与刑法》，70页。
④ 参见［日］米田泰邦：《医疗行为与刑法》，71～72页。

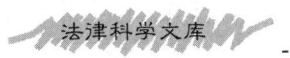

2. 围绕量刑的分裂和对立

就同一案件而言，不同审级的法院在量刑基准的判断上存在非常显著的分歧。在医疗疏失刑事案件中，有的案件一审被判处罚金，控诉审改判为自由刑缓期执行。量刑的变动虽然较多地体现了有罪事件的可罚性评价在法院之间的分裂和对立，但与此同时，在求刑上也反映了审判与检察的脱离。例如，在"千叶事件"的一审中，检察官的求刑是自由刑，但最后判处的是罚金刑。这种显著的断层也暗示了事件的实际状态中存在着问题。①

第二节 英美法系

一、美国

美国是世界上对医疗纠纷这一议题研究得最为深入和广泛的国家。② 美国的医疗法在历经三次医疗纠纷危机的过程中不断向前发展，对许多国家的立法产生了深远的影响。针对医疗伤害进行的"哈佛研究"（Harvard Study）以实证的方法揭示出触目惊心的医疗伤害数据。有学者认为，近百年来，医生因医疗过失被追究刑事责任的案件，在美国仅发生了一起。③ 然而，新近的研究成果显示，尽管与医疗民事损害诉讼相比，医疗刑事案件的发案率非常之低，但是，自1809年至1981年间，约有15起刑事案件涉及医师的渎职行为；自1985年至2004年间，有15名医生受到了刑事指控，他们都导致了一名以上的病人死亡。医生被指控的罪名包括二级谋杀（second-degree murder）、非预谋杀人（manslaughter）和疏

---

① 参见［日］米田泰邦：《医療行為と刑法》，73页。
② 参见杨秀仪：《医疗纠纷与医疗无过失制度——美国经验四十年来之探讨》，载（台湾）《政大法学评论》，2001（12）。
③ 参见古清华：《美国医师医疗疏失刑事案件责任判决》，载（台湾）《医事法学季刊》，2000年第7卷第4期、第8卷第1期合订本。转引自林萍章：《论医疗过失与刑事裁判》，63页，东吴大学硕士学位论文，2005。

忽杀人（negligent homicide）。①

（一）三次医疗纠纷危机

在美国，医生具有过错的医疗事故，被称为"Medical Malpractice"，直译应当是"医疗失当"②。自20世纪70年代中期以来，美国经历了三次医疗纠纷危机。第一次和第二次危机分别发生在70年代中期和80年代，彼时人们开始重视医疗伤害的法律研究，第三次危机发生在本世纪初期。2003年3月3日，在华盛顿召开的医疗保健经济及政策研讨会（Council on Health Care Economics and Policy）上提交的一篇论文显示，自2002年以来，美国很多州（例如，宾夕法尼亚州）陷入第三次医疗纠纷危机之中，医生们需要承担高额的且仍在上涨的保险费，全国最大的医疗赔偿保险公司和很多州的大型医疗赔偿保险公司纷纷离开了医疗保险市场。保险费的高涨在很大程度上被归咎于巨额的医疗损害赔偿，设定医疗损害赔偿的上限成为降低保险费的一个途径。研究发现，设定赔偿上限的州，其保险费比未设定赔偿上限的州低17.1%。然而，设定赔偿上限仅仅是一种权宜之计，问题在于其能否促进实现法律责任制度的目的。第三次医疗纠纷危机使得社会开始重新审视：现有的侵权法制度能够实现预防和赔偿的双重目的吗？若不能，应当如何改变？长期以来，各州保险费呈不断上涨趋势，是否反映了医疗过失伤害事故和低水平的医疗在不断增加？要是如此，这就不再是医疗保险范围内的问题了，仅靠设定医疗保险的上限于事无补。③

三次医疗纠纷危机促进了美国医疗法（主要是侵权法）体系的发展，现在仍然处于完善的进程之中。考察美国医疗纠纷危机及其法律制度的完

---

① See Gary Steinman, "Stuff of Nightmares: Criminal Prosecution for Malpractice", *OBG Management*, Aug. 2008; 20: 35-42.

Steinman的研究与前引古清华文（《美国医师医疗疏失刑事案件责任判决》）存在数据差异，笔者推测，其原因可能是：其一，两者统计的标准不同，Steinman的研究是医师的刑事责任（包括了二级谋杀、非法行医等），古文的研究仅限于医疗疏失的刑事责任；其二，两者的统计范围不同，Steinaman的研究涉及的时间更长，统计的样本更多。

② 徐爱国：《英美侵权行为法学》，103页，北京，北京大学出版社，2004。

③ See Kenneth E. Thorpe, "The Medical Malpractice 'Crisis': Recent Trend and Impact of State Tort Reforms", *Health Tracking*, Jan. 2004.

善，能够为研究医疗刑事案件提供基本的背景。此外，美国的医疗纠纷危机主要导致的是侵权法的变化，这从另一个角度说明美国解决医疗纠纷主要依赖于侵权法而不是刑法，以刑事手段解决医疗事故纠纷并非常态。

（二）哈佛研究

面对医疗纠纷危机，美国的研究者开始运用实证的方法，尝试对医疗伤害的频率、医疗伤害受害者寻求救济的途径、法院处理纠纷的态度等进行研究，以获取翔实的数据并制定针对性的措施。对于医疗纠纷的实证研究，主要有20世纪70年代的"加利福尼亚研究"、80年代的"纽约研究"（又称为"哈佛研究"）、90年代的"科罗拉多研究"和"犹他研究"，这些研究得出的结论是类似的。[①] 其中，"哈佛研究"是欧美发达国家研究"医疗纠纷"这一议题最为权威的研究。[②]

"哈佛研究"是纽约州州政府委托由哈佛大学法律学家、经济学家、医学家共同组成的研究团队，针对医疗纠纷进行的一项大型实证研究，研究对象为1984年纽约州近三万名住院病人的病历资料。受过训练具有医疗背景的研究人员（资深护士、主治医师等）对病历进行逐件研读，统计每年究竟有多少人受过医疗伤害。研究发现，现代医疗并非如大众所期待的那样安全，相反，每天在医院发生的医疗伤害案件数并不少于发生在高速公路上的意外事故，但是，并没有因此而发生所谓的"医疗诉讼爆炸"，真正因医疗伤害提起诉讼的只是"冰山一角"。医疗保险费的增长与医疗伤害诉讼之间没有绝对的关系。"哈佛研究"的领军人物保罗·伟乐（Paul Weiller）教授提出了医疗伤害赔偿的草案，基本精神如下：（1）对所有已经受到医疗伤害的病人而言，草案应尽量发挥"填补损害"（compensation）的功能；（2）对所有尚未受到医疗伤害的病人而言，草案希望能够有效地发挥"预防伤害发生"（deterrence）的功能；（3）对所有一般人（尤其是纳税人）而言，草案希望能以最节俭的"成本"（cost-saving）实现上述两个功能。美国前总统克林顿在1993年初次参加竞选时，曾经将此方案纳入健康保健改革方案中，该改革方案后来未获通过，使得保罗

---

① See Kenneth E. Thorpe. "The Medical Malpractice 'Crisis'：Recent Trend and Impact of State Tort Reforms", *Health Tracking*, Jan. 2004.

② 参见杨秀仪：《医疗纠纷与医疗无过失制度——美国经验四十年来之探讨》，载（台湾）《政大法学评论》，2001（12）。

教授提出的医疗伤害赔偿草案只能停留在理论研究的层面上。①

"哈佛研究"提出的医疗伤害赔偿是从侵权法的角度进行的有益探讨，但是，在医疗过失伤害中，民事侵权与刑事犯罪并非天壤之别，而往往只是一线之间，是作为民事案件还是作为刑事案件处理，通常取决于检察官刑事政策上的考虑，若采取损害赔偿方式即可以达到国家追求之至善境界，则不必再动用刑罚手段。

（三）医疗刑事判例

在 People v. Einaugler 案中，被告人误将灌食液灌进了病人的腹膜透析导管，两天后，被告人才知晓了该错误及其产生的危险。在征询了两位专科医师的意见之后，被告人没有马上为病人办理转院，而是拖延了10个小时才予以办理。该案历经一审和上诉审程序，于1997年最终确定，被告人被判处52周周末易服劳役刑。② 纽约州高等法院在判决理由中明确地审查了被告人的过失行为的要件：（1）被告人的行为具有引起被害人身体上严重伤害（死亡或者有死亡之虞）的潜在危险。（2）被告人的行为必须"严重"背离按照一个合理正常人的标准所能够实行的行为，并且，其主观上是明知的、却忽视了该潜在及可避免的危险。③

刑事过失的程度高于民事过失，美国通常以"极度"、"重大"来限定刑事过失。本案中，法官充分考虑了刑事过失和医疗行为的特点，认为"刑事过失的成立主要在于过失的程度，过失行为是否达到应负刑责的程度应当由陪审团来认定"，"因重大忽视医学学理、治疗的实施和选择上有重大过失，不具备使用医疗器械的技术，对病人未作适当的注意，以至对病人的人身安全存在重大的缺乏专业能力、重大的不注意、或鲁莽的漠不关心，可以构成刑事过失"。并且该判例从反面论证了，病人的死亡如果是因为"治疗的选择或实施上之单纯判断错误"所致，则不构成刑事过失。④

---

① 参见杨秀仪：《医疗纠纷与医疗无过失制度——美国经验四十年来之探讨》，载（台湾）《政大法学评论》，2001（12）。

② 参见林萍章：《论医疗过失与刑事裁判》，63页，东吴大学硕士学位论文，2005。

③④ 参见古清华：《美国医师医疗疏失刑事案件责任判决》，载《医事法学季刊》，2000年第7卷第4期、第8卷第1期合订本。转引自林萍章：《论医疗过失与刑事裁判》，63页，东吴大学硕士学位论文，2005。

在 Klvana 案中，Klvana 是一名妇科医师，由于多次出现医疗事故，医院解雇了他，加利福尼亚州医学委员会停止了他的执业住院医师资格。但是，Klvana 继续在门诊从事医疗活动，甚至在洛杉矶的卫生行政部门下达了禁止门诊执业的命令之后，仍然继续实施医疗。在 11 年多的时间内，有 9 名婴儿因其在接生过程中的医疗缺陷而死亡。医疗专家认为，Klvana 的行为严重违反了医疗规范，包括未适当管理诊所，在产妇分娩期间擅离职守，无视新生儿明显的危险信号（例如，呼吸困难），未及时转诊等。该案经历了漫长的诉讼过程，Klvana 被判成立二级谋杀罪，处以 53 年监禁。①

在 Benjamin 案中，由于五次在妇科手术中引起了病人子宫穿孔，Benjamin 被吊销了行医执照。Benjamin 提出了恢复行医资格的请求，在等待答复的窗口期内，继续从事医疗活动。他在诊所内为一名怀孕 20 周的孕妇实施流产手术，根据当时的医疗规范，妊娠中期的流产手术只能在医院进行。手术后，病人由于子宫和子宫颈的伤口而大量出血，但是，Benjamin 没有注意到这一点，将病人放在诊所的走廊上，然后就去为另一名病人实施手术。病人在走廊上呆了一个多小时之后死亡。专家证人证明，医疗辅助人员没有及时向 Benjamin 告知病人的状况，由于抢救延误而导致了病人死亡。陪审团认为，Benjamin 的行为是"对生命的极端无视"（depraved indifference to human life），法官判决其成立二级谋杀罪，处以 25 年监禁。②

二、英国

（一）医疗刑事案件概况

在英国，就有关过失的法律而言，医生没有被归入任何特殊的类别，他们与其他职业的人员是相同的。③ 根据英国的刑事法律，医生可能因医疗失当而受到杀人罪（manslaughter）的指控。有研究表明，英国医生近

---

①② See Gary Steinman, "Stuff of Nightmares: Criminal Prosecution for Malpractice", *OBG Management*, Aug. 2008; 20: 35-42.

③ 参见［英］安迪·卡恩：《英国法院审理医疗过失案件的某些新近的趋向》，莱夫译，载《法学译丛》，1987（2）。

年来遭到刑事追诉的频率不断呈上涨趋势。① 在1867年至1989年的122年间，英国仅发生了7起医生因医疗过失被指控疏忽杀人的刑事案件。然而，《英国医学杂志》(British Medical Journal) 2000年7月的一项研究发现，仅20世纪90年代，英国就有13宗医疗过失案件被提起刑事追诉，共有17名医生卷入诉讼。② 2002年7月的一项调查显示，自2000年以来两年半的时间内，就有6名医生遭到了疏忽杀人罪的指控。③ 一项最新的、跨度最长的研究表明，自1795年至2005年的210年间，英国共有85名医师被指控成立杀人罪。在此期间内，就案件的发生频度看，19世纪中期和两次世界大战之间的案件数量较多，20世纪90年代以后案件数量迅速增加。在85名受到刑事追诉的医生中，有60名医生被判无罪，22名医生被判有罪，3名医生认罪，无罪率高达70.6%。最早的一起医疗刑事案件是发生在1831年的Raeburn案，Raeburn医生被指控导致一名妇女在分娩之后死亡。④

(二) 典型判例

略举两例英国近年来以极度疏忽杀人罪提起诉讼的典型医疗案件。Feda Mulhenm案是新近发生的案件，医师Feda Mulhenm指示助手，将一种原本用于静脉注射的药物注射入一个十几岁的癌症患者的脊柱中。将静脉药物进行脊柱注射，很明显是将静脉药物与其他用于脊柱注射的药物混淆了。Feda Mulhenm被指控犯了极度疏忽杀人罪，处以8个月监禁。⑤

Hiral Hazari是一名刚进行预注册的住院医师。2003年2月，Hiral

---

① See Jon Holbrook, "The Criminalization of Fatal Medical Mistakes", *British Medical Journal*, Nov. 2003; 327: 1118.

② See Ferner Re, "Medication Errors that Have Led to Manslaughter Charges", *British Medical Journal*, Nov. 2000; 321: 1212-1216.

③ See Dyer C., "Doctors Face Trial for Manslaughter as Criminal Charges against Doctors Continue to Rise", *British Medical Journal*, Jul. 2002; 325: 63.

④ See R. E. Ferner etc, "Doctors Charged with Manslaughter in the Course of Medical Practice 1795—2005: A Literature Review", *Journal of the Royal Society of Medicine*, Jun. 2006; 99: 309-314.

⑤ See Jon Holbrook, "The Criminalization of Fatal Medical Mistakes", *British Medical Journal*, Nov. 2003; 327: 1118.

Hazari 没有及时观察到食管插进了病人的肺部，病人因此而死亡，他被提起了刑事控诉，但被判处无罪。Hiral Hazari 当时年仅 23 岁，是受到刑事追诉的最年轻的医师。①

（三）医疗刑事案件的成因、刑事追诉的必要性及影响

学者们对医疗刑事案件增长的原因、刑事追诉的必要性以及影响展开了积极的探讨。

曼彻斯特大学的全科医师和医疗错误专家 John E. Sandars 认为，医疗错误的研究证明了，产生错误的原因非常复杂。"很多错误的发生是由于介入了周边的其他情况，这些情况常常不受人力所控制。而且，医疗错误的根本原因（root cause）常常是医疗组织中存在的某些问题的征表，例如，医生长时间工作而得不到休息。"即使如此，法律制度仍试图找出一个产生错误的原因从而实现赔偿和刑事责任。俄亥俄州辛辛那提大学家庭医疗学助理教授 Nancy Elder 认为，"美国与英国同样存在'归责'（blame）的文化"，"不好的医疗后果，无论是否是由于过失、错误、差错或者更普遍的并发症而产生，通常都会被归结为某个人的过错，这种思想使得在医疗失当中产生了严重的问题。"她还认为，医疗文化自身也参与到公众不断增长的归责愿望之中。当对医疗错误的赔偿和解释以一种及时和恰当的方式作出时，"病人控诉的愿望和法律体系犯罪化的趋势都会下降。但不幸的是，我们的医疗文化作出的反应常常是掩盖不好的后果，否认我们卷入其中，逃避与病人进行诚恳的交谈"②。伦敦的执业律师 Jon Holbrook 认为，刑事追诉增长的原因是，近年来社会对极度疏忽和事故这两个概念的认识发生了变化。"原因在于社会对事故的反应，尤其是现在人们普遍认为必须有人为事故负责。"他向许多组织提出要求，禁止使用"事故"（accident）一词，因为这会"形成一种文化，使得人们在需要承担责任的过错并不存在的情况下，仍试图去

---

① See Jon Holbrook, "The Criminalization of Fatal Medical Mistakes", *British Medical Journal*, Nov. 2003; 327: 1118.

② Emma Hitt, "Criminalizing Medical Errors: Does the Punishment Fit the Crime?", http://www.medscape.com/viewarticle/464383, 访问日期：2007-10-05。

寻找这种过错"①。

关于医疗过失的刑事追诉，Holbrook 指出，"有的医疗错误非常严重，对之进行刑事追诉是正当的。很明显的例子是，有的手术违反了非常明确的专业指南。"同时，他强调，"如果医生犯的错误是其他理性的、具有相同能力的医生也会犯的错误的话，就不应当进行刑事追诉"②。

对于追究医疗过失的刑事责任可能产生的影响，Holbrook 认为，目前看来，除了可能会鼓励医生更多地实施防御性医疗之外，尚不清楚将医疗错误犯罪化还会导致其他什么影响。但是，民法对医疗行为的不断干预已经扭曲了医疗的优势，刑法越来越广泛地介入医疗实践只能增加这一问题的严重性。③

第三节　我国

一、台湾地区

我国台湾地区研究者认为，台湾是世界上唯一高比例地以刑事诉讼解决医疗纠纷的地区。实证数据显示，约有七成医疗纠纷进入了刑事诉讼程序，五成医疗纠纷采取了民事诉讼，两者加起来大于十成是因为有一部分案件适用的是刑事诉讼附带民事请求的方式。此外，考察法院或者检察署送到卫生署鉴定的医疗纠纷类型，亦是反映台湾医疗案件处理方式的有力数据。据统计，自 1987 年至 2000 年，在送鉴定的医疗案件中，刑事案件占 76.3%，民事案件占 10.4%。④ 就医疗刑事诉讼案件的绝对数来看，台

---

① Jon Holbrook, "The Criminalization of Fatal Medical Mistakes", *British Medical Journal*, Nov. 2003; 327: 1118.

② Jon Holbrook, "The Criminalization of Fatal Medical Mistakes", *British Medical Journal*, Nov. 2003; 327: 1119.

③ 参见 Emma Hitt, "Criminalizing Medical Errors: Does the Punishment Fit the Crime?", http://www.medscape.com/viewarticle/464383, 访问日期：2007-10-05。

④ 参见陈自强等：《"我国"医疗事故损害赔偿问题的现况与展望研讨会（一）》，载《台湾本土法学杂志》，2002（10）。

湾每年发生约 250 起医疗刑事诉讼案件，且呈逐年增长趋势。[1] 根据长庚医院医管所的实证分析，在 21 世纪的最初两年内，有 15 例医疗过失被判有罪，平均每两个月有一位医师被判刑。[2]

医疗过失可能构成我国台湾地区"刑法"第 276 条第 2 项规定的"业务过失致死罪"或者第 284 条第 2 项规定的"业务过失伤害罪"。司法统计显示，在以业务过失致死伤罪追诉的案件中，其他类型的案件检察官的胜诉率（有罪率）都高，只有医疗过失案件检察官的胜诉率（有罪率）低，台湾医疗案件刑事诉讼的败诉率高达 97%。在对医疗过失提起刑事诉讼的案件中，最后达成的不是民事损害赔偿就是和解。[3]

学者们对台湾医疗刑事诉讼泛滥的现象普遍持批判态度，认为这是因"刑事责任的功能被扭曲，民事责任的功能未适当发挥出来"所导致。[4] 究其根源，有的认为与东方社会自古以来处理纠纷时民刑不分有关，有的认为与通过刑事程序更容易获得赔偿有关，有的认为与民事诉讼程序在解决医疗纠纷方面无法为病人提供帮助有关。在民事诉讼中，病人找不到胜任的律师，无法获得专业的医疗评估，收集不到必要的证据，因此，转而寻求通过刑事诉讼来解决纠纷。与此同时，台湾的刑事诉讼门槛较低，病人可以提起刑事自诉并在刑事诉讼中附带民事诉讼来达到其诉求。[5]

有研究对台湾地区 2001 年 2 月 1 日至 2005 年 1 月 31 日四年间的 15 起医师败诉的刑事案件进行了统计分析。这 15 起案件共有被告人 18 人，其中，有 16 位医师败诉，即，平均每三个月有一位医师被判有罪。从医师服务的科别来看，外科最多，占 2/3；内科其次，占 1/5；再其次是妇产科和儿科。医师被科处的刑期，从拘役 10 日到有期徒刑 1 年不等，平均刑期为 6.6 个月，且都获得了缓刑或者易科罚金。就过失发生的医疗环节来看，有 5 起案件涉及疾病的诊断，6 起案件涉及治疗或者手术并发症的判断，两起案件涉及手术前治疗与病情评估，1 起案件涉及手术适应

---

[1] 参见林萍章：《论医疗过失与刑事裁判》，17 页，东吴大学硕士学位论文，2005。

[2] 参见郑明辉：《台湾地区医疗纠纷刑事败诉判决实证分析：一位临床医师的观点》，3 页，长庚大学硕士学位论文，2004。

[3][4][5] 参见陈自强等：《"我国"医疗事故损害赔偿问题的现况与展望研讨会（一）》，载《台湾本土法学杂志》，2002 (10)。

症，1起案件与手术方法的选择有关。① 但研究者亦认为，某些案件的医疗鉴定或者裁判本身存在一定的问题。②

二、大陆

（一）医疗纠纷的基本情况

自20世纪90年代中期以来，我国医疗纠纷的数量大幅增长，医患关系紧张。需要澄清的是，医疗纠纷并非一定由医疗事故引起，更不等于医疗事故刑事案件。

广义的医疗纠纷，是指医患双方发生的争议。③ 根据争议的内容不同，可以将医疗纠纷分为因医疗费用发生的争议、因医疗态度发生的争议、因医疗效果发生的争议、因医疗损害责任归属发生的争议。④ 据统计，在我国的医疗纠纷中，因医疗费用而发生的争议最多，占医疗纠纷总数的37.95%。此外，因医疗态度而产生的纠纷占21%，因医疗效果而导致的纠纷占27.6%，因医疗损害责任归属而引起的纠纷占13.1%。⑤ 狭义的医疗纠纷，仅指对于医疗损害责任归属的争议。根据医方是否存在过错，又可以将狭义的医疗纠纷区分为无过错的医疗损害纠纷和有过错的医疗损害纠纷。无过错的医疗损害纠纷，包括医疗意外、并发症、副作用和疾病的自然转归。有过错的医疗损害纠纷，包括医疗故意和医疗过失。在医疗过失中，可以根据导致损害的程度不同，将其区分为医疗差错和医疗事故，前者的损害程度小于后者。⑥ 统计数据显示，在狭义的医患纠纷案件中，约有10%～20%属于医疗事故。⑦ 在医疗事故中，绝大多数属于民

---

① 参见林萍章：《论医疗过失与刑事裁判》，3页，东吴大学硕士学位论文，2005。
② 参见上文，5页。
③ 参见艾尔肯：《医疗损害赔偿研究》，17页，北京，中国法制出版社，2005。
④ 参见杨秀仪：《医疗纠纷之定义、成因及归责原则》，载《台湾本土法学杂志》，2002（10）。
⑤ 参见刘振华等主编：《医患纠纷预防处理学》，2版，11页，北京，人民法院出版社，2007。
⑥ 所谓医疗差错，是指因诊疗护理过失使病员病情加重，遭受死亡、伤残、功能障碍以外的一般损伤和痛苦。（参见王利明：《侵权行为法》，527页，北京，中国人民大学出版社，1993。）
⑦ 参见刘振华等主编：《医患纠纷预防处理学》，2版，11页。

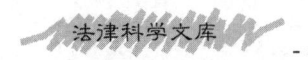

事损害赔偿纠纷,只有医生严重不负责任,造成就诊人死亡或者严重损害就诊人身体健康的,才可能构成医疗事故罪。因此,从宏观上看,医疗事故刑事案件仅是医疗纠纷中很小的一个构成部分。医疗事故刑事案件在医疗纠纷中所处的位置,可以用下图表示:

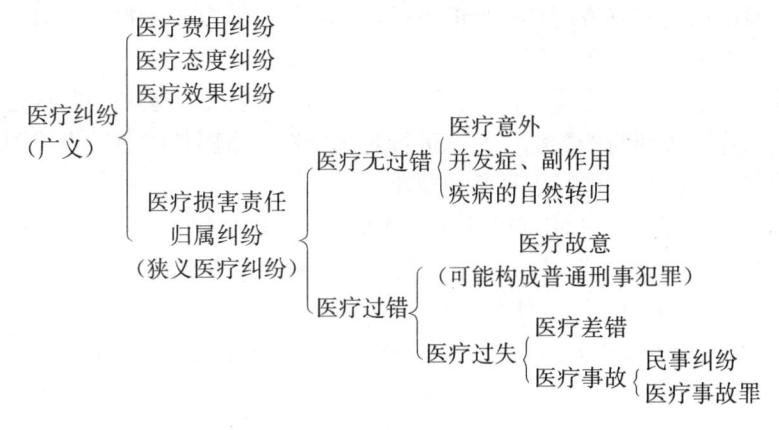

```
                    ┌ 医疗费用纠纷
                    │ 医疗态度纠纷
                    │ 医疗效果纠纷
                    │              ┌           ┌ 医疗意外
                    │              │ 医疗无过错 ┤ 并发症、副作用
医疗纠纷            │              │           └ 疾病的自然转归
(广义)         ┤ 医疗损害责任 ┤
                    │ 归属纠纷     │           ┌ 医疗故意
                    │ (狭义医疗纠纷)│          │ (可能构成普通刑事犯罪)
                    │              │ 医疗过错 ┤           ┌ 医疗差错
                    │              │          │ 医疗过失 ┤           ┌ 民事纠纷
                    │              │          │          └ 医疗事故 ┤ 医疗事故罪
                    └              └          └
```

(二) 医疗事故罪的刑事审判状况

1. 医疗事故纠纷解决的基本模式

根据《医疗事故处理条例》(以下简称《条例》)第2条的规定,所谓医疗事故,是指医疗机构及其医务人员在医疗活动中,违反医疗卫生管理法律、行政法规、部门规章和诊疗护理常规,过失造成患者人身损害的事故。《条例》第13条和第14条规定了医疗事故报告制度,卫生部和国家中医药管理局也于2002年专门颁布了《重大医疗过失行为和医疗事故报告制度的规定》,但是,迄今为止,笔者未能查阅到官方公布的关于医疗事故状况的各类全国性统计数据,仅能找到个别地区或者个别医院的零星数据。① 因此,笔者主要通过考察法律专业网站数据库中收录的医疗事故个案,统计

---

① 笔者查阅了历年的《中华人民共和国卫生部公报》以及有关报刊、书籍,进行了全方位的网络搜索,均未找到相关统计数据。2007年最高人民法院和卫生部合作实施重点调研课题"关于医患纠纷案件法律适用的调研",我们期待该课题完成之后能够统计出我国医疗事故案件的权威数据。

医疗纠纷的处理近年来引起了学者的关注,但是,研究重心基本上仅限于民事处理而未涉及刑事制裁,新近出版的代表作有:邢学毅编著:《医疗纠纷处理现状分析报告》,北京,中国人民公安大学出版社,2008;林文学:《医疗纠纷解决机制研究》,北京,法律出版社,2008。

55

我国医疗事故刑事案件的相对发生率，据此探究我国医疗事故纠纷解决的基本模式。

(1) 研究说明

我国目前尚缺乏类似于美国"哈佛研究"那样的大型医疗实证研究。由于资料的限制和官方统计数据的匮乏，笔者只能着眼于资料的权威性和收集途径的便捷性，采取网络检索的方式，选取了三个代表性网站中收录的医疗事故案例，将之作为研究样本，就我国通过民事诉讼和刑事诉讼方式解决医疗事故纠纷的数据、样态进行对比分析，力图从中总结出我国医疗事故纠纷处理模式的特点和基本规律。①

样本选择以人民法院网、北大法律信息网和北大法意网三大网站的案例数据库作为检索范围，以判决时间作为确定检索时间段的标准，时间跨度为1997年10月1日至2007年9月30日，以"医疗事故"作为检索关键词，将检索到的所有案例作为研究对象进行归类、统计和分析。

Ⅰ. 中国法院网（www.chinacourt.org）

中国法院网是最高人民法院主管的综合性新闻网站，是中国最大的法律专业网站之一。

在中国法院网的"案件大全"数据库中，以"医疗事故"为关键词进行检索，共搜索到确定时间段内判决的案件360件，案件的表现形式为案件通讯、案情介绍和媒体报道。通过文本分析发现，在这360个案件中，重复案件22件，非医疗事故案件、信息缺失和性质不明的案件共64件，实际有效案件数为274件。其中，民事案件262件，占案件总数的95.62%；行政案件（医疗事故鉴定异议、行政不作为）6件，占案件总数的2.19%；刑事案件6件，占案件总数的2.19%。在6个刑事案件中，有3个案件是非法行医案，被定性为医疗事故罪的案件只有3件。因此，医疗事故刑事案件在医疗事故案件中的发案率约为1.09%。

Ⅱ. 北大法律信息网（www.chinalawinfo.com）

---

① 根据医疗事故纠纷的法律性质，可以将其区分为医疗事故民事损害赔偿纠纷和医疗事故罪刑事责任纠纷。民事损害赔偿可以通过协商、调解、仲裁或者诉讼加以解决。由于无法获取协商、调解和仲裁的数据，本书主要着眼于医疗事故纠纷的司法解决模式，将医疗事故的刑事诉讼与民事诉讼进行样本对比。

北大法律信息网是北京大学法制信息中心和北大英华科技有限公司联合推出的智能型法律检索系统，该系统的案例数据库包括"最高人民法院公报案例库"和"中国法院裁判文书库"。

在确定的检索关键词和检索时间段内，上述案例库收录的各个法院、各级审判、各类裁判文书中，涉及医疗事故损害赔偿的民事诉讼案件共172件，涉及医疗事故罪的刑事案件仅2件，医疗事故刑事案件约占医疗事故案件总数的1.15％。

III. 北大法意网（www.lawyee.net）

北大法意网由北京大学实证法务研究所主办，该网站的案例数据库包括裁判文书案例数据库和媒体案例数据库两个子项。

在确定的检索关键词和检索时间段内，案例数据库中共收录涉及医疗事故损害赔偿的民事案例685件。其中，裁判文书案例237件，媒体案例448件。在同一检索范围内，案例库中共收录医疗事故罪刑事案例24件，其中裁判文书11件，媒体案例13件，由于有1个案例重复出现在媒体案例和裁判案例中，有1个案例在媒体案例中出现了两次，故实际案例为22件。医疗事故刑事案件约占医疗事故案件总数的3.11％。

（2）三大网站数据误差的原因分析

目前我国法院的裁判文书没有全部上网，缺乏有效的途径获得最全面的法院判例。由于上述三大法律专业网站的案例库各有不同的收录来源[①]，使得各网站收录的医疗事故案例在绝对数量上存在较大差异。相对而言，由于同一网站具有相同的数据来源，其数据库中医疗事故刑事案件在所有医疗事故诉讼中所占的比例，即医疗事故刑事案件的发生率这一相对数值更具可比性。根据中国法院网数据库和北大法律信息网案例库统计出的数据基本接近，医疗事故刑事案件的发生率分别为1.09％和1.15％，低于根据北大法意网案例库统计出的3.11％的刑事案件发生率。究其原因，主要在于中国法院网和北大法律信息网收录的医疗事故罪刑事案例数量少，并且判决时间比较靠后。相对而言，北大法意网的刑事案例数据更

[①] 例如，北大法意网的案例来源于法院网站、案例书以及直接向法院收集。（参见上海法学网，http://www.sls.org.cn/law_update_webf/all_show_detail.jsp?main_id=75&id=0750000007，访问日期：2007-10-20。）

全面（已经囊括了其他两个网站收录的刑事案例），时间跨度更大。① 笔者认为，根据北大法意网案例库统计出的数据更加可靠。

（3）我国处理医疗事故纠纷的特点

尽管在医疗事故刑事案件的发生率上，根据上述三个网站案例库得出的统计数据存在差异，但无论是1.09%、1.15%还是3.11%的发生率，都可以推导出：在我国的医疗事故诉讼中，以刑事诉讼的方式解决纠纷的比例相当低。如前所述，根据北大法意网案例库得出的统计数据更为可靠，我国医疗事故刑事案件在医疗事故诉讼中所占的比例应为3%左右，即每100起提起诉讼的医疗事故案件中大约有3起为刑事案件，如果再加上以协商、调解等方式解决的医疗事故纠纷，医疗事故刑事案件的发生比例就会更低。可见，我国主要是通过民事损害赔偿的方式解决医疗事故纠纷，刑事追诉的概率非常低，刑事追诉不是解决医疗事故纠纷的常规方式。这一结论与台湾研究者对我国医疗事故罪的观察基本一致。② 台湾研究者认为，尽管1997年刑法针对医疗行为专门规定了医疗事故罪，但是，以该罪名起诉医务人员的案例很少，每年约为0至3起，可以说我国的医疗事故纠纷几乎都是以民事方式解决的。③

医疗事故刑事案件的低发生率说明，我国在医疗事故的"入罪化"和刑罚权的启动上均持非常谦抑和审慎的态度，其原因存在于实体法和程序法两方面。首先，在实体法上，我国对医疗事故罪规定了非常严格的构成要件，只有在"严重不负责任"的主观心态支配下，客观上造成了"就诊人死亡或者严重损害就诊人身体健康"后果的，才可能构成犯罪。因此，

---

① 例如，在北大法意网收录的医疗事故刑事案件中，审结时间最早是1997年10月15日（"张兆明医疗事故案"）。

② 参见林萍章：《论医疗过失与刑事裁判》，65页，东吴大学硕士学位论文，2005。

③ 需要注意的是，我国刑法第336条单独规定了非法行医罪和非法进行节育手术罪，因此，3%的医疗事故刑事案件发生率并没有将这两个罪名统计在内。然而，根据日本刑法和我国台湾地区"刑法"的规定，非法行医是行为犯，不具有医师资格的人非法行医构成非法行医罪，若造成被害人死亡或者重伤的，则构成业务过失致死伤罪。因此，日本和我国台湾地区的医疗过失犯罪的统计数据实际上涵盖了医师和非医师的医疗过失案件，其外延广于我国大陆的统计数据。因之，法律规定不同导致了样本的选取范围有异，使得我国大陆与台湾地区以及日本在医疗过失犯罪案件的数量和发生率上存在统计差异。

医疗事故罪是重过失且造成了严重后果，从而排除了普通医疗事故的犯罪性。其次，在程序法上，医疗事故罪属于公诉案件，公安机关立案侦查和检察机关审查起诉时都要对案件进行严格的审查，从而能够有效避免患者或其家属滥用诉权、随意通过自诉的方式启动刑事诉讼程序，导致医疗刑事诉讼泛滥的弊端。因此，从整体上看，我国医疗事故罪的立法和司法运行基本呈良性态势，符合医疗事故罪的构成特征和立法初衷。

2. 1997年刑法施行前的医疗事故刑事案件的实证分析

医疗事故罪是1997年修改刑法时新增设的罪名，但是，在刑法修改之前，我国的刑事审判实务亦通过其他罪名追究了医务人员严重医疗过失行为的刑事责任。研究1997年刑法施行之前医疗事故的刑事规制，有助于把握本罪发展的历史脉络，对于从整体上认知我国医疗事故刑事案件的处理状况具有重要的参考意义。

有学者以1979年刑法施行期间媒体报道的医疗过失刑事案件为研究对象，统计了这类案件的基本情况。自1981年至1993年，《健康报》、《法制日报》等六家媒体共报道医疗刑事案件64件，涉案被告78人。涉案罪名包括过失杀人罪9例，玩忽职守罪37例，重大责任事故罪4例，重大医疗责任事故罪1例，渎职罪3例，过失犯罪2例，一级医疗责任事故罪1例，过失致人死亡罪1例，医疗过失罪1例，罪名不明5例。案件的审判结果包括宣判无罪2人，不起诉3人，免予起诉6人，免予刑事处罚1人；除了当时正在审理中的3个案件和量刑不详的13个案件之外，在判处刑罚的案件中，刑罚从3个月拘役至15年有期徒刑不等，其中有50人被判处缓刑。研究者认为，我国医疗事故刑事案件的审判存在定性混乱，量刑随意，程序违法等缺陷。①

笔者认为，我国之所以在处理医疗事故刑事案件上曾经出现过上述问题，主要是因为我国1979年刑法存在类推制度，没有明确规定医疗事故罪的罪名，法治整体水平不高。同时，这也反映了我国将医生的严重医疗过失行为纳入刑事规制范围的传统。

3. 1997年刑法施行后的医疗事故刑事案件的实证分析

(1) 研究说明

---

① 参见张赞宁：《医疗事故刑事案件64例法理剖析》，载张赞宁编著：《医事法学研究及典型案例评析》，82页以下，南京，东南大学出版社，2003。

医疗事故罪在1997年刑法施行十年间的实践样态和实务运作是笔者在此关注的重点。以刑法实施为起点，将1997年10月1日至2007年9月30日十年间审理终结的医疗事故刑事案件作为研究样本。在前述三大专业网站数据库中，以北大法意网收录的医疗事故刑事案例的数量最多且最全面，本部分的案例全部来源于北大法意网。

在检索时间段内，北大法意网案例库总共收录了医疗事故刑事案例24个，由于有一个案例同时收录在媒体案例和裁判案例中①，有一个案例在媒体案例中出现了两次，因而实际案例总数应为22个，其中，裁判文书案例11个，媒体案例11个。

首先，以裁判案例和媒体案例全体作为研究对象，采取统计分析的方法，从整体上描述医疗事故刑事案件的基本状况；然后，以裁判案例作为研究对象，对裁判文书进行内容分析，评介和阐释裁判文书中的犯罪认定和刑罚裁量。媒体案例内容简单、事实不详、缺乏审判过程的详细描述，因而未将其作为内容分析的对象。

（2）医疗事故刑事审判的整体状况

在检索时间段内判决的医疗事故刑事案件共22起，涉案人数26人，其中，医生21人，护士4人，麻醉医士1人。在案件的损害后果中，除一起案件为"致人重伤"外，其余21起案件均为"导致患者死亡"。

每年审判的案件数量、医务人员所属诊疗机构的类型、事故发生原因、案件审理结果等具体情况，如图1、图2所示：

1997年至2007年十年间，在统计样本范围内，年均医疗事故刑事案件审结数为2.2件，其中，最低年份为零件，最高年份为4件。值得注意的是，1997年审结的两起医疗事故刑事案件皆发生在刑法生效之前，审判时均依照"从旧兼从轻"的溯及力原则以医疗事故罪定罪量刑。

根据《医疗机构管理条例》及其实施细则，我国的医疗机构共分为十二类。统计样本中的案件发生在医院、门诊部、诊所和村卫生所四类医疗机构中。医院被进一步细分为三等六级，样本案件主要发生在医疗等级较低的厂矿医院和县级医院。从总体上看，被告人所属医疗机构的整体层次偏低。医疗水准不高、医疗操作规范执行不力，是导致这些医疗机构的

---

① 媒体案例和裁判案例同时收录的，以裁判案例为准。

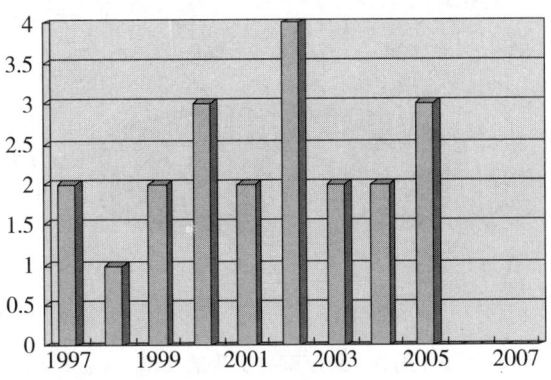

第三章 医疗案件的刑事审判

图1 每年审判的案件数量（1997—2007）

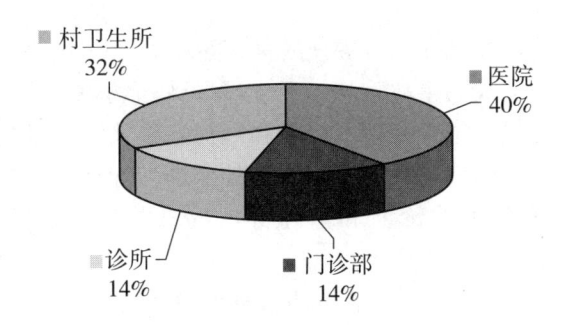

图2 涉案医务人员所属医疗机构的类型

医疗事故刑事案件发生概率相对较高的重要原因。

在统计样本中（见图3），发生医疗事故刑事案件最多的环节是药物注射过敏，占案件总数的41%，除了一起案件是非常罕见的药物"福利平"过敏之外，其余案件均是青霉素未经皮试直接注射致人死亡。这是一种严重违反医疗操作规范、极其明显的医疗过失行为；发生医疗事故刑事案件次多的是治疗环节，主要是由于延误治疗或者超范围行医导致了医疗事故；医疗事故刑事案件发生概率居于第三位的是手术环节，其中，两起案件是手术纱布残留于病人体内，一起案件是在不具备必需医疗器械的情况下擅自手术；医疗事故刑事案件发生概率居于第四位的是药物环节，其中，一起案件是使用未经批准的民间验方药物导致病人死亡，另一起案件是未按规定复核药物使用超大剂量的药物造成病人死

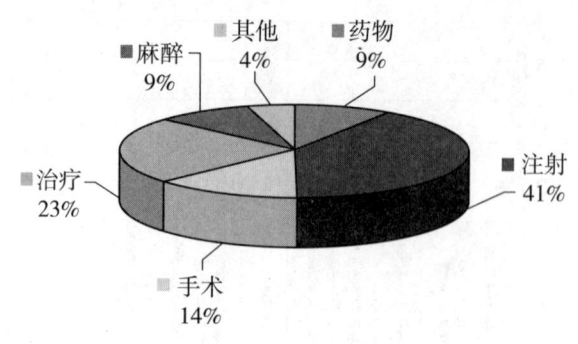

图3 医疗事故发生的环节

亡。此外，另有一起案件发生在麻醉环节，与实施麻醉人员的资格、麻醉方式和麻醉药物有关。

从总体上看，被追究刑事责任的医疗过失行为主要是医务人员显而易见的单纯失误造成的事故，如未经皮试导致药物过敏、纱布残留、手术装置欠缺等，但是很少发生因诊断和治疗选择错误而被追究刑事责任的案件。现代医学的裁量性和医疗水准的变动性导致了法判断的不明确性，因此，对于医生的诊断和治疗方法的选择，很难认定存在刑事过失。

在统计样本中（见图4），医疗事故刑事案件的无罪判决率为9%，加上刑事诉讼程序中的撤回起诉，总无罪率为14%，医疗事故罪的无罪率相对较高。在有罪判决中，定罪免刑1件，占案件总数的5%；判处缓刑10件，占案件总数的45%，占有罪案件的52.6%；在被认定有罪的23人中，有14人被判处缓刑，被判处缓刑的人数占犯罪人总数的60.9%，大大高于我国的平均缓刑率。[①] 在被判处刑罚的案件中，最低刑期为3个月拘役，最高刑期为2年有期徒刑，平均刑期为19.5个月。

---

① 在2000年以前，我国每年的缓刑适用率不超过15%，近几年开始攀升到20%左右。（参见刘延和：《缓刑适用实证研究》，载《中国刑事法杂志》，2007（3）。）根据最高人民法院的司法统计数据，2002年至2005年，我国每年被判处缓刑的人数占全体被判刑人数的百分比分别为16.98%、18.47%、20.53%、22.23%。（数据来源：《全国法院司法统计公报》，载《中华人民共和国最高人民法院公报》，2003（2），2004（3），2005（3），2006（3）。）

第三章 医疗案件的刑事审判

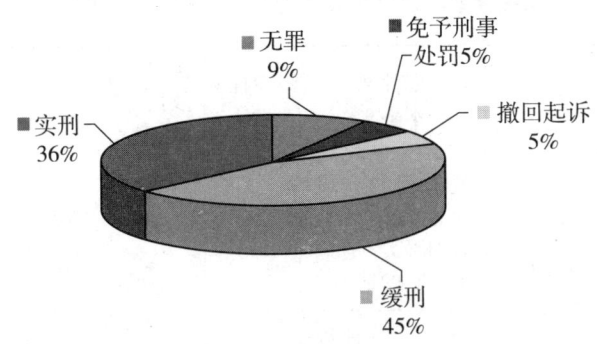

图 4 案件的审理结果

(3) 医疗事故刑事裁判案例的基本情况和诉讼特点

通过考察北大法意网案例库收录的 11 份医疗事故罪的判决文书，概括了这些医疗事故刑事案件的基本状况，并且从中总结出我国医疗事故刑事诉讼的特点。

I. 案件基本情况（见下表）

序号	案件名称	案号	案件基本事实	案件性质	医疗事故技术鉴定	审理结果	备注
1	张兆明医疗事故案	(1997)武刑初字第67号	未作皮试直接注射青、链霉素，致病人死亡	刑附民	无	有期徒刑2年	从旧兼从轻
2	丁洁医疗事故案	(1998)乌中刑终字第17号	延误治疗，致病人死亡	刑附民	一级医疗责任事故	有期徒刑2年，缓刑3年	一审判处有期徒刑2年
3	王念三医疗事故案	(1998)宣刑初字第123号	无应急手术器械的情况下擅自实施手术，因未及时借到器械被迫中断手术，致病人死亡	刑事	一级医疗责任事故	有期徒刑1年，缓刑2年	
4	乔山清医疗事故案	(2000)乌中刑终字第286号	麻醉医士注射麻醉药品入病人蛛网膜下腔，致病人死亡	自诉附带民事诉讼	二级医疗技术事故	无罪	医院承担民事赔偿责任

63

续前表

序号	案件名称	案号	案件基本事实	案件性质	医疗事故技术鉴定	审理结果	备注
5	飞明扬医疗事故案	（2001）昆刑终字第177号	注射药物诱发急性弥漫性肝肾坏死，是病人死亡的辅因	刑事	无	有期徒刑2年	一审认定非法行医罪，判处有期徒刑10年
6	孟广超医疗事故案	（2004）商刑终字第141号	使用未经批准民间验方药物，药物毒性致病人死亡	刑事	无	有期徒刑1年	检察院以生产销售假药罪起诉和抗诉
7	李秀明医疗事故案	（2005）源刑二初字第32号	注射期间擅自离开，病人发生药物过敏，因抢救不力死亡	刑附民	一级甲等医疗事故	有期徒刑2年，缓刑3年	
8	赖某某医疗事故案	不详	未作皮试直接注射青霉素，致病人死亡	刑事	无	有期徒刑1年，缓刑3年	从旧兼从轻
9	范某某医疗事故案	不详	超越行医范围从事接生，在产妇出现持续出血后未及时抢救，致产妇死亡	刑附民	一级医疗责任事故	有期徒刑1年	患者体质病理变化，减轻被告责任
10	成爱光医疗事故案	不详	擅自将静脉滴注药物进行静脉推注，致病人死亡	刑附民	一级医疗事故	有期徒刑1年半，缓刑2年	
11	吕某某医疗事故案	不详	手术主刀兼作麻醉工作，麻醉复合用药量过大，致病人死亡	刑事	一级医疗事故，责任因素为主，技术因素为辅	免予刑事处罚	

Ⅱ. 医疗事故刑事诉讼的特点

从以上 11 份裁判文书可以看出，医疗事故刑事案件具有如下三个特点：

第一，除了在刑事审判前已经先行赔偿或者已经达成赔偿协议的之外，医疗事故刑事案件均是以刑事附带民事诉讼的方式提起。

第二，并非所有案件均以医疗事故技术鉴定结论为判决前提。在 11 个案例中，仅有 7 个案例的裁判文书中载明了医疗事故技术鉴定结论，另外 4 个案例没有载明。医疗事故案件是否必须进行医学技术鉴定，曾经存在争议。有观点认为，必须经过医学技术鉴定确认构成医疗事故，才能追究医务人员的法律责任，这是医务人员的"基本权利"①。最高人民法院的相关司法解释则认为，医疗事故技术鉴定并非受理医疗损害赔偿案件的必经程序。② 国务院 2002 年颁布的《医疗事故处理条例》第 21 条和卫生部其后颁布的《医疗事故技术鉴定暂行办法》第 10 条规定，卫生行政部门在接到医疗机构关于重大医疗过失行为的报告或者当事人要求处理医疗事故争议的申请后，对需要进行医疗事故技术鉴定的，应当书面移交医学会组织鉴定。所谓"需要"，意味着是否进行医疗事故技术鉴定，由卫生部门视具体情况而定。因此，医疗事故技术鉴定不是医疗事故刑事审判的必经程序。在未载明医疗事故鉴定结论的 4 个案例中，案件事实部分均有"经鉴定"的字样，这里的鉴定实指"司法鉴定"，主要是对被害人死亡原因的鉴定。在这 4 个案件中，有两个属于常见的药物过敏致死（"赖某某案"、"张兆明案"③），一个属于药物有害物质超标致死（"孟广超案"），一个属于药物注射诱发肝、肾坏死案件（"飞明扬案"），案件的因果关系非常明确，故未进行医疗事故技术鉴定，证据中也没有载明鉴定结论。

第三，医疗事故鉴定结论的表述呈现出不一致性。在载明医疗事故鉴定结论的 7 个案例中，鉴定结论的表述方式非常不统一。在事故性质上，有的鉴定结论仅说明是"事故"（"成爱光案"），有的鉴定结论表述为"责

---

① 张赞宁：《非经医学技术鉴定并结论为医疗事故的不受法律追究是医务人员的基本权利》，载张赞宁编著：《医事法学研究及典型案例评析》，69 页。

② 参见最高人民法院 1997 年 5 月 16 日发布的民他字第 12 号复函。

③ 在张兆明案中，武夷山市医疗事故鉴定委员会出具了病人的医疗死亡鉴定书，该证据仅说明了病人的死因，而未对是否构成医疗事故及医疗事故的等级作出鉴定。

任事故"("丁洁案")或者"技术事故"("乔山清案");在事故等级上,有的鉴定结论仅说明事故级别,例如"一级医疗责任事故"("王念三案"),有的鉴定结论还说明医疗事故级别中的分等,例如"一级甲等医疗事故"("李秀明案")。鉴定结论的表述方式之所以不统一,是因为卫生行政法规中医疗事故的分级标准发生了变化。在2002年以前,医疗事故分级的依据是国务院1987年颁布的《医疗事故处理办法》和卫生部1988年发布的《医疗事故分级标准(试行草案)》,这两个法规将医疗事故区分为责任事故和技术事故,共有"三级五等";2002年4月国务院颁布的《医疗事故处理条例》和卫生部于其后颁布的《医疗事故分级标准(试行)》,对医疗事故不再区分性质而是仅区分等级,将医疗事故分为"四级十等"。

(4)裁判文书对于医疗事故罪的认定

在裁判文书中,判决理由部分的中心论题在于说明行为人是否构成医疗事故罪。少数裁判文书仅简单重复刑法第335条的规定,径行认定构成犯罪("李秀明案");大多数裁判文书则对医疗事故罪的构成要件进行了一定阐释,论证的要点集中于判定医疗过失和阐明因果关系。

I. 医疗过失的判定

医疗事故罪是典型的过失犯罪,但是,11例裁判文书中仅有两例明确阐述了过失的问题。"张兆明案"的判决理由写道:本罪"主观方面表现为过失,包括疏忽大意的过失和过于自信的过失两种情形……张兆明在为刘德丽治疗过程中明知不做皮试就注射青、链霉素可能会导致过敏反应,发生严重后果,但却轻信该病人不会发生过敏反应,未经皮试就直接为刘注射了青、链霉素,结果引起刘德丽过敏性休克,抢救无效死亡……"从这一论述可以看出,该判决认为行为人构成的是过于自信的过失。"孟广超案"的判决理由中,则认为被告人"负有严重过失"。

其余案件主要通过对行为人"严重不负责任"的界定来反映其主观方面的过失,具体论证有三种方式:其一,先解释"严重不负责任"的含义,再结合案件进行论证。例如,"乔山清案"和"张兆明案"。"乔山清案"首先阐明了"严重不负责任是指在诊疗护理工作中违反规章制度和诊疗护理常规",进而说明"从现有的证据无法认定原审被告人乔山清属擅自违章上岗,也无错用麻醉药物、麻醉药物使用不当、麻醉操作违反常规等现象",故认为被告人不构成医疗事故罪。其二,将案件具体事实与"严重不负责任"互相结合,彼此印证,并列作为裁判理由。例如,"范某某案"的裁判理由认为："范某某无视国家医疗管理法律，在不具备必要医疗条件的情况下，超行医范围为他人接生。在接生过程中……又严重不负责任"；"丁洁案"的裁判理由为："……丁洁对工作严重不负责任，对病人延误治疗……"在这一类型的裁判理由中，有些判决还在论述"无视国家法律"（"飞明扬案"）、"严重违反操作规程"（"赖某某案"）的基础上，辅以"严重不负责任"的说明。其三，仅仅说明行为严重违反相关规定，但是没有直接阐明"严重不负责任"。例如，"吕某某案"的裁判理由认为："吕某某身为手术主刀兼作麻醉师工作，严重违反技术操作常规，对麻醉复合用药严重性认识不足，麻醉复合用药量过大，造成了张某某死亡后果"；"王念三案"的裁判理由认为："被告人王念三身为医务人员，无证行医，特别是在明知无手术所必需的医疗器械情况下，擅自接诊进行手术，致患者一人死亡，其行为违反了有关规章制度，构成医疗事故罪。"

II. 因果关系的阐释

医疗事故案件具有专业性和复杂性，涉及事实判断和法律判断，因果关系的认定是其中的难点。但是，在11份刑事判决书中，有8份判决书没有专门论证因果关系，只是简单地认为被告人的行为"导致"、"造成"、"引起"病人死亡，仅有3个案件因刑事自诉人或者被告人对是否存在因果关系产生争议，故在裁判文书中进行了一定的论证。

"乔山清案"二审争议的焦点在于，乔山清"在施行麻醉手术中有无违反规章制度和诊疗护理常规的行为，该行为与造成被害人靖新荣死亡有无直接的因果关系"。裁判理由认为，没有证据证明乔山清作为麻醉医士擅自违章上岗，且其也没有错用药物或者违反医疗常规的行为；就案件的因果关系来看，导致被害人死亡的原因主要是乔山清"在履行麻醉职务过程中自己的技术水平不高造成"，且与乔山清所属医院抢救不力有关。该判决还进一步说明，行为与结果之间的因果关系应当是"直接的"。但是，该案判决被告人无罪的主要理由在于没有证据证明其违章上岗、其行为没有违反医疗常规，故不符合医疗事故罪的行为要件。事实上，在行为人未实施违规行为的前提下，已经没有进一步证明是否存在刑法上因果关系的必要。在该案中，认为导致被害人死亡的原因是技术事故和医院抢救不力，其意义仅限于确立附带民事诉讼部分的损害赔偿责任，与犯罪的认定无关。

"成爱光案"采纳了医疗事故鉴定结论来认定案件事实，认为成爱光

"没有做详细检查，没有诊断依据和检查记录，违规改静脉滴注药品为静脉推注，在单位时间内超剂量、高浓度、快速静脉推注血管扩张药物，诱发心衰、肺水肿，加之未及时采取有效抢救措施"是被害人死亡的原因，没有采纳被告人提出的被害人死于"老年人心肌梗塞、冠心病猝死症"的理由，也没有采纳辩护人提出的进行刑事技术鉴定的意见。但是，裁判理由部分并未对医疗事故罪的因果关系展开论证。与此类似，"飞明扬案"也仅在事实部分采纳了医疗事故鉴定结论，认定"注射药物诱发的急性弥漫性肝、肾变性坏死为（被害人的）辅助死因"，否定了被告人关于"（被害人的）死亡与其进行的治疗没有直接的因果关系"的上诉理由。但是，判决理由中没有明确地论证因果关系。从这两个案例的裁判文书可以看出，在我国医疗事故刑事案件的审判实务中，主要在案件事实部分说明和认定因果关系，在裁判理由部分很少对因果关系展开充分的论证和分析，故无法推知法官对因果关系的判断采用何种基准。

（5）裁判文书关于刑罚裁量的说明

法定刑偏低（3年以下有期徒刑或者拘役）是我国医疗事故罪的重要特点，在审判实践中，刑罚量定在总体上也呈轻缓趋势。在11个案例中，除1个无罪案件之外，有1个案件被免予刑事处罚，5个案件被判处缓刑，4个案件被判处实刑，判处的最高刑罚为两年有期徒刑。

凡是涉及从轻处罚或者从重处罚情节的，法官均在裁判理由中作了较为充分的说明。概言之，积极赔偿被害人是从轻处罚的一般情节，行医证明不健全是从重处罚的一般情节，基本上契合了医疗事故案件的发生特点。

我国刑法理论认为"主动赔偿被害人损失"属于酌定从宽情节之一[1]，以此鼓励被告人积极弥补被害人的损失，修复被损害的社会关系，维持社会的和谐稳定。在11份刑事判决书中，有4份判决书明确地将被告人积极赔偿被害方的经济损失作为从轻处罚的量刑情节，据此对被告人免予刑事处罚（"吕某某案"）、判处缓刑（"赖某某案"、"王念三案"），或者判处1年有期徒刑（"孟广超案"）。在"飞明扬案"中，一审认定构成非法行医罪，将积极赔偿被害人损失作为从轻处罚情节；二审改判为医疗事故罪，却未将积极赔偿作为从轻情节予以考虑。

---

[1] 参见高铭暄等主编：《刑法学》，2版，284页。

医疗行为的高度专业性要求医生及其所属机构具备相应的执业资格和执业条件。在医疗事故刑事判决中，明确地将缺乏完备的行医证明作为从重量刑情节的案件有1例，即"飞明扬案"。在该案中，二审认定飞明扬"在行医的过程中没有向当地卫生行政部门进行登记注册、领取医疗机构执业许可证，其开办诊所的手续不全，属擅自行医，违法开办诊所，依法应予严惩"，对其判处两年有期徒刑。然而，在"王念三案"中，将被告人未领取"医疗机构执业许可证"擅自行医，认定为医疗事故罪的构成要件而不是量刑情节。

(6) 裁判中的偏离

在医疗事故刑事案件的审判中，存在起诉（抗诉）罪名与法院判决罪名之间的偏离，两级法院之间在定罪和量刑上的偏离。这些偏离反映出区分医疗事故罪和相关犯罪之难点所在，并且涉及缓刑的正确适用。

I. 起诉（抗诉）与裁判之间的偏离

"孟广超案"历经"起诉——一审——抗诉——二审"整个诉讼过程，集中地呈现出指控罪名和裁判罪名之间的不一致。在该案中，检察机关以"生产、销售假药罪"起诉，法院一审认定构成医疗事故罪，检察机关以定性不准提出抗诉，二审法院驳回抗诉、维持原判。上述诉讼过程反映了控方和法官对于医疗事故罪和生产、销售假药罪的界限存在不同的认识。二审判决对这两个罪名的区别进行了浓墨重彩的论证，认为二者的界限在于主观方面不同，"生产、销售假药罪在主观方面只能由故意构成，即明知生产、销售的是假药，必然会危害人身健康，而仍然生产、销售。被告人孟广超在进修期间从一位副教授处获得民间验方，并自行配制成胶囊给来其诊所看病的患者服用，其意愿是为患者治病，并希望有治疗效果，显然被告人不认为该胶囊是假药，故被告人孟广超的行为不构成生产、销售假药罪。"

II. 两级审判之间的偏离

在11份裁判文书中，有3份二审判决书，除了上述"孟广超案"之外，另外两份判决书分别反映了两级法院对医疗事故罪和非法行医罪的界限的认识分歧以及在刑罚裁量上的差异。

在"飞明扬案"中，一审认定构成非法行医罪，二审则认定构成医疗事故罪，二者的差异在于对被告人是否具有"执业医师资格证书"这一事实的判断。一审认定被告人不具有"执业医师资格证书"，构成非法行医罪；二审采纳了被告人提出的"不是没有取得医师资格证，只是该证没有换发下来"的上诉意见,认为被告人"具有执业医师资格,在犯罪主体上不构成非法行医罪"。一审判决认为构成非法行医罪,判处有期徒刑10年;二审改判为医疗事故罪,判处有期徒刑2年。是否具有"执业医师资格证书"成为区分两罪的关键,并在量刑上造成了巨大差别。

在"丁洁案"中,一审判处有期徒刑2年,二审改判为2年有期徒刑并缓期3年执行。改判的理由是被告人"系过失犯罪,归案后认罪态度较好,有悔罪表现,可依法从轻处罚"。二审充分考虑了行为的过失性和行为人的认罪态度,将判处缓刑作为从轻处罚的方式,折射出在医疗事故刑事案件中扩大缓刑适用的趋势。

4. 医疗事故刑事案件的动向

我国医疗事故罪的立法和司法运行在整体上呈良性态势,但是,审判实践中仍然存在一定的问题,可以预测我国医疗事故刑事责任发展的未来动向。

(1) 刑事审判实践中存在的问题

在认定医疗事故罪时,主观方面和因果关系的判断既是重点、更是难点。但是,11份判决书对于这两个问题,或者直接回避,或者略作提及,均缺乏必要和缜密的论证。

行为人构成医疗事故罪,其主观方面必须具有重大过失,这种重大过失主要通过"严重不负责任"体现出来。但是,多数刑事判决书中仅仅描述了"严重不负责任"的表现,却没有透过这些表现直指行为人主观方面具有重大过失;此外,判决书也没有从正面明确地阐释行为人的预见义务、结果回避义务等问题。

医疗事故中因果关系的判断涉及事实判断和法律判断两个层面。所谓事实判断,由医疗事故鉴定机构根据医学的立场作出;所谓法律判断,由法官在事实判断的基础之上,根据法律的观点进行规范的判断。但是,审判实践却将事实判断和法律判断混为一谈。大多数判决书没有明确提出因果关系的问题,泛泛以"导致"等字眼一笔带过;即使有的案件必须专门阐明因果关系,也只是在判决书的事实部分进行了说明,而没有在判决理由部分加以论证。将因果关系作为事实问题而非规范问题进行解决,用事实判断取代规范判断,使得医疗事故罪的因果关系丧失了独立的规范意义。

总之,在医疗事故罪的认定上,裁判文书未能充分地说明和论证医疗过失和因果关系，这是我国审判实践中亟待解决的问题，也是各国司法实务同样面临的难题。①

（2）发展动向

我国对医疗事故纠纷的处理基本符合世界通行的模式，即绝大多数纠纷以民事损害赔偿的方式解决，同时，少数严重的医疗事故受到了刑事追究。保持这一模式的稳定，是我国未来处理医疗事故纠纷的趋势。

从立法的层面上看，我国刑法关于医疗事故罪的规定是基本科学的；医疗事故刑事责任的发展动向，关键在于刑事司法。首先，刑事司法应当秉持谦抑的精神，防止任意启动刑事诉讼程序追究医疗事故人的刑事责任。已经有人提出，我国要注意防止医疗事故民事纠纷刑事化的倾向。近一两年来，有的省份出现了对明显不构成犯罪的医疗事故纠纷直接启动刑事诉讼程序的案件。在这些案件中，公安机关以"医疗事故罪"的罪名介入纠纷，迫使医院妥协，不得已作出了显著超过正常赔偿数额的经济赔偿。这种"以刑逼民"倾向的负面影响显而易见：会使医生更多地采取防御性医疗和过度治疗措施，增加了医疗成本，浪费了医疗资源，导致社会对医疗行业的不信任感加剧，医患关系更加紧张，破坏社会公正和谐。②事实上，这种不良倾向已然成为我国台湾地区医疗事故纠纷处理的重要特点，遭到了很多学者的批评。③ 其次，法官在定罪时，必须严格遵守犯罪的构成要件，尤其在判定医疗过失和因果关系时，应当更加审慎。在认定行为人的主观方面时，应当说明医生是否具有预见义务和结果避免义务，查明医生是否因为严重违反注意义务而具有重大过失；在判断因果关系时，必须在事实的基础上，对因果关系作出独立的规范判断。最后，法官在量定刑罚时，应当尽量对医务人员处以较轻的刑罚，例如，提高缓刑的适用率以避免执行实刑。对构成医疗事故罪的医务人员判处较轻的处罚，既契合当今世界"轻轻重重"的刑罚发展潮流，也符合我国宽严相济的刑

---

① 参见蔡惠如：《台湾医疗纠纷之法律课题》，载（台湾）《月旦民商法杂志》，2004（4）。

② 参见戴丹：《警惕医疗纠纷刑事化》，载《医药经济报》，2007-01-12。

③ 参见张丽卿：《刑事医疗纠纷鉴定之困境与展望》，载中国人民大学刑事法律科学研究中心编：《海峡两岸医疗刑法问题学术研讨会论文集》，2007-10-27，89页。

事政策，这在本质上是由医疗事故罪发生领域的特殊性和行为的过失性，以及对行为人实施特殊预防的必要性和妥当性所决定的。

（三）非法行医罪的刑事审判状况

根据我国刑法第336条第1款的规定，未取得医生执业资格的人非法行医，情节严重的，构成非法行医罪，严重损害就诊人身体健康或致其死亡的，构成该罪的结果加重犯。在日本刑法和我国台湾地区"刑法"中，不具有医生资格的人擅自行医的，即构成非法行医罪，若非法行医造成了他人伤害或者死亡，因业务过失犯罪的"业务"不以合法为限，故构成业务过失致死伤罪。① 可见，我国大陆与日本、台湾地区在非法行医罪的规定上存在如下差异：其一，在犯罪的成立上，非法行医罪在大陆是情节犯，在日本和台湾地区是行为犯；其二，对于致人死亡或者伤害的非法行医，大陆构成非法行医罪的结果加重犯，日本和台湾地区则构成业务过失犯罪。上述差异是由于立法选择的不同而导致的，因此，大陆非法行医罪的实证分析结果与日本和台湾地区的状况不具有完全的可比性。

1. 非法行医罪的整体状况

在2006年5月30日召开的全国卫生监督工作会议上，卫生部副部长陈啸宏指出，自2004年开展打击非法行医专项行动以来，全国非法行医专项行动领导小组办公室共受理群众投诉举报1 600余件，吊销了1 700家医疗机构执业许可证和660人的医师执业证书，暂停机构执业12 000户，暂停人员执业27 000人，追究刑事责任157人。②

以北大法律信息网和北大法意网的案例数据库为检索范围，以判决时间作为确定检索时间段的标准，时间跨度为1997年10月1日至2007年9月30日。在北大法律信息网案例库中检索到非法行医罪的裁判文书30例，其中，3例为重复案例，实际有效案例27例；在北大法意网案例库中检索到非法行医案例124例，其中，裁判文书案例41例，媒体案例83例，在裁判文书案例中，有1例入选审判指导参考，10例入选审判案例要览，2例入选法院案例选编。从总体上看，非法行医罪的案件数量远远高于医疗事故罪，在北大法律信息网案例库中，非法行医罪是医疗事故罪

---

① 参见[日]大塚仁：《刑法概说（各论）》，3版，59页。
② 参见陈啸宏：《加强建设，提高能力，努力开创卫生监督工作的新局面——在2006年全国卫生监督工作会议上的工作报告》，载《中国卫生监督杂志》，2006（3）。

的13倍；在北大法意网案例库中，非法行医罪大约是医疗事故罪的5倍。① 可见，在我国的医疗刑事案件中，非法行医刑事案件的发案率远高于医疗事故刑事案件。

2. 非法行医刑事判决的内容分析

通过对北大法律信息网收录的27份非法行医罪的刑事判决书进行内容分析，可以看出，犯罪主体、因果关系和刑罚裁量是本罪认定的重点和难点。

（1）非法行医罪的主体认定

非法行医罪的主体是"未取得医生执业资格的人"，如何理解"医生执业资格"成为认定本罪的关键。② 除了执业医师或者执业助理医师资格之外，还应当包括个人开办的医疗机构的执业许可资格，乡村医生资格和家庭接生员资格等。

在检索到的案例中，"未取得医生执业资格"主要表现为如下情形：1）被告人不具有医师（乡村医生）资格，也未取得执业证书。此类主体是非法行医罪的适格主体，自无疑问；2）被告人具有医师（乡村医生）资格，但是没有执业证书。在这类案件中，被告人及其辩护人通常会以其取得了医师资格和相应的技术职称为由，辩称不是非法行医罪的适格主体。法院认为，行医不仅需要专门的知识和技术（由医师资格证书证明），还需要具备客观的条件和设备（由执业证书证明），因此，具有医师资格但未取得执业证书的人，也构成非法行医罪的主体，但是，通常会将其与不具有医师资格的案件区别处理。

在非法行医案中，不具有执业医师资格的人往往是在无"医疗机构执业许可证"的机构从事诊疗活动。根据《医疗机构管理条例》第44条和

---

① 北大法律信息网收录了2起医疗事故刑事案例，北大法意网收录了22起医疗事故刑事案例。

② 最高人民法院2008年4月29日发布的《关于审理非法行医刑事案件具体应用法律若干问题的解释》（法释［2008］5号）第1条明确了"未取得医生执业资格的人非法行医"的含义，即，未取得或者以非法手段取得医师资格从事医疗活动的；个人未取得《医疗机构执业许可证》开办医疗机构的；被依法吊销医师执业证书期间从事医疗活动的；未取得乡村医生执业证书，从事乡村医疗活动的；家庭接生员实施家庭接生以外的医疗行为的。但是，本书检索的案例都是在该解释颁布之前判决的，审判当时对于"未取得医生执业资格"的认识比较混乱。

第48条的规定，医疗机构未取得《医疗机构执业许可证》擅自执业，或者任用非卫生技术人员的，构成行政违法；不具有执业医师资格的行为人，构成非法行医罪的主体。即医疗机构和行为人是分离的，各自承担不同的责任。但是，个人未取得《医疗机构执业许可证》开办医疗机构的，其开办行为本身构成非法行医。在检索到的案例中，具有执业医师资格的人在非法医疗机构中从事医疗活动，发生损害后果的，有的成立过失致人死亡罪（"李明后案"）①，有的则径直认定被告人构成非法行医罪。② 不具有执业医师资格的人在合法的医疗机构行医，情节严重或者造成严重后果的，也可能构成非法行医罪。③

---

① （2002）汝刑初字第118号刑事判决书"李明后非法行医案"。该案判决理由部分认为：被告人李明后于1993年获取河南省卫生厅颁发的乡村医生行医资格证，该行医资格证处于有效期内，被告人具有医生执业资格，故不具备构成非法行医罪的客观要件。在卫生管理部门核发的《医疗机构执业许可证》到期后，被告人未办理有效的《医疗机构执业许可证》而继续开办诊所行医，属于行政违法行为，应由行政管理部门依法实施行政处罚，不应以非法行医罪追究被告人的刑事责任。但是，被告人李明后在给被害人詹胜治疗过程中，过于相信其医疗技术，因误诊、误治、延误治疗时机，造成被害人死亡的严重后果，其行为已构成过失致人死亡罪。

② 参见（2002）连刑一终字第130号裁定书"余守仁非法行医案"。被告人余守仁自1977年起即在赣榆县赣马镇大高巅村（后并入赣马镇高庙村）卫生室任赤脚医生。2001年6月余守仁通过该县卫生部门组织的乡村卫生技术人员资格考试，取得乡村主治医师任职资格。该村卫生室原系集体办医的乡村合格卫生机构，后归由被告人余守仁挂集体名义个人经营，自负盈亏，卫生室也设在被告人家中。《医疗机构管理条例》颁行后，该卫生室因设备、条件、人员配置均不符合《医疗机构管理条例》要求的医疗机构设立标准，未取得该县卫生部门审查核发的《医疗机构执业许可证》。一审认为：被告人余守仁在未取得《医疗机构执业许可证》的情况下，为谋取利益非法行医，侵犯了就诊人员的生命安全、健康权益和国家对医疗行业的管理秩序，其诊疗活动致使受害人陈盈盈因延误病情，失去最佳治疗时间而死亡，其非法行医行为情节严重，构成非法行医罪；二审维持了一审判决。

③ 不排除这种可能性的存在，类似案例参见曹勇：《危重病人由"无照大夫"抢救？》，载《南方周末》，2006-08-24。该案中，法院认定遵义医学院附属医院"非法行医"成立，承担民事赔偿责任；医学院校毕业生唐某某等人，当时尚未取得执业医师资格，却对原告下达"医嘱"，出具处方，而且在"医嘱"单上都以医师名义签名，违反了《执业医师法》的相关规定。法院同时认定，此案不属于医疗事故的范畴，应当按无照行医从严处理的精神办理。但是，该案未进入刑事诉讼程序。

(2) 非法行医罪的因果关系判断

在 27 宗非法行医刑事案件中，绝大多数（25 宗）案件发生了患者死亡的结果。非法行医行为与死亡后果之间是否具有因果关系，是否适用"造成就诊人死亡"这一加重结果的法定刑，是本罪认定的难点。《医疗事故处理条例》第 61 条规定，非法行医致人损害的，不属于医疗事故；《医疗事故技术鉴定暂行办法》第 13 条第 5 项规定，非法行医造成患者身体健康损害的，医学会不予受理医疗事故技术鉴定。因此，对于涉嫌构成非法行医罪进入刑事诉讼程序的案件，法官可以直接判断或者借助于司法鉴定结论判断因果关系。案件主要涉及如下三类情形：1）在非法行医的治疗过程中，被害人死亡。这类案件中，治疗行为与死亡结果之间的因果关系相对容易认定。2）非法行医延误治疗，错过最佳治疗机会，导致患者死亡。这类案件的因果关系需要结合案件的具体情况作深入分析：有的案件中，延误治疗是导致患者死亡的直接原因，二者间具有因果关系，适用"造成就诊人死亡"的法定刑；有的案件中，延误治疗不是导致患者死亡的直接原因，但与患者死亡之间具有一定的因果关系，适用"情节严重"或者"严重损害就诊人身体健康"的法定刑。3）非法行医行为与被害人死亡之间没有因果关系。尽管行为人不具有医生执业资格，但其诊疗措施并无不当，诊疗活动与被害人死亡之间没有因果关系。在这类案件中，通常将被害人死亡的客观后果作为"情节严重"的一种情形，处罚针对的是非法行医行为本身，对行为人适用最低档次的法定刑幅度，而不适用"非法行医致人死亡"这一加重结果的法定刑。[①]

(3) 非法行医罪的刑罚裁量

在 27 份刑事判决书中，除了导致 3 人死亡的"胡万林非法行医案"判处被告人有期徒刑 15 年，并处罚金 15 万元之外，其余案件判处的主刑

[①] 参见（2004）平刑初字第 11 号刑事判决书"陈月兰非法行医案"。该案判决理由部分认为，被告人陈月兰在不具备医生资格，又无卫生行政主管部门颁发的医疗执业许可证的情况下，在其家中私开诊所，从事医疗活动，情节严重，其行为已构成非法行医罪，应负刑事责任。公诉机关指控被告人的犯罪事实基本清楚，罪名成立，指控被告人非法行医致一人死亡不能成立，因为被害人的死亡与被告人的非法行医行为之间无直接因果关系。法院认定陈月兰构成非法行医罪，判处有期徒刑 3 年，缓刑 3 年，并处罚金 1 000 元。

最高为 10 年有期徒刑，并处罚金最高为人民币 1 万元，有期徒刑的量刑趋于法定刑下限，整体偏轻。在裁量刑罚的过程中，被害人家属存在过错、病情的复杂性和变化性、行为人积极赔偿损失、客观的社会历史条件等等，都被作为从轻处罚的量刑情节得到充分的参酌。

值得注意的是，有两份判决书对非法行医存在的客观社会历史条件及其积极的一面展开了充分的论述。

"郭云娜非法行医案"的判决理由部分写道："从历史和社会学的角度看，在外来人员聚居地，像被告人那样具有一定的医学知识和医务经历、但又无证行医的，既有违法的性质，又有其不可否认的历史原因。反映了被告人的非法行医在外来人员聚居地满足外来人员就医需要的客观性，从而也反映了本案非法行医的社会危害性的有限范围和有限程度。本案具有两面性：面对法律，被告人擅自开设私人诊所绝对是非法的，但在其另外一面，客观上也解决了聚居于城乡结合部的外来打工人员治病求医的需要。因此，应当从历史的观点和社会学的观点去全面评价被告人非法行医的行为，准确认定其社会危害性程度，并将之作为减轻对被告人处罚的量刑情节。"该案历经一审、二审发回重审、重审、二审一共四次审判，最终认定郭云娜构成非法行医罪，判处有期徒刑两年半，并处罚金 2 500 元。①

"余守仁非法行医案"的判决理由部分认为，"鉴于本案实际，农村医疗卫生条件较差，基本医疗保障不到位，被告人余守仁的行医行为客观上适应了当地村民就诊的实际需要。且被告人从医多年，具有乡村主治医师任职资格，其行为的危害性与不懂医术而非法行医的行为相较，社会危害性较轻。"被告人余守仁构成非法行医罪，被判处有期徒刑 3 年，并处罚金 3 000 元。②

在正处于社会急剧转型期的我国，不能很好维护国民生命和基本健康的医疗体制饱受诟病，"看病难，看病贵"是普通民众对医疗现状的基本评价，国务院发展研究中心"中国医疗卫生体制改革"课题组得出了"我国医改总体不成功"的研究结论。③ 尤其在城乡结合部和广袤的农村，缺医少药问题

---

① 参见（2000）沪二中刑终字第 215 号判决书"郭云娜非法行医案"。
② 参见（2002）连刑一终字第 130 号裁定书"余守仁非法行医案"。
③ 参见王俊秀：《三大"药方"治医改病症》，载《中国青年报》（电子版），2005-07-29，http://zqb.cyol.com/content/2005-07-29/content_1150957.htm，访问日期：2008-06-05。

更为突出，类似于"郭云娜"、"余守仁"等具有一定医疗知识和技术的医务工作者，为广大农民工和农民提供的医疗服务伸展到正规医疗体制难以顾及的角落，是特定历史社会条件的产物。① 无照行医虽然违反了医疗行政管理规定，其违法性毋庸置疑，但是，同样需要充分认识其积极的一面。对于具备医疗知识和技术、但未注册执业的医务人员，应当与根本不具有医疗知识却行医的人区别对待，更应当与打着医生幌子骗取钱财的"胡万林"之流区别对待。彻底治理这类行为的根源在于完善医疗体制、加强医政管理，而不是动辄使用刑罚手段。当他们在诊治过程中因过失发生严重损害后果时，应当考虑到其主观恶性和社会危害性较轻，予以从轻或者减轻处罚。

（四）非法进行节育手术罪的刑事审判概况

非法进行节育手术罪是1997年刑法增设的一个罪名，其设置与我国计划生育的基本国策密切相关。尽管非法进行节育手术罪在客体和客观方面与非法行医罪存在一定的差异，但是，通常认为非法进行节育手术罪是非法行医罪的特殊表现形式，理论上一般将前者纳入后者一并进行研究。②

以北大法律信息网和北大法意网的案例数据库为检索范围，以判决时间作为确定检索时间段的标准，时间跨度为1997年10月1日至2007年9月30日，检索非法进行节育手术罪的刑事案例。北大法律信息网案例库中共收录案例8个，其中2个是重复案例，实际有效案例为7个；北大法意网案例库中共收录案例22个，其中，重复案例有2个，实际有效案例为21个。在这21个案例中，裁判文书案例9个，媒体案例12个，裁判文书案例完全涵盖了北大法律信息网收录的案例。

对非法进行节育手术罪的裁判文书进行内容分析，可以看出，审判实践在认定犯罪时面临的问题与非法行医罪基本相同，即确定犯罪主体和判断因果关系是认定犯罪的难点，在此不予赘述。此外，在非法进行节育手术的四种客观行为表现中③，擅自进行节育复通手术和摘取宫内节育器最为常见。行为人虽然未造成就诊人严重身体损害或者死亡，但长期为多人多次实施以上手术，造成计划外胎儿生育，破坏国家计划生育政策的，是

---

① 关于外来务工人员医疗状况的相关调查，参见王毅：《民工诊所》，载《南方周末》，2005-07-21。
② 参见臧冬斌：《医疗犯罪比较研究》，307页。
③ 即擅自进行节育复通手术、假节育手术、终止妊娠手术和摘取宫内节育器。

否构成犯罪，存在一定争议。司法实务通常认为，上述行为属于"情节严重"，应当认定为犯罪。

本章小结

通过考察世界上主要国家（地区）医疗案件的刑事审判，可以大致将医疗过失的刑事追究归纳为如下三种模式：第一种模式是，医疗事故纠纷几乎都是以民事损害赔偿的方式解决，尽管立法保留了刑事追究的可能性，但是，真正进入刑事诉讼程序的案件极其少见。这种模式以美国为代表。第二种模式是，医疗事故纠纷主要通过民事途径解决，但是，亦会有小部分案件进入刑事诉讼程序。这是当今世界的通行模式，以英国和日本为代表。历史地看，追究医务人员医疗过失行为的刑事责任的案件，在英国呈增长趋势，在日本则呈平稳减少的趋势。第三种模式是，大量医疗事故案件进入刑事诉讼程序，刑事诉讼泛滥是医疗事故案件的基本特征。这种模式以意大利和我国台湾地区为典型。在这些国家（地区），刑事诉讼只是达致获取赔偿目的的手段，大部分案件最后以和解的方式解决，医生被宣告无罪的比例非常高。

以数据统计和内容分析的方法，逐一考察了我国刑法中三个典型的医疗犯罪。第一，医疗事故罪是实证研究的重点。我国医疗事故刑事案件的相对发生率大约是3%，即每100件提起诉讼的医疗事故案件中，约有3件以医疗事故罪进行刑事追究。认定医疗过失和因果关系是本罪的难点，量刑总体呈轻缓趋势。医疗事故罪与相关犯罪的界限、缓刑的适用是实践之争点所在。坚持司法上的谦抑和谨慎，应当成为我国医疗事故刑事责任发展的基本立场。第二，非法行医刑事案件的发案率远高于医疗事故刑事案件，确定行为人是否符合非法行医的主体要件是本罪的难点，非法行医造成就诊人身体损害属于医学会不予进行医疗事故技术鉴定的情形之一，因果关系的判定只能由法官直接作出或者借助于司法鉴定。对非法行医的量刑应当区别对待，充分考虑某些非法行医行为存在的客观社会历史条件及其积极的一面。第三，非法进行节育手术罪是我国特有的罪名，确定犯罪主体和认定因果关系是实务难点，擅自进行节育复通手术和摘取宫内节育器是最常见的客观行为表现。

第二部分

本论

第四章　医疗作为义务与不作为犯罪

医疗刑法的主要内容是医疗犯罪的归责和认定，其核心是医疗义务和医疗因果关系。医生的作为义务和注意义务从客观面和主观面共同构成了完整的医疗义务。[①] 医疗犯罪通常正是由于医生没有履行或者没有正确履行义务而导致了对法益的严重侵害。典型的医疗犯罪是过失犯罪，过失的本质是注意义务的违反。[②] 在复杂的医疗过程中，损害结果的发生可能是诸多因素共同作用的结果，该损害结果能否归责于医生，是认定因果关系时需要着力解决的问题。

某个人基于自愿并且取得了医生的身份，表

[①] 作为义务是从实行行为的角度认识犯罪，注意义务是从主观罪过的角度认识犯罪，不得混同作为义务和注意义务，否则将丧失过失犯罪的存在论基础。（参见［日］甲斐克则：《过失犯的基础理论》，冯军译，载高铭暄等主编：《过失犯罪的基础理论》，4～5页，北京，法律出版社，2002。）

[②] 参见林亚刚：《犯罪过失研究》，41页。

明他作出了忠实履行医生职务义务的承诺[1],医生的职务义务是医疗法和医疗合同明确规定的义务[2],这类义务如果在刑事法律中得到了认可[3],则成为不作为犯罪的义务来源,构成了不作为犯的作为义务。

医生的客观的作为义务包括紧急救治义务、诊疗义务、说明义务、保密义务和报告义务等,诊疗义务是医生的核心义务,其他义务围绕诊疗义务而展开。医生由其职业和业务所决定,在医疗活动中居于保证人地位,其义务的履行关系到病人的生命、身体、人格和社会公共卫生秩序等重大法益,医生有能力履行而不履行其刑事作为义务的行为,在符合不作为犯罪的成立要件时,构成医疗犯罪的典型形式——医疗不作为犯。

下面,对医生的各类医疗作为义务分而述之,结合刑法理论和各国刑法的规定,探讨各类医疗义务的不作为可能构成的犯罪样态。

第一节 紧急救治义务与不作为犯罪

一、紧急救治义务

紧急救治义务,是指医师对处于紧急状态中的危重患者负有必须救治的义务,又称为强制应诊义务或者应召义务。当患者处于紧急危险状态时,即使医师与患者之间尚未来得及成立任何医疗契约关系,医师救死扶

---

[1] 参见冯军:《刑事责任论》,63页,北京,法律出版社,1996。

[2] 医生的作为义务,依是否以医疗契约的存在为前提,可以分为法定义务和约定义务。由于医疗行为的特殊性,医疗法通常对医疗合同的内容作强制性规定,从而使得医生的义务常常兼具法定和约定双重属性。

关于刑法作为义务的产生根据和表现形式,各国刑法理论存在诸多观点(详见栾莉:《刑法作为义务论》,87页以下,北京,中国人民公安大学出版社,2007)。但是,无论理论上对作为义务的来源存在何种分歧,均认为法律规定和先行行为(合同行为)是作为义务的典型来源。医生的作为义务是一种法定义务,或者是兼具法定性和约定性的义务,其成为刑法作为义务的来源本身并不存在疑问。

[3] 道德义务、民事义务和行政义务并非可以直接转换为刑法中的作为义务,需要经过刑法的确认。但是,刑法的确认并不限于刑法的明文规定,有时可以从刑法规定的精神观察是否存在作为义务。(参见林山田:《刑法通论》,增订9版,下册,216页,台北,台湾大学法学院,2006。)

伤的天职决定其必须先行实施救治，这是医学伦理的基本要求。1949年在伦敦举行的世界医学会第三次大会上采用的《国际医学伦理典章》指出："医师对于急症，必须施以所需之治疗，除非确知他医必能为之处理。"很多国家和地区在医疗法中规定了医师的紧急救治义务，将医疗伦理进行法律化，从而增加该义务的强制性。

（一）医疗法规范关于紧急救治义务的规定

我国《执业医师法》第24条规定，"对急危患者，医师应当采取紧急措施进行诊治；不得拒绝急救处置。"日本医师法和我国台湾地区的"医师法"也作了类似的规定，但是，三者之间存在一定的差异。日本医师法将紧急救治义务的主体限于"从事诊疗义务的医师"，没有区分急诊和非急诊的医疗请求，因而该条规定适用于全部疾病诊疗的请求[1]，涵盖了普通医疗过程中医生的诊疗义务。根据台湾"医师法"的规定，不能当然地认为医师一般性地负有紧急救治义务，亦即对于未订立医疗契约的危重病人，并非所有医师都负有紧急救治义务。台湾在实施全民健保以后，只有设立了急诊处的公立医院的医师，才负有紧急救治义务，这是由公立医院承担公众的安全保护义务所决定的。[2] 根据我国大陆医师法的规定，承担紧急救治义务的主体，是具有执业医师身份的人，至于医师所属医疗机构的性质则在所不问，并且紧急救治义务针对的是"急危患者"，即紧急救治义务只限于未订立医疗契约的紧急状态。对于已经成立医疗契约的入院病人的急救，属于下文将要论述的诊疗义务的一部分。

各国医疗法对医师的紧急救治义务作出明文规定，使之成为一种公法上的强制义务，其理由主要有如下几点：第一，生存权、健康权和追求幸福的权利，是公民的基本人权，医疗制度和医师的救治是实现上述基本人权的重要一环。第二，救死扶伤是医师职业道德的基本要求，紧急救治义务的法定化是将医疗伦理义务转化为法律义务，以强化该义务的履行。第三，医师的执业活动具有"独占性"，法律为保障其独占性而对无照行医行为进行惩处。[3] 执业医师"独占"医疗业务，排斥了他人的诊疗活动，

---

[1] 参见龚赛红：《医疗损害赔偿立法研究》，64页，北京，法律出版社，2001。
[2] 参见蔡墩铭：《医事刑法要论》，2版，57页。
[3] 例如，我国《执业医师法》第39条规定了"非经批准擅自开办医疗机构行医或者非医师行医"的行政、民事和刑事责任，刑法第336条规定了非法行医罪。

"法律保障医师执行业务的权利，因此，医师自应负担相对的强制诊疗义务"[①]。第四，医师通过考试取得了执业医师资格，说明其具备治疗疾病的能力，并且医师开展执业活动也被认为是向公众宣布其将承担紧急救治的义务。[②] 因此，基于人权的保障、义务的强化、医业活动的独占和医师的治疗能力四方面的原因，医师实施紧急救治成为法定的强制义务。

（二）履行紧急救治义务的条件

只有在符合救治主体、救治能力、救治对象等条件时，才产生紧急救治义务的履行问题。

首先，紧急救治义务的主体是医师。根据我国《执业医师法》第24条的规定，履行紧急救治义务的主体是医师。"医师"是指通过医师资格考试，进行执业注册，在医疗、保健等机构从事执业活动的人，包括执业医师和执业助理医师。

其次，医师具有相应的救治能力是履行紧急救治义务的前提。医师处于疾病、酒醉等状态之中，或者无法到达救治现场，或者因正在从事其他诊治而分身乏术，或者需要救治的疾病不属于医生所擅长的领域等等，是医生不履行紧急救治义务的正当事由，免除其义务不履行的责任。但是，对于医院急诊科的当班医师，以医院的相关急诊制度和设备作为保障，除了气候、交通等不可抗力因素之外，一般均推定医师具有紧急救治的能力。

最后，病人处于"急危状态"，是履行紧急救治义务的核心条件。只有当病人身罹急危病症时，才产生医师的紧急救治义务。所谓"急危状态"，是指患者病情紧急，若不及时医治即有生命危险之虞或者有留下永久后遗症的危险。[③] 例如，病人因车祸等意外事故重伤或者昏迷，染上恶性传染病危在旦夕，遭剧毒蛇虫咬伤即将死亡等等。我国《医院工作制度》中的"急诊室工作制度"列举了十四项必须进行急诊抢救的病症，在临床上，各医院急诊室通常也订立了"急诊就医标准"，这些规定均是判

---

① 吴建梁：《医师与病患"医疗关系"之法律分析》，91页，东吴大学硕士学位论文，1994。

② 参见黄丁全：《医事法》，197页。

③ 参见吴建梁：《医师与病患"医疗关系"之法律分析》，93页，东吴大学硕士学位论文，1994。

断危急患者的详细参考，特殊情况下，还需要结合病人的具体情形在医学上作个案判断。[1]

二、紧急救治义务的不作为的法律性质

医师对送至医院或者诊所的危重病人，在尚未成立医疗契约或者事实上开始实施医疗行为之前，是否居于保证人地位，其不作为是否构成犯罪，理论界有不同的观点；在肯定紧急救治义务的不作为构成犯罪的前提下，问题的核心在于，这种不作为应当成立何种罪名。

（一）理论争议

医师无正当理由拒绝履行紧急救治义务是否构成不作为犯罪，在理论上存在否定说和肯定说的对立。

1. 否定说

第二次世界大战以后，否定说在日本成为通说。其理由在于，诊疗义务成为医疗行政上的义务，是因为认可了医师独占医疗业务的医师证照制度而形成的反射效果，因此，诊疗义务是医师对于国家的义务（公法上的义务），并不是要求诊疗者（委托者）个人得以根据此规定而获得接受各个医师治疗的权利。[2] 台湾学者周治平认为，不作为犯罪的成立由义务性质的强弱决定，义务性强者成立不作为犯罪，反之则不然。社会观念通常认为违反紧急救治义务仅适用"医师法"进行处罚，紧急救治义务是一种性质薄弱的义务，故不得适用刑罚。[3] 韩忠谟教授认为，单纯违反紧急救治义务的不作为在义务违反上与杀人的积极行为不具有同等价值，因而难以认定该行为成立不纯正不作为犯罪。[4] 林山田教授则强调了保证人地位产生的时限，以医生事实上自愿承担保证结果不发生的法定义务作为形成保证人地位的标志。若医生没有开始治疗病人，并且自始拒不医治，只是违背了"医师法"的规定，应当根据情节轻重进行惩戒（行政罚），而无

---

[1] 参见吴建梁：《医师与病患"医疗关系"之法律分析》，93页，东吴大学硕士学位论文，1994。

[2] 参见[日]大谷實：《医療行為と法》，新版補正版，39页，东京，弘文堂，1997。

[3] 参见周治平：《刑法总论》，159页，台北，作者发行，1972。

[4] 参见韩忠谟：《刑法原理》，79页，北京，中国政法大学出版社，2002。

法成立犯罪。① 台湾"法务部检察司"的研讨将紧急救治义务作为纯粹的契约义务,认为医院与患者之间的医疗关系属于民事契约关系,依"契约自由"原则,医院没有承诺医治,契约关系不成立,医师没有医治的义务,因而,不产生刑事上的作为义务。医师拒绝救治病人,违反了"医师法"的规定,只需承担单纯的行政责任。②

2. 肯定说

在日本,二战以前的立法沿革肯定了紧急救治义务的不作为具有犯罪性,即使否定论在二战以后成为通说,也有学者对否定论提出了批判。③木村龟二教授认为,医生的紧急救治义务基于其特殊的社会地位而形成,一般人对于医生的救治报有特别的期待和信赖,医生违反紧急救治义务,使危重病人情况恶化而产生损害结果,成立不纯正不作为犯。宫本英修教授认为,对作为义务的强制性程度进行区分并无实质意义。植松正教授认为,紧急救治义务是法令规定的义务,该义务的不履行自然可以成立不作为犯罪。④ 金泽文雄教授认为,紧急救治义务不仅是医师取得执业证照而对国家承担的公法上的义务,也是对病人权益的法律保障。⑤

3. 本书的观点

本书赞同肯定论的观点,除了上述持肯定论的学者所阐明的论据以外,紧急救治义务的不履行之所以构成刑法上的不作为犯罪,还基于如下理由:首先,如前文所阐明,基本人权、医疗伦理以及医业的独占地位决定了医师的紧急救治义务是明文规定的公法上的强制义务。因此,紧急救治义务与医师的其他义务不同,不是以契约或者事实上的诊疗行为作为保

---

① 参见林山田:《刑法通论》,增订9版,下册,220页。

② 台湾"'法务部检察司'1989年8月19日法(1989)检(二)字第1137号"研讨结论。(参见许玉秀编:《新学林分科六法——刑法》,A—542页,台北,新学林出版股份有限公司,2008。)

③ 参见陈子平:《医师违反紧急救治义务之刑事责任——与日本法之比较》,载中国人民大学刑事法律科学研究中心编:《海峡两岸医疗刑法问题学术研讨会文集》,2~3页,2007-10-27。

④ 转引自曾淑瑜:《医疗过失与因果关系》,上册,330页。

⑤ 参见[日]金泽文雄:《医师の応招义务と刑事责任》,载日本医师法学会编:《医事法学论丛》,第2册,39页以下。转引自曾淑瑜:《医疗过失与因果关系》,上册,331页以下。

证人地位产生的起点,而是自病人送至医师处、医师具备救治的客观时空条件时起,医师即应当承担保证人义务。其次,紧急救治义务的存在使得公众对医师怀有合理的信任和期待,从而将病人送往医处寻求帮助,若医师无故拒绝履行紧急救治义务,可能导致抢救时机的延误甚至丧失,提高了病人法益受损的风险,为了维持大众对医师的救治义务(尤其是在紧急情况下)的信赖,应当将医师的紧急救治义务纳入刑事作为义务的范畴。最后,我国正处于医疗体制改革的"阵痛"之中,各类医疗关系尚未理顺,医疗伦理水准整体下滑,医院和医师为了追求经济利益而背离其公益性目标和救死扶伤的天职,医师因病人贫困等原因拒绝救治导致严重后果的案件时有报道[1],如果将医师紧急救治义务的不履行入罪化,则能够很好地发挥刑罚的预防功能。

综上,紧急救治义务是国家赋予医师的强制义务,医师拒绝履行该义务可能危及公民的生命和健康,而生命和健康正是刑法保护的重大法益,因此,紧急救治义务应当成为刑法上的作为义务,医生无正当理由不履行紧急救治义务而造成严重后果的,成立不作为犯罪。

(二)紧急救治义务的不作为所构成的罪名

在肯定紧急救治义务属于刑法上的作为义务之后,需要研究该作为义务的不履行成立什么罪名,其核心在于该作为义务相当于何种犯罪的作为义务。

德国自1869年全面废止营业法以后,已经废除了强制诊疗义务的规定。但实务中通常认为,夜间及休假日值班的医师,即使实际上未接受病人,也仍负有急救义务,违反紧急救治义务则成立不纯正不作为犯。例如,"夜半时分,妻腹痛,夫请医师往诊,该医师只劝以服用镇静剂及冷敷而拒绝往诊,结果妻因输卵管妊娠出血过多死亡",法院认定该医师成立过失致死罪。[2] 此外,德国刑法第323条C还有关于"不予救助"的规定:"行为人在发生不幸事故或者公共的危险或者紧急危难时,尽管要求

---

[1] 参见张起义:《破除医院"见死不救",需有整套法律体系》,载《法制日报》,2007-04-08。

[2] 参见金泽文雄:《医师の应招义务と刑事责任》,载日本医师法学会编:《医事法学论丛》,第2册,39页。转引自曾淑瑜:《医疗过失与因果关系》,上册,332页以下。

和根据状况能够期待他进行救助，特别是不存在显著的自己危险和不侵害其他重要的义务，却不予以救助的，处一年以下的有期徒刑或者金钱刑。"① 对本条所称的"不幸事故或者紧急危难"作扩张解释，将紧急疾病包括在"事故或者危难"之中，即适用于医师的治疗活动，从而使本条具有处罚医师紧急救治义务的不作为的机能。因此，虽然德国法中没有紧急诊疗义务的明文规定，但是，实际上仍然实现了某种程度的强制医疗。②

法国刑法第 223-6 条第 2 款"怠于救助罪"规定，"任何人对处于危险之中的他人能够个人采取行动，或者能够唤起救助行为，且对其本人或第三人均无危险，而故意舍弃给予救助的，处前款同样之刑罚（即，5 年监禁并科 75 000 欧元罚金）。"③ 在著名的"柯蓝医师案"中，就是按照怠于救助罪对医师定罪处刑的。④ 因此，怠于救助罪的扩张解释的结果肯定了医师的紧急救治义务，医师拒绝履行该义务成立"怠于救助罪"。

日本《医师法》第 19 条规定了医师的紧急治疗义务，对于紧急救治义务的不履行，最重仅处以吊销执业证照的行政处罚，因此，该义务的不作为在日本不构成犯罪。⑤ 但是，学界有观点认为存在成立杀人罪、保护者遗弃罪和业务过失致死伤罪的余地，还有观点认为通常构成业务过失致死伤罪。⑥

---

① 《德国刑法典》，195 页。
② 参见黄丁全：《医事法》，198 页。
③ 《法国新刑法典》，罗结珍译，23 页，北京，中国法制出版社，2003。
④ "柯蓝医师案"：1965 年的一天，某人在凌晨 3 时与他人打架腹部被刺了一刀，倒在血泊之中。路人发现后，向距离约三百米的柯蓝医师处通报，但是，柯蓝医师没有派出救护车，伤者因流血过多于 4 时 20 分死亡。法兰西轻罪法院判处柯蓝医师 4 个月拘禁，并科 1 000 法郎罚金。医师公会对法院如此之严厉的刑罚一再表示不满。控诉审接受了各方意见，改判罚金 5 000 法郎。（参见 [日] 金泽文雄：《医师の应招义务と刑事责任》，载日本医师法学会编：《医事法学论丛》，第 2 册，39 页以下。转引自曾淑瑜：《医疗过失与因果关系》，上册，332 页。）
⑤ 参见黄丁全：《医事法》，199 页。
⑥ 参见陈子平：《医师违反紧急救治义务之刑事责任——与日本法之比较》，载中国人民大学刑事法律科学研究中心编：《海峡两岸医疗刑法问题学术研讨会文集》，9 页，2007-10-27。

在我国台湾地区，有学者认为，当医生拒绝紧急诊疗造成死伤结果时，在能够预见并且可避免的结果的范围内，可能成立业务过失致死伤罪。[1] 新近有学者认为，医生紧急救治义务的不作为，足以使无自救力的人的生命陷入危险状态，构成"违背法令义务遗弃罪"[2]。这提供了值得深入讨论的思路，因为违背法令义务遗弃罪的犯罪主体在外延上广于总则中保证人的范围。[3] 通说认为，该罪的主体是负有扶助、养育、保护义务的人（可以包括医师），对象是无自救力的人（包括处于紧急疾病状态中的病人），客观行为包括作为形态的"遗弃"和不作为形态的"不为救助"[4]。当不为救助导致了病人死亡或者重伤害的实害后果时，构成遗弃罪的结果加重犯。

紧急救治义务的不作为触犯何种罪名，应当依据医疗法中紧急救治义务的性质和内容来确定，并且根据各国刑法的目的、体系和个罪的具体规定，结合案件的实际状况加以研究。根据我国刑法第261条的规定，遗弃罪的犯罪主体是"负有扶养义务的人"，承担紧急救治义务的医生并非适格主体，故无成立遗弃罪的余地。有学者提出了增设"见危不救罪"的立法建议[5]，然而，有观点却认为，"见危不救罪"的主体应当是职务或者业务上不具有特定救助义务的人。因为若行为人具有特定的救助义务，以刑法现有规定中的不作为犯罪即可追究刑事责任。[6] 笔者认为，医生作为在职务和业务上承担义务的主体，当其不履行紧急救治义务的行为导致了病人死亡或者伤害时，成立不纯正不作为犯，依主观方面的不同，可以构

---

[1] 参见黄丁全：《医事法》，204页；陈子平：《医师违反紧急救治义务之刑事责任——与日本法之比较》，载中国人民大学刑事法律科学研究中心编：《海峡两岸医疗刑法问题学术研讨会文集》，15页，2007-10-27。

[2] 台湾地区"刑法"第294条第1项规定，"对于无自救力之人，依法令或契约应扶助、养育或保护，而遗弃之，或不为其生存所必要之扶助、养育或保护者"，构成"违背法令契约义务遗弃罪"。

[3] 参见叶文正：《医生不作为医疗的刑法问题》，92页以下，成功大学硕士学位论文，2005。

[4] 林山田：《刑法各罪论》，上册，3版，73页，台北，台湾大学法学院，2003。

[5] 参见冯军：《和谐社会与刑事立法》，载《南昌大学学报（人文社科版）》，2007（1）。

[6] 参见付立庆：《"见危不救"的合理应答》，载《检察日报》，2003-02-17。

成相应的故意犯罪或者过失犯罪。陈子平教授认为，医生拒绝履行紧急救治义务不成立故意的杀人罪或者伤害罪，其原因在于紧急救治义务的强度未到达故意杀人罪、故意重伤罪的作为义务的强度，这种消极的不作为与其积极作为不具有等价性，并且，紧急救治义务是过失犯注意义务的基础，因而，医生紧急救治义务的不作为不构成故意犯罪，只能构成业务过失致死伤罪。[1] 然而，该观点的缺陷在于，医生主观上对其不履行紧急救治义务的行为存在认识，对损害结果持放任态度，最终却以过失罪名进行定罪，无疑导致了主客观的背离。因此，笔者认为，医生不履行紧急救治义务，放任患者死亡或者伤害发生的，构成故意杀人罪或者故意伤害罪；若医生对于损害结果的发生仅存在过失，则构成医疗事故罪，这是我国实定法框架之下的必然选择。然而，从应然的角度看，增设"见危不救罪"，将业务或者职务上负有特定作为义务的人纳入该罪的犯罪主体的范围，能够为认定和解释此类现象，发挥刑法的引导和预防功能提供更好的解决路径。

第二节 诊疗义务与不作为犯罪

一、诊疗义务

在医生的作为义务中，除了紧急救治义务是法定的强制义务之外，医生的其他作为义务均以医疗契约的存在为前提。医疗契约并非完全意思自治的产物，法律对决定和变更医疗契约的内容作了一定的限制。[2] 其中，诊疗义务是核心义务或者主要义务，其他义务均附随此项主义务而产生，目的在于促进和保障主义务的履行和实现。

所谓"诊疗义务"，是指医生根据患者的病情，运用医学知识和医疗技术，正确地诊断患者所患的疾病，施以适当的治疗。广义的诊疗，涉及诊断、治疗、麻醉、手术、输血、观察、护理等具体医疗过程。诊疗义

---

[1] 参见陈子平：《医师违反紧急救治义务之刑事责任——与日本法之比较》，载中国人民大学刑事法律科学研究中心编：《海峡两岸医疗刑法问题学术研讨会文集》，15页，北京，2007-10-27。

[2] 参见龚赛红：《医疗损害赔偿立法研究》，20页。

包括如下内容：

（一）亲自诊疗义务

医生的诊疗活动，必须亲自为之，不得假手于他人，否则无从了解病人的真正情况而实现对症治疗。我国《执业医师法》第23条规定，"医师实施治疗、预防、保健措施，签署有关医学证明文件，必须亲自诊查、调查"。但是，教学医院的实习医生对病人进行诊疗时，主治医师必须在旁指导，并承担实习医生的治疗过失所引起的责任，因而，可以将实习医生的诊疗视为主治医师的亲自诊疗。①

（二）常规诊疗义务

我国《执业医师法》第22条第1项规定，医师在执业活动中应当履行遵守法律、法规，遵守技术操作规范的义务。医疗行为具有裁量性，医生享有一定的自由裁量空间，但是，其采取的措施应当符合医疗常规和技术操作规范。根据我国《医疗事故处理条例》的规定，构成医疗事故，以违反医疗卫生管理法律、行政法规、部门规章和诊疗、护理规范、常规为前提。在非实验性的一般诊疗中，未经安全性测试并取得相关批准和认证的新技术，不得擅自使用，否则，属于超出常规或者违反常规的不当行为。

（三）继续治疗义务

继续治疗义务，是指医生在实施紧急救治或者订立医疗契约之后，即负有继续治疗病人的义务。除非医患双方经协商解除了医疗契约，或者病人辞退了医生，否则，医生不得无故擅自终止治疗。若医生有依公序良俗和公共政策观念判断为正当的理由，并且提前合理期间预先通知了患者，则可以终止继续治疗义务。例如，医生因自身疾病原因，无法再从事医疗活动，可以将情况告知患者以终止医疗契约或者转由其他医生治疗。但是，若病人因经济原因而无法及时缴清医疗费用，医生不得以此为理由擅自终止医疗。

（四）观察护理义务

观察护理义务，是指医生在诊疗过程中密切关注患者病情变化并进行恰当护理的义务。观护是诊疗过程中的重要环节，通常由护士协助医师完成该义务。我国《护士条例》第17条规定："护士在执业活动中，发现患者病情危急，应当立即通知医师；在紧急情况下为抢救垂危患者生命，应

---

① 参见蔡墩铭：《医事刑法要论》，2版，53页。

当先行实施必要的紧急救护。"

特别需要说明的是,由于外科手术是一种具有严重侵袭性的医疗行为,会对病人的身体组织造成相当的破坏,因此,对于医生在外科手术不同阶段的术前检查义务、术中诊疗义务和术后康复义务,通常有详细的规定。

二、不履行诊疗义务的典型样态及其法律性质

医生不履行诊疗义务,必然危及公民的身体和健康等重大法益,可能构成不作为犯罪。医生亲自诊疗义务的不作为,通常成立相应的过失犯罪。在台湾地区,曾经发生过一起与医生的亲自诊疗义务有关的"仁爱医院人球案"①。检方指控该医院的神经科外科医师林某与他人构成业务过失致人死亡罪,理由之一是林某违反了医院内部的会诊规定,没有亲自查看病人。但是,学界的观点认为,虽然林某没有遵守医院内部的会诊规定,但是,其是否亲自会诊对于病情的判断没有影响,不能据此就认为医师违反亲自诊疗义务而成立刑法上的过失。因此,该案的焦点不在于诊疗义务的违反,而在于未亲自会诊对于结果的发生是否具有支配作用,即应当属于因果关系的认定问题。②

违反常规诊疗义务是最常见和最典型的医疗过失行为,该义务的不作为在医疗事故罪中占了相当大的比例。例如,注射青霉素之前必须作皮试是青霉素注射的技术操作规范,未经皮试就直接注射,是严重违反医疗常规的行为。此外,在非实验性的一般诊疗中,擅自使用未经安全性测试、未取得相关批准和认证的新技术,也属于超出常规或者违反常规的行为。香港《大公报》报道了"射频热凝法治疗案",香港医生林钜津在 2001 年为一名 68 岁的肝癌病人实施名为"射频热凝法"的新电疗手术,导致病

---

① "仁爱医院人球案":患者因头部钝挫伤致机型硬脑膜下腔出血昏迷,被送到台北仁爱医院治疗,经该院急诊室急救后,由急诊科联络神经外科医师林某会诊,但是,林某没有亲自查看病人,就认为医院无加护病床而建议转诊,医院历时近五个小时才完成转诊,病人最后虽然被实施了开刀手术,但因脑死亡而回天乏术。(参见卢映洁等:《从医疗人球事件论医师之刑事过失责任》,载《台湾本土法学杂志》,2006 (1)。)

② 参见卢映洁等:《从医疗人球事件论医师之刑事过失责任》,载《台湾本土法学杂志》,2006 (1)。

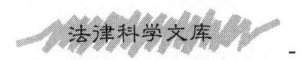

人死亡。该项"射频热凝法"在 2001 年尚属于一项新技术，即使生产商也没有作出足够的安全提示，直到 2005 年才制定了较多的操作指引。香港医务委员会裁定林钜津在当时运用该项新技术的行为属于专业失当，责令停牌 6 个月，缓刑两年，该期间内不可以实施"射频热凝法"手术。①

医生的继续诊疗义务被视为刑法上的作为义务②，该义务的不作为和犯罪具有何种关系是理论和实践的难点，集中映射于如下两个问题：其一，在病人已无救活可能的情况下，医生撤掉急救装置，其行为是作为还是不作为？刑法上如何评价？其二，医生在接诊了病人并进行一定的治疗之后，基于各种原因将病人抛弃，如何确定其行为的性质？

1. 在病人已无救活可能的情况下，医生撤掉急救装置，是作为还是不作为？刑法上如何评价？

尽管病人已经陷入了某种不可逆转的死亡状态之中，但是，此前使用的急救装置仍然能够维持病人的血液循环、呼吸和心跳功能。在此种情形下，将这些维持生命体征的急救装置关闭或者撤掉，从刑法的视角进行观察，构成作为还是不作为？

"作为说"认为，撤除生命维持装置是以作为的方式断绝了对生命的机械维持。该说以行为具有构成要件符合性为前提，进而探求否定其违法性的道路。但是，在结论上，只要以存在应该保护的生命为前提，就难以将这种积极的侵害"正当化"。相反，"不作为说"能够较好地将医师撤除生命维持装置的行为合法化。根据对社会中现实治疗状况的观察，撤除生命维持装置的行为意味着终止治疗，刑法评价的对象是"没有进行更多的救助生命的行为"这种不作为。如果患者已经进入了生命不可救助的阶段，就可以说不存在继续治疗这种刑法上的作为义务，医师不再居于保证人地位，其行为不符合构成要件。③

台湾学者林山田认为，不同行为主体针对同一对象的同一行为，在刑法评价上可能产生不同的结论。对于撤掉病人的生命维持装置这一行为，应当

---

① 医务委员会裁定林钜津成立的另一项专业失当是，误导病人相信其是有经验的医生。参见佚名：《林钜津医死人停牌获缓刑》，载《大公报》，2007-02-09。

② 参见蔡墩铭：《医事刑法要论》，2版，54页，台北。

③ 参见［日］井田良：《维持生命治疗的界限和刑法》，冯军译，载《法学家》，2000（2）。

区分是由医师还是由其他无关的第三人实施的。例如，医师为急诊患者接上心肺机，以维持其血液循环和呼吸功能，其后，医师发现该患者已经昏迷多日，以心肺机为其进行人工呼吸和血液循环已没有医疗上的实益，于是关掉了心肺机。在这类案件中，医师经过审慎考量认为患者已无生存希望之后，尽管其以积极的身体动作将心肺机关掉，但是，在社会一般价值观念上，关掉心肺机的行为与其不履行医疗义务的行为等价，因而属于不作为。但是，医生的不作为以其居于保证人地位、违反保证义务为前提，在病人已无生还可能，继续治疗已属徒劳的情况下，医生维持病人生命的义务已经结束，换言之，医生不再负有诊疗义务。因此，医生终止无意义的医疗行为而使病人自然死亡，并不违反医疗义务，是法律许可的行为。但是，同样在此类情形中，若不具有医疗义务的第三人故意关掉心肺机，促成了病人死亡的结果，则其行为的社会意义在刑法评价上属于作为，该第三人构成故意杀人罪的作为犯。① 德国刑法理论亦认为，医师以及医护人员关闭呼吸器，由于是中断治疗，刑法上评价为不作为；但是，其他人关闭呼吸器的举动，则被评价为作为，是积极的杀人。②

上述问题集中体现于终末期医疗中的安乐死和尊严死。在日本，由于川崎协同医院事件等案例的出现，围绕这个问题展开了白热化的讨论。③ 甲斐克则教授认为，撤掉生命维持装置的行为构成刑法上的不作为。对于符合安乐死条件的患者来说，这属于"消极安乐死"的范畴，基于尊重病人意志的考虑，在法律上有正当化的可能。④ 尊严死是指拒绝人工维持生命的治疗，医生放任患者死去的行为。尊严死原则上存在于生命的不可能性被认可的条件下，并且医生为患者带上呼吸器后的看

---

① 参见林山田：《刑法通论》，增订9版，下册，207～208页。

② Vgl. Otto. Patientenautonomie und Strafrecht bei der Sterbebegleitung, NJW 2006, S. 2218. 转引自林东茂：《医疗上病患承诺的刑法问题》，载（台湾）《月旦法学杂志》，2008 (6)。

③ 参见[日]甲斐克则：《刑法视角下的尊严死》，任继鸿译，载中国人民大学刑事法律科学研究中心编：《海峡两岸医疗刑法问题学术研讨会文集》，43页，2007-10-27。

④ 参见[日]甲斐克则：《刑法视角下的尊严死》，任继鸿译，载中国人民大学刑事法律科学研究中心编：《海峡两岸医疗刑法问题学术研讨会文集》，44页，2007-10-27。

护义务，应当持续至死亡的那一刻。① 在患者本人明确拒绝的前提下，不安装或者撤掉此类装置是对患者的自我决定权的尊重，患者的拒绝解除了医生的治疗义务，使得医生的行为被正当化；若患者本人事前未作出明确表示，由其代理人作出判断时，依患者对延命治疗的意愿的表达方式或者无表达等不同情形，可以对行为进行合法化或者免责。在病人意愿不明确的情况下，日本的刑事判决提出了"疑点归于生命的利益"原则，即医生应当优先保护患者的生命，有学者建议以公共指导方针的方式规范尊严死。②

英国法将撤除病人的生命维持装置区分为撤除永久植物人（Permanent Vegetative State）和非永久植物人的生命维持装置两种情况。在永久植物人无意思表示的前提下，只能依据最佳利益（the best interest）原理进行权衡，人工延命治疗已经不符合永久植物人的最佳利益，在继续治疗已无实益的情况下，医生不再承担继续治疗的义务。从医生承担保护病人生命的积极义务的立场，可以将中断治疗的行为视为不作为，不应当将之归类为具有刑法目的的积极动作。病人的死亡是其疾病而非中断治疗所导致的，撤除生命维持装置无须承担刑事责任③；非永久植物人包括脑死亡、无存活机会等情况，在充分参考了病人的生命质量之后，中断对他们的治疗是合法的行为。英国医学会（British Medical Association）对于如何作出中断治疗的决定制定了专业指引。④

综上所述，虽然对"医疗义务的界限"存在疑问，很难判定什么情况下医疗已经归于无意义，但是，对于医生撤除生命维持装置的行为，可以将之理解为一种消极的不作为；以充分保证患者的生存权利为首要前提，基于尊重患者的自我决定权和保障患者的最佳利益的立场，医生的不作为可以被合法化、正当化或者被免责。美国在 Cruzen 一案的判决

---

① 参见［日］甲斐克则：《安樂死と刑法》，132页，东京，成文堂，2003。

② 参见［日］甲斐克则：《刑法视角下的尊严死》，任继鸿译，载中国人民大学刑事法律科学研究中心编：《海峡两岸医疗刑法问题学术研讨会文集》，46页以下，2007-10-27。

③ See Andrew Hockton, *The Law of Consent to Medical Treatment*, Sweet & Maxwell, 2002, pp.130-141.

④ See *Withholding and Withdrawing Life-prolonging Medical Treatment: Guidance for Decision Making*, BMJ Books, 2nd ed., 2001.

中已经肯定了医生拔除维生设备的权利。① 德国实务与学说也一致认为，当医疗措施无法减轻患者的痛苦，而只是延迟死亡时，患者基于自由意思而决定放弃，或者推测患者同意放弃，医师中断治疗措施的行为是被允许的。②

2. 接诊危重病人并且进行了一定的治疗之后，却将病人强行抛弃，该行为性质如何？

实践中另一种典型的情况是：医生接诊了送至医院的危重病人，经过医生的抢救和治疗，病人的病情得到了一定缓解。然而，由于种种原因，例如，无法找到病人家属，病人是孤残老人等等，病人无力支付医疗费用，医院有关人员将仍无自救能力的病人强行搬离医院，予以抛弃。此类行为违反何种义务，刑法上应如何评价？

这一情形有别于前述之紧急救治义务的不作为，区别的关键点在于：医生接诊病人并进行抢救和治疗是履行紧急救治义务的行为，在病人的病情得到缓解之后，医生实施紧急救治的"危急"状态不复存在，紧急救治义务即告终结。但是，医生履行紧急救治义务实施了先行的救治行为，医患之间形成了事实上的医疗关系（此种情况下一般都未办理必要的手续，难以认定医疗契约成立），医生此时应当承担诊疗义务，其核心是继续诊疗。

病人在接受治疗时负有缴纳医疗费用的义务，若病人无故拒绝缴纳医疗费用，医患双方可以协商解除医疗契约。但是，在病人因客观原因不能缴纳医疗费用，并且处于无自救能力的状态（例如，深度昏迷、重伤）下，医生强行抛弃病人的行为，大大提高了病人死亡和受伤的风险，甚至会产生严重的实际损害。在法益的位阶层次上，生命、身体法益高于财产法益，为了保护最重要的生命、身体法益，医生应当选择履行继续诊疗义务，积极帮助病人恢复健康。将无自救能力的病人强行抛弃的行为，在物理形态上属于积极投入身体能量的动作，但是，从社会一般观念来看，构成了不履行继续诊疗义务的不作为。

---

① 参见颜厥安：《鼠肝与虫臂的管制——法理学与生命伦理探究》，31页，北京，北京大学出版社，2002。

② Vgl. Lackner/Kühl, StGB, 26. Aufl. 2008, vor § 221, Rn. 8. 转引自林东茂：《医疗上病患承诺的刑法问题》，载（台湾）《月旦法学杂志》，2008（6）。

就刑法评价的意义而言，先行紧急救治行为的存在和事实医疗关系的产生，使医生毋庸置疑地居于保证人地位，先行行为是其作为义务的来源，因此，医生强行抛弃无自救能力的病人，导致了病人死亡或者伤害的，构成刑法上不纯正的不作为犯罪。此类行为的性质，需要依行为人的主观方面加以认定。本书认为，就实践观之，行为人的主观方面通常以过失为常态，以故意为例外。至于过失是构成医疗事故罪还是过失致人死亡、重伤罪，关键则在于如何理解医疗事故罪的犯罪主体。若强行抛弃是由医务人员实施的，构成医疗事故罪；但是，实践中通常是由医院的行政人员和后勤人员（例如，司机、保安）等实施强行抛弃行为，若认定此类人员属于"医务人员"，则构成医疗事故罪；反之，则构成普通过失犯罪。在我国实务中，已经出现了认定为过失致人死亡罪的案例。[①]

我国还发生过"精神病福利院医生遗弃精神病人"的案例。[②] 判决和学说均认为，精神病具有特殊性，精神病福利院作为社会福利机构，对精神病人负有职责上的救助义务，形成特定的扶养关系。精神病福利院工作人员的遗弃行为违背其救助义务，构成遗弃罪。[③] 精神病福利院在性质上不同于普通医院，精神病福利院的医生与病人的关系迥异于普

[①] 《华西都市报》2004年11月19日报道了"南江医院抛弃无名患者案"。四川省南江县中医院院长林近安、副院长何文良、总务科长兼驾驶员贾正勇等人，在接治一名无名氏妇女后，认为该妇女身无分文又无人照料，是乞丐的可能性较大，遂将该妇女拉出医院丢弃，致该无名氏妇女死亡。南江县法院以过失致人死亡罪判决上述三被告人有期徒刑并适用缓刑。该案引起了社会广泛关注。（参见新浪网，http://news.sina.com.cnPsP2004－11－19P04464280524s.shtml，访问日期：2007－05－10。）

[②] 1996年至1999年8月间，刘晋新等四人在乌鲁木齐精神病福利院院长王益民的指派下，安排该院工作人员将精神病福利院的28名"三无"公费病人遗弃在甘肃省及新疆昌吉附近，被遗弃的病人除1人安全回家之外，其余27人均下落不明。乌鲁木齐新市区人民法院和乌鲁木齐市中级人民法院认定被告人的行为构成遗弃罪，判处了有期徒刑的缓期。（参见国家法官学院、中国人民大学法学院编：《刑事审判案例要览》（2003年刑事审判案例卷），218～224页，北京，中国人民大学出版社、人民法院出版社，2004。）

[③] 参见陈兴良：《非家庭成员间遗弃行为之定性研究——王益民等遗弃案之分析》，载《法学评论》，2005（4）。

通医患关系，因此，这类案件尽管表面上也属于医生抛弃病人的行为，但是，与医生的继续诊疗义务无直接必然关联，而是属于扶养义务的不作为。

第三节 转诊义务与不作为犯罪

一、转诊义务

医疗技术日益发展，医疗各专业领域的划分愈加精细，因而，现代医疗多采用专科医生制度。当医生或者医院囿于擅长专业和医疗设备，无法确定患者的病因，无法为患者提供恰当的治疗时，应当建议病人转到其他医院就诊，这就是医生的转诊义务。

（一）转诊义务的性质

广义的转诊，不仅包括转医院或者转诊所，还包括本医院内部的转科。如前所述，诊疗义务是医生的核心义务，但是，当医生或者医院无法恰当地履行其诊疗义务时，就应当履行转诊义务。转诊义务是一类独立的作为义务，是临床上必要的医学干预手段，在符合转诊的条件时，医生必须以合理的方式正确转诊。

我国医疗法关于转诊义务的明确规定，主要体现于国务院于2003年颁布的《乡村医生从业管理条例》第26条。该规定指出，乡村医生对超出一般医疗服务范围或者限于医疗条件和技术水平不能诊治的病人，应当及时转诊，情况紧急不能转诊的，应当先行抢救并及时向有抢救条件的医疗卫生机构求助。该规定充分考虑了乡村医生在医疗技术和医疗设备方面的客观不足，特别凸显了乡村医生的转诊义务。尽管其他医疗法规范没有特别规定医生的转诊义务，但是，《医院工作制度》中的"转院、转科制度"已经表明，转诊义务是所有医生的一般义务。

（二）转诊的条件

《医院工作制度》第30条规定了"转院、转科制度"，在符合如下两个条件时，医生应当履行转诊义务：（1）医院因限于技术和设备条件，对不能诊治的病人，由科内讨论或者由科主任提出，经医务科报请院长或者主管业务副院长批准，提前与转入医院联系并征得同意，省级医院的病人需转入外地医院诊疗的，报请卫生厅批准后，方可转院。（2）病人的病情已经稳定或者已度过危险期，适于转院。

此外，病人享有选择就医的权利，当病人提出转诊时，医生应当以合理的方式安排转诊。在符合转诊条件需要转诊的情况下，医生向病人说明了病情、诊断结果和转诊的必要性之后，病人拒绝转诊的，因为医生已尽告知义务，不负因未转诊而导致的延误治疗的责任。

（三）转诊义务的内容

医生的转诊义务包括如下主要内容：

1. 转诊前的继续救治义务

即使医生已经作出了转诊决定，对于完成转诊之前必须继续进行抢救或者治疗的危重病人，医生也需要承担继续治疗的义务，以避免转诊途中产生危险。如果病人在转诊途中可能出现病情恶化或者死亡，医生应当将病人留院处置，待病情稳定或者度过危险期之后，再行转院。

2. 联系转诊医院的义务

在将病人转诊之前，医生应当提前与转入医院联系并告知病人的相关状况，征得转入医院同意后才能转诊。在本医院进行转科时，也需要先行联系，经转入科会诊同意后才能转诊。

3. 安全运送义务

医生在转诊途中必须密切关注病人的安全，谨慎小心地进行运送。病情较重的病人转院时，医院应当派医护人员护送。

4. 交付医疗记录的义务

医疗记录是病情诊断和治疗的重要记载，转诊时应将有关记录一并移交，以有助于转入医生准确了解先前的治疗。《医疗工作制度》规定，病人转院时，医生应当将病历摘要随病人转去；病人在转入医院出院时，医生应写治疗小结，交病案室，退回转出医院。

二、转诊义务的不作为的法律性质

一旦医患之间订立了医疗契约，医生实施了接诊和治疗的先行行为，就居于保证人地位。当病人符合转诊的条件或者提出转诊的要求时，医生应当承担转诊义务，并在此过程中合理告知、安全运送以及恰当治疗。若医生有转诊的能力，却不履行转诊义务，则构成该义务的不作为。医生不予转诊又不具备治疗病人的能力，会直接延误病人的治疗时机，若延误治疗出现了病人死亡或者伤害等严重损害结果，则转诊义务的不作为与损害后果之间通常具有因果关系。

医生不履行转诊义务而造成严重损害后果的行为，可能构成刑法中的不纯正不作为犯，并且其主观方面通常为过失。根据我国刑法的规定，一般应以医疗事故罪定罪量刑。在我国刑事司法实务中，也出现了确认医生未采纳家属的转诊要求，违反转诊义务，"延误治疗，造成就诊人死亡"的刑事判决。① 前述台湾"仁爱医院人球案"也涉及医生的转诊义务，在该案中，医生作出转诊建议之后，未及时联络到转入医院，在等待转诊的过程中也未采取合理诊治措施，未恰当履行转诊义务成为指控医师的理由之一。②

第四节　保密义务与不作为犯罪

医生在治疗过程中能够获知病人的基本情况、病情以及其他相关信息，这些信息属于病人的隐私，对此，医生应当承担保密义务，该义务兼具契约义务和法定义务的双重性质。

一、保密义务

我国的医德规范和医疗法律比较详细地规定了医生的保密义务。卫生部于1998年颁布的《医务人员医德规范和实施办法》规定，医务人员应当"为病人保守医密，实行保护性医疗，不泄露病人的隐私和秘密"。在该办法中，保密义务属于医疗伦理上的道德义务。虽然《执业医师法》没有直接规定医师的保密义务，但是，该法第37条第9项规定，医师在执业活动中"泄露患者隐私，造成严重后果的"，应当承担相应的行政责任和刑事责任。《护士条例》第18条明确规定，"护士应当尊重、关心、爱护患者，保护患者的隐私。"《中医师、士管理办法》也对保密义务作了类似的规定。

---

① 参见 (1998) 乌中少刑终字第17号刑事判决"丁洁医疗事故案"。
② 参见卢映洁等：《从医疗人球事件论医师之刑事过失责任》，载《台湾本土法学杂志》，2006 (1)。

二、保密义务的不作为的法律性质

保密义务涉及对病人隐私权的保护，若医生不履行保密义务泄露了病人的相关医疗信息，则侵犯了病人的隐私权。在一些国家或者地区的刑法立法中，针对医生保密义务的不作为规定了专门罪名。例如，台湾地区"刑法"第316条规定，医师、药师、药商、助产士、心理师等等，无故泄露因业务知悉或者持有的他人秘密的，构成"泄露业务秘密罪"。

我国《执业医师法》第37条第9项规定，医师在执业活动中泄露患者隐私造成严重后果的，应当依法追究刑事责任。在2009年2月28日《刑法修正案（七）》颁布之前，我国刑法中没有直接规制侵犯公民隐私权行为的罪名，也没有在泄露国家秘密罪、泄露军事秘密罪之外规定泄露其他秘密的罪名。为了加强对公民隐私权的保护，《刑法修正案（七）》第7条规定了"出售、非法提供公民个人信息罪"，即："国家机关或者金融、电信、交通、教育、医疗等单位的工作人员，违反国家规定，将本单位在履行职责或者提供服务过程中获得的公民个人信息，出售或者非法提供给他人，情节严重的，处三年以下有期徒刑或者拘役，并处或者单处罚金。窃取或者以其他方法非法获取上述信息，情节严重的，依照前款的规定处罚。单位犯前两款罪的，对单位判处罚金，并对其直接负责的主管人员和其他直接责任人员，依照各该款的规定处罚。"据此，医疗机构及其医务人员的保密义务被明确规定为刑事义务，医疗机构或者其医务人员违反该义务，出售或者非法提供患者个人信息情节严重的，成立"出售、非法提供公民个人信息罪"。

在犯罪的行为方式上，台湾地区"刑法"中"泄露业务秘密罪"的客观行为手段是"无故泄露"，行为人既可以以作为的方式、又可以以不作为的方式实施该罪，属于不真正的不作为犯。与台湾地区"刑法"不同，大陆刑法中"泄露"的客观行为手段表现为"出售或者非法提供"，行为人只能以作为的方式实施本罪。

此外，《刑法修正案（七）》将本罪的主体限定为"国家机关或者金融……医疗等单位的工作人员"，由于个体行医者可能不属于单位工作人员，其出售或者非法提供患者的个人信息的，不成立本罪。

可见，医疗法中关于医生保密义务的刑事责任的规定与我国刑法中"出售、非法提供公民个人信息罪"实现了部分对接。

第五节 报告义务与不作为犯罪

一、报告义务

医生应当保护病人的隐私,然而,在某些特定情况下,基于公共利益和社会管理的需要,医生对于法律规定的相关事项承担报告义务。虽然报告义务不能直接归于医疗行为的范畴之内,但也是医疗义务延伸出来的附带义务。① 报告义务是医生的法定义务,该义务的存在排除了医生对特定事项的保密义务。

《执业医师法》第 29 条规定:"医师发生医疗事故或者发现传染病疫情时,应当按照有关规定及时向所在机构或者卫生行政部门报告。医师发现患者涉嫌伤害案件或者非正常死亡时,应当按照有关规定向有关部门报告。"因此,医疗事故、传染病疫情、涉嫌伤害和非正常死亡是医生承担报告义务的三种基本情形。相关医疗法规对此作了更细致和深入的操作性规定。卫生部和国家中医药管理局于 2002 年颁布的《重大医疗过失行为和医疗事故报告制度的规定》要求,医疗机构必须建立健全重大医疗过失行为和医疗事故报告制度,并详细规定了报告的时限、内容、机构等等,这必然涉及对患者的姓名、性别、年龄、国籍、就诊或者入院时间、简要诊疗经过、目前状况等信息的披露。《传染病防治法》第 30 条规定,医疗机构及其执行职务的人员发现法定的传染病疫情或者发现其他传染病暴发、流行以及突发原因不明的传染病时,应当遵循疫情报告属地管理原则,按照国务院或者卫生部规定的内容、程序、方式和时限进行报告。

二、报告义务的不作为的法律性质

医疗法中关于医生报告义务的规定,重在维持公共卫生秩序(医疗事故报告和传染病疫情报告)和利于查处可能存在的犯罪(涉嫌伤害和非正常死亡报告)。对于不履行报告医疗事故、涉嫌犯罪的义务的行为,我国

---

① 参见蔡墩铭:《医事刑法要论》,2 版,72 页。

医疗法和刑法中均没有相应的刑事责任的规定，易言之，上述行为在我国不构成犯罪。然而，对于传染病报告义务的不作为的刑事责任，我国《传染病防治法》第八章"法律责任"明确规定，各级地方政府、卫生行政部门、医疗机构、采供血机构、卫生检疫部门未依法履行传染病报告职责或者隐瞒传染病疫情，造成严重后果，构成犯罪的，追究其主管人员或者直接责任人员的刑事责任。根据我国刑法的规定，地方政府和行政部门的主管人员或者直接责任人员怠于行使报告义务的，属于渎职行为，由于行为人具有国家机关工作人员身份，通常可能成立玩忽职守罪、传染病防治失职罪等。① 但是，对于医疗机构的主管人员或者直接责任人员（包括普通医生），由于行为人不具备国家机关工作人员的身份，不是渎职罪的适格主体，不符合渎职罪的相关成立条件，也不符合刑法中其他犯罪的成立要件。因此，按照罪刑法定原则，医生报告义务的不作为不构成犯罪，不能追究其刑事责任。

第六节　说明义务与不作为犯罪

上述紧急救治义务、诊疗义务、转诊义务、保密义务和报告义务，从不同的阶段和侧面说明了医生的作为义务，这些义务（尤其是诊疗义务和转诊义务）中当然蕴含了说明的内容，换言之，说明义务是医疗义务的履行中不可或缺的部分。就积极方面看，在医生充分履行说明义务的前提下，病人的同意是医疗行为正当化的重要根据；就消极方面看，医生说明义务的不作为，使得医疗行为由于欠缺病人的同意或者同意有瑕疵而丧失其正当性，从而可能构成犯罪。前者立足于病人的立场，是本书第七章"医疗行为的正当化"研究的重点，后者从医生的角度考察其说明义务的不作为与犯罪构成的关系，是下面即将讨论的问题。

---

① 卫生行政部门的工作人员怠于行使报告义务的，成立传染病防治失职罪；卫生行政部门的工作人员以外的其他国家机关工作人员怠于行使报告义务的，成立玩忽职守罪。

一、说明义务

（一）说明义务和知情同意（Informed Consent）

病人的知情同意，是指医生对患者详细说明其病情，并对将要进行的检查或者治疗方法等作出充分的说明，患者在充分理解医生的说明，且未受到任何强制的自由意思之下，选择检查或者治疗的方法，医生根据病人的同意实施诊疗。"知情同意"准则现今已成为全球医疗界的共识[①]，其基础是病人对于自己的身体享有自我决定权。因此，病人的有效同意以医生恰当地履行说明义务为前提，医生的说明和病人的同意，是同一问题不可分割的两个方面。

（二）说明义务的范围和例外

医生说明义务的内容和范围决定了病人知情的范围，是病人能否真正实现自我决定权的关键和核心。对于可能影响病人自我决定的重要资讯，医生都应当充分地告知，但是，医生也不是在任何情况下都需要事无巨细地进行说明，医生不必说明的资讯构成其说明义务的例外。

1. 说明义务的范围

我国《执业医师法》和《医疗事故处理条例》关于医生说明义务的范围的规定极其简单和概略，学界在理论上详细地列举了医生应当说明的主要事项：诊断的结果、拟采用的治疗措施及理由、医疗措施的成功率、可能的并发症、副作用或者危险性、有无其他可代替的措施、拒绝治疗的风险、药物的副作用（又被称为中间媒介理论，医生作为病人和药物制造商之间的中间媒介，有向病人说明药物副作用的义务）等等。[②]

2. 说明义务的例外

在特定的情形下或者出于维护病人利益的需要，存在例外性的不必说明的事项，从而免除了医生的说明义务。理论上通常认为，在情况紧急、危险性程度非常轻、患者无判断能力、法律有特别规定、说明会对患者产生不良影响、患者放弃说明、过于专业性或者细节性的疗法等场合，医生

[①] 参见吴景洲编著：《医疗纠纷终结手册》，10 页，台北，合记图书出版社，2005。

[②] 参见黄丁全：《医事法》，250 页以下。

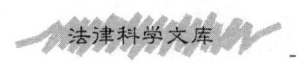

不承担说明义务。①

3. 说明义务的判断标准

医生的说明和病人的自我决定，可以在医患双方明确无碍的交流中得以实现。然而，在现实的人际互动中，医生应当说明的具体事项和说明的程度，医患双方对于医疗资讯的理解分歧等，是客观存在且不容回避的问题。因视角不同，可以将说明义务的判断标准分为医生标准、患者标准和折中标准三类。

（1）理性医生标准

理性医生标准，是根据医疗专业活动的一般惯例判断医生说明义务的内容和范围，即，以"凡是理性的医生在某个病案中都会告诉患者的信息"作为判断的标准。②

该标准的不足之处在于，以医生为标准确定说明义务的范围，根本上损害了"知情同意"准则尊重患者的自主权的基本价值基础，将医生的权利凌驾于患者的自主意思决定之上，并且，"医疗惯例"本身就是一个模糊的标准。③ 此外，为了证明涉案医生未达到理性医生标准，需要由其他医生作为专家来证明不利于涉案医生的事实，这在证据上存在重大障碍。④

（2）患者标准

患者标准又可以进一步细分为理性患者标准和具体患者标准。理性患者标准说认为，凡是能够影响一名理性患者行使自我决定权的医疗资讯，都属于医生应当说明的内容；具体患者标准说认为，具体医疗活动中凡是影响接受该治疗行为的患者行使自我决定权的医疗资讯，都属于医生应当说明的内容。⑤

患者标准契合了尊重患者自我决定权的价值目标，但是，也存在相当

---

① See Kevin W. Wlliams, *Managing Physician Financial Conflicts of Interest in Clinical Trials Conducted in the Private Setting*，Pfizer Inc，p.49.

② 参见吴景洲编著：《医疗纠纷终结手册》，55页。

③ 参见［日］石崎泰雄：《医疗契约における医师の说明义务と患者自我决定权——アメりかにおけるィンフオームド.コンヤントの生成と展开——》，载《早稻田法学会志》，42卷。

④ 参见陈子平：《医疗上"充分说明与同意"之法理》，载（台湾）《东吴大学法律学报》，2000（1）。

⑤ 参见吴景洲编著：《医疗纠纷终结手册》，56页以下。

的迷思。理性患者标准以一般的抽象的自然人为标准,易于导致忽视具体病案患者的个别情况,不能充分实现每位患者的自我决定权;具体患者标准要求医生了解每位患者的不同情况,而每位患者自身存在相当大的主观不确定性,该标准会不当地加重医生的负担。①

(3) 折中标准

为了克服上述单一标准的弊端,有学者综合考虑医生和患者的利益,提出了折中标准(双重标准)。折中标准说认为,从理性医生的一般立场出发,凡是对于作为治疗对象的具体患者行使自我决定权是重要且必要的资讯,都属于医生说明义务的范围。②这一标准在理论上确实较为完满,但是,医疗实践和司法实务如何真正地贯彻该标准,仍是一个需要继续深入研究的问题。

笔者认为,理性医生标准和理性患者标准原本是不冲突的,医生根据本专业领域内的一般医生普遍接受的医学观点确定说明的范围和程度,这种被一般医生普遍接受的标准,正是以医疗的对象被假定为理性且谨慎的患者为前提的。因此,如果医生的说明符合了理性医生的标准,对于理性患者来说,医生就是以病人可以恰当理解的方式,就可能影响其同意的实质事项进行了说明。因此,理性医生和理性患者的双重标准既可以视作一种折中,更可以理解为看待问题的不同视角。也许会有观点质疑"理性医生"和"理性患者"标准的抽象性,然而,笔者认为,"法律不关注琐碎之事",作为普遍行为规范的法律本身正是以"一般人"假设为前提,"理性医生"和"理性患者"是"一般人"假设在医疗法中的具体化。在"理性医生"的抽象概念之下,详细翔实的医疗操作常规提供了具体的支撑,有的国家还就医生如何进行说明以获得病人的同意规定了专门的指引③;同样,"理性患者"标准也蕴涵了一般患者以及特殊疾患者的丰富内容,随着实践的发展,可能就某些特殊类型的案件发展出具有相当可操作性的具体原则。④

---

①② 参见陈子平:《医疗上"充分说明与同意"之法理》,载(台湾)《东吴大学法律学报》,2000(1)。

③ 例如,英国卫生部制定了参考指引:Department of Health Guidelines on Consent: Reference Guide to Consent for Examination or Treatment。

④ 例如,在"耶和华见证人"教派的信徒拒绝输血案件中,对于医生的说明和病人的拒绝,英国已经发展出一套完备的规则。See Andrew Hockton, *The Law of Consent to Medical Treatment*, Sweet & Maxwell, 2002, pp.153-154.

二、说明义务的不作为的法律性质

(一) 说明义务的不作为与同意的欠缺

医生恰当地履行了说明义务,这是构成病人有效同意的前提。知情同意原则的核心,是医生的医疗裁量权和病人的自我决定权的冲突与调和。医疗行为具有侵袭性和风险性,病人就医生对其施以医疗性侵袭表示了同意,从消极方面看,是病人对其身体法益保护的放弃;从积极方面看,则展现了病人拥有医疗自主权和积极参与权,以及对医疗过程的决定权。因此,患者对本人可以自由处分的法益的放弃,阻却了医疗侵袭的违法性。[①] 如果医生没有正确履行说明义务,使得患者在认知和意思形成上具有瑕疵,进而影响到自我决定权的行使,导致欠缺有效的同意,就可能使医生的行为丧失正当性。因此,说明义务的不作为与犯罪的连接,通常以欠缺患者的同意作为桥梁。讨论说明义务的不作为的刑事责任,在一定意义上,是将对病人"有无同意"的考察提前至探究医生"有无说明"的阶段。

当说明义务的不作为导致病人未作出同意或者同意无效时,医生实施的治疗就被称作"专断治疗",关于"专断治疗"的内涵和法律性质,本书将在第七章"患者同意"这一正当化事由的基点上进一步展开讨论。我国至今尚未出现直接以欠缺患者同意为由作出的刑事判决,刑法学说上对此也鲜有讨论。但是,在民事侵权领域,已经陆续产生了一些将医生未充分履行说明义务、侵犯病人知情权作为判决理由的民事案例[②],民法理论

[①] 参见王皇玉:《医师未尽说明义务之法律效果——简评 2005 年台上字第 2676 号判决》,载《台湾本土法学杂志》,2005(10)。

[②] 例如,"陈瑞雪诉武警上海市总队医院损害赔偿案"。原告陈瑞雪在被告医院被诊断为左眼复发性结膜囊肿(术后复发)并做手术摘除。术后,原告感到左眼上睑下垂,再次到被告医院就诊,又施行了左眼上睑下垂矫正术。矫正手术后,原告的左眼能够微睁,但仍受限。出院后原告自行到另一家大医院就诊,得知左眼上睑下垂是提上睑肌损伤所导致,便以被告医院治疗有过错为由,申请医疗事故鉴定。在得到不属于医疗事故的鉴定结论之后,原告以医院术前未向本人告知术后有关并发症、在手术中割断提上睑肌为由,将医院告上了法庭。终审法院认为,原告的告知内容不完整,其缺陷在于没有将施行手术可能导致提上睑肌断裂的后果告知原告,属于履行手术风险告知义务的瑕疵,致使原告丧失了选择手术与否的机会,造成了严重后果,被告医院应当承担民事侵权责任。(参见陈志华:《医生告知与患者知情同意的案例分析》,载《中华全科医师杂志》,2004(3)。)

界对此也展开了深入的讨论。①

（二）说明义务的不作为的刑事责任

医生完全没有履行或者没有充分履行说明义务，即使让病人签署了书面的同意书（例如，手术同意书、麻醉同意书），该同意书能否视作有效的被害人承诺而阻却违法？

台湾地区的通说认为，医生的充分说明是被害人承诺有效的前提，医生未经说明，即使取得了患者书面形式的同意，该同意也是无效的。② 近几年来，台湾相继出现了直接以医生未充分履行说明义务为诉讼重点的民事、刑事案件。③

对医师未尽说明义务进行刑事追诉的案件，有台湾"最高法院"于2005年作出的2676号判决。在该案中，医师在进行心导管手术之前，只交给病人及其家属"手术同意书"要求他们签署，却未对其中的内容进行实质性的说明。判决认为，医师应当充分履行说明义务，说明的方式必须是实质的和口头的，并且应当用问答的方式进行沟通，以了解病人是否清楚说明的内容，这才是真正的说明。如果医生未作实质的必要说明，只是在形式上要求病人签署印有各类说明事项的说明书，以大量的书面材料代替说明，要求病人自行阅读，则违背了"知情同意"的基本内涵，应当认定医生未尽说明义务。该判决与以往判决的最大区别在于，将医疗纠纷争议的焦点从过去的"病人是否同意"向前推移到"医

---

① 参见胡永庆：《知情同意理论中医生说明义务的构成》，载《法律科学》，2005（1）。

② 参见蔡墩铭：《医事刑法要论》，2版，105页。

③ 涉及医生未履行充分说明义务的医疗民事案件，以"马偕医院肩难产案"为典型。该案由于关乎医疗行为是否适用消保法的争议，在台湾岛内广受关注。该案历经台北地方法院、高等法院和"最高法院"三级审判，在"最高法院"的终审判决中，判决理由之一是，医生没有充分履行说明义务，使得病人在未被清楚说明下所表达的事前同意不具有法律上的有效性，无法阻却侵袭性医疗行为的违法性，因此，医生无法免责。关于本案的详细案情、判决理由及学理分析，参见侯英泠：《论消保法上医师之安全说明义务——台湾'高等法院'1998年上字第151号判决评释》，载《台湾本土法学杂志》，2002（8）。

生是否说明"①。

在认定医生未尽说明义务的前提下，因医生未作告知而发生死亡或者不可逆转的伤害时，刑事责任的追究还需确定行为人的主观方面。从解释学的观点看，医生未履行说明义务就实施手术，在刑法上可以将之评价为一种故意伤害行为。② 但是，台湾地区"最高法院"的判决采取了类似于美国法的见解，认定医生成立过失。

美国许多法院要求原告必须提供五个方面的证据来证明被告人的过失：(1) 医师未披露应当告知的细节；(2) 事实的损害；(3) 损害是由于病人未被告知危险所产生；(4) 存在因果关系，即，病人必须证明如果他知道治疗的危险，将反对采取这一措施的理由；(5) 理性的人如果被适当告知，就会反对这一治疗措施。美国的判例通常认为，医师未履行告知义务只是一种过失。③ 在英国判例法中，将医生没有履行说明义务因而最终导致病人损害作为认定过失的一个要素④，其实质也是将医生说明义务的不作为评价为一种过失行为。

在台湾"最高法院"于2005年作出的2676号判决中，法院认为，医生因为疏忽没有履行说明义务，并且医生应该预见到如果他说明了，病人就有拒绝治疗的可能，却没有避免该结果的发生，因此，医生由于违反了结果预见可能性和结果回避可能性而具有过失。该判决认定说明义务的不作为在主观方面是过失而不是故意，在能够作出恰当解释的同时避免了医界的反弹，可谓一种妥当的方案，充分考虑了医疗行为的特点，体现了谦抑主义。

除了医生未尽说明义务和主观上具有过失之外，还需考察说明义务的不作为和损害结果之间是否存在因果关系，对此，应当依据医疗的具体情形作出个案的判断。在有些情形下，说明义务和诊治义务是分离的，处于

---

① 王皇玉：《医师未尽说明义务之法律效果——简评2005年台上字第2676号判决》，载《台湾本土法学杂志》，2005 (10)。

② 参见王皇玉：《医师未尽说明义务之法律效果——简评2005年台上字第2676号判决》，载《台湾本土法学杂志》，2005 (10)。

③ 参见高也陶等：《知情同意的法学与伦理学渊源》，载《医学与哲学》，2003 (6)。

④ See Department of Health Guidelines on Consent：Reference Guide to Consent for Examination or Treatment，Article 2.

医疗过程的不同阶段；在有些情形下，说明义务被蕴涵于诊治义务之中，二者不可分离。在后一种情形下，损害结果通常可以被归责于医师未善尽说明义务的不作为。

综上所述，笔者认为，医生没有履行说明义务，因而未取得病人的同意，或者虽然形式上取得了病人的同意但同意无效的情况下，如果造成了病人死亡或者不可逆转的重伤害等严重后果，并且说明义务的不作为与损害后果之间具有因果关系，刑法上通常评价为过失（医生故意隐瞒或者无过错的除外）的不作为犯罪，那么，根据我国刑法的规定，构成刑法第335条规定的医疗事故罪。

本章小结

由职业和业务所决定，医生在医疗活动中处于保证人地位，负有客观的作为义务。医疗作为义务包括了紧急救治义务、诊疗义务、转诊义务、保密义务、报告义务和说明义务。医生有能力履行上述义务而不履行，导致发生了损害结果的，可能成立相应的医疗不作为犯。

第一，紧急救治义务是医疗法明文规定的强制义务，也应当成为刑法上的作为义务。医师怠于履行紧急救治义务，造成严重损害后果的，在我国实定法中，依其主观方面的不同，可能成立故意杀人罪（故意伤害罪）或者医疗事故罪；然而，从应然的角度看，在刑法中增加"见危不救罪"应当是解决该问题的最佳进路。第二，诊疗义务是医生的核心义务，诊疗义务的不作为有两种典型形态。其一，医生撤除无救活可能的患者的生命维持装置。这应当视作一种消极的不作为，但是，可以被合法化、正当化或者免责，美国、德国、英国等国家已经出现了此类判例；其二，接诊危重病人并且进行一定的治疗之后又将其抛弃。此类抛弃行为依实施者是否具有"医务人员"的身份，分别成立业务过失致人死亡罪（医疗事故罪）或者过失致人死亡罪。第三，转诊义务在现代医学分科制度和医疗设施配置不均衡的背景之下成为一类常态义务。转诊义务的不作为在主观方面通常为过失，可能成立医疗事故罪。第四，医生的保密义务兼有法定义务和约定义务的双重属性。根据我国《刑法修正案（七）》第7条的规定，医生保密义务的不作为，可以成立出售、非法提供公民个人信息罪。第五，医生的报告义务是其保密义务的例外情形，是基于公共利益和社会管理的需要而承担的义务。我国刑法中没有规定医生报告义务方面的罪名，因而，医生报告义务的不作为不构成犯罪，不能被追究刑事责任。第六，医生的说明义务贯彻于医疗过程的始终，与医疗行为的正当化根据——患者的"知情同意"密切相关。医生说明义务的不作为，导致了没有获得患者的同意，或者虽然形式上取得了患者的同意但同意无效，这在刑法上通常被评价为过失（医生故意隐瞒或者无过错的除外）的不作为犯，造成了严重损害后果的，可能成立医疗事故罪。

第五章　医疗注意义务与医疗过失

前面研究医生的作为义务，着眼于分析行为的外部表现方式；这里研究医生的注意义务，是立足于行为的内部，探究医生在实施医疗行为时的主观心理态度，判断医生是否违背其注意义务，是否存在医疗过失。

"在日本，'过失'一词与'违反注意义务'一词在含义上是完全相同的。"[①] 我国刑法理论的通说认为，过失的本质，是注意义务的违反。[②] 医疗过失的研究以医疗注意义务为中心。下面，首先梳理过失理论的历史发展脉络及其对认定医疗过失的影响，其次阐明注意义务的基本问题，最后论证医疗注意义务的特定内容、标准以及判断等具体问题。

[①] ［日］西原春夫主编：《日本刑事法的形成与特色》，李海东等译，253页，北京，法律出版社；东京，成文堂，1997。

[②] 参见林亚刚：《犯罪过失研究》，41页。

第一节　过失理论与医疗

大陆法系的刑法过失理论的发展，经历了旧过失论、新过失论和新新过失论三个阶段。各种过失理论都产生于特定的社会历史背景之下，建构在不同的行为理论和责任理论的基础之上，形成了注意义务的不同内容和判断标准。具体到医疗领域，上述过失理论对医疗过失的认定和医疗刑法理论的发展都产生了重要影响。

一、旧过失论与医疗

旧过失论即传统过失论，源自于古典犯罪学理论，以因果行为论和心理责任论为其理论基础。

旧过失论认为，行为人在行为时欠缺意识集中的心理状态，以致没有预见结果，从而导致结果发生的，行为人应负过失责任而受处罚。[1] 在旧过失论中，注意义务即为结果预见义务，过失的本质在于对结果预见义务的违反，因此，旧过失论采"结果无价值"的立场，过失只是责任的要素。根据旧过失论，认定过失的关键在于行为人是否能够预见到危害结果：若行为人不能预见到危害结果，则不具有过失；若行为人可能预见到结果，即使采取了各种防止结果发生的措施，只要结果最后出现，行为人就成立犯罪。在因果关系简单的农业社会，运用旧过失论来认定过失不存在任何障碍。但是，随着科技和社会的发展，人类面临越来越多的未知危险，只要对危害结果没有预见就不成立过失，会使人们疏于对危害结果的回避；反之，在现代风险社会中，很多有益的活动本身具有相当的危险性，将结果预见义务作为过失的中心，使得实施风险活动的人动辄得咎，必然会阻碍社会的正常发展。因此，旧过失论具有纵容结果回避的不作为和动辄得咎的双重弊端，已经不适应现代社会的发展。

在传统的医疗领域，医疗行为与治疗后果之间具有明确的因果关系，容易直接认定医疗过失。然而，现代医学引入了大量新兴的药物和技术，

---

[1] 参见廖正豪：《过失犯论》，69页，台北，三民书局，1993。

普遍运用具有高度风险性的外科手术,器官移植等尖端医疗处在不断的发展之中。如果在现代医疗中仍然固守旧过失论,对医疗过失的认定就过于苛严。现代医疗具有相当的风险性,医生通常都会预见到医疗行为可能产生的不利后果,因此,一旦发生损害结果,按照旧过失论就一概成立医疗过失,即使发生的是不可避免的医疗并发症,也构成过失。旧过失论引导医生以规避风险作为行动取向,而不是以病人利益最大化作为医疗选择的终极目标,这必然会损害病人利益,阻碍医学进步,最终危及社会公众的一般利益。

二、新过失论与医疗

19世纪末20世纪初,随着工业革命的兴起,科技取得重大进展,工商业发达,社会活动日趋组织化和复杂化,以汽车交通为主的近代产业活动迅速发展。在此背景之下,旧过失论不合时宜,新过失论应运而生。

新过失论以目的行为论和规范责任论为基础,认为应当根据行为人在行为当时所处的状况,站在行为人的立场,以行为人是否已经尽到结果避免义务作为认定过失的标准。在新过失论中,注意义务的核心是结果避免义务,违反结果避免义务是过失的本质,因此,仅仅存在结果预见的可能性,并不足以成立过失,必须行为人没有履行结果回避义务,方才成立过失。新过失论使过失犯从"结果无价值"转向了"行为无价值"和"结果无价值"[1]。降低注意义务能够限定过失的成立,避免使工商业活动者动辄得咎。根据新过失论,过失不仅是有责性范畴内的罪责问题,同样也是构成要件该当性和违法性范畴内的问题。当前,新过失论是德日刑法中的通说[2],在实务中被迅速普及。[3] 新过失论的理论贡献在于,易于区别过失行为和不可抗力,否定过失成立的理由符合行为人的观念,对无责任能力人的过失犯赋予了合理的解释基准。[4]

在医疗领域,新过失论有利于鼓励医生在履行结果回避义务的前提

---

[1] 廖正豪:《过失犯论》,71页。
[2] 参见林亚刚:《犯罪过失研究》,28页。
[3] 参见[日]甲斐克则:《过失犯的基础理论》,载高铭暄等主编:《过失犯罪的基础理论》,3页。
[4] 参见廖正豪:《过失犯论》,73页。

下，尽可能地运用对病人最有利的医疗措施，从而最大限度地维护病人的生命健康法益，并且促进医学技术的进步。然而，新过失论的不足之处在于，对于确定行为人的注意义务的内容缺乏定型的依据。当前，除了交通事故根据实务经验的积累能够在一定程度上将注意义务的内容加以定型化之外，在科技发展日新月异的其他领域，包括医疗领域，获得定型的注意义务的内容并非易事。[1] 有学者认为，关于医疗规则的存在，即使就专业医师本身的角度来看，也不一定有明确的标准。对于医学教科书、医学杂志所列的指导原则、临床医学会的病例报告、医院所定的临床路径等，医师本身的认同度也并非一致。[2]

三、新新过失论与医疗

20世纪70年代，面对日益严重的企业公害事件，在新过失论的基础上形成了新新过失论。

新新过失论，又称为危惧感说，该学说认为，只要行为人对于危险的发生具有危惧感，就应当承担结果避免义务，如果行为人没有履行结果避免义务以致结果发生的，就应当负过失责任。危惧感说的重点在于，无须行为人在行为当时能够具体预见到危害结果，只要根据行为时的客观状况足以认定行为人对于发生危害结果有抽象的危惧感即为已足，这是新新过失论与旧过失论、新过失论的根本区别之所在，而后两者的共通之处正在于，需要对危害结果具有具体的预见可能性。刑法理论界对新新过失论存在较大的争议：一方面，该理论对于认定企业灾害事故中组织体的责任极具实际意义；另一方面，危惧感说将结果预见义务抽象化，放宽了预见义务的范围，轻易就能成立过失，几乎等同于英美刑法中的绝对责任和严格责任，有重陷结果责任的窠臼之虞。

新新过失论不利于新技术的开发和利用，对于本身带有相当风险性的医疗行为来说，不啻为一场灾难。在日本，医疗刑事判例斥退了危惧感说。"北大电手术刀误接事件"的二审刑事判决认为，对结果的预见"意指预见特定的构成要件结果及至该结果发生的因果关系的基本部分"，该

---

[1] 参见廖正豪：《过失犯论》，74页。

[2] 参见黄荣坚：《从医疗疏失论过失概念》，载许玉秀主编：《刑法之基础与界限——洪福增教授纪念专辑》，266页，台北，学林文化事业有限公司，2003。

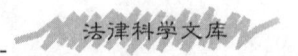

判决采取了具体预见可能性的立场,明确否定了危惧感说的运用。①

综上所述,过失理论的历史发展轨迹反映并且适应了社会的客观现实需要。在医疗领域,医疗过失的认定应当遵循新过失论的基本立场,只要医生正确履行了结果回避义务,通常就无过失成立的余地。

第二节 注意义务的基本问题

刑法理论通常认为,过失就是注意义务的违反。② 我国刑法第15条规定:"应当预见自己的行为可能发生危害社会的结果,因为疏忽大意而没有预见,或者已经预见而轻信能够避免,以致发生这种结果的,是过失犯罪。"根据这一概念,成立过失应当具备如下要素:具有注意义务,拥有注意能力,由于疏忽或者过于自信而没有注意。在该概念中,"应当预见"、"没有预见"、"已经预见"、"轻信能够避免"等用语,充分揭示了行为人缺乏高度的责任心和足够谨慎的态度。③ "欠缺意识的紧张和注意力的集中而表现出对法秩序的不关心的态度"④,这是行为人主观心理可谴责性的根据。

一、注意义务的违反和过失的认定

所谓注意义务,是指法律、法令及社会日常生活所要求的为一定行为或者不为一定行为时应当谨慎,以避免危害社会的结果发生。⑤ 理论上通常将违反注意义务作为过失的本质,但是,在过失的认定中,往往将注意义务的违反和结果的客观预见可能性作为判断过失的标准。⑥ 或者说,将

---

① 参见[日]甲斐克则:《过失犯的基础理论》,载高铭暄等主编:《过失犯罪的基础理论》,3页。

② See Erwin Deutsch, "Professional Negligence: A Comparative View", *Victoria University Law Review*, vol. 20, 1990.

③ 参见周光权:《注意义务研究》,18页,北京,中国政法大学出版社,1998。

④ 转引自洪福增:《刑事责任之理论》,264页,台北,台湾刑事法杂志社,1988。

⑤ 参见胡鹰:《犯罪过失研究》,74页,北京,中国政法大学出版社,1995。

⑥ 参见苏俊雄:《刑法总论 II》,478页,台北,台湾大学,1997。

违反注意义务的审查区分为两个层次：结果的发生在客观上是可以预见的；行为人违反为社会交往所必要的注意义务，以致应预见而未预见，或者应避免而没有避免结果的发生。① 因此，过失的判断实质上包含了注意义务和注意能力（结果预见能力）两个要素，且二者具有内在不可分割的联系。类似地，英美法中的过失理论将注意义务的违反作为过失认定的唯一标准，在此标准之下，损害的可预见性是影响过失认定的一个因素。若特定的危险是无法合理预见到的，则行为人不构成过失，这是过失原理中的公理，因为理性的人无法对未预见到的结果采取审慎的态度。②

根据作为通说的新过失论，过失已经突破了责任的范畴，需要同样在违法性阶段和构成要件该当性阶段加以把握，从而将注意义务区分为客观的注意义务和主观的注意义务。在构成要件该当性和违法性阶段，是客观的注意义务；在有责性阶段，是主观的注意义务。③ 需要澄清的是，这里的客观和主观是指注意义务的标准，而非仅指注意的外在表现和内心状态。本来的注意义务，是以行为人的内心态度为对象的内部性注意义务，应当被理解为保持一定内心态度的义务。④ 在犯罪成立的任何一个阶段，过失都是"主观性的"、更准确地说是"内部性"的过失。类似地，在我国的平面犯罪构成体系中，过失作为一种罪过形态，属于主观心理态度的范畴。行为人不履行或者不正确履行注意义务因而具有过失，从社会立场、司法立场上看，这是一种客观事实；然而，站在行为人个人的立场上，"不注意"则是一种内部的心理状态。⑤ 因此，在我国犯罪构成理论体系的语境和场域之中，注意义务的不履行属于内心的范畴，学者们通常将行为人的过失称为"没有注意"或者"不注意"，正是体现了注意义务的主观属性。

---

① 参见王皇玉：《整形美容、病人同意与医疗过失中的信赖原则——评台北地院2002年诉字第730号判决》，载（台湾）《月旦法学杂志》，2005（12）。

② See Michael A. Jones, *Medical Negligence*, Sweet & Maxwell, 2003, pp. 230-231.

③ 参见廖正豪：《过失犯论》，102页。

④ 参见[日]大塚仁：《刑法概说（总论）》，3版，冯军译，205页，北京，中国人民大学出版社，2003。

⑤ 参见林亚刚：《犯罪过失研究》，139页。

二、注意义务的内容

注意义务的基本内容包括结果预见义务和结果回避义务①，但是，对于何者居于注意义务的中心，不同的过失理论存在认识上的差异。旧过失论认为，注意义务的中心是结果预见义务，行为人不能预见到危害结果的，不具有过失，行为人能够预见到危害结果，无论其是否采取了结果回避措施，只要结果出现，就仍然成立过失；新过失论和新新过失论则认为，注意义务的中心是结果回避义务，行为人没有尽到结果回避义务，导致结果发生的，即成立过失。在旧过失论中，不必考虑结果回避义务的问题；在新过失论中，尽管结果预见义务和结果回避义务之间通常具有自然的逻辑关系，但是，将结果回避义务作为注意义务的核心，使得结果回避义务和结果预见义务的关系发生了根本性的逆转。过失的判断，往往是在认定行为人违反结果回避义务的基础之上，才考虑有无结果预见义务的问题，或者，将结果预见义务视为判断结果回避义务的一个参考。②

（一）结果回避义务

所谓结果回避义务，是指行为人应当集中注意力，保持意识的紧张，以采取结果回避措施的义务。结果回避义务的内容涵盖了三类义务：其一，抑制危险行为的义务，即必须用心远离有招致法益侵害之虞的行为的注意义务；其二，在危险状态中采取外在行为的义务，即当实施有招致法益侵害之虞的行为时，应采取回避发生该侵害结果所必要的作为或者不作为；其三，履行守法义务，即在遂行行为之际，应对该行为的危险性予以深思熟虑，并加以正确的判断。③

（二）结果预见义务

所谓结果预见义务，是指要求行为人集中注意力，保持意识紧张，以认识行为可能产生危害社会结果的义务。

行为人应当预见到的结果，是抽象的还是具体的，在理论上存在抽象结果说和具体结果说的对立。抽象结果说认为，行为人对于可能产生的危

---

① 参见赵秉志：《过失犯罪的基础理论问题探讨——以注意能力和注意义务为中心》，载高铭暄等主编：《过失犯罪的基础理论》，32页。
② 参见曾淑瑜：《医疗过失与因果关系》，下册，495页。
③ 参见廖正豪：《过失共同正犯论》，载（台湾）《刑事法杂志》，21（5）。

险具有"危惧感"或者"不安感"即为已足，该学说是新新过失论的核心；具体结果说认为，预见义务不是抽象的，行为人应当预见到刑法中规定的过失犯罪的具体危害结果，这是过失犯罪的法定性所决定的。① 没有具体的预见，就不能称之为结果预见的可能性，这是因为必须预见到具体结果发生的可能性，才能要求行为人采取适当的行为，以避免结果的发生。② 在德国和日本，学说和判例明确地采取了具体结果说的立场。③ 目前，具体结果预见说居于通说的地位。结果预见义务是指行为人应当预见到刑法分则规定的危害结果，同时，这种预见又是相对的、有条件的，行为人不仅应当预见到具体的危害结果，而且，还应当对行为与结果的因果历程有所预见。④

三、注意义务的根据

注意义务是一个抽象的概念，源自于法律、契约、习惯以及日常生活中尊重他人法益，并注意不得侵犯他人法益的根本要求。注意义务的根据，主要有如下几类⑤：

（一）法律上的注意义务

法律上的注意义务，是指法律明确规定的注意义务。某些技术复杂、风险性高、涉及公共利益面广的行业和领域，都由专门的法律进行规制，其中必然涉及从业者的注意义务。例如，交通和建筑领域已经由相关法律、法规形成了相当完备的技术规则和注意义务。法律上的注意义务具有明确性和一般性，通常可以将行为人违反法律上的注意义务作为认定刑事过失的依据。但是，在紧急状况下，尽管行为人实施了违反法律所要求的形式上的注意义务的行为，然而，通过对利益的权衡和比较，可以从实质上认定行为人不成立刑事过失。

（二）习惯和经验法则上的注意义务

经由长期社会生活实践的积累而逐渐形成的注意义务，被称为习惯和

---

① 参见周光权：《注意义务研究》，77页。
② 参见陈朴生：《刑法专题研究》，322页。
③ 参见周光权：《注意义务研究》，77~78页。
④ 参见上书，83~85页。
⑤ 参见廖正豪：《过失犯论》，103页以下。

经验法则上的注意义务。注意义务纷繁复杂，法官根据习惯上的注意义务认定过失时，只能结合案件的具体情况进行个别的判断。习惯上的注意义务，即社会一般观念所认为的"相当的注意"，被德国学者称为"社会生活上广泛之必要注意"，以社会相当性作为判断的标准，界定可容许的危险和适用信赖原则是其中的重要问题。

（三）基于先行行为产生的注意义务

当行为人的行为有侵害他人法益的危险时，即负有注意义务，这种注意义务是行为人以不发生行为结果为目的所必须采取的心理态度，是过失犯特有的心理要素。

（四）个人在日常生活上基于尊重他人法益所应为的一切注意义务

此类义务是个体在上述三类义务之外、作为社会共同体的一员应当承担的尊重他人法益的义务，包括伦理的、道义的以及在日常生活中为阻止危险发生，或者为阻止侵害行为发生所应尽的注意义务，这是维持社会共同生活所必要的注意义务。

具体到医疗领域，注意义务的上述根据体现为：依据医疗法律和医疗契约产生的注意义务，依据医疗机构的内部规则、服务规定、条例以及经验法则产生的注意义务，依据医学文献和医疗水准产生的注意义务，依据尊重他人法益而应为的一切注意义务。[①]

从注意义务的根据中可以看出，确定注意义务的内容应当采用客观的标准，即"平均人"标准，以"具有良知和理智而小心谨慎之人"处在与行为人同样的具体情状下所应保持的注意作为注意义务的一般标准[②]，《美国模范刑法典》称之为"理性人在行为人的处境下所应遵守的注意"[③]。"平均人"不是纯粹的抽象概念，在普通过失中，"平均人"意指社会一般大众；在业务过失中，"平均人"意指具有相同身份、相同业务、相同地位的人。

综上所述，过失的本质在于违反了注意义务，过失的判断需要考虑注意义务的违反和损害结果的预见可能性，注意义务以结果避免义务为中

[①] 参见曾淑瑜：《医疗过失与因果关系》，上册，124~127页。

[②] 参见林山田：《刑法通论》，增订9版，下册，160页。

[③] 美国法学会：《美国模范刑法典及其评注》，刘仁文等译，24页，北京，法律出版社，2005。

心。行为人未能以理性人的一般方式保持小心谨慎的态度，即对损害结果的发生存在过失，简而言之，欠缺必要的谨慎是行为人在行为时所具有的心理状态，是内在性的；但是，认定行为人是否违反注意义务而构成过失，应当以理性人为标准，即，判断的标准是客观的。

第三节 医疗过失的认定

根据过失所承担的法律责任的性质，可以将过失区分为民事过失和刑事过失；根据过失发生的领域，可以将过失区分为普通过失和业务过失；根据过失的程度，可以将过失区分为一般过失和重大过失。本书研究的医疗过失，属于刑事过失、业务过失和重大过失的范畴，医疗过失的基本问题，主要涉及医生注意义务的标准、根据等，其认定是在事实的医学确认之基础上最终作出的法律判断。

一、认定医疗注意义务的一般标准

通说认为，确定注意义务应当采用客观标准，即以"平均人"、"普通人"或者"理性人"在当时的情境下谨慎从事所具有的注意作为确定注意义务的标准。① 但是，"平均人"不是一个绝对的标准，依行为领域的不同而具有不同的内涵。在社会普通交往中，"平均人"是指所有社会成员中的一般人，这是一个无特殊限定的群体；但是，在社会特定的交往领域中，"平均人"是指该具体领域中拥有通常知识、技能和经验的人。例如，在交通过失中，"平均人"是指具有同样驾驶资格和通常驾驶经验的人；在医疗过失中，"平均人"则是指具有相同医疗资格和技能的人。因此，"平均人"是一个变动的参照系，是一个相对的客观标准。

特定的业务，例如，建筑工程、医疗、诉讼、会计等，处理的是生活中的特定问题，这些问题需要受过特别训练的人才能处理，并在此过程中予以特别的注意。如果违背了特别的业务活动所要求的注意，就构成业务过失。在业务过失领域，影响注意义务的标准包括一系列要素：

---

① 参见林亚刚：《犯罪过失研究》，92页。

行为人的地位所要求的义务,行为人或者其依赖者所面临的危险,业务的状况,顾客或者病人的通常期待,业务中明示或者暗示的承诺等等。①医疗过失是业务过失的一种,业务过失领域发展的很多理论正是来自于医疗过失。②

确立医疗注意义务标准的基本原理,是以本领域具有相同知识和技术的熟练的医生为标准,该标准以同领域的理性平均人作为参照系,行为人的注意达到本领域的一般标准即为已足,并不要求必须符合完美专家的标准。承担要求特定技能的医疗业务的医生,不仅被赋予了合理的注意,而且注意应当达到熟练的程度,这是其职业的基本要求。医疗注意义务的标准是客观的,没有考虑行为人的性格、智力、教育程度等具有无限多样性的因素。之所以在法律上确立注意义务的客观标准,主要是因为病人有权认为他的医生达到了一定的被认可的标准,符合社会的正常期待,如果不存在这样的假定前提,正常的医疗活动就无从开展。

以本领域具有相同知识和技术的熟练医生的谨慎注意,作为注意义务的标准,这是确定医疗注意义务内容的一般原理,但是,医疗活动的不同领域或者不同阶段,为医疗注意义务注入了具体的内容。例如,妇产科医师在为孕妇进行产前检查时,应当遵守的注意义务是以妇产科的理性医师的注意义务为标准,该标准高于普通全科医师的标准;再如,神经外科是极其精细的、高难度的医学分支,神经外科医师在实施神经外科方面的手术时,其应当遵守的是神经外科的理性医师的标准,该标准大大高于普通外科医师的注意义务标准。医疗分科化是医疗活动的现实状况和发展趋势,特定专科领域的医师的注意义务以本专科的理性医师为标准,这是上述注意义务的抽象标准在专科领域的具体化,在英美法中被称为"专家"(specialist)标准。需要强调的是,专科医师的标准是以专科领域内的普通医师为标准,而不是以该领域内最专业或者最有经验的医师为标准。③

---

① See Erwin Deutsch,"Professional Negligence: A Comparative View", *Victoria University Law Review*, vol. 20, 1990.

② See Dieter Giesen, "International Medical Malpractice Law: A Comparative Law Study of Civil Liability Arising from Medical Care", *J. C. B. Mohr*, 1988, p. xv.

③ See Michael A. Jones, *Medical Negligence*, Sweet & Maxwell, 2003, pp. 238-239.

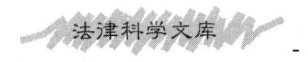

同样，在医疗活动的不同阶段，注意义务也具有不同的标准。例如，手术和麻醉是医疗活动中风险最高的两个环节，手术医师进行术前的手术适应性检查、术中的核对、诊疗、医疗用品清点、术后的观护时，必须谨慎行事，遵守实施同类手术的理性医师的通常注意义务。麻醉医师在实施麻醉之前，必须检查病人的身体状况，选择正确的麻醉药物和注射方式，在病人麻醉的过程中严密监测病人的生命体征，其注意义务以具有通常技能的理性麻醉医师的注意义务为标准，不同于其他医务人员的注意义务的标准。

在确定医疗过失的客观标准时，医生个人的"特别认知"不容回避，即，医生的个人能力应该在多大程度上成为过失性规定考虑的问题。① 行为人在能力低于普通医生时冒险从事医疗行为，乃是构成超越承担的过失，对此并无争议。然而，若行为人的能力高于普通理性医生的标准，但其在施行诊治时仅遵守了普通理性医生的注意义务，是否成立过失则存在疑问。

个别化理论认为，具有比普通人更高能力的人，不使用自己的能力因而造成了损害，应当由于其过失而受到惩罚，尽管同样的行为对于具有普通能力的人来说就不被认定为过失行为。② 有学者认为，台湾地区"刑法"区分了普通过失和业务过失，正是个别化理论的表现。③ 笔者认为，在注意义务的标准上，医生不同于普通人，专科医师又不同于全科医师，这既可以被视为注意义务的客观标准在"特别交往领域"的贯彻，又可以将之作为"特别交往领域"中广泛的个别化，二者只是由于参照系不同而引起的视角差异，本质上并无区别。可以将该问题极端化为这样一种情况：一名技术和能力在全世界都无与伦比的顶尖外科医师，掌握了一种世界上只有他一个人掌握的技术，但是，他在手术中没有使用这种技术，仅

---

① 在犯罪论体系的意义上，存在"两级理论"和"个别化理论"的争议。前者认为，个人能力属于罪责的问题；后者认为，个人能力与行为构成有关。（参见［德］克劳斯·罗克辛：《德国刑法学总论》，第1卷，王世洲译，724页。）这里主要集中在过失构成的影响方面谈"特别认知"的问题。

② 参见［德］克劳斯·罗克辛：《德国刑法学总论》，第1卷，724页。

③ 参见许玉秀：《探索过失犯的构造——行为人能力的定位》，载许玉秀：《主观与客观之间——主观理论与客观归责》，158页，北京，法律出版社，2008。

仅做了与外科医师的平均水平相适应的工作，导致了病人死亡。个别化理论主张，应当为这名医师建立一个独特的"外科医师的世界冠军"的特别交往领域，从而建构一种无限向上的个别化理论。① 然而，如果这种特定的能力仅为这名外科医师所拥有，那么，事后通常无法证明他在行为当时具有这样的能力，并且其他同行作为评价医生行为的主体，由于他们自身不具备该能力，也就无法作出恰当的评价。因此，在真正的责任非难要求的判断上，"极端个人化"是不可能的。

因此，医生个人具有的特别的认知能力，不能作为确定过失的基础，未使用该能力，亦不具有刑事可罚性。在注意义务的违反上，仍然应当坚持始终如一的客观标准。

构成刑法意义上的医疗过失，通常与死亡、重伤等严重后果相联系。与民事过失相比，刑事过失体现为一种较高程度的不注意，二者都是"不注意"的心理，只是后者不注意的程度大大高于前者。② 在我国台湾地区，民事个案在过失的演绎上套用了台湾地区"刑法"第14条"应注意能注意而不注意"的基本结构，将刑事过失限定为重大过失，更强调主观的归责要素。民事过失和刑事过失在定义上可以是一样的，只是刑事过失从严认定。③ 在我国大陆，当论及医疗过失的民事责任时，往往也是套用刑法中过失的一般定义。④ 英美法系对于医疗过失的研究主要集中于民事责任，民事领域确立的过失标准，在性质上对认定刑事过失具有重要的借鉴意义。在英国，*Bolam v. Friern Hospital Management Committee*⑤ 一案首先确立了注意义务的博拉蒙标准（Bolam test），即，以"熟练地运用专业技能的普通医生为标准"，该标准是在医疗过失的判例中建立的，上

---

① 参见［德］克劳斯·罗克辛：《德国刑法学总论》，第1卷，726页。

② See Erwin Deutsch,"Professional Negligence: A Comparative View", *Victoria University Law Review*, vol. 20, 1990.

③ 参见陈自强等：《"我国"医疗事故损害赔偿问题的现况与展望研讨会（一）》，载《台湾本土法学杂志》，2002（10）。

④ 参见乔世明：《医疗过错的认定与处理》，164页，北京，清华大学出版社，2003。

⑤ [1957] 1 W. L. R582 [Bolam] "the standard of the ordinary skilled man exercising and professing to have that special skill".

诉法院的判决进一步确认，可以将该标准普遍运用于所有业务过失案件。① 加拿大等普通法系国家也认可了这一标准。② 德国、法国等大陆法系国家在医疗过失的认定上，采取的同样是理性医生的客观标准，例如，德国联邦最高法院在判决中认为，"有经验的外科医生（等）的标准必须得到保证"③。

博拉蒙标准主要是针对医生的诊断和治疗活动提出来的，然而，对于医生说明过程中的注意义务的标准，在 *Sidway v. Bethlehem Royal Hospital Governor* 一案中有法官提出了不同意见。根据博拉蒙标准，某个医生的行为是否存在过失要由其他医生进行判断，因而，不能将该标准运用于医生对病人的风险告知。④ 具体而言，如果假定的理性医生在某种情况下不会对病人进行风险告知，法庭也可以在此基础上对完全遵守该风险告知实践的行为人以过失论处。该观点与过失裁决的主体有关，也反映了医生在说明过程中所要遵守的注意义务的标准具有特殊性。但是，在 *Sidway* 案中，大多数法官依然坚持认为，理性医生的标准可以运用于注意义务的各个方面——诊断、建议和治疗。⑤ 笔者认为，前文所述的说明义务的标准着眼于表达的内容⑥，而医生在说明的过程中保持的谨慎是其内心的注意，外在的表达是内心谨慎的反映，二者的标准应当是一致的，因此，确定医生在风险告知和说明中的注意义务，仍然应当坚持理性医师的标准，至于遵守或者未遵守该标准是否就必然否定或者肯定过失的成立，

---

① See Margaret Fordham, Doctors Does Not Always Know Best, *Singapore Journal of Legal Studies*, Jul. 2007, p. 129.

② For example, Crits v. sylvster［1956］, OR 132（CA, Schroeder JA at 143）, Rietze v. Bruser（NO 2）［1979］1 WWR 31（Man QB, Hewak at 45）etc. Cf. Dieter Giesen, "International Medical Malpractice Law: A Comparative Law Study of Civil Liability arising from Medical Care", *J. C. B. Mohr*, 1988, p. 99.

③ BGH, 27 Sept 1983 BGHZ 88, 248（254）. Cf. Dieter Giesen, "International Medical Malpractice Law: A Comparative Law Study of Civil Liability Arising from Medical Care", *J. C. B. Mohr*, 1988, p. 101.

④ ［1985］A. C. p. 900.

⑤ See Michael A. Jones, *Medical Negligence*, Sweet & Maxwell, 2003, pp. 197-198.

⑥ 参见前文第四章第六节"一、说明义务"部分关于说明义务的标准的论述。

则属于后文所要论述的过失的裁断问题。

二、认定医疗注意义务的具体问题

本领域具有相同知识和技术的熟练医生的谨慎注意，乃是确立医疗注意义务的内容的一般标准，同时，认定医疗注意义务还必须考虑如下具体问题。

（一）医疗水准

1. 医疗水准和医学水准

医生尽到了合理谨慎的注意，通常体现为医生在临床操作中遵守了实践性的"医疗水准"。松仓丰治先生对"医疗水准"和"医学水准"进行了区分和系统化。实践上的医疗水准，以现在普遍实施的一般医疗为目标；理论上的医学水准，是为了实现将来一般化的目标，现实上重复实施的基础研究的水准。[1] 因此，医疗水准确立的是临床上普通医疗的一般标准，着眼于当前实践，而医学水准则是以将来运用为目的所进行的理论上的基础研究。在医疗过失的判断中，绝大多数案件（人体实验等除外）均属于现实的临床医疗，确立医生注意义务内容的标准当然应当是"医疗水准"。在日本，通过对一系列早产儿视网膜症案件的审理，将"医疗水准"确立为医疗过失的判断标准。[2]

医疗水准的依据是医疗领域的各类注意规则和安全规则，这些规则可能规定在法律、规章之中，或者是长期实践所形成的医疗准则中。法律、规章中的规则，主要是规范某一类型或者某一领域的医疗活动，例如，关于医院感染的管理，卫生部发布的《医院感染管理规范》对消毒灭菌效果监测、消毒灭菌与隔离等活动规定了详细的操作流程和指标。医疗实践活动中所形成的医疗准则，主要针对具体疾病的诊疗和药物的运用，例如，药物说明书中关于药物用法的说明。此类医疗准则主要规定在医学教科书、病例报告、医院的临床指引操作流程等之中。至于医疗习惯是否会影响医疗水准的认定，有学者认为，应当依据如下方法进行验证：该医疗习

---

[1] 参见〔日〕松仓丰治：《怎样处理医疗纠纷》，郑严译，123页，北京，法律出版社，1982。

[2] 参见〔日〕饭田隆：《注意義務の程度（2）——醫療水準の重層構造と注意義務》，载〔日〕根本久编：《醫療過誤訴訟法——裁判實務大系17》，161页。

惯在现行临床医学中具有合理性,实践于临床医学之中,获得了同级医院、同专科医生的普遍认同,不低于当时当地的医疗水准,具有社会相当性。若医疗习惯具备上述特征,则可以作为判断医生注意义务的标准。[1] 相反,虽然某种操作在临床实践活动中被反复运用,已经成为一种习惯,但是,只要不符合上述标准,就不得因其是医疗习惯而成为否定过失的理由。

有学者认为,在医疗领域获得定型的注意义务的内容,并非易事。[2] 还有学者认为,关于医疗规则的存在,即使就专业医师本身的角度来看,也不一定有明确的标准。对于医学教科书、医学杂志所列的指导原则、临床医学会的病例报告、医院所定的临床路径等,医师本身的认同度也并非一致。[3] 注意义务的内容具有高度规范的性质,需要依据具体的情况进行不同的适用和判断。[4] 笔者认为,注意义务难以定型化、医疗规则认同度不一致,的确是某些疑难案件在认定过失时遭遇的难题,在此类情形下,专业医疗鉴定成为必需,同时,应当充分尊重医生的裁量权。对于此类疑难案件,首先要由鉴定专家确认案件的事实,并且就该治疗方式表达其观点;其次,如果鉴定专家认为治疗可以有若干种可以选择的方案,即使这些方案存在冲突,也应当尊重医生的裁量权。如果医生选择了其中的一种治疗方案,并在方案的选择和实施中履行了合理的注意,那么,即使治疗失败,也不得论以过失。不能单纯因为医生选择了一种治疗方案而没有选择另一种,就认为其存在过失。

2. 医疗水准的时间性

当发生了医疗纠纷,需要认定医生是否违背注意义务时,所进行的判断必然是一种事后判断,这就涉及医疗水准的时间性,即,应当以何时的医疗水准作为判断标准。

确定医疗过失所依据的医疗水准,应当是医疗行为发生之时的医疗

---

[1] 参见曾淑瑜:《医疗过失与因果关系》,上册,282页。
[2] 参见廖正豪:《过失犯论》,74页。
[3] 参见黄荣坚:《从医疗疏失论过失概念》,载许玉秀主编:《刑法之基础与界限——洪福增教授纪念专辑》,266页。
[4] 参见洪福增:《刑事责任之理论》,修正版,293页,台北,台湾刑事法杂志社,1988。

水准，而不是判断当时的医疗水准。这是因为，医生在实施医疗行为时只能根据其当时所知悉的标准行事，不可能要求医生能够了解和遵守未来的可能标准。这一问题在医疗技术发展迅速，而某些医疗案件旷日持久的现实之下，尤显重要。例如，医生给病人注射了某种当时被普遍运用的药物，但是，两年之后该药物由于被发现具有根本的缺陷而被禁止使用，此种情形下，不得以医生在两年前使用了现在被禁止的药物而论之以过失。在英国，1954 年判决的 *Roe v. Ministry of Health* 案中，法官认为，对于 7 年之前发生的治疗，"我们不能带着 1954 年的眼镜去看 1947 年的事故"[①]。

与此相关联的是，如果医生运用的是落后的、陈腐的、陈旧的诊疗技术和方法，而没有采取治疗当时已经被普遍认可和采用的新技术和新方法，医生的注意就未达到行为当时的医疗水准，可能成立过失。因此，医生必须对其从事领域的最新发展保持必要的合理注意，通过终身的培训和学习，了解和运用新兴的技术、药物和方法。

3. 医疗水准的地域性

在时间上，要把医疗水准限定于医疗行为实施当时，同时，还必须限定医疗水准的地域性，考虑医疗行为所处的具体空间。在全世界范围内，各国医疗技术的发展程度当然存在相当的差距；即使仅就一国范围来看，医疗技术的差距也同样存在于不同地区之间。首先要在本国范围内界定医疗水准，以此为前提，再考虑是采用全国性标准还是地方性标准。在美国，法院曾经发生过应当采用哪类标准的论争。全国性标准（nationality rule）是指符合全国一般理性医师的医疗水准，地方性标准（locality rule）是指符合医疗行为所在地的理性医师的医疗水准。地方性标准可能存在的问题是，只能由同一地区的执业医师作为专家出庭作证，而本地区的执业医师通常是彼此熟悉的，从而可能产生对病人不利

---

① [1954] 2 All ER 131. 在该案中，麻醉师在实施手术之前给病人注射了脊椎麻醉药物纽卡白因。纽卡白因通常存放于玻璃安瓿瓶中，安瓿瓶再依次被放入苯酚广口瓶中。苯酚会渗过玻璃的裂缝混入纽卡白因中，而这种细小的裂缝是无法看到和触摸到的。病人由于注射了这种混入苯酚的纽卡白因，导致腰部以下永久瘫痪。纽卡白因的这种存放方式的风险直到 1951 年才被首次发现。病人于 1954 年提起诉讼，法官认为依据 1947 年的医疗水准，麻醉师不具有过失。

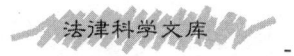

的后果，并且在医疗资讯快速流通的当代，医生在信息的了解上应当是畅通无碍的，其医疗水准由医科教育的训练和后续的进修来决定，能够达到全国统一的标准。因此，美国法院在上世纪60年代全面采用了全国性标准。①

我国幅员辽阔，地区间发展极不均衡，这种不平衡在医疗领域同样突出地存在。但是，确定医疗水准仍然应当坚持全国性的统一标准。根据我国《执业医师法》的规定，只有通过全国统一的医师执业资格考试或者经过认定，才能取得医师资格，换言之，只要是具有医师资格的人，就应当被认为达到了全国性的理性医师的医疗水准，因此，医疗水准应当是全国统一的。需要注意的是，由于医疗资源配置不均衡，不同地区或者不同层级的医院的医疗设施存在相当大的差距，如果由于医疗设备不足导致了医疗伤害，只要医生在接诊过程中正确履行了诊疗义务，在设施和物资匮乏的情况下正确履行了转诊义务，就不得认定其具有过失，设备和资源的匮乏可以作为否定责任的抗辩理由。

综上，应当根据医疗行为发生当时，本国的理性医生在临床实践操作中所遵守的"医疗水准"来确定医疗注意义务的内容。

(二) 损害结果的预见可能性

如前所述，认定医疗过失还需要考虑行为人对损害结果的发生具有预见可能性②，如果医疗行为的特定风险是不能被合理预见到的，那么，行为人对风险的发生就不存在过失，因为理性人无法对未预见到的结果采取谨慎的态度。

在社会普通交往领域，预见可能性的判断采取个体标准，即法官根据行为人的社会地位、生活经验、一般经验、特殊经历等综合判断其对于损害结果是否具有预见能力，如果没有足够的反证，则认定行为人具有预见能力。如果行为人基于个人在生理或者心理上的缺陷无法预见损害结果，

---

① 参见陈自强等：《"我国"医疗事故损害赔偿问题的现况与展望研讨会（一）》，载《台湾本土法学杂志》，2002 (10)。

② 关于损害结果的预见可能性，有的观点将之作为与注意义务并列的一个要素，有的观点将之作为注意义务的要素之一，但无论地位如何，它都是过失成立的必备要素。

则可以排除其过失的罪责。① 但是，在医疗领域，预见可能性的判断应当采用客观标准，即医疗损害结果的预见可能性应当以诊疗行为发生当时的理性医生的预见能力作为判断的标准，推定具有相同资格的医生具有相同的注意能力，而无须考虑医生的个人情况，其本质上属于医疗水准的一部分。这是因为，医生这一职业与其他职业、与普通交往领域的个体角色具有根本的差异，医生直接面对人的生命和健康等重大法益，因此，医生的职业角色类似于一个标准的框架，任何人一旦进入其中，他的行为就必须符合医生职业所要求的基本专业水准，符合职业角色的规范模型，个人的特征不影响其预见能力。以客观说确定预见能力的标准，医生应当承担善良管理人的注意义务，这符合医疗行为的本旨，是病人产生信赖从而将生命和身体委之于医生的基础。日本和美国的实务同样采取了客观标准。② 若医生存在知识和能力的缺陷，却贸然从事其无法胜任的医疗活动，没有预见到应当能够预见的损害结果，则其主观上仍然具有过失，这种过失被称为超越承担的过失。③

（三）医疗行为发生的具体情境

医疗注意义务是理性医生从事医疗行为时通常必须保持的内心谨慎，然而，医疗活动不是抽象且一成不变的，医生并非任何时候都可以有充裕的时间和充分的条件进行冷静理智的思考和行动。因此，医疗注意义务不是固定普适的，应当对之进行场域的限定，准确地说，医疗注意义务应当是理性医生对处于相同情境之下的医疗活动应当保持的内心谨慎，这在个案的判断中尤其显得重要。

注意义务的标准是客观的，这在一定意义上消解了对于个体因素的评价，但是，该标准与行为所处的环境具有内在的联系。在某些例外情形下，如果风险是理性的医生通常也无法预见到的，或者，即使能够认识到风险，也无法通过适当的谨慎行为来解除风险，则行为人不具有过失。例如，在流行病发作期间，或者发生地震、水灾等重大灾难的情况下，医务人员由于过度劳累和医疗设备紧缺，无法履行通常情形下的注意义务，就不具有过失。有观点认为，此种状况下医务人员尽管客观上未达到注意义

---

① 参见林山田：《刑法通论》，增订9版，下册，176页。
② 参见洪福增：《刑事责任之理论》，修正版，174~175页。
③ 参见林山田：《刑法通论》，增订9版，下册，176页。

务的标准，但其在主观上是无责的；更强有力的主张则认为，考虑到行为当时的特殊情况，注意义务的标准应当被降低，低于普通正常状态下的注意义务，医生并未违反注意义务，当然不具有过失。① 台湾地区曾经发生过一起"纱布残留病人体内案"，案件历时10年，一共发回重审8次。在该案中，病人在手术过程中突然大出血，医生在危急状况下向病人体内塞入了大量的纱布，手术完成准备缝合之前，医生知道有一块纱布还在病人体内，但是医生找了半个小时仍然没有找到，不得已，只好在知道纱布可能残留体内的情况下进行了缝合。② 台湾学者认为，此种情况下医生不具备主观的注意能力，不具有过失之"能注意"的要素。③ 笔者认为，本案不应当认为是实施手术的该名医生在当时不具备主观的注意能力，而应当认为是任何理性的医生在此种紧急情况下均不能注意，因此，涉案医生并未低于注意能力的标准。

在医疗过失领域，注意义务和注意能力采用的是同一客观标准——理性医生标准，并且必须考虑到医疗行为发生的具体情境，注意义务的完整表述是，理性医生在具体情境下谨慎行为的合理注意。该标准在本质上是客观的，可能影响到任何普通理性医生的注意和意识的特殊的、紧急的情况，能够成为减轻注意义务的因素。因此，在医疗过失的判断上，客观标准得到了始终如一的坚持。

（四）不同等级的医疗机构和医生

如前所述，理性医生标准是以同科别（例如，内科、外科、妇科、儿科）和同身份（例如，医师、麻醉师、护士）的普通医生的谨慎注意作为参照系，但是，医生的实际能力可能存在相当的差距，经由实践习得的经验更有云泥之别。在能力方面，医生取得了相应的执业资格，即推定其具备胜任该医疗活动的知识和能力，若行为人的实际能力低于理性医生的一般标准，却依然从事医疗行为，则成立超越承担的过失；若行为人的实际能力高于一般标准，则只需要履行通常的注意义务。就经验方面来说，新

---

① See Dieter Giesen, "International Medical Malpractice Law: A Comparative Law Study of Civil Liability Arising from Medical Care", J. C. B. Mohr, 1988, p. 97.

② 参见台1990年度重上更（8）字第77号判决。

③ 参见陈自强等：《"我国"医疗事故损害赔偿问题的现况与展望研讨会（一）》，载《台湾本土法学杂志》，2002（10）。

执业的医生或者刚开始从事某一专业的医生也应当与有经验的同行适用同样的标准。一旦医生接诊了病人，暗示着他保证具有实施医疗活动的能力，能够谨慎和恰当地为病人提供适当的诊治。

然而，在现实生活中，医疗机构依硬件设备和人员配备被分为不同的等级[①]，医生也依学历、从业经验等划分为不同的职级。[②] 不同等级的医疗机构和不同职级的医生是否需要适用不同的医疗水准？有观点认为，医疗机构的不同级别会影响到医疗水准的确定，应当依据该医院的临床检查和治疗手册等确定医疗水准。[③] 医疗机构的等级越高，医疗水准就越高，对其中的医务人员的注意程度的要求也就越高。[④] 但是，也有观点认为，不同等级医疗机构内医生的注意义务应当采取相同的标准，并且对于不同职级的医生要求不同程度的能力，这个标准是不现实的。[⑤] 笔者赞同后一种观点，无论医疗机构的等级和医生的职级如何，其医疗水准都应当遵守本领域普通理性医生的一般标准。

在医师的治疗水准方面，还需要注意全科医师和专科医师的区别。如前所述，在实施专科医师制度的国家（地区），例如我国台湾地区，注意义务的标准是指本专科理性医师的一般标准；在未实施专科医师制度的国家，例如日本，诊疗科别的分科只起到宣传的作用。但是，病人到相应的科别求诊，期待医师能够具有更专业的知识和技能，其标准也应当适用本专科理性医师的标准。在实施专科医师制度的国家，如果未取得特定专科资格的医师在该专科领域执业，必须达到该专科理性医师的标准，否则，同样成立超越承担的过失。但是，在紧急情况下，医师救治非属于其专科领域的病人，例如，内科医师在飞机上为突然临产的孕妇接生，其注意义务的程度应当有所减轻，不必达到妇产科理性医师的注意标准，只需达到

---

① 例如，我国大陆的医院分为三级十等，最高级别为三级甲等医院，最低级别为卫生院；我国台湾地区的医疗机构，分为三级八类。

② 例如，我国的医师职称分为住院医师、主治医师、副主任医师和主任医师四级。

③ 参见曾淑瑜：《医疗过失与因果关系》，上册，288页。

④ 参见郑淑屏：《医疗过失之刑事责任》，载《现代刑事法与刑事责任》，408页，台北，台湾刑事法杂志基金会，1997。

⑤ See Michael A. Jones, *Medical Negligence*, Sweet & Maxwell, 2003, p. 245.

全科医师的一般注意义务标准。

第四节 医疗过失的裁断

医疗过失的确定是事实判断,更是价值判断;在判断医疗过失时,尽管需要借助医学上提供的专业证据,但它本质上是一个法律问题,只有法官才是医疗过失的最终裁断者。

一、基本原理

任何职业都没有超越法律的权力,医疗过失的裁断最终只能由法庭作出。医疗领域的过失问题一旦进入了司法程序,必须并且只能由法庭根据过失的法律概念和原理,运用证据规则判断过失的有无,这是法庭的权力和职责,决定是否构成过失的权力不能委之于其他任何职业或者团体。

在英联邦成员国的司法实务中,医疗过失裁断包括完全遵守医学判断和法官作出最终判断两种模式。英国 1957 年的 *Bolam v. Fiern Hospital Management Committee* 案的判决要求,法官必须受医学上的业务标准的指引;在 *Sidway v. Bethlem Royal Hospital Governors* 案中,思戈曼勋爵指出,"法律设定了医生的注意义务,但注意义务的标准是一项医学判断问题",从而确立了医疗过失的注意标准由医界而非由法院予以判定。上述两个判例将医疗过失的裁断权赋予了医界,对此,其他很多案例存在异议。在 *Bolitho v. City and Hackney Health Authority* 案中,上诉法院和上院都认为,虽然医学意见是非常重要的证据,但其必须建立在"合理的基础上"或者经得起"合理性分析",而且,这应当由法院而非医界来确定,从而将认定医疗过失的权利从医界"收归"法庭。[①] 澳大利亚法院在 1992 年的 *Roger v. Whitaker* 案中认为,法庭在考虑相关证据的基础之上,可以自行决定被告是否成立医疗过失,"法庭在衡量人有权决定自己的生命的优先考虑之后,宣布什么是注意义务的标准",应当由法庭而不

[①] 参见丁春艳:《香港法律中医疗过失判定问题研究》,载《法律与医学杂志》,2007(2)。

是由医界确定理性的医生应当如何做。① 在普通法系的其他国家,过失的最终决定权仍然由法庭掌握。②

在我国台湾地区,学理上认为医疗过失是法律判断,应当由法庭独立作出。但是,在实践中,早年间法庭在将卷宗送往医审会时,常常注明"委托鉴定有无过失",将过失的法律判断交予鉴定机构。过去,台湾地区法院的判决通常盲从于医审会的鉴定,近年来状况有所变化,出现了医审会认定无过失,但检察官依然起诉的案件,还出现了法官在判决中阐明与医审会不同意见的案件。③

在我国大陆,根据《医疗事故处理条例》、《医疗事故技术鉴定暂行办法》、《关于司法鉴定管理问题的决定》以及《司法鉴定程序通则》等规定,医疗事故鉴定包括,由医学会组成的医疗事故技术鉴定专家组所作出的医疗事故技术鉴定(通常称为医学鉴定),以及司法鉴定机构作出的医疗鉴定(通常称为司法鉴定),通过上述鉴定作出的鉴定结论均属于证据,必须经过质证之后,才由法庭决定是否采信。《医疗事故技术鉴定暂行办法》第35条规定了"医疗事故技术鉴定书"的主要内容,其中应当包括"医疗行为是否违反医疗卫生管理法律、行政法规、部门规章和诊疗护理规范、常规;医疗过失行为与人身损害后果之间是否存在因果关系;医疗过失行为在医疗事故损害后果中的责任程度",等等。有观点认为,医疗事故鉴定只能说明是否构成医疗事故,不得对医疗单位的过错问题提出意见,否则便超出了事实范围,进入了法律问题的辖区,此类鉴定结论不具有证据能力④;另有观点则从医疗事故的定义出发,认为医疗鉴定包含了法律判断,具有准司法的性质。⑤ 笔者同意第一种观点,事实性是鉴定结论的重要属性,对于医疗事故技术鉴定书中的"过失"只能做事实的理

---

① See Margaret Fordham, "Doctor does not Always Know Best", *Singapore Journal of Legal Studies*, Jul. 2007, pp. 130-135.

② See Michael A. Jones, *Medical Negligence*, Sweet & Maxwell, 2003, p. 199.

③ 参见陈自强等:《"我国"医疗事故损害赔偿问题的现况与展望研讨会(一)》,载《台湾本土法学杂志》,2002(10)。

④ 参见郭华:《鉴定结论论》,327页,北京,中国人民公安大学出版社,2007。

⑤ 参见蔡晓霞:《鉴定结论证据能力及证明力分析——以医疗事故鉴定结论为视角》,载《医学与哲学(人文社会科学版)》,2007(9)。

解，而不同于规范意义上的"过失"，具体而言，鉴定只能描述医疗行为违反有关医疗法规范和医疗常规的事实，不能进行主观意图的推定。至于是否成立过失，是成立民事过失还是刑事过失，都属于法官运用司法权进行判断的范畴。上述关于医疗事故技术鉴定书内容的规定不够严谨，为了避免无谓的误解，有必要以"过错"或者其他词汇代替具有强烈规范色彩的"过失"这一法律用语。

因此，医疗过失的裁断是以医疗观点为基础的独立的法律判断。技术鉴定从事实的角度进行专业鉴定，确认是否成立过失的相关证据；法庭要根据过失的概念和原理，运用证据规则对技术鉴定进行判断，作出是否成立过失的最终结论。

二、根据医学观点作出事实认定

医疗行为具有高度的专业性，法官在处理医疗纠纷时，应当对医疗专业知识予以充分的尊重，这种尊重体现于裁断医疗过失通常以医学专家认定的医疗事实作为前提。

对有关事实进行医学上的确认，通常由专门的鉴定机构来作出，例如，德国的医师公会、台湾地区的医审会和我国大陆的医疗事故技术鉴定专家组等。这些鉴定机构需要确认送审的医疗活动的相关情况、同等情况下合理的注意标准等事实。从医学角度作出事实确认，对于医疗过失的裁断非常重要，但不是决定性的，鉴定机构对这些医疗事实的认定属于证据的一种，被称为"专家证据"（expert evidence）或者"鉴定结论"。鉴定机构通常由医学专家组成，但是，该证据是否最终被采信，仍然依赖于法庭根据证据规则能否作出相同的判断。①

三、根据法律观点作出过失裁断

在认定医疗事实的基础上，法庭对是否成立医疗过失进行裁断，这是从法律和价值上作出的判断。对于事实的认定，虽然鉴定人提供了意见供

---

① 我国有关调查显示，法官对于医疗事故技术鉴定结论的完全采信率仅为78.8%。（王成增等：《医疗纠纷案件法院判决情况分析与思考——附33例医疗事故技术鉴定分析》，载《法律与医学杂志》，2007（4）。）这说明，医疗民事纠纷的法律判断并非完全服从于医学上的事实认定，医疗刑事审判亦同此理。

法官参考，但是，鉴定证据的证明力，仍须由法官本于自由心证，对一切问题的事实证据进行自由的评价。① 在医疗过失非常明显的情况下，法官无须将案件送交医疗鉴定人，即可径直作出成立医疗过失的判断②，或者，越过专家证人的意见直接提出注意义务的标准。③ 德国联邦最高法院的判决指出，法官若依其生活经验和知识即能发现真相，就不必在诉讼程序中引用鉴定人的意见。鉴定人应该只是法官的辅助人，用来补充法官所欠缺的专业知识，是否需要这样的帮助由法官自行决定。④ 法庭处于中立的裁判者的立场，对于专业鉴定者提供的证据进行审查，例如，证据是否存在内部的矛盾，证据的提供是否公正，证据是否具有合理的基础，证据是否能够经受逻辑的检验。⑤

在实践中，法庭对专家证据做了必要的审查之后，需要对是否成立医疗过失作出结论。如果证明医生的行为确属正当的证据不能经受逻辑的分析，反映出医生未对医疗的风险和利益进行适当的权衡，那么，法庭有权认为其行为是不合理的。如果专家证据符合证据规则，那么，法庭的结论通常就与专业鉴定人提出的医疗行为是否符合医疗常规保持一致，这是因为，在高度专业的医疗领域，法庭很难作出这样的结论：某个具有能力的医生的行为是不合理的。可见，在少数情况下，即使专业鉴定人作出了医疗行为符合或者违反通常操作规程的鉴定，法官也可以作出与之不同的过

---

① 参见张丽卿：《刑事医疗纠纷鉴定之困境与展望》，载中国人民大学刑事法律科学研究中心编：《海峡两岸医疗刑法问题学术研讨会论文集》，79页，2007-10-27。

② See Dieter Giesen, "International Medical Malpractice Law: A Comparative Law Study of Civil Liability arising from Medical Care", *J. C. B. Mohr*, 1988, p. 117.

③ 参见美国 Helling v. Carey (1974) 案。一个27岁的病人做了近视眼的治疗，由于医生忘记帮他做一个简单的检查，导致其后来因青光眼而失明。医疗常规认为，该检查只有对40岁以上的病人才是必要的。但是，法院认为，既然检查这么便宜和容易，不做却导致了这么大的损害，就认定医生对此存在过失，从而增加了医生的注意义务。

④ BGHSt 3, 27f. (1952); BGHSt 8, 113f. (1955). 转引自张丽卿：《刑事医疗纠纷鉴定之困境与展望》，载中国人民大学刑事法律科学研究中心编：《海峡两岸医疗刑法问题学术研讨会论文集》，81页，2007-10-27。

⑤ See Alan Merry etc, *Errors, Medicine and the Law*, Cambridge University Press, 2001, pp. 77-89.

失裁断，具体而言，遵守通常的业务操作并不必然否定过失的存在，偏离通常的业务操作也并不必然就成立过失。

如果医生依赖的是通常被普遍接受的业务操作，但是，这种操作具有内在的缺陷，并且缺陷是如此的明显，以至于只要予以适当的关注就能够注意到，那么，遵守通常的业务操作就不能排除过失的成立。借用汤姆林勋爵的一句话就是，"对义务的疏忽并不会因为行为的不断重复而不再成为疏忽。"[①] 与此相反，即使医生偏离了通常的业务操作，也可以按照"可尊敬的少数"法则否定过失的成立。由于医师对于疾病的诊疗可以有不同的见解，在一定的程度内允许医师进行自由裁量，在裁量权的范围内，自无过失的存在。医生采用的独特的诊疗方法和学说，必须符合医学常识和医界的公认。[②] 因此，医生并不因为其操作只是为少数人所使用就构成过失，"可尊敬的少数"能够为医学的发展提供一定的空间。[③] 从上述两类情形可以看出，医疗过失的最终确定不在于是否符合通常的业务操作标准，而在于是否达到了法律要求的合理注意的标准，这在本质上属于法律判断的问题。

有观点认为，法律人对于医生是否成立过失能够作出与专业鉴定人不同的结论，主要是在"说明义务"这一问题上。医疗观点认为某种情况下没有说明义务，但法院可以根据法律政策的考量，认为在此种情况下需要告知，并以此为理由裁断过失成立，从而得出与专业鉴定人不同的结

---

① Per Lord Tomlin,"Neglect of duty does not cease by repetition to be neglect of duty."转引自丁春艳：《香港法律中医疗过失判定问题研究》，载《法律与医学杂志》，2007（2）。

② 审查"可尊敬的少数"的证据时，法官必须判断证据的相关性和可信度。在澳大利亚，对于此类证据的采信以及发展，除了完善的证据规则之外，还要从可检验性、同行评价、降低医疗缺陷发生率等方面进行审查。（参见澳大利亚医疗法律学会2008年会议讨论：expert evidence，载澳大利亚医疗法律学会网站，http://www.medicolegal.org.au/index2.php?option=com_content&do_pdf=1&id=111，访问日期：2008-07-20。）

③ 参见关淑芳：《论医疗过错的认定》，载《清华大学学报（哲社版）》，2002（5）。

论。① 类似地，澳大利亚高等法庭在 Roger v. Whitaker 案中确立了法院对医疗过失的最终裁决权，也与医生履行说明义务有关。之所以强调法庭对医生的说明进行独立的法律判断，是因为在医疗活动的实际运作中，医生作出告知的目的往往不是要有利于病人，而是意欲通过告知来保护执业者的利益和便利。② 因此，医疗常规在告知义务的问题上更趋于保守，不利于保护病人的利益。然而，合理告知的判断较少涉及高度专业性的医疗技能和经验等问题，法庭通常可以自主地决定关于告知的合理注意义务的标准，从而作出医生在告知义务的履行上是否成立过失的独立判断。

本章小结

大陆法系的刑法过失理论产生于各自特定的历史背景下，建构在不同的行为理论和责任理论的基础上。在医疗领域，认定医疗过失应当遵循新过失论的基本立场，只要医生正确履行了结果回避义务，通常就不具有过失。

过失的本质是违反注意义务，医疗注意义务的根据源自于医疗法律、医疗契约、医疗机构的内部规则、服务规定、经验法则、医学文献，以及尊重他人法益的要求。医疗注意义务的标准是客观的，其基本原理是，以本领域具有相同知识和技术的熟练医生作为标准。行为人在能力低于普通医生时冒险从事医疗行为，构成超越承担的过失；相反，若医生个人具有特别的认知能力，不能将之作为确定过失的基础，医生未使用该能力，亦不具有刑事可罚性。

认定医疗注意义务涉及如下具体问题，首先，确定医疗注意义务的具体内容，是医疗行为发生当时本国的理性医生在临床实践操作中所遵守的"医疗水准"；其次，理性医生对损害结果的发生具有预见可能性；再次，认定医疗注意义务必须考虑医疗行为当时所处的具体环境，这在个案的判

---

① 参见陈自强等：《"我国"医疗事故损害赔偿问题的现况与展望研讨会（一）》，载《台湾本土法学杂志》，2002（10）。

② See Michael A. Jones, *Medical Negligence*, Sweet & Maxwell, 2003, p. 200.

断中尤其显得重要；最后，无论医疗机构的等级和医生的职级如何，其医疗水准遵守的都是本领域普通理性医生的一般标准。

医疗过失的裁断是以医疗观点为基础的独立的法律判断。专门的鉴定机构对有关事实进行医学上的确认是裁断医疗过失的前提，法庭通过审查专业鉴定者提供的证据，从法律和价值上对是否成立医疗过失作出最终裁断。

第六章　医疗损害的因果关系与客观归责

医疗过程中发生了病人死亡和伤害等后果，往往与疾病的生发、医疗的介入、个人的体质等诸因素有关。在医生违反其医疗义务，出现了该当于犯罪构成要件的损害结果的前提下，成立医疗犯罪还需要医疗过失行为与损害结果之间存在因果关系，在客观上能够将该损害结果归责于医生的行为。

因果关系是刑法理论中的重大难题，医疗的高度专业性更是提高了归属责任的难度，医疗专业鉴定查明的医疗因果关系只是从自然科学的角度提供了外部的范畴，在此框架内，责任归属仍然必须遵循客观归属的规范标准来确立。下面，首先，提出医疗犯罪中构成要件性损害结果的认定标准；其次，阐明医疗专业鉴定确定的自然科学范畴内的因果关系；最后，尝试将客观归责的判断规则引入医疗犯罪的认定之中。

第一节 医疗损害结果

过失犯罪一般是结果犯①，在德国和日本的刑法中，构成普通过失和业务过失的损害结果为死亡或者伤害，医疗过失犯罪也不例外。在我国，三个典型的医疗犯罪的构成要件性结果稍有差异：医疗事故罪是结果犯，要求"造成就诊人死亡或者严重损害就诊人身体健康"；非法行医罪和非法进行节育手术罪是情节犯，情节严重即成立犯罪，"严重损害就诊人身体健康"和"造成就诊人死亡"属于加重结果。

在非法行医罪和非法进行节育手术罪中，"情节严重"已经由司法解释加以明确。②"死亡或者严重损害身体健康"是构成要件结果（医疗事故罪）或者加重结果（非法行医罪和非法进行节育手术罪），尽管死亡的标准在哲学、医学和法学上存在不同的看法，但是，在一国的实定法体系中，死亡是明晰且确定的事实状态；"严重损害就诊人身体健康"是医疗犯罪中特有的表述，是非常模糊的描述性语言，其内涵和标准是理论聚讼和实务困扰之所在，需要从同一用语内涵的一致性、刑法内部的协调性、刑法与行政法规的衔接性等方面进行解释。

一、"严重损害就诊人身体健康"的不同理解

关于"严重损害就诊人身体健康"的内涵和标准，理论上有医学标准

---

① 在现代高风险社会中，社会生活的复杂化、技术化总是伴随着各种风险，因此，有学者提出，应当前移犯罪成立的标准，广泛处罚危险犯。（参见劳东燕：《公共政策与风险社会的刑法》，载《中国社会科学》，2007（3）。）我国台湾地区学者明确地建议，应当在刑法中增设过失危险犯。（参见林山田：《刑法通论》，增订9版，下册，189页。）

② 最高人民法院2008年4月29日发布的《关于审理非法行医刑事案件具体应用法律若干问题的解释》（法释〔2008〕5号）第2条规定，"情节严重"包括如下情形："造成就诊人轻度残疾、器官组织损伤导致一般功能障碍的；造成甲类传染病传播、流行或者有传播、流行危险的；使用假药、劣药或者不符合国家规定标准的卫生材料、医疗器械，足以严重危害人体健康的；非法行医被卫生行政部门行政处罚两次以后，再次非法行医的；其他情节严重的情形。"

说、法学标准说、折中说三种观点。

医学标准说认为,判断"严重损害就诊人身体健康"的标准应当是国务院颁布的《医疗事故处理条例》(在 2002 年《医疗事故处理条例》出台之前,以《医疗事故处理办法》为依据)和卫生部颁布的《医疗事故分级标准》中的相关规定。只有一定等级以上的医疗事故才达到"严重"的程度,"严重损害就诊人身体健康"应当是指一级乙等、二级和三级医疗事故。[①]

法学标准说认为,"严重损害就诊人身体健康"就是重伤,应当依据《刑法》第 95 条和《人体重伤鉴定标准》进行认定。[②]

折中说试图在医疗事故的特殊性和法律的统一性之间找到"第三条道路",认为单纯以医学标准或者法学标准来判断"严重损害就诊人身体健康"都是不可取的,应当将两者结合起来,以医疗事故分级为标准,兼顾人体伤害鉴定标准,只有达到一定级别的医疗事故并且构成了重伤,才是"严重损害就诊人身体健康"[③]。

二、本书的观点

笔者认为,"严重损害就诊人身体健康"在内涵上应当与重伤基本保持一致,在形式上应当采取医学标准。即,通过抽象地比较医疗事故等级和人体重伤鉴定标准,在达到一定等级的医疗事故中,凡是医疗损害经鉴定相当于重伤程度的,就构成"严重损害就诊人身体健康"。然而,"严重"不限于结果的严重性,还应当包括行为的严重性,即行为造成了多人(通常是 3 人以上)相对较轻的伤害,也属于"严重损害就诊人身体健康"。

(一)"严重损害就诊人身体健康"主要以"重伤"为实质标准

如果对"严重损害就诊人身体健康"进行体系解释和语义解释,那么,其内涵应当与"重伤"基本保持一致。首先,我国刑法中的伤害分为轻微伤、轻伤和重伤三个等级,轻伤是故意伤害罪的成立标准,重伤是过失伤害罪的成立标准。医疗过失是过失犯的一种类型,具有比普通过失更

---

① 参见卢建平等:《论医疗事故罪中"严重损害就诊人身体健康"之认定》,载《湖南社会科学》,2003 (2)。
② 参见臧冬斌:《医疗犯罪比较研究》,69 页。
③ 冯卫国:《医疗事故罪的认定与处理》,129~131 页。

高的风险性，医疗过失的入罪标准应当是更高的，对其损害结果的要求应当等同于或者略高于普通过失伤害罪。因此，"严重损害就诊人身体健康"应当达到甚或高于重伤的标准。其次，在文字的一般意义上，"严重损害健康"通常被理解为程度较重的伤害。

此外，"严重损害就诊人身体健康"的程度相当但不限于重伤，还与行为所涉及的对象范围有关，即，不仅应当考虑损害后果的严重性，还需要考虑行为性质本身的严重性。虽然行为对每一名患者造成的损害都略低于重伤，但是，导致多名患者遭受这样的损害，该行为也属于"严重地"损害了就诊人的身体健康。

（二）"严重损害就诊人身体健康"以医疗事故等级为形式标准

尽管"严重损害就诊人身体健康"与重伤具有基本一致的内涵，但是，根据刑法体系的文字表述，无法直接以重伤（及其鉴定标准）取代"严重损害就诊人身体健康"，基于鉴定机制和诉讼体制的考虑，也不宜采用医学和法学的双重标准。

首先，"重伤"和"严重损害就诊人身体健康"是我国刑法关于人身损害的不同表述。在我国刑法中，涉及人身损害的术语有"伤害"（例如，刑法第 234 条故意伤害罪）、"伤残"（例如，刑法第 247 条刑讯逼供罪的加重结果）、"伤亡"（例如，刑法第 134 条生产、作业重大责任事故罪）、"重伤"（刑法第 235 条过失致人重伤罪）、"严重损害就诊人身体健康"（刑法第 335 条和 336 条规定的医疗犯罪）。在刑法修改的过程中，曾经有草案在医疗事故罪的罪刑规范中使用了"重伤"的表述，但是，1997 年刑法最终还是将医疗事故罪的损害后果之一规定为"严重损害就诊人身体健康"。可见，立法者有意识地区分了"重伤"和"严重损害就诊人身体健康"，当然，这也与医疗事故的刑事责任最早出自于规定医疗事故等级的行政法规有关。[①] 因此，直接以重伤的司法鉴定标准判断"严重损害就诊人身体健康"欠缺法律根据，有学者提出了以"重伤"取代"严重损害就诊人身体健康"的立法建议[②]，这样的提议其

---

① 参见卢建平等：《论医疗事故罪中"严重损害就诊人身体健康"之认定》，载《湖南社会科学》，2003（2）。

② 参见谭晓莉：《论医疗犯罪中的"严重损害就诊人身体健康"》，载《中国卫生法制》，2008（1）。

实忽视了立法的经纬。

其次，如果采用医疗事故等级和重伤的双重标准，可能导致多重鉴定从而浪费诉讼资源。双重标准说尽管具有更严密的理论逻辑，却欠缺现实的可操作性。虽然实务界并不认为医疗专业技术鉴定是解决医疗纠纷的必经程序，但也都普遍认可专业技术鉴定能够发挥重要的作用。[①]如果采用双重标准说，在医疗专业技术鉴定之外单独就损害结果再作一个重伤鉴定，无疑会增加诉讼成本和拖延审理时间。前述司法标准说其实也面临同样的问题：即使按照《人体重伤鉴定标准》单独鉴定了损害结果，也还需要对医疗过失程度、事故参与度等问题进行医疗专业技术鉴定。

因此，使"严重损害就诊人身体健康"主要蕴涵"重伤"的实质，不是个案审判的任务，而是应当预先完成能够被普遍适用的必要转换。简单说来，就是以"重伤"为中介，沟通"严重损害就诊人身体健康"和"医疗事故等级"，通过比较《人体重伤鉴定标准》和《医疗事故分级标准》，将造成大致相当于重伤的一定等级的医疗损害，以及造成多人相对较低等级的医疗损害界定为"严重损害就诊人身体健康"，使得一定等级的医疗事故成为确定医疗犯罪损害后果的唯一标准。有学者比较了《医疗事故处理条例》、《医疗事故分级标准》和《人体重伤鉴定标准》，主张将《条例》规定的一级医疗事故中的"重度残疾"、二级医疗事故中的"中度残疾、器官组织损伤导致严重功能障碍"、"导致三人以上人身伤害后果"认定为"严重损害就诊人身体健康"[②]；或者，将"严重损害就诊人身体健康"理解为一级、二级、三级甲等医疗事故所导致的损害以及导致三人以上人身伤害。[③] 笔者认为，医疗事故等级标准和重伤鉴定标准不是完全一致的，《医疗事故分级标准》列举的各类情形广于《人体重伤鉴定标准》，应当坚持"严重损害就诊人身体健康"等同于或者高于"重伤"的基本原则，明确可能构成犯罪的医疗事故的等级。根据我国立法和司法的运作机制，可

---

① 参见邢学毅编著：《医疗纠纷处理现状分析报告》，39页。
② 罗长斌：《关于医疗事故罪认定中有关问题的探讨》，载《医学与社会》，2002(4)。
③ 参见孙红卫：《对医疗事故中的"严重损害就诊人身体健康"的探讨》，载《浙江工商大学学报》，2004(4)。

以以司法解释的形式规定：达到一定等级以上的医疗事故，即属于"严重损害就诊人身体健康"。

如前所述，我国刑法中三个典型的医疗犯罪以"严重损害就诊人身体健康"作为犯罪成立条件或者刑罚加重条件。在一部法律的同类条文之间，同一术语应当具有相同的含义，然而，如果医疗事故罪和非法行医罪都采取医学标准的话，将面临一个需要克服的障碍：非法行医不属于医疗事故鉴定的范畴[1]，这也是反对医学标准的观点所提出的最有力的理由。[2] 这一难题最终由司法解释来克服。最高人民法院2008年4月29日发布的《关于审理非法行医刑事案件具体应用法律若干问题的解释》（法释［2008］5号）第3条规定："具有下列情形之一的，应认定为刑法第三百三十六条第一款规定的'严重损害就诊人身体健康'：（一）造成就诊人中度以上残疾、器官组织损伤导致严重功能障碍的；（二）造成三名以上就诊人轻度残疾、器官组织损伤导致一般功能障碍的。"该解释第5条特别说明了，"轻度残疾、器官组织损伤导致一般功能障碍"、"中度以上残疾、器官组织损伤导致严重功能障碍"；应当参照卫生部《医疗事故分级标准（试行）》来认定。该解释没有说明损害应当构成几级医疗事故，而是具体地描述了"严重损害就诊人身体健康"的各类情形，然而，该描述直接采用的是二级以上医疗事故和（多人）三级医疗事故的定义。因此，虽然医学会不予受理非法行医的事故鉴定，非法行医的损害结果在鉴定结论中也不会表述为达到某种等级的医疗事故，但是，司法鉴定机构仍然可以对非法行医是否造成了"中度以上残疾、器官组织损伤导致严重功能障碍"等作出鉴定结论。

最高人民法院研究室的负责人解读了该司法解释的出台背景。首先，"严重损害就诊人身体健康"是刑法第335条和第336条都规定了的损害后果之一，不能将两罪的后果判断标准完全割裂开来。如果认为"严重损害就诊人身体健康"在医疗事故罪中是指医疗事故，在非法行医罪中是指重伤，显然不符合立法经纬。其次，非法行医在客观方面表现为一个不合

---

[1] 《医疗事故技术鉴定暂行办法》第13条规定了医学会不予受理医疗事故技术鉴定的几种情形，其中，第5项是"非法行医造成患者身体健康损害的"。

[2] 参见谭晓莉：《论医疗犯罪中的"严重损害就诊人身体健康"》，载《中国卫生法制》，2008（1）。事实上，坚持医学标准说的观点大多将讨论仅限于医疗事故罪，有意或者无意地忽略了非法行医罪。

格的主体实施了医疗行为,行为人的目的是将行医作为职业,反复实施。行为人对就诊人实施的是医疗行为,不是伤害行为。人体重伤鉴定标准针对的是外力伤害,不能全面地反映医疗行为对人体健康造成的损害程度。再次,医疗事故等级实行分段认定,卫生行政部门的资料显示,在起草医疗事故分级标准的过程中,参照了人体重伤鉴定标准、轻伤鉴定标准等,医疗事故分级标准已经涵盖了这些鉴定标准的内容,是目前最全面和最权威的标准。参照医疗事故分级标准认定"严重损害就诊人身体健康",应当是更科学的。最后,判断非法行医与严重损害就诊人身体健康之间的因果关系,需要医学专业知识和技能。在目前的司法实践过程中,法院一般委托医疗机构对非法行医的案件进行鉴定,因此,适用医疗事故分级标准不存在操作层面上的障碍。[①]

综上所述,最高人民法院《关于审理非法行医刑事案件具体应用法律若干问题的解释》圆满地解决了"严重损害就诊人身体健康"的判断标准之难题,在内容和形式上对于认定医疗损害后果都具有重要的意义。我国刑法中的"严重损害就诊人身体健康"具有统一的内涵,都应当以医学标准作为判断的依据,非法行医罪的司法解释已经出台,还需要制定医疗事故罪的司法解释以明确其损害后果。医疗事故罪中的"严重损害就诊人身体健康"可以表述为两种形式:其一,构成一定等级的医疗事故(例如,二级医疗事故);其二,符合一定等级医疗事故的概念和情形(例如,中度以上残疾、器官组织损伤导致严重功能障碍)。笔者赞同采用第二种解释方式,这样,一方面可以与非法行医罪的解释保持一致,体现出相同的内涵;另一方面,不需要对任何医疗行为都进行事故等级的认定,在诉讼实践中可以直接运用司法鉴定结论,无须以医学鉴定结论作为必然前提。

第二节 医疗因果关系的查明

因果关系和客观归责都是刑事责任的基础,但二者属于不同的范畴,

[①] 参见刘岚:《明确罪与非罪标准 严惩非法行医犯罪——访最高人民法院研究室负责人》,载《人民法院报》,2008-05-12。

因果关系的自然科学范畴确定的是责任的外部框架，在该框架内按照客观归责的规范标准来确定行为人的结果责任。[①]

在医疗过程中，引起损害结果发生的所有事实都是造成医疗损害的原因，需要从医学专业的角度查明因果关系，医疗因果关系是确定结果归责的前提，但不是结论性的根据。

一、医疗中的因果关系

在刑法中，可以不加任何改变地使用自然科学领域的因果关系概念，因为效果的原因是条件的总和。[②] 普通交往领域的自然因果关系，可以根据生活常识、日常经验加以判断；特定交往领域的自然因果关系（例如，工业生产、交通、医疗），往往需要通过专业技术鉴定来确定科学范畴内的所有原因。

医疗纠纷的专业技术鉴定是确定医疗因果关系的基本手段，作出的鉴定结论是法官查明损害原因的重要证据。我国的医疗专业技术鉴定分为医学会组织专家组实施的鉴定（医学鉴定）和司法鉴定机构进行的鉴定（司法鉴定）。两类鉴定除了实施主体不同之外，其目的、任务、适用领域、内容和表述方式也不尽相同。医学鉴定主要判定是否构成医疗事故、确定医疗事故等级，司法鉴定的主要任务是确定是否存在医疗过错，过错与医疗损害的因果关系等等。[③] 在诉讼中，我国实行的是"二元化"的医疗鉴定体制，某些疑难案件往往是两类鉴定结论并存。医学鉴定和司法鉴定没有适用优先性和效力高低之分，内容上也都包括了对医疗过失和因果关系的说明。鉴定结论是刑事诉讼中的重要证据，在事实层面帮助法官查明导致损害发生的所有原因，但是，鉴定结论不是最终的答案，其是否被采信必须由法官经过质证作出独立的裁判。在查明了案件事实之后，是否将损害结果归责于医疗过失，属于法官依客观归责标准独立作出价值判断的范畴。

[①] 参见［德］耶赛克、魏根特：《德国刑法教科书》，337~338页，北京，中国法制出版社，2001。

[②] 参见上书，337页。

[③] 参见邢学毅编著：《医疗纠纷处理现状分析报告》，77页。

二、刑法上的因果关系与客观归责

在刑法学说史上，刑法上的因果关系是确定刑事责任的前提。在此，首先考察因果关系理论的研究状况，对因果关系和客观归责进行必要的澄清。

（一）刑法上的因果关系理论

我国通说认为，刑法上的因果关系是危害社会的行为和危害社会的结果之间的因果关系，是确定行为人对特定结果承担刑事责任的客观基础。① 就原因和结果之间联系的性质，曾经出现过"必然性说"和"必然性偶然性两分说"的对立。② 有学者正确地指出，哲学上和刑法学上对于因果关系的研究具有不同的目的，从而否定了将哲学上的必然性和偶然性引入刑法学中的因果关系。③ 对于因果关系的判断，该学者认为，刑法因果关系以事实因果关系为基础，以法律性为本质，前者的认定采"条件说"，后者则需要依据法律的规定和精神进行判断。④

在英美刑法学界，"双层次原因学说"是理论和实务的通说。因果关系包括事实上的因果关系和刑法上的因果关系两个层次，判断一个行为是否造成了特定的结果，首先，应当判断行为是否是结果的事实原因，这一判断采"but for"（"若无……则"）的方法；其次，必须从事实原因中挑选出具有法律价值的原因，即能够被法律认为是行为人对产生的危害结果承担责任的原因。法律原因的选择标准正是因果关系理论争议的焦点，存在"近因说"、"普通观念说"、"政策说"和"预见说"等诸多观点。此外，判例法还根据案例总结出了判断因果关系的若干具体规则。⑤

大陆法系对刑法上因果关系的讨论，主要有条件说、原因说、相当因果关系说、合法则的条件说、重要说、疫学的因果关系说以及客观归责学

---

① 参见高铭暄等主编：《刑法学》，2版，83页以下。
② 参见李光灿等：《刑法因果关系论》，114页以下，北京，北京大学出版社，1986。
③ 参见张绍谦：《刑法因果关系研究》，2版，102页，北京，中国检察出版社，2004。
④ 参见上书，116～120、241～253页。
⑤ 参见张绍谦：《刑法因果关系研究》，2版，5～9页。

说等。从本质上看，德国的因果关系理论史就是条件理论和相当因果关系理论的争议①，"相当因果关系理论"已成为目前普遍指导大陆法系国家司法实践的通说。② 然而，在因果关系理论的发展历程中，为了将导致构成要件结果的诸多行为因素中意外的、不可预估的行为因素排除出去，以避免不合理的刑事处罚，形成了客观归责理论。③ 自上世纪 70 年代德国学者罗克辛正式创立客观归责理论的框架及具体规则以来，该理论成为欧洲刑法学中讨论得最频繁和热烈的学理问题④，该理论的影响同样波及日本和我国台湾地区，我国大陆刑法学界近年来亦有相关的专著和论文面世。⑤

（二）刑法上的因果关系和客观归责

刑法上的因果关系和客观归责之间的关系包含了如下几个问题：第一，因果关系的问题是不是归责的问题；第二，客观归责理论是不是因果理论；第三，客观归责理论是不是因果理论以外的一种评价理论；第四，客观归责理论是不是一种行为理论。⑥

耶赛克教授指出，因果关系概念的任务只是表明进行法律评价时可能予以考虑的所有事实，刑事责任则是在该最大限度可能性的范围之内来确定。条件理论通过客观归责理论、构成要件的行为要素、故意和过失的要求来限制由因果关系建立的非常广泛的责任联系。相当因果关系理论有助于在因果关系的范围内限制刑法上有重要意义的责任关系，应当将之理解为根据条件理论加以限制的原因关系范围之内的客观归责学说，与客观归

---

① 参见许玉秀：《检验客观归责的理论基础——客观归责理论是什么？》，载许玉秀：《主观与客观之间——主观理论与客观归责》，172 页。

② 参见张绍谦：《刑法因果关系研究》，2 版，41 页。

③ Vgl. V. Hippel, Deutches Stafrecht II, 1930, S. 144. 转引自许玉秀：《"最高法院"1989 年台上字第 3693 号判决的再检讨——前行为的保证人地位与客观归责理论初探》，载许玉秀：《主观与客观之间——主观理论与客观归责》，238 页。

④ 参见［德］许乃曼：《关于客观归责》，陈志辉译，载（台湾）《刑事法杂志》，1998（6）。

⑤ 例如，吴玉梅：《德国刑法中的客观归责研究》，北京，中国人民公安大学出版社，2007；陈兴良：《从归因到归责》，载《法学研究》，2006（2）等。

⑥ 参见许玉秀：《检验客观归责的理论基础——客观归责理论是什么？》，载许玉秀：《主观与客观之间——主观理论与客观归责》，171 页。

责理论从刑法规范本质中推导出的认识具有相同的主张。①

许玉秀教授认为，事务之间的逻辑关联性，是条件理论判断公式的前提，相当关系属于条件理论的判断依据，条件理论包含了相当判断；相当理论依经验法则判断相当关系的原则是一种解释原则，是存在论上的因果关系概念之外的评价概念，是一种归责理论。②

在我国，有学者主张，相当因果关系说是结果归责的基准，在此意义上，相当因果关系说也是一种客观归责论。同样，条件说对原因与结果的限定、对禁止溯责论的采纳，在某种意义上也可谓一种客观归责论。③ 有论者明确地指出，刑法因果关系并不是因果关系理论，而是归责理论，从条件理论、相当理论到客观归责理论是刑法因果关系发展史上的三个重要里程碑。④

笔者认为，因果关系不同于归责。原因是自然范畴内导致损害结果的所有事实的总和，每个具体的事实是构成损害结果的条件，是等价的，条件理论借助（或者包含了）其他理论来限制责任的归属；相当因果关系理论和客观归责论是归责理论，前者中相当性的判断是抽象的、模糊的，后者提供了体系化的框架和个别化的判断规则。

三、医疗因果关系的特殊问题：医疗损害中不宜引入疫学因果关系理论

为了解决公害案件的因果关系难题，疫学的方法被成功地引入公害犯罪的因果关系的证明之中。医疗因果关系具有与公害问题同样的专业性和复杂性，能否在医疗犯罪中引入疫学因果关系这一类特殊的因果法则，成为医疗因果关系的认定中一个颇受关注的问题。

（一）疫学因果关系的含义

所谓疫学（Epidemiology），又被称为传染病学、流行病学，是指研

---

① 参见［德］耶赛克、魏根特：《德国刑法教科书》，337~350页。
② 参见许玉秀：《检验客观归责的理论基础——客观归责理论是什么？》，载许玉秀：《主观与客观之间——主观理论与客观归责》，172~184页。
③ 参见张明楷：《刑法学》，166页，北京，法律出版社，2007。
④ 参见许永安：《客观归责理论研究》，218页，北京，中国人民公安大学出版社，2008。

究疾病的流行、群体发病的原因、特征及其对策的医学分支学科。"疫学上的因果关系，是指疫学上所采用的因果认识方法，某因子与疾病之间的关系，即使不能从医学、药理学等观点进行详细的法则证明，但根据统计的大量观察，认为其间具有高度的盖然性时，就肯定存在因果关系。"①

疫学因果关系是一种基于高度盖然性的事实推定，在公害犯罪中，推定某种污染物质与某种疾病之间具有因果关系，必须具备如下条件（疫学四原则）：第一，该因子是在发病前的一定期间发生作用的因子；第二，该因子作用的程度越显著，受害者的比例越高，即量与效果的关系；第三，根据该因子的发生、扩大等情况所作的疫学观察记录，能够说明流行的特征，且没有矛盾；第四，该因子作为原因起作用的机制与生物学不发生矛盾。② 依据疫学四原则，发展出了关联性的一致性、关联性的强度、关联性的时间性系列、关联性的整合性、关联性的特异性等具体的判断基准。③

（二）疫学因果关系理论的实践运用

疫学因果关系理论，最早起源于日本的"熊本水俣病案"和德国的"擦里米刀米德"案件。④ 日本《公害罪法》（《损害国民健康公害犯罪处罚法》）确认了疫学因果关系，该法第5条规定："工厂或事业机构，因附属其事业活动所排放有害国民健康之物质，已达到足以致公众之生命或健

---

① ［日］大塚仁：《犯罪论的基本问题》，冯军译，104页，北京，中国政法大学出版社，1993。
② 参见［日］野村稔：《刑法总论》，全理其等译，142页，北京，法律出版社，2001。
③ 参见曾淑瑜：《医疗过失与因果关系》，下册，429~430页。
④ "熊本水俣病案"发生在20世纪50年代的日本。熊本县水俣湾的居民患上了无法查明原因的怪病，而地处该市的肥料工厂排放的废水含有水银，这些废水污染了水俣湾的贝类，当地居民很可能因为食用这些贝类而患病。日本的法院判决，肥料公司的经理和工厂厂长成立业务上的过失致死伤罪。"擦里米刀米德案件"发生在20世纪70年代的德国。许多妇女在妊娠期间服用了"擦里米刀米德"牌安眠药，她们生下的孩子多有先天性畸形，但是，当时的科学无法证明该安眠药对于胎儿先天性畸形的发病机理。德国的法院根据疾病的发生频度、地理分布以及药品的销售量、被害人服用药品的时间，推定"擦里米刀米德"牌安眠药是疾病的发病原因，追究了被告的责任。（参见［日］藤木英雄：《公害犯罪》，丛选功等译，29~33页，北京，中国政法大学出版社，1992。）

康危险之程度，若在其危险物质排放所及之地区内，因同种物质致公众之生命或健康于危险者，推定其危险为排放物质所产生。"该条文通过对推定的事实进行立法上的确认，直接将之运用于公害案件。

在公害案件的审判实践中，疫学因果关系只是在民事诉讼中被广泛运用，日本最严重的四大公害案件（富山骨痛病案、新潟水俣病案、熊本水俣病案和四日市栓塞症案）的民事诉讼均采用了疫学因果关系理论，但是，在公害案件的刑事审判中，仅有熊本水俣案和千叶大伤寒菌案运用了疫学因果关系理论。① 其原因在于，民事责任和刑事责任具有不同的价值取向和性质差异，民事诉讼和刑事诉讼对证明程度的要求不同。

（三）疫学因果关系理论不适用于医疗因果关系的判断

1. 疫学因果关系理论能否运用于认定刑法因果关系的争论

尽管疫学因果关系理论在公害犯罪的认定中体现了其独特的实践价值，但是，学说上仍然存在较大的争议。② 日本虽然不存在完全反对疫学因果关系的论点，但是，对于疫学因果关系理论在刑法中的运用大致存在积极肯定和谨慎保守两种立场。③ 通常认为，疫学因果关系的缺陷在于，导致了事实性的条件和法律因果关系的逻辑混乱。在因果关系理论中，相当因果关系以存在自然法则上的条件关系为前提，然而，疫学因果关系只是对条件关系的盖然性的证明，在条件关系是否存在尚不明确的情况下，即肯定相当因果关系，无疑破坏了相当因果关系理论的构造。正是由于疫学因果关系存在上述缺陷，使得有论者对其进行了全面否定，例如，德国学者阿明·考夫曼认为，既然没有确定自然科学的因果法则，就不能肯定有刑法上的因果关系。换言之，只有确定了自然科学的因果法则，才能肯定刑法上的因果关系。④

针对否定论者的反驳，肯定论者认为，疫学因果关系和相当因果关系

---

① 参见曾淑瑜：《医疗过失与疫学因果关系》，载《现代刑事法与刑事责任——蔡墩铭教授六秩晋五寿诞祝寿论文集》，431～432页，台北，台湾刑事法杂志基金会，1997。

② 参见李海东：《刑法原理入门——犯罪论基础》，51～52页，北京，法律出版社，1998。

③ 参见曾淑瑜：《医疗过失与因果关系》，下册，456页。

④ 参见张明楷：《外国刑法纲要》，2版，130页，北京，清华大学出版社，2007。

在本质上应当具有不同的旨趣和构造①，亦即，可以将疫学因果关系单独作为一类特殊的因果关系判断法则，无须遵从刑法上因果关系（归责）的一般构造。

笔者认为，按照刑法上因果关系（归责）的一般构造，疫学因果关系的确具有无法克服的缺陷。然而，人类正处在受严重环境污染威胁的高风险社会中，这一现实使得疫学因果关系在环境犯罪案件中具有其独特的价值和意义，但是，即使在环境犯罪中运用疫学因果关系，也应当极其审慎。

2. 适用疫学因果关系理论的案件类型

从审判现实和理论起源来看，疫学因果关系基本上只适用于环境犯罪案件。在环境犯罪之外，疫学因果关系理论作为一类特殊的因果关系法则，还可以适用于哪些特殊类型的犯罪呢？在我国，有论点明确提出在传染病犯罪（以传染病为手段，故意或者过失地造成传染病传播或者传播危险的犯罪）中适用疫学因果关系理论，其主要论据是，传染病犯罪是与环境犯罪并列的一类公害案件，在因果关系上具有相似的特点，因此，也应当适用疫学因果关系理论。②

笔者认为，疫学因果关系理论对刑法中的因果理论和刑事诉讼的证明标准造成了巨大的冲击，应当严格限制其适用。疫学因果关系理论只能适用于与环境污染具有类似性质的案件，例如，食品安全案件、药品安全案件等等，这些案件的共同特点是，受害者范围大、分布空间广、损害结果严重、行为和结果之间的时间间隔长、自然以及生理因素介入等等。它们的共同本质体现为，受害者是一个人数较多的群体，对群体的受害率进行统计学调查和盖然性分析，恰好符合调查群体发病率从而在概率上推断致病原因的疫学方法的本质。因此，传染病犯罪、食品安全犯罪、药品安全犯罪具有与环境犯罪相似的特征，可以将它们共同列为广义的公害犯罪的范畴，也只有在此类案件中，方有疫学因果关系理论适用的余地。

3. 疫学因果关系理论不适用于医疗犯罪

---

① 参见曾淑瑜：《医疗过失与疫学因果关系》，载《现代刑事法与刑事责任——蔡墩铭教授六秩晋五寿诞祝寿论文集》，433 页。

② 参见庄劲：《论传染病犯罪因果的认定——疫学因果关系的倡导》，载《政法论丛》，2003（6）。

疫学因果关系理论在刑事司法实践中通常仅被运用于公害案件，大陆有学者提出，可以将疫学的方法扩大适用于判断医疗事故中的因果关系①；台湾地区也有学者建议，通过特别立法引入疫学因果关系理论来解决医疗过失的因果关系。②但是，即使是主张将疫学因果关系理论运用于医疗犯罪的学者，也对其适用做了非常严格的限制，有的将疫学因果关系理论作为穷尽其他一切证明手段之后的最后手段，或者仅将其运用于医疗因果关系的消极判断③；有的将疫学因果关系理论限定于研究导致集团现象之疾病的发生、分布、消长以及医疗因果关系复杂的犯罪。④

　　笔者认为，如果将药品犯罪、传染病犯罪等作为医疗活动的必要环节或者特定类型，它们也属于医疗犯罪的范畴，如前所述，可以适用疫学因果关系的法则。但是，这些犯罪与环境犯罪具有更大的相似性，反而与具体医疗活动中的医疗事故个案这类典型的医疗过失犯罪具有相当大的差异，在狭义的医疗过失犯罪中，疫学的方法不适用于判断医疗过失的因果关系。

　　笔者从临床医疗的固有特征及其与公害案件的差异出发，反对将疫学的方法运用于医疗因果关系的判断，主要理由如下：首先，临床医疗的具体个案性不符合疫学方法的本质。医疗过失案件涉及的是临床医学上的问题，尽管疫学和临床医学同属于医学的分支，但是，疫学的方法针对的是流行病的发病群体，以群体发病率、发病特征为研究对象，通过概率统计的方法推断因子与疾病之间的高度盖然性。医疗行为只是针对特定的患者个体、在具体的医疗环境中实施的。临床医学不具有作为统计基础的群体性研究对象，在因果关系无法证明的案件中，也难以推断出某一医疗行为导致治疗结果发生的概率。其次，医疗因果关系的复杂性不是引入疫学因果判断的必然理由。医疗因果关系的专业性和风险性在其他领域（例如，交通、矿山安全等）也同样存在，因果关系是刑法理论的传统难题，在现今高科技、高风险的社会中，新兴领域和新兴技术的出现使得因果关系愈

---

① 参见臧冬斌：《医疗事故罪中疫学因果关系的判断》，载《中州学刊》，2008(3)。
② 参见曾淑瑜：《医疗过失与因果关系》，下册，649页。
③ 参见臧冬斌：《医疗事故罪中疫学因果关系的判断》，载《中州学刊》，2008(3)。
④ 参见曾淑瑜：《医疗过失与因果关系》，下册，645~646页。

加复杂。如果以医疗因果关系的复杂性作为引入疫学因果关系理论的理由，就意味着在所有的业务活动中都可以引入疫学因果关系。再次，医疗行为的目的正当性和高风险性与疫学因果关系理论不能融洽。医疗的目的是治病救人，它是人类不可或缺的重要活动；同时，人体的未知性和医学的有限性使得医疗行为面临着重大的风险。法律应当以保障医疗实现和促进医学进步为基准，将医疗风险在各方之间恰当地分配。如果以一种高度盖然性的推论来认定医疗因果关系，就必将使医生面临巨大的职业风险，医生不得不通过防御式治疗来规避风险，最终损害的是患者的利益和医学的发展。再次，采用疫学因果关系不符合医疗刑法的基本理念。疫学因果关系理论降低了刑事诉讼的证明标准，使得追究医疗过失的刑事责任变得更加容易，这与医疗刑法秉持的更谦抑的理念背道而驰。在医疗因果关系无法证明，既不能证明"有"、又不能证明"无"的情况下，依事实存疑有利于被告的原则，应当认定不存在事实因果关系，不必再作疫学的推断。"有利于被告"作为一项刑事诉讼原则，不是只有利于医生，而是有利于一切被告人。在日本，之所以能够在公害案件中适用疫学因果关系理论，是因为疫学因果关系理论已成为立法中的特殊规则。在医疗过失中，缺乏类似的立法推定就不具备运用疫学因果关系理论的依据，并且医疗犯罪的立法也不应当引入疫学因果关系理论。最后，疫学因果关系理论运用于医疗过失，缺乏案例的实证支撑。尽管有学者提出了日本以疫学因果关系理论审判医疗过失的刑事案例，但是，在那些案例中是否真正运用了疫学因果理论，不无疑问。[①] 综合以上理论、立法和实践的分析，笔者反对将疫学因果关系理论运用于医疗因果关系的判断。

[①] 日本运用疫学因果关系理论处理的医疗案件，都是集团性发病的医疗案件。例如，在东京地判昭49.4.2"东京新宿日赤医院婴儿集团患结核病案"中，该医院昭和40年（1965年）7月出生的婴儿被发现有多人患上了结核病，该医院早产儿室的两名护士在同年12月被确诊为结核病患者，但他们在此之前是否携带病菌无法确定，依疫学的方法，无法得知某个特定的人是感染源，只能确定该医院是感染地。有学者认为，对医院中的早产儿室（以及临近的新生儿室）的管理者应当追究管理过失的刑事责任。（参见曾淑瑜：《医疗过失与因果关系》，下册，648页。）在该案中，疫学上没有确定感染源，以医院是感染地为理由追究管理过失的责任，是否属于疫学因果关系理论的运用仍然值得探讨。

第三节　损害结果的客观归责

所谓"客观归责",是指行为制造了不被容许的风险,并且实现了风险。① 广义的客观归责理论是一种客观不法理论,当代刑法在客观归责理论的范围内发展了符合构成要件的行动理论,提出了被允许的危险、信赖原则、基于自我危险的行动和溯责禁止等理念和原则。客观归责理论依据或者吻合了刑法的社会机能立场,其关键之处在于把职责和相应的义务限定于一个轮廓分明的领域。② 狭义的客观归责理论,则是一种排除对某些相当因果流程的归责而修正归责范围的理论。③ 客观归责理论的实践价值更多地体现于过失案件中④,该理论吸收了各种因果理论中限制因果关系的解决办法,通过重新分类和提炼,形成了归责判断的原则和具体规则的体系。

医疗犯罪主要是过失犯罪,大量医疗过失案件的疑难点都体现为损害后果可否归属于行为的判断,客观归责的判断规则对于医疗损害的责任归属具有重要的价值。客观归责的判断构造包括如下三个环节,即制造不被容许的风险,实现不被容许的风险,属于行为构成的效力范围。⑤ 下面结合医疗案件的特点,根据上述三个环节及其具体规则来判断医疗损害的客观归责。

一、制造不被容许的风险

行为对法益造成了法所不容许的危险,是客观归责的第一个判断基准。该基准的具体认定规则从反面说明了,行为与结果虽然具有因果关

---

① 参见[德]克劳斯·罗克辛:《德国刑法学总论》,第1卷,246页。
② 参见[德]格吕恩特·雅科布斯:《行为 责任 刑法——机能性描述》,冯军译,125~126页,北京,中国政法大学出版社,1997。
③ 参见[德]许乃曼:《关于客观归责》,陈志辉译,载(台湾)《刑事法杂志》,1998(6)。
④ 参见[德]克劳斯·罗克辛:《德国刑法学总论》,第1卷,713页。
⑤ 参见上书,247页以下。

系,但是,若行为处于法所容许的界限之内,则不能将损害后果归责于行为。在医疗活动中,制造容许的风险或者降低风险的医疗行为排除归责。

(一)医疗规则之内的医疗行为制造的是可以容许的风险,排除归责

行为虽然产生了一定的风险,但是,如果该风险是现实社会所容许的,那么,该制造风险的行为就具有社会相当性,可以排除归责。医疗风险之"可容许"的界限,由医疗技术规则加以确定。医疗技术操作标准和安全防范措施的规范化,证明了存在一种法律上有重要意义的风险。① 因此,医疗行为创造的风险是否可以被容许,取决于医疗行为是否遵守了相关医疗规则,只要是在医疗常规的范围之内实施的医疗行为,即使发生了不利的结果,也不得进行客观归责。此类情形,从排除构成要件符合性的角度,就可以否定犯罪的成立。

(二)降低风险的医疗行为,排除归责

如果任凭疾病本身自然发展,最终往往是健康受损乃至死亡(当然,也不排除人体的自愈能力)。医疗行为介入了疾病的自然发展进程,在医疗行为干预的过程中,如果没有增加病人的风险,或者以较小的风险代替了较大的风险,则最终出现的损害后果就不得归责于医疗行为。

罗克辛教授在风险降低规则中提出了一个医疗方面的例子:医生通过自己的行为延缓了病人不可避免的死亡,根据条件理论,医生的行为也是病人死亡的原因,但是,医疗措施只是延缓了病人的死亡,并没有增加病人死亡的危险,因此,不能将死亡的结果归责于医疗行为。②

风险降低还包括以较小的风险代替较大的风险。例如,在治疗"非典型肺炎"的过程中曾经大量使用激素,许多病人在"非典"被治愈之后出现了一侧或者双侧股骨头、股骨干坏死的情况。使用过量激素是造成病人的股骨头、股骨干坏死的原因,但是,死亡的风险被健康受损的风险取代了,在结果上,股骨头和股骨干坏死轻于死亡。"非典"治疗中过量使用激素降低了病人死亡的风险,因此导致的健康受损结果就不得归责于医疗行为。与此相反,如果在治疗普通感冒的过程中,为了消炎而超量使用抗生素,导致了病人的股骨头坏死的结果,股骨头坏死的风险大于感冒引起

---

① 参见[德]克劳斯·罗克辛:《德国刑法学总论》,第1卷,252页。
② 参见上书,247页。

的风险，因此所导致的更严重的损害结果就可以归责于医疗行为。

从降低风险的角度排除对医疗行为的归责，有助于确定某些偏离医疗常规的行为的可归责性。医疗行为不符合医疗常规，原则上可以被认为是跨越了"允许的风险"的界限，但是，如果通过细致的考察能够证明偏离常规的行为减小了风险，就可以排除医疗行为对结果的责任。

二、实现了未被容许的风险

客观归责的第二个检验基准是风险的实现，即在结果中正好实现了行为人所创设的不被容许的风险。[①] 医疗事故的构成要件结果（或非法行医中的加重结果）是就诊人死亡或者健康严重受损，如果此类严重损害是由于医疗行为创设的未被容许的风险所实现的，就可以将该结果归责于医生。在下述三类情形中，结果并非不被容许的风险的实现，因而，不得进行归责。

（一）危险没有被实现，排除归责

危险没有实现，是指医生的行为虽然创设了不被容许的风险，也有损害结果出现，但是，结果与风险之间出现了重大的因果偏离，该结果不是由医生所创设的风险来完成的，而是介入了其他的事件，风险行为和损害后果只是偶然地一起出现了。在医疗过失案件中，排除非风险实现的结果的可归责性，需要对风险和结果之间的关联在医学上进行详细的考量。

罗克辛教授在研究客观归责时列举了大量的医疗损害案例，在危险未被实现这一问题上，提出了"药剂师案"。被害人由于药剂师的过失导致维生素中毒被送到医院，在医院内由于感染了不可归责于医院的流感而死亡。死亡的结果是否可以归责于药剂师的过失，需要考察感染流感死亡是否属于病人维生素中毒所引起的体质衰弱的结果。如果答案是否定的，则死亡的结果不可归责于药剂师。[②] 类似地，病人到医院治疗普通感冒，护士未作皮试就直接注射青霉素，在注射的过程中发生了过敏性反应，医院立即组织了抢救，病人经抢救状况基本稳定。在留院观察期间，病人因"非典"爆发而感染死亡。病人在医院感染"非典"死亡，其死亡不属于青霉素过敏反应的风险实现，因此，不得将该结果归责于护士的行为。

[①] 参见[德]克劳斯·罗克辛：《德国刑法学总论》，第1卷，247页。
[②] 参见上书，254页。

(二) 未实现不被容许的风险，排除归责

未实现不被容许的风险，是指创设了未被容许的风险，并且实现了该风险，但实现的风险并非是不被容许的，也不可归责。① 反过来说，只有创设的风险和最终实现的风险具有同一性，即已经实现的风险是风险创造者的结果，方可将该结果归责于风险创造者。② 医生违反了医疗常规，出现了严重的损害后果，但是，违反医疗常规的行为在具体内容上对损害结果没有影响，或者仅有轻微影响，则排除归责。

1. 合法替代行为确定（或者几近确定）无法避免损害结果

面对无限未知的人体，医疗的手段是有限的。如果医疗手段的有限性使得医生即使完全遵守医疗技术规范，也确定（或者几近确定）无法避免损害结果，那么，此种情况下即使存在违反医疗常规的行为，也不得将结果归责于该行为，因为违规的风险并未在实际的事件流程中实现。例如，护士未按照消毒程序进行消毒就对病人实施了静脉注射，病人在注射之后由于细菌感染而死亡。经鉴定，导致病人感染的细菌是一种新型变异细菌，这种细菌依照当时的正常消毒程序是无法灭杀的，因而，病人死亡的结果不得归责于护士的违规消毒行为。

2. 合法替代行为和风险升高理论

理论和实践上存在较大争议的问题是：如果医疗行为符合医疗常规，损害后果不是确定（或者几近确定）地不发生，而是有可能不发生，那么，结果是否可以被归责于违反常规的医疗行为？"风险升高理论"认为，行为违反义务规范则逾越了可以容忍的界限，不但制造了风险，也实现了被禁止的风险，因为行为人的行为升高了风险，所以结果仍然可以归责于行为人。③ 反对论者认为，"风险升高理论"违反了"罪疑有利被告"的原理，并且违反了法律的规定，将结果犯转变为危险犯。④ 针对否定论的质疑，"风险升高理论"认为，当行为人超越了允许的风险，并且因此继

---

① 参见许玉秀：《检验客观归责的理论基础——客观归责理论是什么？》，载许玉秀：《主观与客观之间——主观理论与客观归责》，197 页。

② 参见林钰雄：《客观归责理论之判决评释——从台湾北滨车祸案之判决谈起》，载许玉秀主编：《刑事法之基础与界限》，232 页，台北，学林文化事业有限公司，2003。

③④ 参见 [德] 克劳斯·罗克辛：《德国刑法学总论》，第 1 卷，258 页。

续提高了当时还可以忍受的危险时，他就创设了一种在整体上绝对被禁止的风险，这种完全被禁止的风险在结果中实现了，因而不适用"罪疑有利被告"原理。合法的替代行为是否可能升高风险的判断，是一种假设性的事件，这种假设中没有适用"罪疑有利被告"的余地，该原理只能适用于对实际发生事实的判断。

医疗过程并存着双重的风险，即疾病本身的风险和治疗手段的风险，在医疗领域，是否承认"风险升高理论"将得出截然相反的结论。例如，在一个医学上明确标明风险性的手术中，医生由于严重的医疗错误造成了患者死亡，但是，就此类手术而言，即使按照技术规范进行操作，也不能排除患者死亡的可能性。肯定"风险升高理论"的观点认为，由于医疗错误导致了风险提高，就足以认定结果归责，否定论者以合规的医疗行为不排除患者死亡的可能性来否定归责，意味着在要求特别高度谨慎义务的地方，所有的谨慎义务都被放弃①，这将导致绝对的医疗特权；否定"风险升高理论"的见解和司法判决均认为医生无罪。否定论者认为，将后果完全归责于因违反医疗常规而提高的风险，彻底忽视了疾病自带的风险，不符合事实的因果流程，会使医生陷入动辄得咎的危险境地。②

笔者认为，在医疗损害结果归责这一类型的案例群中，绝对地肯定或者否定"风险升高"均不足取。在当下医学知识和专业鉴定的能力范围内，如果能够确定合法的医疗行为使损害结果的避免可能性达到了一定的程度（即，违规的医疗行为导致风险升高并且风险升高到了一定的程度），则可以将结果归责于医疗行为。简言之，结果避免的可能性不是简单的非"有"即"无"，而应当测量"有"的程度，这是现代医学科学判断的认知领域。如果超出了医学认知范畴，达到了鉴定的极限仍然无法证明风险升高程度的大小，则依"罪疑有利被告"的原理来排除归责。

3. 事故参与度是判断风险升高程度的重要指标

社会普通交往领域很难用数值精确地表示风险升高的程度，但是，在医疗领域，精确的定量分析可以借助于医疗专业技术鉴定来完成。当然，医疗专业技术鉴定并不直接判断风险升高的程度，因为规范判断上出于比

---

① 参见［德］克劳斯·罗克辛：《德国刑法学总论》，第1卷，258页。
② 参见上书，259页。

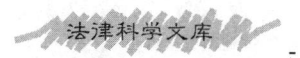

较的目的而假设的合法替代行为不应当、也不可能成为医疗鉴定的对象，但是，医疗专业技术鉴定中的"事故参与度"可以为判断风险升高的程度提供科学根据。

"参与度"又称"寄与度"，由日本昭和大学部法医学教授、日本赔偿医学会会长渡边富雄首先提出，它是确认人身伤亡因果关系的一个指标（国际法医学界称之为"渡边方式"）。"事故参与度"最初是为了解决道路交通事故与受害人死亡、伤残等后果的因果关系而设定的标准，由于交通事故与医疗事故在认定和处理方面的相似性，我国学者将事故参与度理论运用于解决医疗事故中医疗过失行为对事故的原因力的大小。[①] 鉴定专家通过定量分析，可以确定医疗行为在损害后果中的作用和参与因果关系程度的大小。

事故参与度的认定指标和级差由专家依照医学文献、法医鉴定的基本理论和实践经验来确定。例如，"渡边方式"以10％的参与度作为一个级差，从0到100％一共将事故参与度分为十一级[②]；日本学者杉长英教授提出了更富实用性的"外因的相关判断标准"，以25％的参与度作为一个级差，一共将事故参与度分为5级。[③] 在我国，医学鉴定和司法鉴定对于事故参与度的设计思想是一致的，只是在具体参与度、级差和责任大小等指标上有所差异。在医学鉴定中，"医疗过失行为在医疗事故损害后果中的责任程度"是医疗事故技术鉴定书的内容之一，《医疗事故技术鉴定暂行办法》第36条将责任程度分为完全责任、主要责任、次要责任、轻微责任四个等级；在司法鉴定中，医疗过失参与度分为A、B、C、D、E、F六个等级，分别对应的责任程度是无责任、轻微责任、次要责任、部分责任、主要责任和完全责任，其理论责任系数值分别为0％、10％、25％、50％、75％、100％。[④]

[①] 参见王岳：《刍议医疗技术鉴定中的因果关系及认定标准》，载《中国医院管理》，2008（5）。

[②] 参见李德祥：《日本现代法医学发展与赔偿医学》，载《日本医学介绍》，1993（5）。

[③] 参见朱广友：《医疗纠纷鉴定：因果关系判定的基本原则》，载《法医学杂志》，2003（4）。

[④] 参见邢学毅编著：《医疗纠纷处理现状分析报告》，90页。

事故参与度说明了医疗行为对损害后果的原因力大小，从另一个侧面观察，它也可以说明医疗行为升高风险的程度。例如，如果医疗过失的事故参与度是100％，那么，该行为升高风险的程度是100％，合法替代行为使该损害结果发生的可能性为零（即，合法替代行为使结果确定地不发生），因而，损害结果可以归责于医疗行为。

事故参与度准确地反映了风险升高的程度，有助于判断：当医疗过失对损害结果具有部分原因力时，合法替代行为导致损害结果的可能性的大小。例如，当事故参与度是25％、50％、75％时，反映了医疗过失升高风险的程度相应是较小、同等、较大，则合法替代行为导致损害的可能性是较大、同等、较小，亦即，事故参与度是风险升高程度的标志，与合法替代行为导致损害结果的可能性呈消涨关系：事故参与度越小，合法替代行为产生损害的可能性越大；反之，事故参与度越大，合法替代行为产生损害的可能性越小。具体说来，根据以25％的参与度为一个级差的事故参与度分级标准①，大致可以包括以下三类情形：事故参与度是25％，医疗过失对损害结果承担次要责任，风险升高的程度较小，即使实施了合法替代行为，损害发生的可能性仍然较大；事故参与度是50％，医疗过失对损害结果承担同等责任，风险升高的程度是同等，即合法替代行为导致损害发生或者不发生的可能性是相同的；事故参与度是75％，医疗过失对损害结果承担主要责任，风险升高的程度较大，如果实施了合法替代行为，则损害发生的可能性较小。

因此，事故参与度说明了风险升高的程度，进而说明了合法替代行为产生损害的可能性的大小。当合法替代行为产生损害的可能性达到一定程度时，排除将该损害结果归责于医疗过失。事故参与度是医疗专业技术鉴定中客观的量化指标，对该指标进行逻辑和学理的推演，可以转换为归责判断中的风险升高程度和合法替代行为导致损害可能性的指标，对此，需要根据刑事政策和刑法理论在立法和实务中加以确认。只有行为使风险升

---

① 这里采用的是我国医疗事故专业技术鉴定中的事故参与度分级标准，共有0％、25％、50％、75％、100％五个等级。事故参与度为0％或者100％，确定地表明医疗过失对损害完全不负责任，或者完全负责任。在危险升高理论中，主要考察的是医疗事故承担部分责任的情形。

高达到了一定的程度，才能将损害归责于行为。① 参照交通肇事罪的认定标准，笔者认为，只有事故参与度超过了50%，即医疗过失较大地升高了风险，合法替代行为使医疗损害不发生的可能性较大（即，如果实施了合法替代行为，医疗损害发生的可能性较小）时，才能将损害后果归咎于医疗过失，即医疗过失对损害结果承担同等责任是归责的最低标准。

在医生因误诊、误治导致病人丧失治疗的最佳时机，最终出现死亡结果的案件中，风险升高程度理论能够提供合理的解释。例如，在"肝癌误诊事件"中，甲患感冒到X医院就诊，按照医生建议在前后7个月的时间内多次对肝部进行了B超和CT检查，医生未发现其已罹肝癌。10个月以后，甲在Y医院被确诊为肝癌晚期，确诊半年后医治无效死亡。事后鉴定，如果X医院依医疗常规分析检验结果，就能够通过进一步的确诊查明病情，而由于医生的误诊使得癌症未被及时发现。误诊对癌症的发生、发展无影响，但对预后有影响。肝癌的预后取决于能否早期治疗，早期根治性切除是改善肝癌预后的关键因素，肝癌切除术后的5年生存率能够达到30%~50%，因而，确认了误诊与医疗预后具有因果关系。② 笔者认为，该鉴定结论表明，若能够及时确认病人的病情，病人通过早期根治性治疗可能康复或者延长生存时间，从术后5年生存率看，该可能性比较小（未超过50%），因此，误诊导致的风险没有升高到到相当大的程度，不宜将死亡结果归责于误诊行为。

（三）结果并非处于医疗注意规范保护目的的范围之内，排除归责

社会生活中的谨慎注意规范都具有一定的保护目的，如果实现的结果不是注意规范的保护目的所要保护的结果，则不得进行结果归责。在医疗活动中，医疗操作规范既是行为人谨慎从事的规则，也是预防风险的安全措施，若发生的结果不是操作规范旨在防范的结果，则不得将结果归责于行为人。罗克辛教授列举了著名的"牙医案"：牙医师甲为乙女拔牙并实

---

① 民事责任和刑事责任对事故参与度的要求是不同的。民事责任由医方和患方共同分担，即使医疗过失只有10%的参与度，医方也要承担相应的赔偿责任；刑事责任一旦确定，即将刑罚的不利后果完全归咎于行为人，因此，必然需要事故参与度达到一定的程度才产生刑事责任的归咎。

② 参见朱晓卓等：《肝癌误诊致使治疗延误引发的医疗纠纷1例分析》，载《法律与医学杂志》，2007（2）。

施全身麻醉，乙女在麻醉的过程中死于心脏衰竭。乙事前曾告诉甲自己的心脏有些毛病，但甲未按规定找麻醉师检验就径直实施了麻醉。事后确定，乙的心脏的毛病即使麻醉师也无法检验出来，乙只可能因麻醉程序而延后死亡时间。医疗操作规程规定医师应当会同麻醉师实施麻醉，但该规定的目的不在于短期延长被害人的生命，病人的死亡不是规范保护目的所要保护的结果，因而，不能将乙死亡的结果归责于牙医。[①] 再如，在"整形美容手术案"中，病人被实施了全身麻醉，医师已经事先告知病人在手术前12小时不得进食，并且在手术之前，医师再次询问了病人是否进食，得到了否定的回答。手术进展顺利，但病人回到病房3小时以后出现呼吸困难，抢救无效死亡。经鉴定，死亡与手术无关，病人因吸入胃内容物及分泌物导致呼吸功能障碍引起窒息死亡。在该医疗过程中，医师存在的违规之处是，按照医疗常规，实施全麻手术的病人在术前应当住院，但是该病人没有住院，而是在手术当天早上才到医院。然而，要求实施全麻手术的病人住院的规范，其目的并不在于监督和禁止病人进食，防止病人因进食而死亡不是该规范的保护目的，因此，不得将死亡结果归责于未按常规要求病人住院的行为。

三、行为处于构成要件的效力范围

如果一个人故意通过自己引起的危险来造成某种法益的损害，但是，该法益不处于禁止不被允许的风险的规范的保护之下，那么，构成要件就不为这种法益提供保护。在医患互动中，医生是治疗的实施者，患者是治疗的承受者，医疗过程中的损害结果通常被归责于医生，这是因为医生没有管理好自己负责的医疗领域，以致处于该领域中的患者受到了损害。然而，如果损害结果脱离了医生负责的领域，进入到患者负责的领域之中，损害结果的发生是患者的任意行为所致，那么，病人就应当对该损害结果优先负责，不得将其归责于医疗行为。[②] 在医疗损害结果的归责判断中，病人的自我答责主要体现在以下两个方面：

---

① 参见［德］克劳斯·罗克辛：《德国刑法学总论》，第1卷，254页。
② 这符合自我答责的基本原理。（参见冯军：《刑法中的自我答责》，载《中国法学》，2006（3）。）

（一）病人同意医疗行为的危险，排除归责

病人接受医生的治疗，对于治疗所具有的被容许的风险表示了同意，那么，就是同意他人造成危险。根据客观归责理论，同意医生的风险行为使得病人脱离了刑法规范的保护范围，因而不得将不良后果归责于医生。病人的同意是医疗行为正当化的重要根据，本书将在下一章专门展开讨论，客观归责理论从刑法规范构成要件效力范围的角度探讨这一问题，无疑也提供了一个非常有益的视角。

（二）病人自己实施危险行为，排除对医生的归责

医生和患者之间存在责任和风险的分配，如果在患者自己负责的范围内未对结果加以防止，则不应将该结果归责于医生。例如，在"过量注射戒毒药物致死案"中，医生在戒毒治疗中为患者开了能使人上瘾的药物，并说明了每次使用的适当剂量，然而，患者自己超剂量注射该药物导致了死亡，德国联邦最高法院判决医生构成过失杀人罪。罗克辛教授认为，如果医生在刑法上必须为病人滥用药物提供担保，那么，他永远是把一只脚踏在了监狱里。① 根据客观归责理论，医生对于病人承担保护其免受疾病伤害的义务，这是医生应当负责的领域，然而，病人滥用药物的行为是医生无法防范的，遵医嘱使用药物是病人自我负责的领域，因此，病人滥用医生开出的药物而导致的死亡结果应当由病人自己负责，不得将该结果归责于医生。与此类似，在前述"美容整形手术"案中，病人应当遵医嘱在全麻手术前不进食，如若进食应当告诉医生真实情况。防止由于进食使得饱胃而引起窒息，属于病人自我负责的领域，因此，也不得将该结果归责于医生。

本章小结

遵循客观归属的规范标准来确立医疗损害后果是否可以归属于医生的行为，是认定医疗犯罪的核心之一。

该当于犯罪成立要件的医疗损害后果包括"死亡"和"严重损害就诊人身体健康"。其中，"严重损害就诊人身体健康"是我国医疗犯罪中特有

---

① 参见［德］克劳斯·罗克辛：《德国刑法学总论》，第1卷，265页。

的表述，其内涵应当与"重伤"基本保持一致，在形式上则应当采取医学标准。并且，"严重"不限于结果的严重性，还应当包括行为的严重性，即行为造成了多人（通常是3人以上）相对较轻的伤害，也属于"严重损害就诊人身体健康"。

医疗上的因果关系属于自然和事实的领域，在医疗犯罪的刑事诉讼中，查明因果关系通常需要借助于医学技术鉴定。被采信的医疗鉴定结论所确定的导致损害的事实，决定了归责的最大范畴，在该最大限度可能性的范围之内，根据客观归责的构造和规则，结合医疗行为的特点来确定医疗损害的归责。第一，制造不被容许的风险。符合医疗常规的行为制造的是可以容许的风险，若偏离常规的医疗行为以较小的风险代替了较大的风险，也不得将损害结果归责于医疗行为。第二，实现不被容许的风险。损害结果不是医疗行为制造的风险的实现，而是由其他介入因素所导致，或者，即使符合常规的医疗行为也确定地无法避免损害结果，排除归责。若即使实施合乎常规的医疗行为，也可能无法避免损害结果，是否归责则取决于医疗过失升高风险的程度，事故参与度是判断风险升高程度的重要指标。当医疗过失对损害结果的事故参与度超过50%（同等责任）时，过失行为较大程度地升高了风险，合法替代行为导致损害结果的可能性较小，可以将损害归责于医疗过失行为。第三，行为处于构成要件的效力范围之内。医疗行为是患者同意的行为，医疗风险在医患双方之间进行分配，若病人没有阻止自己负责范围之内的风险，则不能将该损害归责于医疗行为。

第七章 医疗行为的正当化

医疗行为往往不可避免地伴随着对人体的干预甚至损害，抑或蕴涵着导致损害的风险，例如，器官或者肢体被切除、放射线照射感染、药品不良反应等等，但是，由于违法阻却事由的存在，使得医疗行为由于欠缺实质违法性而成为刑法上的正当行为。

下面，首先，透过纷繁的表象来揭示阻却医疗行为违法性的一般原理；其次，考察正当化事由的具体构成要素；再次，探讨欠缺违法阻却事由的医疗行为的性质；最后，力图对与正当化论题有关的我国社会生活中的真实医疗案例作出解释。

第一节 阻却医疗行为违法性的根据

一、学说的诸象

在德日刑法理论中，医疗行为一直被认为是

符合伤害罪构成要件的行为,对于其正当化的根据,德国刑法解释学经历了从"医师业务权说"到"病人承诺说"的变迁。宾丁认为,医师经国家许可从事医疗业务,享有"医疗业务权",医师依据公法上享有的"业务权限"从事的医疗行为不可罚,病人的同意不是使医疗行为成为正当的根据。① 然而,医师的业务权并不意味着医师取得了对病人的身体、生命和健康的支配权和强制医疗权,因此,在当今德国的刑法学说中几乎不再存在"业务权说"②。德意志帝国莱茵法院在 1894 年作出的"骨髓癌截肢案"③的判决认为,医疗行为该当于伤害罪的构成要件。在该判决确立的"医疗行为伤害说"的前提之下,学说和实务通常认为,被害人承诺(即,患者同意)是医疗行为正当化的核心事由④,在被害人承诺理论的研究中,医疗行为常常被作为一类主要的例证。⑤

在日本,关于医疗行为的正当化事由,主要有"正当业务行为说"、"被害人承诺说"和"医疗行为独立类型说"三种观点。"正当业务行为说"认为,医疗行为属于业务行为中常见的类型之一。⑥ "被害人承诺说"认为,从尊重患者自我决定权的角度,患者的同意(包括推定的同意)是排除医疗行为违法性的根据。⑦ "医疗行为独立类型说"将医疗行为视作一类独立的正当事由。该学说主张,以治疗为目的,在伤病者本人或者其

---

① Bingding, Handbuch des Sstrafrechts Bd. I, 1885, S. 791f. 转引自王皇玉:《论医疗行为与业务上正当行为》,载《台湾大学法学论丛》,2007 (6)。

② 王皇玉:《论医疗行为与业务上正当行为》,载《台湾大学法学论丛》,2007 (6)。

③ 在"骨髓癌截肢案"中,一名 7 岁的女孩患上了结核性骨髓癌,医师告知女孩的父亲,必须进行截肢手术才能保全女孩的生命。女孩的父亲明确反对截肢,然而,医师仍然不顾他的反对为女孩实施了手术。尽管手术很成功,女孩恢复得很好,但是,医师仍被以伤害罪起诉,地方法院判决医师成立伤害罪。(参见王皇玉:《论医疗行为与业务上正当行为》,载《台湾大学法学论丛》,2007 (6)。)

④ 参见王皇玉:《论医疗行为与业务上正当行为》,载《台湾大学法学论丛》,2007 (6)。

⑤ 参见[德]克劳斯·罗克辛:《德国刑法学总论》,第 1 卷,362 页。

⑥ 参见[日]西田典之:《日本刑法总论》,刘明祥等译,150 页,北京,中国人民大学出版社,2007。

⑦ 参见[日]大谷实:《刑法总论》,200 页,黎宏译,北京,法律出版社,2003。

保护人的承诺下，用医学上一般承认的方法实施的伤及人的身体的行为，是合法的行为。① 该学说的实质是，将正当业务和被害人承诺两类事由融合于特定的医疗领域。

此外，有日本学者对医疗行为的正当化作了"四分法"的阐明：第一，医疗是社会习惯所认可的行为，医生必须经过许可才能取得从事医疗业务的权利，基于医疗行为的价值·专门性，需要将医疗行为予以正当化；第二，医疗行为需要获得患者的同意，这是对患者的自我决定权的尊重，人的自我决定权是必须获得尊重的权利之一，因此，患者的同意是医疗行为正当化的根据；第三，医疗行为的结果一般是维持或者改善了患者的健康，与医疗行为可能损害的法益相比，前者是更优越的利益，因此，可以从"结果说"的立场将医疗行为予以正当化；第四，医疗行为客观上追求维持生命和改善健康的结果，重视"医疗行为的价值"也是正当化的根据之一。② 该学说清晰地解释了医疗行为的正当化根据的不同方面，并认为，思考医疗行为正当化的根据，关键在于更偏重于以上四项根据中的哪一项。③

《日本刑法典》第35条后段明确规定了正当业务行为阻却违法④，按照实定法的规定，将该条文适用于医疗行为并无不妥。但是，可以适用《日本刑法典》第35条后段并非就当然地证明了，"业务行为"是医疗行为的正当化根据。医生只要取得执业许可，就享有了在一定的范围内从事"业务"的权利，然而，医生实施医疗行为还需要获得患者的同意，德国帝国法院在判决中明确地指出——"患者的意思是最高的法"⑤。

与《日本刑法典》第35条后段的规定类似，我国台湾地区"刑法"第22条规定："业务上的正当行为，不罚。"台湾的刑法教科书通常将该条规定作为论证医疗行为正当化的基础，但是，对于"正当业务"的判断标准，理论上存在"业务权说"、"社会相当性理论"和"病人承诺说"三

---

① 参见［日］大塚仁：《刑法概说（总论）》，3版，360页。
② 参见［日］小林公夫：《治療行為の正当化原理》，36页，东京，日本評論社，2007。
③ 参见上书，99页。
④ 《日本刑法典》第35条规定："依照法令或者基于正当业务而实施的行为，不处罚。"(《日本刑法典》，2版，张明楷译，20页，北京，法律出版社，2006。)
⑤ ［日］小林公夫：《治療行為の正当化原理》，41页。

种解释取向。① 有观点认为,尊重病人的自主权是当今医疗伦理关注的重点,随着医患关系的变化和医疗外延的扩大,"更显得医疗行为的正当性基础,最终不得不落在病人的自由意思之上"②。然而,仅有病人的同意不能证立医疗行为的正当性,仍然需要具备医学上的适应性和医疗手段的正当性。该观点在学理上明确地阐释了"告知后同意"结合"业务上正当行为"的正当化模式,并主张,在实定法的框架之内,如果要继续将台湾地区"刑法"第22条作为医疗行为的正当性的依据,就必须将"病人承诺"纳入正当业务的内涵之中。③

在英国的判例法中,已经确立了未经病人同意的治疗构成民事侵权或者伤害罪(battery)的规则④;英国的制定法也尝试直接规定,基于病人的同意而实施的医疗行为不具有犯罪性。英国法律委员会在1995年出具的咨询意见中阐明了刑法上的同意问题,并专门就医疗中的同意提出了如下建议:"1. 如果伤害是在一个人经另一个人同意之后实施的适当的治疗或者护理中造成的,即使行为人对他人造成了伤害,不管伤害的严重程度如何,行为人也不承担刑事责任。2. 在此情境中,治疗或者护理(treatment or care):①应当是由有资质的医疗执业人员实施的,或者是在其指导之下实施的;②应当不仅包括外科和牙科的治疗或者护理,还包括为了诊断、预防疾病、为了防止怀孕,或者为了附属的治疗而采取的医疗程序;③在没有限制'治疗和护理'的内涵的情况下,应当也包括:a)绝育手术;b)变性手术;c)合法的堕胎;d)美容整形外科手术;e)为了便于可再生器官的捐献,或者为了便于对生命非至关重要的不可再生器官的捐献,实施的任何治疗或者程序。3.①如果伤害是在一个人经另一个人同意之后实施的医学研究(该医学研究已经获得了适当的认可)中造成的,即使行为人对他人造成了伤害,不管伤害的严重程度如何,行为人也不承担刑事责任。②'经适当认可的医学研究'是指,地方医学伦理委员

---

① 参见王皇玉:《论医疗行为与业务上正当行为》,载《台湾大学法学论丛》,2007(6)。

② 同上文。

③ 参见上文。

④ See Department of Health Guidelines on Consent: Reference Guide to Consent for Examination or Treatment, Article A1—001.

会或者负责监督和认可医学研究的其他任何机构认可了该项研究。"① 以上条款涵盖了广义的医疗行为和医学研究行为，患者的同意是其合法性的核心抗辩事由，另外，基于同意实施的医疗行为也需要具备"恰当性"。

在我国，正当行为理论通常将医疗行为视作正当业务行为的一种类型②，但是，被害人承诺理论也常常探讨病人的同意与医疗行为的关系。③"正当业务行为说"认为，医疗行为除了需要满足正当业务的一般条件以外，病人的同意也是正当化的条件之一④；在关于被害人承诺的论证中，研究者认为，得承诺实施的行为本身，需要其方法和程度具有社会相当性，才能实现刑法上的正当性⑤，即，获得病人同意的医疗行为，仍然需要具备业务上的正当性，才能够被正当化。

笔者认为，尽管理论上将医疗行为纳入不同的正当化事由之下进行论证，但是，不同类型的正当化事由不是彼此隔绝的，而是在构成条件的内部互相渗透，皆蕴涵了通说所认可的医疗行为的正当化的三个要件，即行为具有医学上的适应性，医疗手段符合技术规范，存在病人的同意。⑥ 因此，问题的实质在于，如何认识这三个要件之间的关系，哪一个要件才是阻却医疗行为违法性的核心根据。

讨论医疗行为的正当化，应当先阐明医疗行为的内涵，以此为前提，再探究医疗行为的正当性的根据。行为具有医学上的适应性，行为的手段符合医疗规范，这二者构成了医疗行为的客观面，医疗行为与患者的同意既相互独立，又互为表里。⑦ 医学上的适应性和医疗手段的正当性是医疗的应有之义，欠缺这两个要件，医疗行为无从存在，也就不再产生"医疗

---

① The British Law Commisson, Consent in the Criminal Law, Part X of the British Law Commission's 2nd document No. 139（1995），8.50.

② 参见王政勋：《正当行为论》，349页，北京，法律出版社，2000。

③ 参见冯军：《被害人承诺的刑法涵义》，载赵秉志主编：《刑法评论》，第1卷，81页，北京，法律出版社，2002。

④ 参见王政勋：《正当行为论》，349页。

⑤ 参见田宏杰：《刑法中的正当化行为》，396页，北京，中国检察出版社，2004。

⑥ 参见陈子平：《刑法总论》（上），265页，台北，元照出版公司，2005；甘添贵：《刑法总论讲义》，再版，140页，台北，瑞兴图书股份有限公司，1992。

⑦ 参见[日]小林公夫：《治疗行为的正当化原理》，41页。

行为"范畴之内的正当性根据的问题。患者同意的，是他接受和认可的医疗行为，医疗行为是患者同意指向的对象；有了患者的同意，才能启动或者推进医疗行为，患者的同意表明了他对医疗行为及其风险的承担。因此，在医方实施的行为属于医疗行为的前提之下，患者的同意成为阻却医疗行为违法性的核心事由，是医疗行为正当化的根据。① 申言之，行为具备医学上的适应性、符合医疗技术规范，并且获得了患者的同意，即构成正当行为；若行为具备了医疗行为的两个要件，但是欠缺患者的同意，则构成"专断的医疗行为"；若行为具备医学上的适应性，但行为手段偏离了医疗技术规范，即使存在患者的同意，由于患者作出同意的基础是确信医生将对其实施符合医疗规范的医疗行为，因此，医生偏离医疗规范的行为已经脱逸了患者的同意的"射程"，仍有成立医疗过失犯罪的余地；若行为不存在医学上的适应性，通常也就不具备恰当的医学依据，行为已经溢出了医疗的范畴，即使病人强烈同意接受该行为，也只能依据被害人承诺的一般要件来判断行为是否正当。② 例如，在"暴力团成员断指手术案"中，医生接受暴力团成员的请求，为其实施了断指手术，虽然该案没有作为刑事案件进行调查，但是，切断健康手指的行为不具备医学适应性，因而被排除在治疗行为之外。③

---

① 需要说明的是，这里讨论的是"普通的自愿性医疗"，若属于依法进行的强制戒毒、对精神病人的强制医疗等"强制医疗行为"，则不必考虑患者的意愿，只需具备目的和手段的正当性。
② 患者同意和被害人承诺在具体构成要件上（例如，承诺法益的范围等）存在差异。
③ 参见［日］小林公夫：《治療行為の正当化原理》，3页。小林公夫认为，该案未被作为刑事案件调查的真实原因之一在于，"行为是由医生实施的"，但是，这一原因被人们忽略了。
一个类似的案例是，暴力团成员甲为了表示谢罪请求乙为其断指，乙用偶然找到的钓鱼线把甲的左手小指根部扎紧，在止住血液流动之后，乙把甲的小指放在洗澡盆的台上，用菜刀对准小指，用榔头从上面向下砸，切断了甲的小指。法院判决认为，"即使存在甲的承诺，被告人乙的行为关系到的只能说是有违公序良俗的断指，（乙）也没有采取由医学措施证明的消毒等适当措施，不能认为这种行为在形式上是社会相当的行为，（该行为）并不丧失违法性"。（［日］大塚仁：《刑法概说（总论）》，3版，360页。）
上述两个案件同样都是违反公序良俗的断指行为，在性质上都是普通的被害人承诺。之所以这两个案件在法律上的处理结果迥异，关键之处在于断指的方式本身是否具有社会相当性。

我国平面四要件的犯罪构成体系既是形式判断又是实质判断,既是初始判断又是最终判断①,医学适应性和医疗技术正当性可以整合进犯罪构成的主观方面和客观方面之中,将病人的同意作为独立的正当化事由,凸显了病人的意志自由和自我决定。在医疗技术高科技化、医疗行为去人性化、医患信赖破碎化的现实医疗环境之中,强调病人同意的独立意义,有助于进一步确立医疗行为的实质正当性。

二、"自我决定"与"知情同意"法则

(一)"自我决定"的哲学基础

康德哲学观深刻地洞察了人的本质,"一个行动在道德上是对的,当且仅当行动者在完成这个行动时不把任何人仅当作手段",即,人本身是目的,不是手段,因而,人具有尊严。②"个人的至上地位,从其生命开始之日受到尊重,(包括了)人身的不可侵犯性、完整性和承袭性,以及人类的完整性。"③

人的尊严体现为人能够作出自我决定。尊重个人的自主权,是基于对所有人都具有绝对价值和每个人都具有决定自己命运的能力的承认④,人因为能够表达自己的意愿、行使自治的能力、作出自我的决定,因而,彰显出人的价值。"自主"是我们作为一个自由人所内含的特质,不可侵犯、不可放弃、不可让渡,"自我决定"保护的是个人无价的尊严。独立的处置权是所有权利中最综合的和最受文明人珍重的权利⑤,"每一个心智健全的成年人都有权决定其身体接受何种处置"⑥。在医疗过程中,"承认病人的'自主权'乃是承认人作为一个人的价值非但不因疾病而丧失或者减

---

① 参见黎宏:《被害人承诺问题研究》,载《法学研究》,2007 (1)。
② 参见邱仁宗:《生命伦理学》,19~21页,上海,上海人民出版社,1987。
③ 法国1994年《生命伦理学规则》。转引自[美]斯科特·伯里斯、申卫星等:《中国卫生法前沿问题研究》,332页,北京,北京大学出版社,2005。
④ 参见翟晓梅:《安乐死的伦理学论证》,载《自然辩证法研究》,1999 (7)。
⑤ 参见"奥姆斯蒂诉美国案"的判决,277 U.S. 438, 478 (1928)。
⑥ "Every person being of adult years and sound mind has a right to determine what shall be done with his own body."这是美国大法官本杰明·卡多佐在"施诺恩多夫诉纽约医院协会"(211 N.Y. 125, 105 N.E. 92 (1914))一案中写下的著名判词。

损，反而因疾病而更彰显"[①]。

(二)"知情同意法则"是"自我决定"在医疗领域的体现

"患者的意思是最高的法"，自治和自我决定的自由意志原理构成了医疗法的核心。[②] 在信息严重不对称的医患关系中，患者的自我决定必须以他知悉了可能影响其决定的所有资讯为前提，"知情"的地位因而凸显出来：一方面，"知情"是医生承担"告知义务"的伦理根据和法律依据；另一方面，"知情"成为判断患者的"自我决定"的真实性的基础。现在，"知情同意"法则已经在全球医疗界达成了共识。[③]

1."知情同意"的含义

"知情同意"（Informed Consent），又译为"告知后同意"[④]，"充分说明后同意"[⑤]，"说明与同意"[⑥]，以及"充分说明下之同意"[⑦] 等等，简称为"IC"法理，本书遵循我国理论界和实务界的通称，采用"知情同意"这一用语。"知情同意"的基本含义，是指医生对患者详细说明其病情，并充分地说明将要进行的检查或者治疗的方法等，患者在理解了医生的说明并且未受到任何强制的自由立场下，选择了检查或者治疗的方法，医生根据病人的同意实施医疗行为。

2."知情同意法则"的历史演进

"希波克拉底誓言"是医学伦理学的起源，由古希腊医生希波克拉底在2400多年前提出。该"誓言"确定了医生对病人和社会的责任，树立

---

① 杨秀仪：《论病人自主权——"我国"法上"告知后同意"之请求权基础探讨》，载《台湾大学法学论丛》，2007（6）。

② See Andrew Hockton, *The Law of Consent to Medical Treatment*, Sweet & Maxwell, 2002, p.1.

③ 参见吴景洲编著：《医疗纠纷终结手册》，10页。

④ 杨秀仪：《谁来同意？谁作决定？从"告知后同意法则"谈病人自主权之理论与实际：美国经验之考察》，载《台湾法学会学报》，1999（11）。

⑤ 陈子平：《医疗上"充分说明与同意"之法理》，载（台湾）《东吴大学法律学报》，2000（1）。

⑥ 日本医师生命伦理恳谈会关于"说明与同意"的报告。转引自陈子平：《医疗上"充分说明与同意"之法理》，载（台湾）《东吴大学法律学报》，2000（1）。

⑦ ［日］杉田勇、平山正實编著：《インオフムート》，11页，1996。转引自陈子平：《医疗上"充分说明与同意"之法理》，载（台湾）《东吴大学法律学报》，2000（1）。

了医生的行为规范,在誓言中,医生以实现患者的利益作为其义务和责任,从中能够推导出"一切托付于我"的父权主义思想。[1] 这种父权式的医疗必须以医患之间的充分信赖作为前提。

然而,在第二次世界大战中,纳粹德国的医生实施了疯狂的人体试验,他们的行为使得人们开始重新审视医生的职业道德的特殊性和重要性。二战后,纽伦堡审判针对纳粹医生的人体实验行为通过了《纽伦堡法典》,第一次提出了"知情同意"的问题。[2] 1948 年,世界医学协会(WMA)在希波克拉底誓言的基础上制定了《日内瓦宣言》,将之作为医生的道德规范,其中第 7 项规定,"尊重我的病人的参与影响他/她的决策的道德权利,明确地、清楚地、用病人理解的语言说明他/她的疾病的性质,以及我建议采用的治疗的好处和危险",这是对医生的说明义务的明确规定。1964 年,世界医学协会通过了《赫尔辛基宣言》,以更丰富的条款补充和修正了《纽伦堡法典》中较为抽象和简单的伦理原则。《赫尔辛基宣言》宣告了患者享有人权,更详细地规定了"知情同意"的基本问题,但是,该宣言仅仅适用于人体实验;1975 年,世界医学协会对《赫尔辛基宣言》进行了大幅修改,纳入了"知情同意法则";1981 年,世界医学协会通过了《里斯本宣言》,将"知情同意"的适用范围扩大到所有疾病,即,任何患者在获知医生的充分说明以后,享有接受或者拒绝治疗的权利。2004 年,《赫尔辛基宣言》进行了第 15 次修改,最新版的宣言扩大了告知的信息的范围,强调了告知的程序。关于告知的信息,明确规定医生应当告知研究基金的来源、可能的利益冲突、研究者所在单位情况、研究的预期利益与潜在风险、可能产生的不适等;在告知的程序上,强调医生应当获取受试者的自由的知情同意,同意最好以书面形式作出,非书面的同意必须正式提供文件记录和证人。[3]

---

[1] 参见陈子平:《医疗上"充分说明与同意"之法理》,载(台湾)《东吴大学法律学报》,2000 (1)。

[2] See Michael Burleigh, *Ethics and Extermination*:*Reflections on Nazi Genocide*, Cambridge University Press, 1997, p.3. 转引自 [美] Onora O'Neill:《知情同意——从纽伦堡到赫尔辛基》,张斌译,载《医学与哲学》,2006 (11)。

[3] 参见 [美] Onora O'Neill:《知情同意——从纽伦堡到赫尔辛基》,张斌译,载《医学与哲学》,2006 (11)。

3. "知情同意法则"在各国法律中的确立和体现

从"知情同意法则"的历史演进轨迹可以看出，该准则是最近半个多世纪以来才发展起来的。随着医疗活动趋于规模化、组织化、机械化、专业化、复杂化和普及化，传统的父权式的医患关系土崩瓦解，现代的平等的医患关系逐步建立，患者因而产生了知情和自主决定的权利诉求，医生被赋予了说明的义务。很多国家的判例和法律已经确立了"知情同意法则"，该准则不再仅仅是一条医学伦理原则，同时，也成为一项法律制度。

在美国，"知情同意"的法理基础最早可以追溯至1914年的 *Schloendorff v. Society of New York Hospital* 案，著名大法官卡多佐（Benjamin Cardozo）在判决中写道："每一个心智健全的成年人都有权决定其身体接受何种处置"，"如果医生没有得到病人的承诺而进行手术，应当承担侵害的不法责任"[1]。此后，通过1957年的 *Salgo v. Leland Standford* 案[2]，1960年的 *Natanson v. Kline* 案[3]，1972年的 *Canterbury v. Spence* 案[4]，1976年的 *Bly v. Rhoads* 案[5]，1979年的 *Scott v. Bradford* 案[6]，1980年

---

[1] *Schloendorff v. Society of New York Hospital* (1914), 211. N. Y. 125, 126.

[2] 该案中，患者在接受动脉造影手术之后全身瘫痪，他控告医生没有告知他手术的并发症。

[3] 该案中，患了乳癌的病人接受了乳房切除手术，术后为了防止乳癌复发又接受了放射线治疗，放疗手术出现了副作用，患者控告医生没有向她说明放疗的副作用，否则，她不会选择放疗。

[4] 该案中，患者进行了切除椎弓手术，手术后一天内没有任何问题，患者以为已经逐渐复原便自己下病床，下床时跌落在地造成了下半身瘫痪。患者以医生没有事先告知手术有瘫痪的风险为由提起了诉讼。

[5] 该案中，患者接受了子宫切除手术，手术造成了尿道阻塞引起并发症，患者以医生未告知子宫切除手术的危险及可能的并发症、且手术未达到医疗水准为由提起了诉讼。

[6] 该案中，患者因患类纤维肿瘤接受了子宫切除手术，术后出现小便失禁症状，后来由其他医生做了三次手术才得以缓解症状，患者以医生未告知手术危险和其他治疗方法为由提起了诉讼。

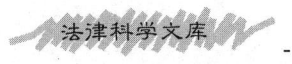

的 *Wooley v. Henderson* 案①，1982 年的 *Mcpherson v. Ellis* 案②，1983 年的 *Simpon v. Dickson*③ 案等一系列判例，美国的普通法确立了"知情同意法则"④。其后，很多州通过制定法将"知情同意法则"成文化。美国于 1990 年制定了《病人自决法案》（The Patient Self-Determination Act），形成了比较清晰和完整的制度构架，从而在法律上最终确立了"知情同意法则"⑤。

在日本，学界在 20 世纪 60 年代提出了知情同意的问题；实务中最早写明"告知、承诺"等文字的判决之一是 1971 年 5 月 19 日东京地方法院作出的"左乳房切除案"的裁判。⑥ 日本患者权利委员会全国起草委员会在 1984 年公布了《患者权利宣言》，该宣言明示了患者所享有的医疗方面的权利，其中第 4 条和第 5 条规定了患者的知情权和自我决定权。宣言第 4 条"知的权利"规定了患者享有知情权以及知情的范围："①患者有权获知为了解自己状况所需之一切资料；②患者有权自医疗提供者处获得关于其所作检查、治疗之目的、治疗方法、内容、危险、其他可选择之治疗方法、检查诊疗治疗之结果、疾病经过等完全而详尽的说明；③患者参与具有实验、研究或其他目的所施行之诊断行为时，应有权获得包括有关该目的之说明；④患者有权向医疗机构要求阅览及交付有关自己的病历；⑤患者有权知悉主治医师及从事相关诊疗行为人员的姓名、资格及任务；⑥患者有权自医疗机构获知有关医疗费用明细报告及国家医疗补助费之资

---

① 该案中，患者在接受背部手术时，因医生不够谨慎而导致脊髓流出，造成了病情恶化，患者以医生未告知手术风险为由提起了诉讼。

② 该案中，患者因怀疑患有硬膜下血肿进行了动脉造影手术，在检查过程中发生充血感觉后丧失了视力，患者将感觉告诉了医生，医生仍然继续作检查，导致患者出现了全身麻痹症状，患者以医生未告知动脉造影手术的危险为由控告医生。

③ 该案中，患者被实施了颈部淋巴腺手术，手术引起了左脊髓副神经损伤，患者以医生未告知手术风险且手术上有过失为由提起了诉讼。

④ 关于"知情同意法则"在美国普通法中的发展过程，参见 Jay Katz, *The Silent World of Doctor and Patient*, MD Free Press, 1984。

⑤ 陈子平：《医疗上"充分说明与同意"之法理》，载（台湾）《东吴大学法律学报》，2000（1）。

⑥ 该案中，患者的右乳房发现了恶性肿瘤，医生在获得患者的同意之后实施了切除右乳房的手术，但是，在切除右乳房之后，医生发现病人的左乳房有乳腺症，医生未经患者同意，即对其左乳房也做了切除手术。（参见［日］松仓丰治：《怎样处理医疗纠纷》，郑严译，50～51 页，北京，法律出版社，1982。）

料。"宣言第5条"自我决定权"规定:"患者于获得前条所列资料及医疗人员诚挚之建议协助后,有依据其自由意志,决定接受、选择或拒绝检查、治疗及其他医疗行为之权。"①

在我国台湾地区,有学者认为,"知情同意法则"体现在"医疗法"第81条和第63条、"医师法"第12条第1项以及"消费者保护法"第7条第2项之中。② 但是,也有学者指出,台湾相关"法律"中的确已经有了"知情同意"法理的雏形,然而,在现实条件下却难以想象实际的医疗现场和法律实务中能否存在"知情同意"③。更有学者旗帜鲜明地主张,台湾地区无论是在医疗临床上还是法律体系中都没有接受患者自主权的概念,阻碍患者自我决定的不仅有传统的"医事父权",还有以家庭价值为主的"家属父权"④。近几年来,台湾已经开始出现以医生未充分履行说明义务为由而提起诉讼的民事案件和刑事案件。⑤

在我国大陆的医疗法规范中,涉及"知情同意"的相关规定主要有:

---

① 吴景洲编著:《医疗纠纷终结手册》,45页。

② 参见上书,50页以下。

③ 陈子平:《医疗上"充分说明与同意"之法理》,载(台湾)《东吴大学法律学报》,2000(1)。

④ 杨秀仪:《病人、家属、社会:论基因年代病患自主权可能之发展》,载(台湾)《政大法学论丛》,2002(9)。

⑤ 在我国台湾地区,与医生未履行充分说明义务有关的医疗民事案件,以"马偕医院肩难产案件"为典型。该案由于涉及医疗行为是否适用消费者保护法的争议,在台湾岛内受到了广泛关注。案件经历了地方法院、高等法院和最高法院三级审判。在"最高法院"的终审判决中,判决理由之一是,医生没有充分履行说明义务,使得病人在未获得清楚说明下所表达的事前同意不具有法律上的有效性,无法阻却侵袭性医疗行为的违法性,因此,医生不能被免责。关于本案的详细案情、判决理由和学理分析,参见侯英冷:《论消保法上医师之安全说明义务——台湾"高等法院"1998年上字第151号判决评释》,载《台湾本土法学杂志》,2002(8)。

在台湾,与医生未履行充分说明义务有关的医疗刑事案件,有台湾"最高法院"2005年作出的第2676号刑事判决。该案中,医生在进行心导管手术之前,只是把"手术同意书"交给病人及其家属签署,但是,没有说明"手术同意书"的实质内容,后来病人因手术危险而死亡。"最高法院"在判决中重申了,"医师实施医疗行为时,应当详细对病人或其亲属尽相当之说明义务,经病人或其家属同意后才实施医疗,如此才能保障病人身体自主权"。关于本案的详细案情、判决理由和学理分析,参见王皇玉:《医师未尽说明义务之法律效果——简评2005年台上字第2676号判决》,载《台湾本土法学杂志》,2005(10)。

1982年卫生部颁布的《医疗工作制度》第40条第6项首次规定了手术同意书制度;《执业医师法》第26条,《医疗机构管理条例》第33条,《医疗机构管理条例实施细则规定》第60条,《临床输血技术规范》第6条,《人类辅助生殖技术管理办法》第14条,《医疗事故处理条例》第11条,《麻醉药品、精神药品处方管理规定》第3条,《人体器官移植技术临床应用管理暂行规定》第24条、第27条第2款、第30条、第34条,《人体器官移植条例》第8条、第19条第1项等等,都涉及医生的说明和病人的同意。其中,《执业医师法》第26条和《医疗事故处理条例》第11条是关于"说明"义务的基本依据和一般性规定。《执业医师法》第26条规定:"医师应当如实向患者或者其家属介绍病情,但应注意避免对患者产生不利后果。医师进行实验性临床医疗,应当经医院批准并征得患者本人或者其家属的同意。"《医疗事故处理条例》第11条规定,"在医疗活动中,医疗机构及其医务人员应当将患者的病情、医疗措施、医疗风险等如实告知患者,及时解答其咨询;但是,应当避免对患者产生不利后果。"《医疗机构管理条例》第33条则规定了"同意"的问题,"医疗机构施行手术、特殊检查或者特殊治疗时,必须征得患者同意,并应当取得其家属或者关系人同意并签字;无法取得患者意见时,应当取得家属或者关系人同意并签字;无法取得患者意见又无家属或者关系人在场,或者遇到其他特殊情况时,经治医师应当提出医疗处置方案,在取得医疗机构负责人或者被授权负责人员的批准后实施。"但是,上述规定只是具有"知情同意"的形式,与"知情同意"尊重个人自我决定权的精神实质还存在相当的差距,对此的进一步研究,详见本章第四节结合"肖志军拒签事件"所作的分析。

通观世界各国(地区)立法,可以看出,"知情同意"已经成为医学伦理和医疗法律中的重要准则。但是,对于发端于美国的"知情同意法则",如何在具有全然不同的伦理和文化环境的东方国度中实现"本土化",却是我们必须面对的问题。中华传统文化的环境本身并非必然排斥"知情同意法则"的精神[①],但是,具体的制度、构成、程序等决定了该准则在实践中能否有效地运转,对于具体要素的设计,我国的医疗规范还

---

① 参见聂精保:《知情同意在中国不适用吗——"文化差异论"的认知错误》,载《医学与哲学》,2002(6)。

需要作进一步的吸收、改造和创新。①

"知情同意法则"体现了对人的尊严和自我决定权的尊重，医疗行为正当化的重心，应当置于"患者的同意"之上。下面，将探讨有效的患者同意的成立要件，只有存在符合这些要件的患者同意，才能使医疗行为成为正当。

第二节　患者同意②的成立要件

成立有效的患者同意，需要具备一定的要件。对此，需要从以下几个方面加以探讨。

一、同意的主体

在医疗行为中，哪些人的同意才具有法律上的意义？同意的主体问题，是探讨患者同意的前提。

患者作为医疗行为的直接承受者，是对医疗行为享有同意权的当然主体，其行使同意权以具有相应的同意能力为基础，不具有同意能力的患者，可以由其监护人代为行使同意权。但是，患者本人和监护人之外的其他人（例如，非属于监护人的家属）是否享有同意的权利，在不同的文化环境中存在不同的见解。下面，分别说明同意能力、同意的法定代理以及家属的同意等基本问题。

---

① 例如，在美国、澳大利亚、我国香港地区等普通法系国家和地区，医生说明的对象，即自主决定权的主体当然是患者本人。然而，在台湾地区和我国大陆的相关立法中，却将患者家属也列为说明的对象。这类规定是否会导致病人自主决定权的虚置，是否使得知情同意丧失其本原的价值理念和价值目标，是否应当以及如何进行必要的改造，值得深思。（参见杨秀仪：《病人、家属、社会：论基因年代病患自主权可能之发展》，载（台湾）《政大法学论丛》，2002（9）；丁春艳：《由谁来行使知情同意的权利：患者还是家属》，载《法律与医学杂志》，2007（1）。）

② 用"权利人的同意"来表述"被害人承诺"更为准确，但是，后者乃约定俗成的用法，故一直沿用之。（参见冯军：《被害人承诺的刑法涵义》，载赵秉志主编：《刑法评论》，第1卷，62页。）本书讨论的是医疗这一专门领域中的被害人承诺，因而，直接标明为"患者同意"。

(一) 同意能力

决定自身命运的权利,以行为人拥有能够行使这种权利的能力为前提。关于同意能力的判断,虽然有以民法上的行为能力作为判断标准的主张①,但是,通说认为,同意的能力,既不同于民事行为能力,也不同于刑事责任能力,而是表现为一种"认识能力"和"操控能力"②。其理由主要是,若以一定的年龄作为同意能力的一般界限,此处并不涉及保障法的安全性的问题,而是关系到保护必要性的问题,刑法保护的法益具有与人格紧密相关的特征,对于一身专属的法益,必须最大限度地尊重该法益的承担者的自我决定权。因此,评价一个人是否具有同意的能力,主要看他能否理解并且记住相关的医疗信息,能否相信和斟酌这些信息,以及能否权衡风险和需要等等。③ 患者在获得医生的充分说明以后,能够认识到自己将要面临的医疗行为的性质、后果和风险,并且能够据此作出同意或者拒绝的意思表示,即具有同意的能力。"说明—同意"这一过程,本质上是医患之间的人际互动和信息交流,同意原则上应当由具有同意能力的患者本人作出。因此,即使患者是未成年人,如果他已经能够理解医疗行为的性质和后果(例如,一名14岁的少年因为白血病需要接受骨髓移植),那么,医疗行为就需要获得其本人的同意。

(二) 监护人的同意

"知情同意"可以从两个方面获得支持:尊重个人的自由,实现患者的最佳利益。④ 患者本人的同意是他对个人命运作出的自主选择,体现的正是"尊重个人的自由";"实现患者的最佳利益"则意味着,可以由他人基于保护患者的最佳利益的需要而代为作出同意。婴儿、幼童和精神病人不具备认识能力和操控能力,法律规定了由监护人代替其行使权利。设置监护人制度不是为了实现监护人的愿望和恣意,而是为了保

---

① 参见蔡墩铭:《医事刑法要论》,2版,92页。
② 林东茂:《医疗上病患承诺的刑法问题》,载(台湾)《月旦法学杂志》,2008(6)。
③ See Andrew Hockton, *The Law of Consent to Medical Treatment*, Sweet & Maxwell, 2002, p.65.
④ 参见[美]H.T.恩格尔哈特:《生命伦理学基础》,2版,范瑞平译,301页,北京,北京大学出版社,2006。

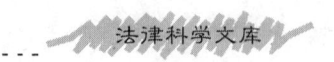

护被监护人的利益。以推定监护人会保护被监护人的利益为出发点，对婴儿等无同意能力的人实施治疗行为时，必须获得其监护人的同意。因此，在以婴儿等无同意能力的人为治疗对象的医疗过程中，监护人可以成为同意的主体。

但是，监护人代替患者本人作出同意的权利不是绝对的，而是一种受到限制的权利，权利的行使必须立足于保护患者的最佳利益。例如，我国曾经发生了一起引起广泛争议的"智障少女子宫切除案"。2005年4月14日，江苏省南通市儿童福利院为了"避免经期麻烦"，将两名未成年智障少女送到医院实施了子宫切除手术。经鉴定，这两名少女分别为极重度智障和重度智障，两人均有痛经病史。经南通市崇川区人民法院审判，该福利院副院长陈晓燕被判处有期徒刑1年，缓刑两年；该福利院院长缪开荣、手术医生王晨毅、苏韵华均被判处管制6个月。[①] 理论上对这个判决存在不同意见，争议的焦点在于，子宫切除手术是否符合智障少女的最佳利益，这是判断福利院作为监护人能否作出同意，以及同意是否有效的关键。反对实施该手术的观点认为，切除健康的子宫侵犯了病人的健康权、生育权等基本人权，不符合病人的最佳利益；支持实施该手术的观点则主张，重度智障人士的日常生活完全不能自理，无法进行语言交流，常识和判断能力均属于极差，甚至没有性别意识。生育能力对她们不仅没有实际意义，甚至还可能造成伤害，生育权在重度智障女性的人身权利中已经不具有重要性。相反，身体健康状况和生活质量的提高对她们具有更重要的意义，成为她们的人身权利中更重要的部分。[②] 因此，有观点主张，应当借鉴国外的做法，当确定最佳利益存在困难时，监护人不得擅自作出同意，必须通过必要的程序、综合各方的意见加以判断。[③]

（三）家属可否成为同意的主体

如果患者是精神正常的成年人，具有认识和操控的能力，他人是否可

---

① 参见李克诚：《福利院切除少女子宫案被告请求改判无罪》，载《东方早报》，2005-07-25。

② 参见鞠靖：《福利院切智障少女子宫的人道伦理争议》，载《南方周末》，2005-06-09。

③ 参见冒蓓蓓：《基本人权保障与智障者节育手术开展可能性讨论——着眼"南通儿童福利院智障少女子宫切除事件"分析》，载《医学与哲学》，2005（9）。

以代替患者成为同意的主体？对此，东西方文化存在不同的见解。

西方深受人权文化的影响，倡导个人本位，患者是医患关系的主体，医生履行告知义务针对的是患者，并且仅限于患者。除非患者陷于意识昏迷的状态，否则，在法律上，患者的家属并不具备任何有关同意的特殊地位和参与决策权。①

然而，在东方的法律和文化中，家属能够广泛地参与医疗行为并作出决策。例如，我国《执业医师法》第26条规定："医师应当如实向患者或者其家属介绍病情，但应注意避免对患者产生不利后果。医师进行实验性临床医疗，应当经医院批准并征得患者本人或者其家属同意。"该条规定的重心落在医师的说明义务上，说明的对象包括了病人和家属，但是，没有明确指出非实验性的普通医疗需要获得病人的同意。《医疗机构管理条例》第33条规定了病人、家属以及关系人等均享有同意权，实质上有悖于患者独立的自我决定权。患者的同意甚至还必须获得家属或者关系人的认可，这在一定意义上与知情同意的价值取向是背离的。同样受几千年传统文化的影响，在同根同源的台湾地区，其医疗"法律"中也有类似的规定。台湾"医疗法"第63条规定："医疗机构实施手术，应向病人或其法定代理人、配偶、亲属或关系人说明手术原因、手术成功率或可能发生之并发症及危险，并经其同意，签具手术同意书及麻醉同意书，始得为之。但情况紧急者，不在此限。前项同意书之签具，病人为未成年人或无法亲自签具者，得由其法定代理人、配偶、亲属或关系人签具。"从上述条文可以看出，医生告知的对象的范围非常广，除了病人以外，还包括病人的配偶、亲属和关系人，并且他们都享有签具同意书的权利，因此，家属的广泛参与被称为从"医事父权"到"家属父权"的转变②；但是，在同意书的签具顺序上，只有当病人无能力亲自签具时才由他人代签，显示了病人在医疗决策上的主导权。这也正式地表达出，法律虽然承认实务上的"家属父权主义"，但是，其

---

① 参见杨秀仪：《论病人自主权——"我国"法上"告知后同意"之请求权基础探讨》，载《台湾大学法学论丛》，2007（6）。

② 参见杨秀仪：《谁来同意？谁做决定？从"告知后同意法则"谈病人自主权的理论与实际：美国经验之考察》，载《台湾法学会学报》，1999（11）。

间仍然坚持以病人为中心。① 上述规定赋予了家属广泛的参与权,因而被认为在一定程度上扭曲了"知情同意"的精神,实践中可能出现一系列困扰。例如,病人和家属对于医疗方案有不同意见,以谁的意见为准?家属之间对医疗方案有不同的意见,以谁的意见为准?

笔者认为,根据我国现行医疗法的规定,病人的家属可以享有同意的权利,但是,应当坚持将患者本人的自我决定放在首要的位置,家属的同意权只具有补强意义,并且家属的同意不能违背病人的最佳利益。

二、同意的内容

病人表达于外部的同意蕴涵了丰富的内容,这些内容构成了同意的核心,也实质性地限定了医疗行为的范围。关于同意的内容,涉及如下三方面的问题:其一,同意是被当然地理解为"接受",还是可以扩大解释为包含了"拒绝"的选择;其二,同意指向的是行为还是结果,或者,二者兼而有之;其三,同意是否必须具备理性的基础,是否必须能够承受客观判断的检视。

(一)同意包含了接受或者拒绝的选择

同意的内涵应当既包括"接受",也包括"拒绝"。自我决定权是人的基本权利,作为有理性、有意识的个体,人能够自由地选择行动或者不行动。病人的自我决定就是病人能够自由地决定是否接受诊治,拒绝当然也是一种决定。根据"知情同意法则",病人在获悉各种重要的医疗信息之后,可以作出合乎其生活形态的医疗选择②,"选择"亦即意味着,可以接受,可以放弃。但是,"同意"一词的模糊性,以及人类始终怀有的通过医疗来获得健康和挽救生命的期许,使得病人"拒绝"的权利常常被忽略。因此,有学者提出,应当用更准确的"知情后选择"来代替"知情后同意"③,从而将"拒绝"置于与"接受"同等的位置。

---

① 参见杨秀仪:《论病人自主权——"我国"法上"告知后同意"之请求权基础探讨》,载《台湾大学法学论丛》,2007(6)。

② 参见杨秀仪:《谁来同意?谁做决定?从"告知后同意法则"谈病人自主权的理论与实际:美国经验之考察》,载《台湾法学会学报》,1999(11)。

③ 杨秀仪:《宽容文化与病患自主——从告知后同意到告知后选择》,载台北大学法律系编:《"多元价值、宽容与法律"法理学国际学术研讨会论文集》,2002。

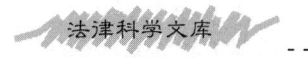

英美判例法明确指出了病人享有拒绝的权利，"英美法以彻底的自我决定为开端。这可以推出每个人都要被看作是他自己身体的主人，并且如果他具有健全的心智的话，他可以明确地拒绝施行挽救生命的手术或者其他医学治疗"[1]，"成年病人享有基于任何理由拒绝同意实施诊治的绝对权利，无论理由是否合理，甚至根本就没有理由，即使这样的拒绝可能会导致其死亡。"[2]

"耶和华见证人教派的信徒拒绝输血"和消极安乐死，集中体现了病人享有拒绝治疗的权利。"耶和华见证人教派"[3] 的信徒有权基于宗教的理由而拒绝输血，尽管拒绝输血可能导致死亡。这种拒绝输血的权利在法律界已经获得了承认。[4] 英国皇家外科学院（Royal College of Surgeons）

---

[1] "纳森特诉克赖恩案"，186 Kan. 393, 404, 350, P. 2d 1093, 1104 (1960). 转引自［美］H. T. 恩格尔哈特：《生命伦理学基础》，2 版，307 页。

[2] Re MB [1997] 2 F. L. R, 426, at 432. 转引自［美］H. T. 恩格尔哈特：《生命伦理学基础》，2 版，范瑞平译，308 页，北京，北京大学出版社，2006。

[3] "耶和华见证人"虽然是基督教的一个宗派，却将耶和华作为至高无上的神，并且具有将耶稣作为神之子的一神教性格。该教派严格地按照作为耶和华的法典的圣书的文字进行理解，拒绝输血的教义也是从关于圣书的解释中推导出来的。根据禁止食用神圣的血液的圣书，无论是何种形态的摄取血液的行为都是被禁止的，因此，输血以及摄取血液成分等行为都是被禁止的。如果该教派的信徒违背信仰同意输血的话，那么，他不仅会被排除于教团之外，同时还被视为丧失了将来到天国生活的资格。（参见［日］松生光正：《输血拒否に関する刑事责任》，载《中山研一先生古稀祝贺论文集（第 1 卷）生命と刑法》，147 页，东京，成文堂，1997。）

[4] "耶和华见证人教派"的信徒拒绝输血的权利在有的国家已经得到了肯定。但是，当拒绝输血涉及生命法益，与死亡存在因果关系时，医生是否因病人的拒绝而解除相关的刑事责任？对此，日本学者作了详细的探讨：在承认拒绝输血的权利的场合，首先，根据能否将病人的意思理解为同意死亡的意思，刑法上的评价存在差异。若认为病人的拒绝就是对死亡的同意，则可以考虑医生构成嘱托杀人罪，在此，医生的输血的不作为即成为问题，因而，就必须探讨能否成立不作为之嘱托杀人罪。虽然结论因如何看待嘱托杀人罪保护的法益而存在分歧，但是，如果不对具体的人的生命加以保护的话，那么，医师的作为义务就未必会被肯定；在不得将病人的意思视为同意死亡的场合，如果不存在医师的优越知识的话，那么，对于医师而言，就不会产生在患者的自我答责范围之内的作为义务问题。（参见［日］松生光正：《输血拒否に関する刑事责任》，载《中山研一先生古稀祝贺论文集（第 1 卷）生命と刑法》，148 页，东京，成文堂，1997。）

专门就外科手术中如何处理"耶和华见证人教派"的信徒拒绝输血的问题规定了详细的指引。①

此外,在末期治疗中,病人拒绝治疗可以包括拒绝心脏复苏术、拒绝生命维持系统等等。美国的判例法逐渐明确了,拒绝生命末期的治疗和维持措施处在"个人自主权"的界限之内,从而将消极安乐死合法化②,使得生命神圣的价值让位于个人至高无上的尊严。在消极安乐死中,关键在于已经丧失了意识的成年人如何行使其拒绝治疗的权利。美国的《病人自决法案》设立了"医疗代理人"和"预立遗嘱"两项机制,鼓励一般人预先做好规划,从而确保死亡合乎自己的选择。我国台湾地区的"安宁缓和条例"规定了与《病人自决法案》类似的制度,只是在制度的具体设计上,与前文所述家属享有同意权这一问题相关,赋予了家属更广泛的权利,只要无意识的病人此前没有明确地表示不同的意见,家属就可以独立地拒绝心肺复苏术。③

(二) 同意指向的是医疗行为及其风险和结果

关于同意的指向,争论的焦点集中于:同意是仅指向医疗行为,还是必须与结果相关联,抑或同时指向行为和结果?在被害人承诺理论中,通说认为,承诺的对象就是符合构成要件的事实,不仅包括侵害法益的结果,也包括引起该结果的行为。④ 即,被害人的承诺既包括了对行为人的行为的承诺,也包括了对行为人的行为造成的结果的承诺。⑤ 但是,如果得到被害人承诺而实施的行为存在一定的风险,承诺是否包括了风险,以及因风险实现而产生的结果,需要作深入的研究。具体到医疗领域,由于医疗行为具有固有的风险性和不确定性(尤以外科手术为甚),因此,病人的同意所指向的具体内容乃是问题的中心。

---

① See Royal College of Surgeons, *Code of Practice for the Surgical Management of Jehovah's Witnesses*, 1996.

② 参见杨秀仪:《病人、家属、社会:论基因年代病患自主权可能之发展》,载《台湾大学法学论丛》,2002 (5)。

③ 参见上文。

④ 参见黎宏:《被害人承诺问题研究》,载《法学研究》,2007 (1)。

⑤ 参见冯军:《被害人承诺的刑法涵义》,载赵秉志主编:《刑法评论》,第 1 卷,62 页。

医疗追求的是维持生命、促进健康以及改善生存质量，正是为了实现上述目的，患者才会选择接受治疗。以上良性的结果没有产生法益侵害，不是患者的同意所指向的内容，而是应当视为患者作出同意的动因。患者的同意指向的对象应当是医疗行为本身，医疗行为的固有风险以及固有风险实现所导致的结果。主要有以下两类情形：第一类情形是，某些医疗行为以对患者的身体造成一定的损害结果作为中间手段，以期最终治愈或者缓解疾病。例如，为了防止胃癌病人的癌细胞转移，医生切除了患者的胃的大部分；为了救治在车祸中脾脏破裂的患者，医生实施了脾脏摘除手术。如果患者在知悉医疗行为的实施方式及其相应结果之后表示接受，那么，同意指向的就是行为及其中间结果。第二类情形是，要实施的医疗行为存在很大的风险，治疗成功的话患者可以痊愈或者缓解病情，而一旦治疗失败，患者就可能受到重大损害甚至死亡。例如，医生对颅内有肿瘤的患者实施开颅切除手术，此类手术风险极大，若手术失败，患者就会陷入植物人状态或者死亡。患者在获得了充分的风险告知之后作出了同意的意思表示，即意味着患者对医疗行为及其风险的承担，以及进而容认了风险实现的结果。行为的风险属于同意所指向的一部分内容，这在刑法理论上称为"危险的接受"。例如，在"赛车手翻车致同乘教练死亡案"中，赛车手在赛车场练车时，因操作失误使得其驾驶的赛车失去了控制，撞到路边的护栏之后翻车，造成了同乘的赛车教练死亡，赛车手被裁定不构成业务过失致死罪。日本千叶地方法院的判决认为，赛车运动伴随着危险，被害人在认识到这种危险的情况下同乘赛车，可以说被害人在认可驾驶者在预见范围之内采取某种驾驶方法的基础上，将相伴而生的危险作为自己的危险而接受，因此，对于上述危险转化为现实的事态，存在认定阻却违法性的根据。①"危险的接受"是被害人承诺理论的一部分，在伴随着固有风险的医疗行为和体育活动中尤其显得重要。然而，在医疗行为中，医患双方的医疗知识和相关资讯严重地不对等，因此，医生明确地、充分地作出风险告知乃是病人接受风险的必要前提。

对于病人的同意所指向的行为和结果，还需要作进一步的解析和澄清。首先，病人同意的行为，是具有医学适应性和符合医疗操作规范的行

---

① 参见［日］西田典之：《日本刑法总论》，141页。

为。病人同意医生对其实施治疗，表明了对医生的认可和接受。医疗是一种专业行为，"这种观念本身包含了医生对于具体行善观和适当行动观的承诺"①。医患关系蕴涵了双方相互的信任，病人有理由相信医生会为自己施以适当的治疗，如果医生未尽必要的谨慎，其违反医疗常规的行为造成了病人的损害，那么，即使存在病人的同意，由于这种过失的医疗行为已经逾越了病人同意的范围，医生仍需要为其过失承担责任。其次，病人同意的结果，可以包括身体的重大伤害和死亡。根据被害人承诺的一般理论，被害人承诺放弃的应当是个人有权处分的法益，各国的刑法立法和刑法理论均认为，被害人承诺放弃的不可以是生命，但是，对于重大的健康法益是否可以放弃，仍然存在争议。② 因而，对于如何理解医疗行为中重伤和死亡的结果，理论上形成了不同的观点。少数学者主张，对于造成了重伤结果的医疗行为，不得以"被害人承诺"阻却违法性，只有行为的目的确实是为了治疗疾病或者挽救生命时，才能以"推测的承诺"和"紧急避难"阻却医疗行为的违法性。③ 多数学者则认为，以普通伤害或者重伤害区分知情同意的法律效果是没有意义的，医疗行为以治疗疾病、恢复健康为目的，即使发生了重伤或者死亡的结果，仍然应当以患者的同意来阻却违法。④ 笔者同意后一种观点，正是所处分的法益的差异性构成了普通的被害人承诺与患者同意的区别。患者的同意之所以能够涵盖身体和生命的重大损害，是因为同意发生在特定的医疗场域中，由医疗行为的本质所决定。以治疗为目的、遵守医疗常规的医疗行为，既符合公序良俗，也符合法律规定；医疗行为导致了重大法益的损害，这并不是医疗行为所追求的目的，而是医疗的有限在面对人体的无限时不得不接受的无奈；对于病人来说，这是实现更优利益过程中需要分担和承受的风险；对于社会而言，这是人类在提高生命质量的过程中必须付出的代价。因此，医疗行为

---

① [美] H. T. 恩格尔哈特：《生命伦理学基础》，2版，301页。

② 参见田宏杰：《刑法中的正当化行为》，387～391页，北京，中国检察出版社，2004。

③ 参见卢映洁：《病患自主权与医师刑事过失责任》，载《台湾本土法学杂志》，2007（12）。

④ 参见陈聪富：《医疗行为与犯罪行为——告知后同意的刑法上效果》（下），载（台湾）《月旦法学教室》，2008（8）。

导致的重伤和死亡的后果具有社会相当性，阻却该行为违法性的根据是患者的同意。

（三）同意未必是理性的

在医生适当地履行了说明义务的前提之下，病人依其自由意思作出了决定，如果病人的决定是非理性的，那么，这一非理性的决定是否会影响同意的有效性，是否还能产生阻却医疗行为违法性的效力？

如前所述，病人享有拒绝的权利，无论其拒绝是否理智。即使病人非理智地拒绝了医生的诊治，医生也不得再实施治疗行为，那么，类似地，病人也可以非理智地作出要求医生实施某种行为的决定，医生按照病人的决定实施的行为应当是被允许的。同意的基础是意思自由，在基本自由的界限之内，对于理智行为和不理智行为的自由，应当予以同等的保护。①知情同意制度体现了对成年非精神病人的理性的同等认可和尊重，即推定，在涉及医疗风险以及成本收益的评估中，每个知情的正常人都会作出对自己最有利同时不损害他人的理性选择，即使个人的智力、知识会有差别，这样的假定也是必需的，是现代社会制度共同分享的基础。没有这个基本假设，自由和平等就没有存在和追求的理由。②

然而，德国法院的司法判决却认为，病人非理智的同意是无效的，不能阻却医生行为的违法性。《联邦最高法院判例集》刊载了"牙医师遵从病人的非理智决定成立伤害罪案"。病人阿萍多年受强烈头疼的折磨，但是，没有医生能查明她头疼的原因。她确信这是自己补过的牙齿所导致的麻烦，希望医生为她拔掉这些牙齿。检查的医生向阿萍指出，她自己的这种想法是没有根据的，但是，医生没能改变阿萍的看法。于是，为阿萍进行检查的医生将她转给了被起诉的牙科医师某甲，并向某甲说明了情况。某甲也认为牙齿不可能是头疼的原因，他将这个诊断结果告诉了阿萍，但是，阿萍仍然固执地坚持拔牙的愿望，因为她认为这是唯一能够治疗其头疼的办法。根据阿萍本人的意愿，某甲为她拔除了牙齿，但是，头疼并没有因此而有所好转。法院判决某甲构成伤害罪，理由是病人不理智的决定

---

① 参见［德］克劳斯·罗克辛：《德国刑法学总论》，第1卷，372页。
② 参见苏力：《医疗的知情同意与个人自由和责任——从肖志军拒签事件切入》，载《中国法学》，2008（2）。

表明其欠缺理解能力，因而同意是无效的。① 支持该判决的观点认为，患者由于受头疼的折磨，理性能力和意识状态已经远逊于正常人，其不理智的决定涉及重大的身体完整性的侵害，必须谨慎地判断。② 但是，德国刑法理论界对该判决持强烈的批评态度，认为法益承担者的决定即使在客观上是不理智的，作出这样的决定也是其享有的行为自由，该决定应当得到尊重。③ 因此，即使决定是不理智的，也是一个有效的同意。

笔者认为，即使法益主体的决定是不理智的，也不影响其承诺的效力，但是，这样的决定不再属于医疗领域中的"患者同意"，应当反思其刑法意义。首先，根据"知情同意法则"，病人的同意包括了是否接受诊治，以及接受何种诊治。病人的不理智的决定超出了医生提供的可选择的医疗方案的范围，也超出了具体的医患互动中病人的自决权所涵摄的内容，从而解除了医生的诊治义务，医生有权拒绝依该决定而行事。其次，所谓病人的决定是不理智的，是指该决定欠缺医学上的根据。如果医生按照病人的不理智的决定而行为，那么，医生的行为由于欠缺医学上的根据而脱离了医疗的范畴，在严格意义上不宜再称作"医疗行为"。因此，对于病人不理智的决定，"行为人应当设法积极查明承诺人的真实意志，至少应消极地等待承诺人改正他因为疏忽发生的明显错误"④。可见，权利人不理智的决定由于脱离了医疗的场域，不能再作为有效的"患者同意"阻却医疗行为的违法性。权利人不理智的决定只可能成立社会普通交往中的被害人承诺，（具有医生身份的）行为人有权拒绝按照权利人的不理智的决定实施行为，并不因拒绝而产生不作为的刑事责任；行为人遵从权利人的不理智的决定实施了相应的行为，造成了损害后果的，只能按照被害人承诺的原理来判断该行为正当与否，若造成了权利人重伤或者死亡后果，则不产生阻却违法的效力。

---

① 该案例载德国《联邦最高法院判例集》，《新法学周刊》，1206页，1978。转引自［德］克劳斯·罗克辛：《德国刑法学总论》，第1卷，372页。

② 参见林东茂：《医疗上病患承诺的刑法问题》，载台湾《月旦法学杂志》，2008（6）。

③ 参见［德］克劳斯·罗克辛：《德国刑法学总论》，第1卷，372页。

④ 冯军：《被害人承诺的刑法涵义》，载赵秉志主编：《刑法评论》，第1卷，62页。

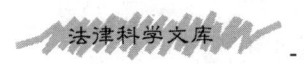

三、同意的方式

具有法律意义的同意,必须以某种表达于外部的方式能够被他人所认知,若权利人仅仅具有内心的赞同,却未将之展示于外,由于没有表达出的思想不是意志的表现,则无法产生阻却违法性的效力。表达同意的方式,可以是明示的,也可以是默示的。

(一) 明示的同意

明示的同意包括书面同意和口头同意两种方式。在我国医疗法中,规定了某些医疗行为必须以书面方式表示同意,例如,根据《医疗机构管理条例》第33条的规定,施行手术、特殊检查和特殊治疗时,必须征得患者同意,并应当取得其家属或者关系人的签字同意。实践中通常是制作好固定格式的文书,例如,手术同意书和麻醉同意书等等,在需要时将这些文书交由有关人员直接签署即可。然而,书面签字只具有证据上的意义,不是必然等同于有效的同意,同意必须是在病人充分地知晓医疗信息之后,根据自我决定作出的意思表示。医生的告知和病人的同意是双向交流的互动过程,医生应当向病人解释手术的情况、风险、替代方案等,如果医生只是单纯地将同意书交给病人,让病人机械地签名,那么,病人的同意由于欠缺知情这一实质的基础而归于无效,即使签署了同意书,也不能产生同意的效力。与此相反,如果医生详细地向病人解释了相关的医疗信息,病人也口头表示同意,但医生由于疏忽未让病人进行书面签字,即使根据医疗法的规定这是一项必须获得书面同意的诊治,只要能够证明病人口头同意的存在,该同意就是有效的。刑法上注重的是实质的同意,并不以书面形式作为证明同意效力的唯一依据,因此,只要能够证明病人口头上已经表示了同意,该同意即可阻却医疗行为的违法性。医生疏于让病人作出法定的书面签字的行为,不属于刑法规制的范围,充其量产生行政责任方面的问题。

(二) 默示的同意

刑法理论一般认为,同意能够以"可得推论"的方式表达于外部。[1]

---

[1] Wessels/Beulke, Strafrecht AT, 34. Aufl. 2004, §9 Rn. 378. 转引自王皇玉:《强制治疗与紧急避难——评基隆地方法院2006年易字第223号判决》,载(台湾)《月旦法学杂志》,2007 (12)。

如果病人通过其行为举止表达出内心对于医疗行为的认可，那么，默示的同意也可以产生阻却医疗行为违法性的效力。例如，在"未签署同意书的抽脂手术案"中，接受抽脂手术的病人在手术之前没有签署手术同意书和麻醉同意书，但是，她在半个月之前已经做过一次类似的手术，在本次手术之前她已经缴纳了包含麻醉费用在内的手术费用，并且她自己换上手术服装躺上了手术台，通过上述行为，可以推论病人已经向医师表达了同意抽脂手术的内心决定，因而成立有效的同意。①

病人的同意应当以外界可认知的方式表达出来，相应的，医生应当正确地认识到病人的同意，这是医疗行为正当化的主观要素。如果病人没有作出同意的表示，医生却误认为已经获得了病人的同意，因而实施了诊治行为的，医生的认识错误通常能够排除故意，但是存在成立过失的可能性。

四、同意的时间

病人的同意，应当在医疗行为实施之前作出，这是因为病人处分的健康法益具有一身专属的不可转让性。医疗是一个过程，包括了若干诊治环节和处置措施。所谓"事前"，是指作出具体的医疗处置之前。只有病人在事前对将要实施的医疗处置表示了同意，才能将医疗行为正当化；病人在医疗处置完成之后才表示同意的，除了成立推定的同意的情形之外，不产生阻却违法的效力。

在手术过程中临时需要扩大手术时，"事前的同意"显得尤其重要。医生在术前需要对病人详细地说明手术和麻醉等事项，病人对此表示了同意，医生的医疗处置只能限定在病人同意的范围之内。如果在手术的过程中发现了或者发生了术前未能预见到的情况，需要实施病人同意之外的其他医疗处置，那么，只要不属于无法等待病人同意的紧急情况，在实施该项处置之前，就应当就该项处置获得病人的同意。例如，在"左乳房切除手术案"中，患者的右乳房被诊断患上了乳腺癌，医师告知患者应当尽早切除右乳房以防止癌细胞转移，患者对此表示了同意，医生在实施右乳房切除的过程中，发现病人的左乳房已经具有感染的征兆，未经病人同意，

---

① 参见王皇玉：《整形美容、病人同意与医疗过失中之信赖原则——评台北地院91年诉字第730号判决》，载（台湾）《月旦法学杂志》，2005（12）。

一并将左乳房切除。东京地方法院判决医生成立伤害罪。[①] 病人在术前只同意切除右乳房，医生在实施右乳房切除手术的过程中发现有切除左乳房的需要时，只要不属于为救治病人没有其他可替代措施的紧急情况，就必须在切除左乳房之前取得患者的同意，否则，成立专断治疗。

五、同意的自愿性

意思的自由和自治是自我决定的本质，构成了同意的内核。准确地说，同意应当是"自由的和知情的同意"[②]，"自由"意味着，未受欺骗，未被强制。

（一）同意没有受到欺骗

受到欺骗的同意不是真正的同意。告知义务要求，医生应当充分地告知病人一切可能影响其选择的事项，病人只有在获悉这些资讯之后作出的同意，才是其真实和自愿的意思的表达。医生隐瞒或者虚构了有关事项，使得病人陷入重大认识错误而作出的同意，不具有自愿性，是无效的同意。

并非因为欺骗导致的任何认识错误都必然导致同意无效，只有病人陷入的是"法益关系的错误"时，即，病人对放弃的法益的种类、范围和危险性产生了错误认识[③]，才影响到同意的效力。例如，在"兽医系学生为患者实施治疗案"中，兽医系的学生甲和乙暑假期间在妇产医院做临时工，负责挂号、整理病历等事项。由于他们身穿白色的工作服，导致多名患者都认为他们是医师。在此期间，甲和乙获得了病人丙的同意，为她打针和进行麻醉处理。[④] 该案中，甲和乙明知自己不是医师却未向病人说明，这种隐瞒事实的欺骗行为使得病人陷入了认识错误，且基于该错误认识同意由他们实施医疗行为。但是，甲和乙在身份上的欺骗是否足以导致

[①] 参见陈子平：《医疗上"充分说明与同意"之法理》，载（台湾）《东吴大学法律学报》，2000（1）。

[②] ［美］H.T.恩格尔哈特：《生命伦理学基础》，2版，301页。

[③] 参见冯军：《被害人承诺的刑法涵义》，载赵秉志主编：《刑法评论》，第1卷，75页。

[④] 参见陈志龙：《非麻醉医师处理麻醉医疗行为之刑责》，载（台湾）《月旦法学杂志》，2002（3）。

病人的同意无效，应当根据具体医疗行为所涉及的法益性质分别处理。就注射行为来说，不涉及药物制配的单纯注射是一种简单的技术，对于知识和技能的要求都比较低，是医学院的学生应当具备的基本技能，实施该行为不以行为人具有医师资格为必要。虽然丙对甲和乙的资格有错误认知，但甲和乙的注射行为不会导致明显的危险，丙的同意是有效的，阻却甲和乙的行为的刑事违法性[1]；相反，就麻醉行为来说，由于麻醉具有高度专业性和危险性，不具备麻醉医师资格的人不得实施麻醉行为，甲和乙作为兽医系的学生，不具有实施麻醉的能力和资格，其行为给病人带来了明显的风险。丙因受甲和乙的欺骗作出的同意麻醉的意思表示，包含了与法益处分直接相关的错误，因此，该同意是无效的，不能阻却甲和乙实施麻醉行为的违法性，并且甲和乙具有的潜在的不法意识使其欠缺责任阻却事由，因而，他们实施麻醉的行为构成普通伤害罪。[2]

（二）同意没有受到强制

医患双方是平等的个体，告知和同意在人际互动的平等交流之中得以实现。如果医生利用自己拥有的医疗知识、技能和信息的优势，威胁或者强迫病人同意其医疗行为，那么，强制的存在使得病人的同意没有展现出其意思自由和行为自由，同意归于无效。

例如，医生在诊断的过程中了解到病人的某些隐私，此后，病人拒绝该名医生为其实施手术，医生威胁病人"这个手术你不让我做，我就把你的事情（隐私）说出去"，病人因担心隐私外泄，不得已同意了由这位医生做手术。医生的威胁是以一种法律上重要的方式作出的，病人因为隐私外泄不得不承受严重的后果，因此，病人的同意不是其行动自由的表现，病人放弃身体法益的承诺是无效的。但是，如果医生对上门求诊的病人说"让我给你治病吧，否则，我今后不会再给你看病！"于是，病人同意接受该名医生的治疗。尽管病人的同意受到了医生的威胁，但是，这种威胁在法律上是不重要的，病人没有接受这位医生的治疗的义务，他拒绝这名医生或者另外求医的行动自由并未受到强制，因此，该名病人的同意是有效

---

[1] 至于甲和乙隐瞒身份为丙实施注射是否需要承担民事责任，对此尚有疑问。在不同意兽医给人打针的情形下，对病人造成的精神痛苦是否应当赔偿，值得探讨。

[2] 参见陈志龙：《非麻醉医师处理麻醉医疗行为之刑责》，载（台湾）《月旦法学杂志》，2002（3）。

的,除非该病人今后完全不可能让其他医生治疗自己。

第三节 欠缺患者同意的医疗行为

患者的同意是医疗行为正当化的根据,然而,不具有患者同意的医疗行为并非就必然是不正当的。在医疗行为中,没有患者同意的医疗行为包括了不需要患者同意、不能获得患者同意、该得而未得患者同意三类情形。下面,逐一考察这三类情形中的医疗行为各自具有怎样的法律性质。

一、无须患者同意的强制医疗

所谓"强制医疗",是指为了保护公众安全和公共卫生的需要,要求患有一定疾病的人必须接受治疗的一种医疗措施。在强制医疗中,病人的自主权必须让位于公共利益的需要,同意不是强制医疗的必需要素,只要具有医学适应性和医术合乎规范性,强制医疗即为正当。

强制医疗实质上限制了病人的自我决定权,可能侵害病人的身体权、自由权等基本人权,因此,强制医疗必须具有相应的宪法和法律根据,应当被限定在必要的范围之内。对严重精神病人和法定传染病患者实行强制医疗是各国的通例,在这两类病人之外,我国法律还规定了对毒瘾患者的强制医疗措施。

首先,对于精神病人的强制医疗。《刑法》第 18 条明确规定,"精神病人在不能辨认或者不能控制自己行为的时候造成危害结果,经法定程序鉴定确认的,不负刑事责任,但是应当责令他的家属或者监护人严加看管和医疗;在必要的时候,由政府强制医疗。"此外,卫生部等颁布的《关于进一步加强精神卫生工作指导意见》第 3 条第 2 款规定,"对严重肇事肇祸的精神疾病患者实施强制医疗。"

其次,对于法定传染病患者的强制医疗。《传染病防治法》第 39 条第 2 款规定,(甲类传染病的病人、病原携带者、疑似病人及其密切接触者)拒绝隔离治疗或者隔离期未满擅自脱离隔离治疗的,可以由公安机关协助医疗机构采取强制隔离治疗措施。《突发公共卫生事件应急条例》第 44 条规定,在突发事件中需要接受隔离治疗、医学观察措施的病人、疑似病人和传染病病人密切接触者在卫生行政主管部门或者有关机构采取医学措施时应当予以配合;拒绝配合的,由公安机关依法协助强制执行。全国人大常委会《关于严禁卖淫嫖娼的决定》第 4 条第 4 款规定,对卖淫、嫖娼的,一律强制进行性病检查。对患有性病的,进行强制医疗。

最后,对于毒瘾患者的强制医疗。国务院 1995 年发布的《强制戒毒办法》第 2 条规定,"强制戒毒"是指对吸食、注射毒品成瘾人员,在一定时期内通过行政措施对其强制进行药物治疗、心理治疗和法制教育、道德教育,使其戒除毒瘾。2008 年 6 月 1 日起施行的《禁毒法》第 38 条规定,具有法定情形的吸毒成瘾人员[①],由县级以上人民政府公安机关作出强制隔离戒毒的决定。

虽然理论上对于强制医疗的法律性质存在不同的看法[②],但是,上述强制医疗措施均是以医学上的治疗行为为其核心内容。需要澄清的是,尽管在强制医疗中病人没有选择是否接受治疗的权利,但是,对于治疗活动的具体内容,例如,处置措施、药品使用等等,医生仍须作必要的说明,病人的知情权并不因为强制医疗而完全丧失。

在强制医疗的法定对象之外,对普通病人甚至正常人实施强制医疗的,乃是强制医疗权的滥用,应当成立相应的犯罪。在我国的实践中,曾经出现过这类案例:精神正常的人被他人强制送进了精神病院,精神病院未对其进行必要的精神病诊断,即以限制人身自由的方式强行实施了"治疗",时间长达数天甚至数十年。[③] 笔者认为,强制医疗权的滥用使得治疗行为欠缺合法性的实质,不仅严重侵害了他人的人身自由,而且可能损害他人的身心健康,行为人应当承担非法拘禁罪或者故意伤害罪的刑事责任。

[①] 即,吸毒成瘾人员拒绝接受社区戒毒;在社区戒毒期间吸食、注射毒品;严重违反社区戒毒协议;经社区戒毒、强制隔离戒毒后再次吸食、注射毒品;吸毒成瘾严重,通过社区戒毒难以戒除毒瘾。

[②] 例如,对于《刑法》规定的精神病人的强制医疗的法律性质,存在"保安处分说"、"行政强制措施说"、"刑事强制措施说"三种观点。参见韩旭:《论精神病人强制医疗诉讼程序的构建》,载《中国刑事法杂志》,2007(6)。

[③] 在我国,精神正常的人因单位矛盾或者家庭纠纷而被强行送到精神病院"治疗"的案例屡现报端。例如,孟登科:《她被单位送进精神病院合法吗?》,载《南方周末》,2006-11-16。我国"精神卫生法"的立法缺失固然是导致这种现象的原因之一,但更重要的原因是,强制医疗在某些地方被异化为一种限制自由、恶意报复和威胁恫吓的手段。

二、无法获得患者同意的紧急医疗

所谓"紧急医疗",是指病人由于突发状况或者其他原因陷入了无意识的状态,不能作出是否接受治疗的意思表示,医生在无法获得病人同意的紧急情况下,径直实施了挽救生命或者维系重大健康的治疗措施。很多国家(地区)的立法都将紧急情况作为知情同意的例外,例如,台湾地区"医疗法"第63条和第64条关于知情同意的规定中,都作了"紧急情况者,不在此限"的排除性规定;英国判例明释了,"紧急情况下不能获得病人的同意时,恰当的治疗不仅是能够的而且是必需的"[①]。因此,"紧急情况"排除了对病人的实在的同意的要求,基于医疗的目的、依照医疗规程实施的紧急医疗,是正当的医疗行为。

关于紧急医疗的正当性,需要关注的是:首先,何为"紧急情况";其次,如何确定紧急医疗的实施基准和范围;最后,欠缺病人实在同意的紧急医疗得以正当化的法理和法律根据何在。

(一)"紧急情况"的界定

所谓"紧急情况",是指必须在一定的时间之内尽快作出适当的诊治,否则,病人的生命、身体健康就会陷入巨大的风险中;或者,若救治的时间稍有拖延,则嗣后必须冒更大的风险、克服更大的困难或者付出更大的代价。紧急情况主要有两种可能情形:其一,情况自始紧急,未能取得病人的任何同意。例如,车祸造成了病人的肢体创伤,出现了低血溶性休克昏迷,医生为了保全病人的性命,实施了截肢手术。其二,在治疗(尤其是外科手术)的过程中出现了其他情况,需要在病人事先同意的医疗处置的范围之外实施其他处置,而病人此时无法就是否接受新增的处置表达意见。例如,女性病人因急性盲肠炎实施手术,在手术中,医生发现她患有大面积的卵巢肿瘤,需要一并切除卵巢,否则有可能感染其他器官,产生急迫的生命危险。

有学者归纳了构成紧急情况的三个要件。第一,存在一个清楚的、立即的、涉及生命和重大身体健康的严重威胁;第二,若要进行告知并等待

[①] Re F (1990) 2 A.C. 1 at 55H—56B. Cf. Andrew Hockton, *The Law of Consent to Medical Treatment*, Sweet & Maxwell, 2002, p. 9.

病人作出同意，将会严重损及病人康复的希望；第三，病人出现了明显的症状，无法有效地行使同意权，例如，中风、脑缺氧、血压急速下降等。①

是否存在紧急情况，需要依行为当时的状况作出客观的盖然性判断，即使风险在事后没有真正地现实化，也不得否认此前的紧急情况的存在。在医疗的过程中，紧急情况的判断需要综合考虑一般的客观经验法则和医生的专业知识，应当全面地考察病情的变化、临床的征表以及病人的特殊生理状况等因素。有观点认为，威胁病人的生命、健康的危险具有"紧迫性"、"严重性"和"确定性"，是界定紧急情况的基本要素，具体的判断则依赖于个案的积累。例如，在 Dewes v. Indian Health Service 案的判决中，法官指出，如果医生在手术开始之前还有时间喝上一杯咖啡的话，就不认为存在紧急情况。②

(二)"最佳利益"的判断

1. "最佳利益"（the best interest）的内涵

在无法获得病人的实在同意的紧急情况下，病人的"最佳利益"是决定是否采取医疗措施、采取何种医疗措施的基准。"最佳利益"是立法上作出的推定，即，推定"最佳利益"符合病人的真实意思。所谓"最佳利益"，是指最有利于病人，"最佳利益"不限于病人的健康利益，而是包含了对病人福祉的广泛评价，以期实现对病人的生活、健康和幸福的最大保护。因此，"最佳利益"的判断必须以病人的个体状况为根本，并考虑到社会、文化和宗教等多方面的因素。

患者本人是"最佳利益"的当然拥有者和决定者，因此，判断"最佳利益"时不得违背患者的意愿，患者的意愿可以是明确的，也可以是不明确的。例如，医生接诊了在车祸中受伤昏迷的病人，病人由于失血过多而必须立即接受输血，医生在他的衣兜里发现了随身携带的"耶和华见证人拒绝输血卡"。该卡片可以视作病人意愿的表达，因而，医生应当尊重病

---

① Rozovsky, F. A., *Consent to Treatment: A Practical Guide*, Aspen Publishers, 1984, pp.90-95. 转引自杨秀仪：《论病人自主权——我国"法上"告知后同意"之请求权基础探讨》，载《台湾大学法学论丛》，2007（6）。

② 540F. Supp. 203. 1980. 转引自丁春艳：《论知情同意的豁免》，载《中国卫生法制》，2008（3）。

人的宗教信仰，不得以挽救生命为由擅自为病人输血。在此种情形下，信仰自由高于生命和健康，病人的"最佳利益"表现为其意志和信仰的自由获得了尊重。

若病人不存在文化、宗教等方面的特殊原因，通常认为病人的生命和健康构成其"最佳利益"；当对病人的"最佳利益"存在疑虑而无法确定其意愿时，应当回归一般的评价原则，即"事实状况有疑点，以生命保护为第一优先"[1]。

2. 家属[2]参与在"最佳利益"判断中的地位

虽然病人陷入了无意识的状态，但是，病人的家属陪伴在侧，能够征求家属关于治疗的意见，在此种情形下，家属的意见在"最佳利益"的判断中具有怎样的地位，决定了家属是否必须作出选择、家属的选择能否完全代表病人。

该问题与前文所述之同意的主体具有内在的关联，不同文化环境中实定法的规定各异。根据英国法，无人能够代表无能力的成年人作出同意诊治的决定。[3] 但是，家属了解病人的价值观和喜好，可以参与决策，医生需要优先考虑家属提供的关于病人的可能意愿的证据。[4] 因此，家属的意见是判断"最佳利益"的重要参考。相反，若家属的意见明显不符合病人的"最佳利益"，则医生可以直接依据自己对病人的"最佳利益"的判断来采取诊治措施。比较而言，我国大陆和台湾地区的医疗法都赋予了家属较大的权利。大陆《医疗机构管理条例》第33条规定"无法取得患者意见时，应当取得家属或者关系人同意并签字"，台湾地区"医疗法"第63条赋予了病人、家属以及关系人等同意的权利，但同时还规定了"情况紧急者，不在此限"。细究以上规定，二者存在一定差异。根据我国大陆法律的规定，家属的同意是必需的，从而使得家属能够完全代表病人本人作出选择；台湾地区

---

[1] Lackner/Kühl, StGB, 26. Aufl., 2007, vor§211 Rn.8. 转引自林东茂：《医患上病患承诺的刑法问题》，载（台湾）《月旦法学杂志》，2008（6）。

[2] 此处的家属做广义的理解，包括配偶、亲属以及关系人等，具体范围依各国法律而定。

[3] See Andrew Hockton, *The Law of Consent to Medical Treatment*, Sweet & Maxwell, 2002, p.9.

[4] For example, Royal College of Surgeons, *Code of Practice for the Surgical Management of Jehovah's Witnesses*, 1996, article 11.

"医疗法"关于"紧急情况"的例外规定，则留下了一定的解释空间。台湾学者将家属的意见解释为医师确定病人的"推测承诺"时参考的依据之一，家属的意见不能完全取代病人的"最佳利益"，从而能够将"紧急情况者，不在此限"的规定作为杜绝家属"滥用同意权"的手段。[1]

3. 紧急医疗措施的限制

由于紧急医疗没有获得病人的实在同意，为了防止过度侵害病人的自主决定权和身体权，需要严格限定医师可以采取的处置措施的范围，将紧急救治措施限制在必要的范围之内，即，诊治措施应当是必要的，是理性医师在同样的情况下为了保护病人的"最佳利益"而必须立即采取的措施。紧急救治的主要目的在于缓解当时的危急状况，若进一步扩大治疗的措施可以等待病人恢复意识之后再行实施，则需要等待病人作出同意。

(三)"紧急医疗"的正当化根据

"患者同意"是医疗行为的正当化根据，而紧急医疗欠缺的正是这一要素，因此，需要重新探讨紧急医疗的正当性基础。关于紧急医疗的正当化根据，理论上主要存在紧急避险说和推定同意说两种见解。

英美法系普遍采紧急避险说，认为紧急避险（necessity）是紧急情况下无病人同意的医疗介入获得正当性的根本基础。[2] 我国台湾地区学者也认为，紧急医疗行为只要是出于挽救病人生命、促进病人健康的目的，就可以根据紧急避险的规定阻却其违法性。[3] 有学者笼统地将紧急避险、业务上的正当行为、推测的同意等都作为紧急医疗的正当化事由，但也认为，前两者作为法定的违法阻却事由能够更加有利于医生。[4]

德国刑法理论主要采推定同意说的立场，认为紧急医疗中采取的措施符合病人的"最佳利益"，因此，推定病人在有意识的情况下会作出相同的意思表示。紧急医疗的正当性不是取决于对相互冲突的利益的客观权

---

[1] 参见王皇玉：《强制治疗与紧急避难——评基隆地方法院2006年易字第223号判决》，载（台湾）《月旦法学杂志》，2007（12）。

[2] See Andrew Hockton, *The Law of Consent to Medical Treatment*, Sweet & Maxwell, 2002, p.9.

[3] 参见陈聪富：《医疗行为与犯罪行为——告知后同意的刑法上效果》（下），载（台湾）《月旦法学教室》，2008（8）。

[4] 参见林东茂：《医疗上病患承诺的刑法问题》，载（台湾）《月旦法学杂志》，2008（6）。

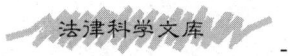

衡，而是取决于法益的承担者，"如果他能够被询问，对于假定的极其可能性的一种判断是如何决定的"①，也即是，如果法益的承担者能够表达意愿，他就会同意接受相同的治疗。

笔者认为，在紧急医疗的问题上，"紧急情况"是适用推定同意和紧急避险的前提，但是，推定同意和紧急避险在构造和法益衡量上具有实质差异，前者才是使紧急医疗成为正当的根据。首先，紧急医疗是为了法益主体的利益而实施的侵害法益主体的其他利益的行为，受损和获益的法益归属于同一法益主体，符合推定同意的构造。为了患者的生命或者健康而实施的紧急医疗，损害的正是患者本人的决定权，不符合我国刑法中紧急避险的获益主体和受损主体并非同一人的构造。② 其次，紧急医疗损害的是病人的自我决定权，保护的是病人的生命权或者健康权，在这两类权利中，难以客观地认定孰为更优越的利益，然而，法益的衡量却是紧急避险中不可缺少的限度条件。最后，紧急医疗中的推定同意与普通医疗中患者本人的同意具有一脉相承的理论实质，更加符合医疗行为的本质，有助于更好地理解病人的"最佳利益"乃是紧急医疗处置的核心和限度，能够为某些情况下放弃紧急医疗提供合理的解释。

三、专断医疗③

在非强制医疗和非紧急医疗的状态下，医生未取得病人的同意（甚至违反病人的意思）而擅自采取治疗措施的，构成专断医疗。下面，通过厘清专断医疗的不同情形，对专断医疗中的重要问题进行探讨。

---

① ［德］克劳斯·罗克辛：《德国刑法学总论》，第 1 卷，497 页。

② 紧急避险的构造取决于刑法的具体规定。台湾地区"刑法"第 24 条第 1 项规定，"因避免自己或他人生命、身体、自由、财产之紧急危难而出于不得已之行为，不罚"。根据该规定，紧急避难并不排除保护法益和受损法益归属于同一主体的情况。（参见林山田：《刑法通论》，增订 9 版，上册，335 页。）

③ "专断医疗"这一概念是日本学者的说法，德文是 "Eigenmächtige Heilbehandlung"。有学者认为，较精确的译法应当是"专擅的治疗"。（参见甘添贵：《医疗纠纷与法律适用——论专断医疗行为的刑事责任》，载（台湾）《月旦法学杂志》，2008 (6)。）英文中对应的术语是 "Unauthorized Medical Treatment"，即"未获授权的医疗"。(See Allan H. McCoid, A Reappraisal of Liability for Unauthorized Medical Treatment, *Minnesota Law Review*, vol. 3, 1957.)

(一) 专断医疗的含义

广义的专断医疗,是指医师未获得病人的同意或者违反病人的意思所实施的医疗行为,能够涵盖强制医疗和紧急医疗。① 狭义的专断医疗,则是指在不属于强制医疗和紧急医疗的情况下,医师应当并且能够获悉病人的意思,却置病人意思于不顾而擅自实施的医疗行为。尽管强制医疗、紧急医疗和狭义的专断医疗在形式上都表现为欠缺病人的同意,但是,三者的适用前提、具体形态、法理基础和法律性质存在较大的差异,因此,在上文已经单独探讨了前两者的基础上,这里仅讨论狭义的专断医疗。

"应当并且能够等待病人作出选择"是成立专断医疗的前提。"应当"表明了医生负有尊重病人意思的义务;"能够"意味着存在由病人作出选择的现实可能性。"缺乏病人的同意"乃是专断医疗的实质,它包括病人未作出任何表示,病人的同意由于欠缺有效要件而无效,医生违背病人的明确指示等三类情形。从"说明"和"同意"的互动上看,涵盖了医生未尽说明义务导致病人没有作出同意或者同意无效,以及医生已经尽了说明义务但病人未作出表示或者病人明确拒绝等情形。

虽然欠缺"病人同意",但是,专断医疗是否必然构成违法、是否所有的专断医疗都成立相同的罪名,需要根据诊治措施本身是否适当来作进一步的分析。第一类情形是,专断医疗的处置措施违反了医疗操作规范,造成了严重的损害后果。在此类情形下,医生因违反注意义务而具有过失,并且损害结果可以归责于过失行为,符合过失犯罪的特征。尽管医生也侵犯了病人的自主权,但是,损害结果是由医疗过失行为直接导致的,病人是否同意不是问题的核心(即使存在病人的同意,过失的医疗行为也已经超出了同意的射程),可以直接按照一般医疗过失处理。例如,在"内诊造成处女膜破裂案"中,未婚女性前往妇产科诊疗,医师未对患者解释内诊的实施方式,在检查的过程中造成了患者的处女膜破裂。该案中,医师不但未尽说明义务,而且未尽诊疗义务,处女膜破裂的后果并不是内诊的固有风险,因而,医师应当对该损害负责。第二类情形是,专断医疗的诊治措施符合医疗操作规范,但是,出现了损害结果。医师的行为符合医疗常规,其已经尽到了注意义务,但是,医疗行为的固有风险导致

---

① 参见甘添贵:《专断医疗与承诺》,载(台湾)《月旦法学教室》,2004(3)。

了实际的损害结果。第三类情形是，专断医疗的诊治措施符合医疗常规，未出现任何损害结果。医师虽然没有取得病人同意，但是，其实施的恰当的诊治措施有效地挽救了病人的生命，或者改善了病人的健康。后两类情形是专断医疗研究的核心，二者在本质上均关系到是否应该对病人的自我决定权进行独立的刑法评价。

（二）欠缺病人的同意和医疗固有风险的实现

医生的说明义务和诊治义务既有联系，又有区别，医生未尽说明义务不得被一概认定为诊治过失，需要根据案件的情况作具体判断。在某些医疗活动中，说明和诊治处于医疗过程的不同阶段，二者是分离的。例如，医生在手术之前首先履行了告知义务，然后，再为病人施行手术。相反，在某些医疗行为中，说明构成了诊疗活动的一部分，二者不可分离。例如，医生为糖尿病患者开药时，没有告知患者应当定期测量血糖，依血糖的变化调整剂量。患者由于不了解这一用药方法，在病情改善之后仍然按照原剂量服药，造成了急性暴发性的糖尿病，最终陷入了植物人状态。

在说明和诊治分离的情况下，只要医师恰当地履行了诊治义务，就不得单纯以医师未尽说明义务而论以诊治过失。因为医师的行为符合医疗操作规范，即使发生了损害结果，只要该损害结果是医疗行为的固有风险，不具有避免可能性，就不得将结果归责于医师的诊治行为。当说明和诊治不可分离时，医师未善尽说明义务的行为所导致的风险原本是可以避免的，非属于医疗的固有风险，风险的实现可以归责于医师未善尽说明义务的行为，应当以医疗过失追究其责任。

所谓"固有风险"，以医师恰当地履行了诊治义务为前提，因而，固有的、可容许的风险被现实化所形成的损害后果，不得被归责于诊治行为，欠缺病人的同意也不是导致该（有形）损害的原因。换言之，专断医疗没有侵害病人的生命权或者健康权，只是侵害了病人的自我决定权，使得病人丧失了拒绝治疗或者选择其他治疗方法的机会。因此，只要医师的诊治符合医疗常规，欠缺病人的同意与是否出现了实际的损害结果（或者出现了固有风险的现实化的结果，或者没有出现任何损害结果）无关。这两类专断医疗具有相同的实质，即，虽然侵犯了病人的自我决定权，却不能将实际的损害结果归属于医疗行为。

(三) 措施适当的专断医疗的法律性质

当专断医疗所采取的医疗处置在医学上是适当的时候，对于专断医疗本身的法律性质，在立法、实务和理论上存在不同的处理模式。

1. 专断医疗的立法规定

某些国家（地区）的刑事立法专门规定了专断医疗的刑事责任。例如，奥地利《刑法典》第110条"擅自的治疗行为"规定："①未经被治疗人同意，即使是根据医学规则进行治疗的，处6个月以下的自由刑，或360单位以下日额金的罚金刑。②行为人认为，延缓治疗会危及被治疗人的生命或健康，因而未征求被治疗人的同意的，只有当想象的危险未发生，且给予必要的注意能够知道危险不会发生的，始可依本条第①款处罚。③被擅自治疗之人要求追诉的，始可对行为人进行追诉。"① 澳门《刑法典》在第144条明确规定内外科手术或者治疗不构成伤害罪的基础上，于第150条第1款规定："第144条所指之人（医生或依法获许可之其他人——笔者注），为着该条所指之目的，在未经病人作出产生效力之同意下进行手术或治疗者，处最高三年徒刑或科罚金。"德国在刑法草案的修订历程中，一直试图以医疗行为的特殊性为由，通过立法明文排除医疗过失的刑事责任，与此同时，出于保护病人的自主决定权的目的，特别规定专断医疗的独立处罚。学者 Kahl 等人在 1911 年制定的刑法草案中首次提出了这样的设想，近百年来的数个刑法草案也多有类似的规定，德国政府 1996 年提出的刑法草案第 229 条对医疗行为作了专门的规定，然而，该条文最终在 1997 年的案前审查会议中被删除，因此，至今德国刑法中仍然没有关于如何处理专断医疗的独立条文。②

2. 专断医疗的审判实践

在立法没有特别规定专断医疗条款的国家，实务界对于专断医疗是否构成犯罪存在肯定和否定两类对立的见解。

认定专断医疗成立伤害罪，这是德国法院自 1894 年"骨髓癌截肢案"以来一直坚持的立场。该案的判决认为，医师对病人实施截肢手术的行为

---

① 《奥地利联邦共和国刑法典》（2002年修订），徐久生译，46页，北京，中国政法大学出版社，2004。
② 参见王皇玉：《论医疗行为与业务上之正当行为》，载《台湾大学法学论丛》，2007（6）。

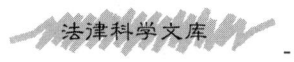

符合《德国刑法典》第223条伤害罪的构成要件中"伤害身体"的行为，由于欠缺病人同意这一首要的违法阻却事由，医师的行为成立伤害罪。[1]在我国台湾地区，出现了检方以"强制罪"起诉医师，但法院判决无罪的"百岁老人鼻插管治疗案"。该案中，百岁患者被送往医院急救，医师在纯氧治疗无效之后，认为患者由于肺部发炎而无法有效排痰，决定实施鼻插管治疗。患者家属认为，医师未作说明、没有取得病人的同意就实施了侵入性的治疗，对此提出了控告。检方认为，医师以强暴的方式妨害了患者的自主决定权，因而以强制罪向法院提起诉讼，法院判决医师无罪。该案是台湾刑事司法实务中出现的首个涉及专断医疗是否成立强制罪的案例。[2]但是，该案实质上是紧急医疗，不属于此处讨论的狭义的专断医疗的情形，由于紧急医疗不以病人的同意为必要，法院依业务上的正当行为宣告医师无罪并无不当。

在大多数国家，实务中通常否定专断医疗成立犯罪。在美国，未经病人同意而进行的医疗行为，即使在医学观点看来是极其成功的，原则上也能够成立暴行和伤害，但是，这一准则给医师带来了极大的压力。法院作出了认可"默认"（Implied Consent）的有效性的判例，并且综合研究了各类关于价值观和同意的课题，试图提出解决专断医疗问题的妥当方案。[3]在《专断医疗处置的责任评述》一文中，McCoid教授全面地介绍了专断医疗的一系列案例，包括医师直接违反病人的明确反对而施行手术从而导致了重大伤害（Schloendorff v. Society of New York Hospital 案），医师未获病人同意即实施手术、未引起损害后果且事实上对病人有益（Mohr v. Williams 案），医师虽违反病人意愿但未导致重大损害（Rolater v. Strain 案），以及医师在病人同意的范围之外扩大手术（Wall v. Brim 案）等若干不同的情形。[4]但是，以上判例仅仅要求医师承担损

---

[1] 参见王皇玉：《论医疗行为与业务上之正当行为》，载《台湾大学法学论丛》，2007（6）。

[2] 参见王皇玉：《强制治疗与紧急避难——评基隆地方法院2006年易字第223号判决》，载（台湾）《月旦法学杂志》，2007（12）。

[3] 参见黄丁全：《医事法》，282页。

[4] See Allan H. McCoid, "A Reappraisal of Liability for Unauthorized Medical Treatment", *Minnesota Law Review*, vol. 41, 1957.

害赔偿的民事责任，而没有追究医师的刑事责任。① 在日本，对于专断医疗是否构成犯罪，刑事司法实务没有表示明确的立场，但是，相关案例只是判处医师支付精神抚慰金。②

在我国的司法实务中，尚未见到追究专断医疗的刑事责任的案例，只是曾经出现过医师没有正确向病人说明手术风险，导致病人的同意实质无效，在出现损害后果时，要求医师承担民事侵权责任的案例。③

3. 专断医疗的理论争议

关于专断医疗的法律性质，理论上存在有罪说、无罪说和折中说的对立。

(1) 有罪说

有罪说认为，应当追究专断医疗的刑事责任，因为医疗行为具有侵袭性和风险性，病人的同意能够抑制医师的专断，欠缺病人同意的专断医疗侵害了病人的合法权益，因而具有违法性。在有罪说的内部，对于专断医疗应当成立的具体罪名又存在不同的看法，主要有"伤害罪说"、"强制罪说"和"单独罪名说"三种主张。

"伤害罪说"认为，医疗处置破坏了病人的身体完整性和生理功能，符合伤害罪的构成要件，由于欠缺病人的同意，不能阻却违法，因而应当以伤害罪追究刑事责任。④ 这一观点与德国法院的刑事判决保持了一致，然而，该判决遭到了德国理论界的强烈反对。德国主流刑法理论认为，专断医疗侵害的是病人的自由法益。不管病人的意志是什么，治疗行为只要在医学上是适当的，就自始不具有伤害罪的构成要件符合性。⑤ 这是因为，医生不具有"伤害的故意"，医疗不是"身体的伤害"，对病人决定权的侵害比起不治疗所生的伤害，处于优越利益的地位。⑥ 因此，专断医疗

---

① See Allan H. McCoid, "A Reappraisal of Liability for Unauthorized Medical Treatment", *Minnesota Law Review*, vol. 41, 1957.

② 参见［日］大谷实：《刑法各论》，220页。

③ 参见陈志华：《医生告知与患者知情同意的案例分析》，载《中华全科医师杂志》，2004 (3)。

④ 参见甘添贵：《专断治疗与承诺》，载（台湾）《月旦法学教室》，2004 (3)。

⑤ 参见［德］克劳斯·罗克辛：《德国刑法学总论》，第1卷，362页以下。

⑥ 转引自王皇玉：《医疗行为于刑法上之评价——以患者之自我决定为中心》，载《台湾本土法学杂志》，2005 (10)。

没有损害病人的身体法益，只是在未取得病人同意的部分侵害了病人的意志决定自由，成立损害自由法益的强制罪。"伤害罪说"和"强制罪说"的根本分歧在于对伤害罪的法益的理解：前者认为伤害就是干涉身体，后者则认为伤害应当是指侵害了身体的利益；前者将专断医疗作为一个整体进行考察，后者则将治疗和未取得病人同意分成两个部分，对于未取得病人同意这一部分的行为进行单独的评价。

尽管德国理论界因为反对"伤害罪说"的实务做法而普遍采取了"强制罪说"的解释模式，但是，他们也承认，以现有的"强制罪"处理专断医疗存在不妥当之处，因为病人对身体享有的自我决定权在伤害罪的认定中也起到了一定的作用。[1] 因而，有学者认为，有必要对专断医疗规定独立的构成要件和处罚后果。在刑法典中就专断医疗规定独立罪名是德国学界一直在努力的方向，但是，自1911年Kahl等学者提出的刑法草案首次进行这样的尝试以来，这一诉求历经百年仍未得以实现。[2]

（2）无罪说

无罪说认为，如果将专断医疗作为犯罪处理，就是将治疗行为和以刀刺伤他人身体的行为等而视之，忽视了医疗活动的社会价值，因此，不宜将专断医疗作为犯罪处理。[3] 该观点着眼于医疗行为促进和改善健康的积极价值，认为治疗行为不符合伤害罪的构成要件。另一种持无罪说的观点，则从寻找专断医疗的违法阻却事由着手，以推定的病人同意或者紧急避险为根据，主张阻却专断医疗的违法性。[4] 这一观点解决的是广义的专断医疗的问题，就狭义的专断医疗来说，该观点以社会中的一般人为基准，认为只要社会中的一般人会同意该医疗行为，就推定病人也会同意。在我国，有学者提出，专断医疗侵害的是病人的自我决定权，与伤害行为

---

[1] Eser, Medizin und Strafrecht, ZStW 1985, S.5. 转引自王皇玉：《论医疗行为与业务上之正当行为》，载《台湾大学法学论丛》，2007 (6)。

[2] 参见王皇玉：《论医疗行为与业务上之正当行为》，载《台湾大学法学论丛》，2007 (6)。

[3] 参见甘添贵：《医疗纠纷与法律适用——论专断医疗行为的刑事责任》，载（台湾）《月旦法学杂志》，2008 (6)。

[4] 参见［日］前田雅英：《刑法总论讲义》，3版，东京，东京大学出版会，1998。转引自刘明祥：《伤害罪若干问题比较研究》，载冯军主编：《比较刑法研究》，376页，北京，中国人民大学出版社，2007。

有本质的不同,专断医疗仅具有民事违法性,不具有刑事违法性,不可能构成伤害罪。①

此外,有学者研究了专断医疗的民事责任和行政责任,认为专断医疗侵犯的是病人的自主权,自主决定的意思自治应当由民事责任进行规范,因此,医师应当依民法的规定承担损害赔偿责任。② 同时,专断医疗违反了医疗法关于医师说明义务的规定,可以根据医疗法的规定处以行政制裁。③

(3) 折中说

折中说认为,病人是医疗侵袭的最终承担者,若将病人的意思从医疗行为中排除,则是对病人的自我决定权的漠视。是否接受医疗行为,应当由病人自行判断,这是阻却医疗行为的违法性的必要要素。医师对患者的身体实施了某种程度的侵袭却没有获得患者的同意,即使该行为在医学上是正当的和成功的,也不得阻却违法。但是,不是所有的专断医疗都构成伤害罪,应当依具体个案进行判断。若不具有值得处罚的违法性,或者存在说明义务的减免事由,则不成立犯罪,从而能够减少刑罚过度干涉医疗行为的危险,降低对医生过分严苛的负担。④

(4) 本书的观点

如前所述,关于专断医疗,首先需要界定医疗行为本身是否适当,医疗结果是否在可容许的范围之内。医师在诊治上没有过失,并且通过客观的评价,能够确认医疗结果是有利于病人的,或者是不可避免的,那么,专断医疗就不构成伤害罪。

专断医疗侵害的只是病人的自我决定权,是否需要动用刑法来保护这一权利,决定了能否将专断医疗进行犯罪化。笔者认为,专断医疗入罪化在我国现阶段不具有必要性和可行性。首先,比较法的考察已经表明,专

---

① 参见刘明祥:《伤害罪若干问题比较研究》,载冯军主编:《比较刑法研究》,376页。

② 参见陈聪富:《医疗行为与犯罪行为——告知后同意的刑法上效果》(下),载(台湾)《月旦法学教室》,2008 (8)。

③ 参见甘添贵:《医疗纠纷与法律适用——论专断医疗行为的刑事责任》,载(台湾)《月旦法学杂志》,2008 (6)。

④ 参见陈子平:《医疗上"充分说明与同意"之法理》,载(台湾)《东吴大学法律学报》,2000 (1)。

断医疗入罪化不是刑事立法和审判实务的通例。立法上专门规定专断医疗罪的国家为数甚少，实务中追究专断医疗的刑事责任的国家也不多。在德国，将专断医疗独立入罪化的努力历经百年仍然未能成功；美国是"知情同意法则"的发祥地，具有高度尊重个人自主的传统，然而，即使在美国，对专断医疗的惩处也只是限制在民事责任的范畴之内。其次，我国当下的医疗环境不具有将专断医疗犯罪化的现实土壤。在我国，社会转型期的激烈变革和巨大冲击充分地体现于医疗领域，旨在保护病人自主权的知情同意已经被异化为规避医疗风险的避风港，如果再单独规定专断医疗构成犯罪，必将严重阻碍医疗义务的履行，医生为了避免承担专断医疗的刑事责任，只能消极地等待病人作出同意，"当治不治"的现象很有可能泛滥开来。再次，专断医疗欠缺刑事可罚性。意思自治是决定人之所以为人的重要权利，病人的同意是医疗行为的正当化根据，专断医疗没有获得病人的同意，违反了医疗伦理和医疗法律，具有实质的违法性，但是，专断医疗由于欠缺当罚性而无须动用刑罚手段。这是因为，医疗中"行善"的伦理观决定了医师以救死扶伤为己任，医疗行为具有实在的社会有益性；以医疗目的正当和医疗手段适当对专断医疗进行双重的约束，就能够防止医师滥用医疗权；医师对于未取得病人的同意这一事实通常只是过失，对于没有造成严重后果的过失行为，不宜追究刑事责任。综上，对于不具有刑罚处罚必要性的专断医疗，不必将其作为犯罪来处理，这符合刑法的谦抑主义。

第四节 "知情同意"的实态
——评"肖志军拒签事件"

2007年11月发生的"肖志军拒签事件"引发了极大的争论，甚至被多家媒体联合评选为"2007年中国十大案件"之一。[①] 然而，一年多过去了，

[①] 在中国法院网、人民网和央视国际三大网站联合推出2007年"中国十大法制新闻"的系列评选中，"肖志军拒签事件"入选"十大案件"。（参见中国法院网，http：//www.chinacourt.org/html/article/200801/02/280857.shtml，访问日期：2008 - 12 - 05。）

争论早已归于沉寂,问题却远远没有解决。这一事件是中国式的"知情同意"在现实中的极端表现,激辩之后仍然需要客观冷静的反思。在这些冷静的分析中,既不乏朱苏力教授式的宏大叙事与阐释[1],也有一些细心的法学式的剖析与论证。[2] 但是,其中的某些论述,似乎混淆了说明义务的主体和抢救义务的主体,误读了《医疗机构管理条例》与《执业医师法》的关系。基于此,下面力图从实然与应然两个角度再作进一步的分析和澄清。

一、事件概要

2007年11月21日下午4时左右,已经怀有9个多月身孕的李丽云被男友(未办理婚姻登记手续)肖志军送到北京朝阳医院京西分院。接诊医师诊断李丽云感染了重症肺炎,建议其马上住院,医院接收李丽云入院并减免了费用。入院以后,医师经进一步诊断,认为肺炎已经导致李丽云的心肺功能严重下降,孕妇和胎儿都有危险,必须马上进行剖宫产手术。此时,李丽云已经陷入了昏迷,肖志军拒绝在手术通知书上签字同意手术。医生和旁观者多次劝说肖志军,从下午4点20分到6点,肖志军5次拒绝签字同意,他还在手术通知书上写下了"坚持用药治疗,坚持不做剖宫产手术,后果自负"。医院用呼吸机为李丽云进行急救,在此过程中,医院调来了神经科医生,确认肖志军的精神并无异常。医院一方面试图联系孕妇的其他家属,另一方面上报北京市卫生系统的各级领导。医院向上级主管部门石景山区卫生局医政处某科长汇报了情况,科长请示了医政处的负责人,得到的指示是:"如果家属不签字,不得进行手术"。几名主治医师动用了各种急救药物和措施,在呼吸机无效之后又轮番实施了心脏按摩。当晚6点24分,确定胎死腹中;7点25分,宣布孕妇经抢救无效死亡。[3]

---

[1] 参见苏力:《医疗的知情同意与个人自由和责任——从肖志军拒签事件切入》,载《中国法学》,2008(2);苏力:《弱者保护与法律面前人人平等——从孕妇李丽云死亡事件切入》,载《北京大学学报(哲社版)》,2008(6)。

[2] 参见吕英杰:《"肖志军拒签案"医生的刑事责任分析》,载《政治与法律》,2008(4);上官丕亮:《要用生命权至上理念来解释医疗法规》,载《法学》,2007(12)。

[3] 事件概要参见袁正兵等:《丈夫拒签手术,产妇胎儿双亡》,载《检察日报》,2007-11-23;同时,综合了各类媒体的相关报道。

二、问题聚焦及理论争议

两条生命徒然地逝去，需要全方位解析卷入该事件的三方——肖志军、医院和卫生局——可能承担的责任，即，应当如何评价肖志军的"拒签"行为、医院因遭"拒签"而未实施手术的行为、卫生局相关负责人作出指示的行为。

虽然没有经过法定的婚姻登记，但是，肖志军和李丽云长期同居的事实已经使他们结成了生活共同体，姑且不论生活共同体的成员是否应当承担互相救治的义务，肖志军将李丽云送到医院的行为已经构成了救治的事实。那么，到了医院之后，肖志军是否有权利签字同意手术？如前所述，"同意"是权利的行使，是自我决定权的表达，"同意"的内涵是"选择"，既可以接受，也可以拒绝。肖志军不承担必须同意手术的义务，他的拒绝是法律所容许的。问题的关键在于，医院（医师）应当如何对待肖志军的拒绝，是必须绝对地遵从，还是可以基于更高的价值准则自行作出决定？因之，医院的责任成为舆论和理论聚焦的中心。至于卫生主管部门的相关人员在此次事件中是否具有监督过失，则是"知情同意"制度建构中的具体问题之一。

关于医师在本事件中应当承担的责任，理论上存在相当的争议。第一种观点认为，医师非基于法定的强制医疗的事由，不能强行对病人实施治疗。本案中，医师不享有强制医疗权，因而，医师不实施手术的行为是合法的[①]；第二种观点主张，本事件属于"紧急情况"，无须取得病人的同意，医师由于不救治而导致了孕妇死亡，应当构成不作为的过失致人死亡罪[②]；第三种观点基于体系解释的立场而认为，《执业医师法》是上位法，《医疗机构管理条例》是下位法，根据上位法高于下位法的原理，医师必须承担救治病人的义务，无须取得患者的同意，但是，医师对其未予救治的行为欠缺违法性认识，因而不构成犯罪。[③]

[①] 这是曾经参与制定《医疗机构管理条例》的卓小勤教授的观点。（参见袁正兵：《绝对不能赋予医院强制治疗权》，载《检察日报》，2007-11-25。）

[②] 参见陈聪富：《医疗行为与犯罪行为——告知后同意的刑法上效果》（上），载（台湾）《月旦法学教室》，2008（7）。

[③] 参见吕英杰：《"肖志军拒签案"——医生的刑事责任分析》，载《政治与法律》，2008（4）。

笔者认为，上述观点都有欠妥之处。第一种观点严格解释了《医疗机构管理条例》的有关规定，但是，本案并不涉及所谓"强制医疗"的问题；第二种观点立论的基础是台湾地区"医疗法"第 63 条关于"紧急情况"的例外性规定①，但是，本事件的发生地是大陆，该解释缺乏实定法的根据；第三种观点对体系解释的探索值得肯定，但是，论者对于《执业医师法》和《医疗机构管理条例》的关系以及相关条文有一定的误读。第二种观点和第三种观点都论及了违法性认识的问题，但有趣的是，前者肯定了违法性认识的存在，而后者则是否定的，分歧的根源在于对现实医疗环境的理解存在差异，导致对医师是否成立犯罪得出了相反的结论。

本事件的核心问题是：孕妇当时是否已经陷入了"紧急情况"，"紧急情况"下同意是否仍然是必需的，他人作出的拒绝能否完全代表患者本人。下面，首先在实定法的基础上展开论证，然后从"知情同意"的基本原理出发，对本事件进行应然的解读。

三、实定法视角下的责任评析

根据病历记载，李丽云患上的是对孕妇来说非常危险的重症肺炎，她在住院后因心肺功能衰竭而陷入了昏迷，尽管医师采取了心肺复苏和心脏按摩等急救措施，她还是在入院短短三个多小时之后死亡。可见，病人当时已经处于丧失了意思能力、不及时救治就会使生命陷入巨大风险的"紧急情况"之中。在此，"紧急情况"这一事实应该是确定无疑的。

我国的医疗法规范没有明确规定"紧急情况"下的救治和同意，相关条文主要有《医疗机构管理条例》（本节简称《条例》）第 33 条、第 31 条和《执业医师法》第 24 条。《条例》第 33 条是关于"同意"的基本规定："医疗机构施行手术、特殊检查或者特殊治疗时，必须征得患者的同意，并应当取得其家属或者关系人同意并签字；无法取得患者意见时，应当取得家属或者关系人同意并签字；无法取得患者意见又无家属或者关系人在场，或者遇到其他特殊情况时，经治医师应当提出医疗处置方案，在取得

---

① 台湾地区"医疗法"第 63 条规定："医疗机构实施手术，应向病人或其法定代理人、配偶、亲属或关系人说明手术原因、手术成功率或可能发生之并发症及危险，并经其同意，签具手术同意书及麻醉同意书，始得为之。但情况紧急者，不在此限。"

医疗机构负责人或者被授权负责人员的批准后实施。"该规定罗列了关于同意的三种情形，即患者本人及家属（关系人）的同意，患者本人无法同意时家属（关系人）的同意，患者本人无法同意又无家属（关系人）在场的情况以及其他特殊情况时经批准后实施。条文中没有出现"紧急情况"的字样，有观点试图将"特殊情况"解释为"包括了危急状态的情形"[①]，然而，根据逻辑解释，"特殊情况"应当是指前两种情形之外的、与患者本人无法同意又无家属（关系人）在场等价的情形，例如，患者本人无法同意，家属（关系人）虽然在场，但是由于未成年或者精神病等因素无法作出有效的同意。[②] 因此，不存在将"特殊情况"解释为"病人处于危急状态"的空间。在患者无法作出意思表示的紧急状态下，仍然需要视家属（关系人）是否在场，获得家属（关系人）的同意或者医疗机构负责人的批准，即，赋予了家属（关系人）完全代表病人作出选择的权利。本事件符合条文列举的第二类情形，肖志军无疑属于"关系人"的范畴，在李丽云昏迷的状态下，获得肖志军的同意是医院实施手术前必须履行的义务。

对于紧急情况下的救治，《条例》第31条和《执业医师法》第24条分别规定了医疗机构和医师的抢救义务。《条例》第31条规定"医疗机构对危重病人应当立即抢救"，《执业医师法》第24条规定"对急危患者，医师应当采取紧急措施进行诊治；不得拒绝急救处置"。据此，在本事件中，医院和医师都负有抢救义务。那么，抢救义务与获得同意的义务之间是什么关系？

有观点认为，抢救义务的存在解除了医师取得同意的义务，理由有二：其一，由于医师承担救死扶伤的职责和紧急救治的义务，因此，可以对《条例》第33条作限缩解释，将其中的"手术"限定为"非作为急救手段的手术"；其二，《条例》第33条规定的"取得同意的义务"和《执业医师法》第24条规定的"抢救义务"构成了法律义务的冲突，由于前者是行政法规，后者是法律，依据上位法优于下位法的原理，医师应当优

[①] 杨建顺等：《专家学者研讨"拒签手术致妻儿双亡事件"》，载新华网，http://news.xinhuanet.com/legal/2007-11/27/content_7150790.htm，访问日期：2007-11-30。

[②] 参见吕英杰：《"肖志军拒签案"——医生的刑事责任分析》，载《政治与法律》，2008（4）。

先履行紧急救治义务。① 该主张力图通过体系的解释，为豁免医师取得同意的义务寻求实在法的基础。然而，笔者认为，在现行法的框架中，以上理由是不能成立的。

首先，对《条例》第 33 条中的"手术"所作的限缩解释是不恰当的。根据《条例》第 33 条的规定，需要取得同意的医疗处置包括"手术、特殊检查、特殊治疗"，之所以罗列了上述事项，是因为手术、特殊检查和特殊治疗具有比普通医疗处置更大的风险性和侵入性。在文字的表述上，条文只是将检查和治疗限定为"特殊的"，却未对"手术"作出任何限制，可见，立法者已经有意识地区分了不同的医疗处置，不存在对"手术"作出特殊的限缩解释的余地。因此，用"非作为紧急手段"来限制需要取得同意的"手术"的范围，从目的解释和文理解释上看，都是不妥当的。

其次，"获得同意的义务"和"抢救义务"之间不构成义务冲突。自主决定权与生命权、健康权都是病人内在固有的基本权利，医疗行为应当取得病人的同意，这是为了保护病人的自主决定权，而抢救义务则是为了保护病人的生命权和健康权，这两类义务具有不同的价值取向，它们之间不构成义务冲突。即使是无法取得患者本人的实在同意的紧急医疗，其正当化的根据是推定的承诺，仍然是对病人的意思的尊重，只是看立法对推定病人的意思作出怎样的规定。在我国，根据《条例》第 33 条的规定，无法取得病人的意见时必须取得在场的家属（关系人）的同意，这是立法明确地、绝对地推定家属（关系人）的意思完全代表病人意愿。因此，即使在紧急情况下，只要家属（关系人）在场且能够作出有效的意思表示，就必须同时履行取得家属（关系人）同意的义务和抢救的义务，并且前者构成了后者的前提。

最后，《执业医师法》第 24 条和《条例》第 33 条不适用上位法优于下位法的原理。上位法优于下位法的前提是，二者针对同一问题作出的规定是抵触的。然而，《执业医师法》和《条例》具有不同的规范对象，前者确立的义务的主体是"医师"，后者规定的义务的主体是"医疗机构"②，大多数

---

① 参见吕英杰：《"肖志军拒签案"——医生的刑事责任分析》，载《政治与法律》，2008（4）。

② 将"医疗机构"设定为说明义务的主体，不符合医患关系的实质，使得我国的"知情同意"制度与"知情同意"的本原内涵大相径庭，下文将对此展开论述。

主张忽略了这一问题,未对义务主体作出区分。由于承担义务的主体不同,不能认为"医师"的抢救义务优先于"医疗机构"的取得同意的义务。尽管《条例》第 31 条也规定了"医疗机构"的紧急处置义务,但是,"医疗机构"取得同意的义务和紧急处置义务在同一部法规内部不存在冲突的问题,在规范未作明确的规定时无法判断孰者优先,两类义务的地位是等同的,不得以救死扶伤的职责来泛泛地否定取得同意的义务。

综上所述,根据我国实定法的规定,医院没有违反抢救义务,已经对孕妇实施了法律允许的、未遭病人(家属)拒绝的用药、心肺复苏等非侵入性的必要处置;医院也没有违反获得同意的义务,医院由于关系人不同意而未实施手术,正是医院履行这一义务的体现。医院的行为没有构成刑事义务的违反,不具有刑事违法性,因而不成立犯罪。医师是医疗机构的代理人,其行为是依医疗机构的指示而作出的职务行为,医师的职务行为未违反其刑事义务,也不成立犯罪。至于作出"如果家属不签字,不得进行手术"这一指示的卫生主管部门的责任,根据上述关于《条例》第 33 条的解读,该事件不属于需要主管部门批准的"特殊情形",主管部门的指示也未违反"应当取得家属或者关系人签字同意"的实在法规定,因此,主管部门对这一事件不存在监督过失,无须承担法律责任。

四、基于"知情同意"的应然法理解

根据实定法的解释,没有任何人(或者机构)需要为原本不该逝去的两条生命负责,这样的结论难以为人们朴素的法感情所容忍①,也无法遏制类似的悲剧再一幕幕上演。问题的根源在于制度的桎梏——"无法取得患者意见时,应当取得家属或者关系人同意并签字",这是在将一个人的生命利益完全委于他人,在将他人的意思绝对地推定为本人的意思。这一"中国式"的知情同意制度,到底是在保护病人,还是已经异化为医院规避风险的借口?

---

① 例如,中国刑事法律网对于本事件所作的调查显示,在参与调查的 1 975 人中,有 70.23% 的人认为应当由肖志军或者医院承担刑事责任。(参见中国刑事法律网,http://www.criminallaw.com.cn/new/vote2/result.ASP?itype=show&ID=10,访问日期:2008-10-23。)

（一）《条例》第 33 条扭曲了"知情同意"的精神内涵

在美国法中，"知情同意"规范的是医师和病人之间基于信任、托付和交流所形成的事实关系。医疗行为具有高度的个别性和属人性，医师的说明必须依据其对病人的诊断、检验以及配合病情的发展而作出，他人或者医疗机构很难代替医师作出说明。①"告知"和"同意"必须通过现实的人际互动才能实现，而我国医疗法最大的特点却在于：扭曲了"告知"的主体，扩大了"同意"的主体。《条例》第 33 条规定"医疗机构"承担告知义务，然而，"医疗机构"是无法作出现实的告知的，最终仍然需要通过其代理人（医师）来履行义务。② 同时，《条例》第 33 条将"同意"的主体从病人扩大到"家属"和"关系人"，而且，本人的同意竟然还需要获得家属（关系人）的确认！因而产生的问题是，"家属"和"关系人"的范围不明确，也无法厘清本人、家属和关系人行使同意权的优先顺序。这样的规定已经完全违背了人的自我决定这一上位原则，因此，在严格意义上难以证明该规定具有"知情同意"的精神实质，充其量只能称之为医疗处置中的同意制度罢了。

"知情同意"的本意在于调整医患双方资讯的不平等，合理分配双方的风险和责任，然而，以保护病人的自主权为价值取向的制度，在现实中却被异化为医方规避风险的举措，此番"拒签"正是这一制度异化的极端体现。在告知主体和同意主体的问题上，我国台湾地区的"医疗法"与我国大陆的医疗法的规定相当类似，台湾学者提出了强烈的批评，将其称为从"医疗父权"到"家属父权"的演变，认为立法的目的不在于保护个人的自主权，而在于保护医院免受医疗纠纷的风险。③ 但是，在"紧急医疗"的问题上，台湾"医疗法"第 63 条作出了例外性规定，明确免除了医疗机构取得同意的义务。根据该规定，在"肖志军拒签事件"中，医疗机构有权利、也有义务为病人实施救治。然而，我国大陆医疗法关于"同意"的规定架床叠屋，将责任完全推到了病人及其家属一方，既有违"救

---

① 参见杨秀仪：《论病人自主权——"我国"法上"告知后同意"之请求权基础探讨》，载《台湾大学法学论丛》，2007（6）。

② 《医疗事故处理条例》第 11 条规定的告知主体为"医疗机构及其医务人员"。

③ 参见杨秀仪：《论病人自主权——"我国"法上"告知后同意"之请求权基础探讨》，载《台湾大学法学论丛》，2007（6）。

死扶伤"的医疗伦理，也丧失了"知情同意"的初衷。

忽视个体的独立意义，总是将个体置于一定的家庭关系之中，个体的意思需要家属的确认，甚至被完全取代，此类"家族主义"是我国大陆和台湾地区的"知情同意"制度的共同伦理源头。有学者按照立法时间的先后，历史地考察了大陆医疗法中的同意制度。从1982年《医院工作制度》、1994年《医疗机构管理条例》、1998年《执业医师法》、2002年《医疗事故处理条例》，直至2006年《人体器官移植技术临床应用管理暂行规定》，我国的医疗法规范在同意的主体这一问题上历经了"仅患者家属或者单位得行使权利——由患者和家属共同行使权利——由患者或者家属行使权利——仅患者得行使权利"的变迁，其潜在的现实理由有二：第一，将有关人员的签字作为要求其支付医疗费用的依据；第二，避免家属事后以不知情为由"缠讼"的风险。①

但是，以上文化和现实的原因都不足以成为由家属完全代替病人行使决定权的理由，这不符合"知情同意"的精神内涵和制度目的，在病人和家属意愿相左、家属之间意见分歧等情况下，可能导致"当医不医"或者"过度治疗"等问题，本次事件就是这一扭曲制度的集中反映。

（二）从应然的角度解析医方在"肖志军拒签事件"中的责任

在医疗活动中，作为正当化根据的同意只能由患者本人作出，如果本人没有同意能力，比如说，未成年人或者精神病人，那么其他人的同意权要受到严格的审查。②事实上，在绝大多数确立知情同意制度的国家，只有患者本人才享有作出医疗选择的权利，但是，通常将紧急情况作为例外加以排除。③紧急情况下无法获得患者的实在同意时，免除医师取得同意的义务，医师应当履行抢救义务，以符合患者的"最佳利益"作为实施医疗行为的基准。在2009年12月26日全国人大常委会通过的《侵权责任法》中，上述主张已经有所体现。该法第55条明确规定，医务人员在诊疗活动中应当向患者说明病情和医疗措施。需要实施手术、特殊检查、特

---

① 参见丁春艳：《由谁来行使知情同意的权利：患者还是家属》，载《法律与医学杂志》，2007（1）。

② 参见车浩：《论刑法上的被害人同意能力》，载《法律科学》，2008（6）。

③ 参见丁春艳：《由谁来行使知情同意的权利：患者还是家属》，载《法律与医学杂志》，2007（1）。

殊治疗的，医务人员应当及时向患者说明医疗风险、替代医疗方案等情况，并取得其书面同意，不宜向患者说明的，应当向患者的近亲属说明，并取得其书面同意。该法第56条规定了紧急情况下的例外，即，因抢救生命垂危的患者等紧急情况，不能取得患者或者其近亲属意见的，经医疗机构负责人或者授权的负责人批准，可以立即实施相应的医疗措施。据此，按照以上对于"知情同意"的应然法理解，"肖志军拒签事件"中的医师已经被免除了取得同意的义务，应当直接履行抢救义务。

肖志军在手术通知书上写下了拒绝手术的字眼，他不同意剖宫产手术的理由是"你们把她的感冒治好了，她自己会生的"、"妻子只是来看感冒，没想生孩子"，医师诊断李丽云已经怀孕九个多月，他却认为李丽云怀孕才七个多月。可见，肖志军对病人的状况存在重大的认识错误，造成错误的原因是多方面的，他本人的愚昧和固执，边缘弱势群体的身份导致的对他人的戒备和怀疑，或许，还有怕因签字而承担责任的自私和狡黠。然而，这些原因都不能成为推断李丽云本人不愿意接受手术的依据！

尽管肖志军为拒绝手术找到了种种理由，但是，根据客观和科学的判断，非常容易看出这些理由是不成立的，而且，从肖志军的言语中，可以推知李丽云并不存在拒绝手术的特殊原因。此时，李丽云的"最佳利益"应当是"生命保护优先"，肖志军拒绝手术明显违反了李丽云的"最佳利益"，医师可以不顾肖志军的意思实施手术，否则，将构成抢救义务的违反。[①]

关于违法性认识的问题，笔者认为，取得病人同意的义务和抢救义务都是医疗伦理的必然要求，医疗法的相关规定只是医疗伦理的法律化，违法性认识的有无应当视立法者的选择而定。在培养医师的过程中，医疗技术、医疗伦理和医疗法律都是必须学习的内容，医疗法律对于医师的行为

---

① 虽然医师的行为是职务行为，但是，具有相当的专业自主性。即使医院负责人指令医师不得实施手术，医师也应当履行其与患者之间基于事实上的医病关系而形成的"忠诚义务"和"救治义务"。如果医师根据医院负责人的指令未履行必要的抢救义务，二者都构成义务的违反，医师有过失，医院负责人也存在监督过失。需要再次强调的是，上述观点以"知情同意"的应然理解——医院和医师在紧急情况下应当承担无须获得同意的抢救义务——作为讨论的前提。

选择具有重要的指引作用。在我国现行法的框架内，医师的行为受《条例》第 33 条的指引，相信没有获得病人家属的同意就不能实施手术，因此，"肖志军拒签事件"中的医师不存在违法性认识，上级主管部门的指示和医界的普遍看法也印证了这一点。[①] 但是，若医疗法能够遵循"知情同意"的精神内涵进行必要的制度改造，明确不必取得病人同意的例外情况，强化病人的意思自治，摆正家属（关系人）的意愿的地位，则医师对于"肖志军拒签事件"中未实施手术的行为的违法性应当是存在认识的。

综上，基于"知情同意"的应然法理解，也仅仅限于这种应然法的理解，在"肖志军拒签事件"中，医师的行为是不作为的过失致人死亡，可能成立我国刑法中的医疗事故罪。

五、"知情同意"的反思

从实然和应然的角度解读"肖志军拒签事件"，对于医方的责任得出了相反的结论。更重要的是，即使此一事件仅是特例，也将对今后的医疗实践形成深远的不良影响，问题的根源正是我国医疗法中的制度缺陷。

"知情同意准则"发端于美国，"尊重病人的自主权"这一基本的医学伦理为"知情同意"奠定了坚实的理论基础。在美国，法律中规定"知情同意"不是凭空的捏造，而是医界主流伦理思想的法律化；医界的自我约束和自我反省，使得"知情同意"在日常医患关系中具有实践的基础。[②] 然而，在我国，"知情同意"不是内生和自发地形成的，而是制度的设计从外部予以强加的，甚或可以说，将某些法律条文理解为"知情同意法则"在我国医疗法中的体现，也许只是学者的一厢情愿。如果"知情同意"只是由法律主导而强制要求的义务，对医师而言只是"必需"的话，那么，"知情同意"的摧毁性力量可能会超过其建设性力量。[③] 只有大力彰显个体自主和意思自治的价值，只有医界正确地理解自己的职责、正确地对待病人的选择，才能为"知情同意"注入伦理和实践的力量，才能使之

[①] 参见吕英杰：《"肖志军拒签案"——医生的刑事责任分析》，载《政治与法律》，2008 (4)。

[②][③] 参见杨秀仪：《论病人自主权——"我国"法上"告知后同意"之请求权基础探讨》，载《台湾大学法学论丛》，2007 (6)。

内化并融合到整个社会的文化之中,从而形成一种符合"知情同意"本旨的医疗制度,那么,"拒签"事件所引发的悲剧或许在相当范围内得以终结。

本章小结

医疗行为介入甚至侵害人体,正是由于违法阻却事由的存在,否定了具有医学适应性和医疗技术正当性的医疗行为的犯罪性。通过理论的考察发现,医疗行为正当化的核心根据应当是患者的同意。只有获得了患者的同意,医疗行为才是正当的,这是对患者的自我决定权的尊重,是对人的尊严的尊重。

有效的患者同意,应当是由患者本人(或者患者的监护人)以表达于外部的方式,在医疗行为实施之前作出的。同意蕴涵了对医疗行为的"接受"或者"拒绝",指向的是医疗行为及其风险和结果。同意只要是出于患者的自愿即可,而未必一定是理性的。同意可以是明示的,也可以是默示的。"自由和知情"意味着患者没有受到欺骗和强制。

欠缺患者同意的医疗包括了强制医疗、紧急医疗和专断医疗三种情形。强制医疗和紧急医疗是不需要患者同意的例外情况,前者是基于公共利益的考虑,后者是推定的患者同意。专断医疗,是指在非强制医疗和非紧急医疗的状态下,患者能够作出同意,医生却未经患者同意(甚至违反病人的意思)而擅自采取医疗措施。奥地利刑法和我国澳门刑法规定了专断医疗的特别罪名,德国的审判实践将专断医疗作为伤害罪处理,大多数国家则不认为专断医疗成立犯罪。在我国现阶段,不具有将专断医疗入罪化的必要性和可行性。

"肖志军拒签事件"集中反映了"知情同意"制度在我国实践中的样态。在该事件中,孕妇当时已经陷入了"紧急情况",构成了紧急医疗。根据我国医疗实定法的规定,医院没有违反获得同意的义务,医师没有违反抢救义务,因而不成立犯罪。但是,从应然的角度看,基于"知情同意"的价值取向和制度设计,紧急医疗不以取得患者的同意为必要条件,因而,医师的行为是不作为的过失致人死亡,可能成立医疗事故罪。

第八章 医疗犯罪刑事责任的分配

当患者遭受的损害后果能够被归责于医生违背其作为义务和注意义务的行为,并且不存在违法阻却事由和责任阻却事由时,该行为构成犯罪,行为人应当承担相应的刑事责任。

随着医学技术的发展和医疗分工的细化,复杂庞大的组织医疗(团队医疗)成为医疗的主流和常规形态,因此,可能需要将医疗犯罪的刑事责任在组织医疗的参与人之间进行恰当的分配。就医疗过失而言,医疗参与者之间可能存在竞合过失(共同过失)、过失共同以及监督过失,应当分别适用不同的责任分配原理;信赖原则能够被运用于医疗领域,是排除信赖者的责任的根据。

第一节 医疗专业人员的业务分工

所谓"医疗团队",是指将为病人服务的不

同部门中具有互补技能和作用的人员从组织结构上进行优化组合，所形成的跨部门的、高效运作的群体。医疗团队能够充分发挥整体的优势与合力，其组成包括医师、技师、护士以及后勤人员等。[①] 医疗团队的成员既需要配合，也需要分工。医疗分工的职责、权限决定了医疗参与者的作为义务和注意义务的内容和程度，这是分配刑事责任的重要根据。

医疗分工的基本原理，是根据医疗行为的危险程度来确定从业者所需要的专业技术能力及相应的专业资格。在医疗分工中，可以将医疗行为划分为医疗核心行为和医疗辅助行为。前者是最专业、最重要、也是最危险的医疗行为，这类行为如果不是由拥有高度专业能力的医师亲自实施，就会使患者蒙受过度的危险，不能确保医疗安全与医疗品质；后者是其他危险性较低的医疗行为，只要由医师指示其他医务人员执行，即具有合理的安全性，不需要由医师亲自实施。

在我国，卫生技术人员分为医师、药师、技师和护士四个系列，医疗法规范明确了各类人员的职责范围。医师负责执行医疗核心行为，根据《执业医师法》的规定，医师在注册的执业范围内从事医学诊查、疾病调查、医学处置、出具相应的证明文件，选择合理的医疗、预防和保健方案；药师是从事制药、配药和提供有关药物咨询的专业人员，根据《执业药师资格制度暂行规定》，执业药师在临床上负责处方的审核及监督调配，提供用药咨询与信息，指导合理用药，开展治疗药物的监测及药品疗效的评价等工作；医疗技师是操作检验、影像等医疗器械和设备的技术人员，我国目前尚无规范医疗技师工作的专门法规；护士是实施医疗护理等辅助工作的人员，《护士条例》规定了护士的护理职责。

卫生部2008年2月下发的《全国医院工作制度和医疗工作岗位职责征求意见稿》（第二稿）全面规定了医师、药师、医疗技师、护士等岗位的工作制度和工作职责，并且对同一岗位内部的职责分工（例如，外科医师和麻醉医师工作制度）也作了规定。《征求意见稿》新增了"主诊医师负责制度"，这是一种典型的医疗团队制度，由具有执业资格的注册医师（副主任医师—主治医师—住院医师）组成医疗小组，讨论确认每一位住院患者的诊疗（手术）方案，负责对患者进行全程管理。医院在上述医疗

[①] 参见向月应等：《整体医疗管理模式的建立与实践》，载《中国医院管理》，2007（12）。

法规范的基础上，通常会根据本院的实际情况，对本院的具体岗位的设置和职责，医疗小组的组建、工作的程序等作出详细的内部规定。医疗法规范和医院内部制度共同构成了确定医疗业务的分工和责任的依据。

第二节 医疗共同过失（竞合过失）犯罪

一、概念澄清

复数过失包括两种类型，其一，单个人的数个过失行为导致了损害结果，即"行为"是复数的；其二，数个人的过失行为导致了损害结果，即"行为人"是复数的。单个人的数个过失行为又被称为阶段性过失，需要解决的问题是刑事责任的对象（即，损害结果应当归责于哪个行为）而非刑事责任的分配①，这一问题属于客观归责的范畴，不是这里讨论的主题。对于数个人的过失行为，又可以依行为人是否具有共同注意义务而进一步划分为两类：第一类是，不具有共同注意义务的数个人的数个独立的过失行为共同引起了损害结果；第二类是，具有共同注意义务的数个人的共同过失行为引起了损害结果。对此，有学者未作明确的区分，而是统称为共同过失犯罪。② 然而，前者并不符合共同犯罪的基本特征，因而被作为否定过失共犯的主要论据。③ 当前，理论界持过失共同犯罪肯定论的学者已经普遍理解了二者的区别，只是在术语的表达上有分歧。冯军教授将前者称为"共同过失犯罪"，将后者称为"过失共同犯罪"④；张明楷教授认为，"过失共同"和"共同过失"在汉语中不具有实质差异，可以混用，在同一意义上指称违反共同注意义务的过失造成损害结果的行为⑤；有学

---

① 参见张亚平：《竞合过失下的刑事责任分配》，载《中国刑事法杂志》，2006(4)。
② 参见侯国云：《过失犯罪论》，164页，北京，人民出版社，1993。
③ 参见高铭暄等主编：《刑法学》，2版，177页。
④ 冯军：《论过失共同犯罪》，载高铭暄等：《西原先生古稀祝寿文集》，165页，北京，法律出版社；东京，成文堂，1997。
⑤ 参见张明楷：《共同过失与共同犯罪》，载《吉林大学社会科学学报》，2003(2)。

者沿用了理论上的相关表述,将前者称为"竞合过失",对后者则不加区分地称为"共同过失或者过失共同"①。

区分共同过失犯罪和过失共同犯罪,在解释论和立法论的维度上都具有重要意义。首先,解释论的维度。两个以上的行为人不具有共同注意义务、没有违反共同注意义务的心情,他们独立的过失行为共同作用而导致了损害结果的,不是共同犯罪,将之称为共同过失,能够合理地适用我国《刑法》第25条第2款"二人以上共同过失犯罪,不以共同犯罪论处;应当负刑事责任的,按照他们所犯的罪分别处罚"的规定。其次,立法论的维度。两个以上的行为人违反共同注意义务的共同过失行为导致了损害结果发生的,符合共同犯罪的主客观特征,运用共同犯罪"部分行为全部责任"的原理,能够解决具体因果经过无法判明时行为人的责任分配。从刑事政策以及国外判例、学说来看,承认过失共同犯罪实属必然。由于我国《刑法》第25条第1款对共同犯罪的界定间接地否定了过失共同行为可以成立共同犯罪,因而,在立法论的维度上提出增设过失共同犯罪的建议,使之区别于《刑法》第25条第2款关于共同过失犯罪的规定,具有合理性。② 然而,诚如有学者所言,"共同过失"和"过失共同"在汉语语汇中的确存在难以区分的实质障碍,笔者认为,有两条解决问题的进路可供选择:其一,强调法律词汇具有不同于普通词汇的独特意义,通过不断强化概念的内涵,使之成为能够被普遍接受和准确区分的专门术语;其二,如竞合过失概念的提倡者那样,限定竞合过失的范围,将"共同过失"的实质灌注于竞合过失之中③,同时,对构成共同犯罪的过失行为适用"过失共同"的概念,即,以"竞合过失"和"过失共同"分别指代两类不同的过失行为。从我国当前的理论研究状况来看,研究者似乎更倾向于后一

---

① 吴情树等:《竞合过失概念的提倡》,载胡驰等主编:《刑法问题与争鸣》,第2辑,284页,北京,中国方正出版社,2004。

② 参见冯军:《论过失共同犯罪》,载高铭暄等:《西原先生古稀祝寿文集》,172页。

③ 对于竞合过失的概念也存在不同的认识,例如,有观点认为,过失的竞合存在两种类型,即单独的行为人的过失的竞合和复数的行为人的过失的竞合。(参见马克昌:《比较刑法原理——外国刑法总论》,268~269页,武汉,武汉大学出版社,2002。)因此,运用竞合过失这一概念必须首先界定其内涵。

种解决进路。① 本书在同一意义上使用"竞合过失"和"共同过失",将之与"过失共同"相区分,着力探讨这两类过失形态在医疗领域的体现。

此外,还需要厘清共同危险行为与过失共同、共同过失(竞合过失)的区别。所谓"共同危险行为",是指没有共同注意义务的数人,实施了数个独立的过失行为,造成了一个损害结果,损害结果肯定是由其中的一个行为造成的,但是,无法判断该行为的实施者是谁。例如,在"扔酒瓶案"中,四个素不相识的乘客在对其他人的行为毫无认识的情况下,在几乎相同的时点向车窗外扔酒瓶,有一个酒瓶砸死了路人,然而,不知道砸死路人的那个酒瓶是谁扔出的。共同危险行为与过失共同行为的根本区别在于,实施共同危险的行为人之间没有共同注意义务;共同危险行为与过失竞合的区别在于,在共同危险中,损害结果是由一个行为造成的,属于"一因一果"的情形;在过失竞合中,数个过失行为相互结合,共同导致了损害结果发生,属于"多因一果"的情形。因此,共同危险既不成立过失共同犯罪,无法借助共同犯罪的责任原理来回避因果判断的难题②;也不成立竞合过失中所谓的"过失同时犯",不能对共同危险行为分别追究责任。因此,共同危险行为不能成立犯罪,其根本原因在于无法确定损害结果的归责,在诉讼中表现为达不到刑事诉讼的证明要求。刑事责任强调罪责自负,刑罚剥夺的是人的重大权益,刑事证据的证明力必须达到超越合理怀疑的程度,当无法证明因果关系时,必须遵循"罪疑从无"的基本准则。因此,共同危险行为人不需要承担刑事责任,从弥补损害、平衡行为人和被害人利益的角度考量,共同危险行为人需要承担民事赔偿的连带责任。③

二、医疗共同过失(竞合过失)犯罪刑事责任的承担

共同过失(竞合过失)犯罪与过失共同犯罪的根本区别在于,"在各

---

① 参见张亚平:《竞合过失下的刑事责任分配》,载《中国刑事法杂志》,2006(4);郭自力等:《论过失共同犯罪的责任根据》,载《山东警察学院学报》,2005 (5)。

② 在过失共同犯罪中,因果关系是存在的,只是无法判明具体的因果经过;相反,在共同危险行为中,只有一个行为与损害结果具有因果关系,其他行为与损害结果根本不存在因果关系。

③ 参见最高人民法院 2003 年 12 月 4 日通过的《关于审理人身损害赔偿案件适用法律若干问题的解释》第 4 条。

行为人之间不存在共同注意义务和违反共同注意义务的共同心情"①。在医疗团队中,医疗行为的参与者都承担实现医疗目的、防止损害发生的义务,这是抽象普遍的职业义务,然而,对于刑事责任的分配具有意义的,则是医疗行为参与者由于职责、岗位、分工不同所要求的谨慎完成各自医疗行为的义务。医疗行为参与者违反各自的注意义务,他们的过失行为共同导致了损害结果发生的,成立医疗过失竞合犯罪。

根据西原春夫先生的见解,可以将竞合过失区分为对向的竞合过失和同向的竞合过失。前者是指加害者与被害者的过失的竞合,后者是指共同加害者之间的过失的竞合。② 在医疗损害中,这两种类型的竞合过失都是可能存在的。在医患互动的双向人际交流中,患者既是医疗行为的对象,又是医疗行为的积极参与者,患者承担遵守医嘱、配合医疗行为的义务,医方的过失和患者的过失共同导致了损害结果发生的,构成对向的竞合过失,应当根据客观归责的原理,确定损害结果是应当由患者自我答责还是应当归责于医方。当风险属于患者自我答责的范畴时,医方不构成犯罪;当损害结果归责于医方时,医方构成犯罪,患者的过错影响其刑事责任的大小。③ 在组织医疗中,更常见的是医务人员之间同向的过失竞合。医师是医疗团队的核心,医疗辅助人员围绕医师开展业务活动,在医师与护士、药师、医疗技师之间,在承担不同职责的医师之间,普遍存在业务行为的配合和协同,当各方因各自的过失而共同导致损害结果发生时,构成医疗过失的竞合。其他医疗辅助人员(护士、技师、药师)之间的协同和配合较少,因而,发生过失竞合的情形也相对少见。

(一) 医师与护士之间的过失竞合

护士承担依照医嘱和护理常规实施护理活动的职责。如果医师基于过失作出了违反医疗常规的指示,护士在执行该指示的过程中又有违反护理常规的过失行为,因而导致损害结果发生的,就构成过失的竞合。例如,医师甲在开处方时由于疏忽而不当加大了药物的剂量,护士乙在为病人输

---

① 冯军:《论过失共同犯罪》,载高铭暄等:《西原先生古稀祝寿文集》,171页。
② 参见[日]西原春夫:《监督の限界设定と信赖の原则》,载《法曹时报》,30卷2期,4页。转引自廖正豪:《过失犯论》,233页。
③ 关于被害人过错对刑事责任的影响,参见杨丹:《被害人过错的刑法涵义》,载冯军主编:《比较刑法研究》,168~169页,北京,中国人民大学出版社,2007。

入这一药液时,将药液的滴速调得过高,并且护士乙擅离岗位未对病人的输液反应进行观察,患者丙由于药物浓度大、滴速快导致了心脏严重受压,因抢救不及时而死亡。

(二) 医师与药师之间的过失竞合

医院的药师负责配药和调制药物,制定药物储藏、分派的标准和条件,在临床上负责处方的审核及监督调配,提供用药咨询与信息,指导合理用药。如果医师错误用药,药师未尽处方的审核义务就直接照方发药,因而导致损害结果发生的,构成过失的竞合。例如,医师甲在给病婴开具处方时,误写了小数点,将药物的剂量增加了10倍,药师乙严重不负责任,未审查药方就径直发药,婴儿服用该药之后中毒身亡。

(三) 医师与医疗技师之间的过失竞合

医疗技师是负责操作医疗器械和医疗设备,为医师的诊疗提供帮助的专门技术人员,包括检验技师、影像技师、心电图技师、核医学技师、放疗技师等等。如果医师过失地下达了检验、影像或者放射等方面的错误医嘱,医疗技师不当地进行了操作,因而导致损害结果发生的,构成过失的竞合。例如,医师指示对肿瘤病人实施放射治疗,治疗单上勾画了照射野和照射剂量,处方上的照射剂量大大超过了标准安全值,放疗技师疏忽了处方上照射剂量的错误,在放疗时又因操作错误偏离了照射野,由于放疗剂量过大以及照射精度不高,病人被深度灼伤,最终导致了重伤。

(四) 不同职责的医师之间的过失竞合

大多数复杂的医疗活动通常由跨学科的医师所组成的医疗团队来共同完成,最典型的是手术医师和麻醉医师在手术中的配合。尽管各科医师在地位上同为医师,但是,在非属于共同决定和实施某一治疗的场合,各科医师对其专属领域的诊断和治疗承担独立的注意义务,不同科别的医师各自违反其注意义务,共同导致了损害结果发生的,构成过失的竞合。例如,甲是医院院长兼外科医师,乙是神经内科专科医师。因车祸受伤的病人被送到了医院,甲负责进行诊治,初步诊断病人为脑部外伤。甲指示为病人做脑部电脑断层扫描(CT),影像显示颅内马鞍部即右颞部蜘蛛网膜下腔出血病灶,但是,负责检查的乙由于疏忽没有认识到这一点。翌日,病人病情恶化,甲拒绝了家属的转诊请求,并且甲因疏于注意而未对病人作进一步的检查,也没有邀请神经外科专科医师进行会诊,病人因延误治疗而死亡。在此种情形下,甲的转诊过失、诊断过失和乙的诊断过失相竞合，共同导致了病人的死亡。

上述四种类型的竞合过失是医疗领域最常见的竞合过失。竞合过失不是共同犯罪，不适用共同犯罪"部分行为全部责任"的责任分配原理，应当适用我国刑法第 25 条第 2 款"应当负刑事责任的，按照他们所犯的罪分别处罚"的规定。该规定正确地指出了竞合过失的处罚原则，但是，需要进一步探讨归责和责任分配的依据。有学者认为，在同向竞合过失中，刑事责任的分配应当贯彻危险分配原理和信赖原则，同时，要受一定的社会相当性的限制。[①] 有学者提出了更具体的责任分配原则，主张数人之间的责任，应当根据各自违反注意义务的程度以及与危害结果之间的原因力的大小进行综合的判断。然而，该论者却又认为，上述具体要素的判断，"只能由法官通过危险的分配理论和信赖原则，并根据社会相当性原则，结合案件的具体情况和法官个人的生活阅历、社会经验以及个人智慧进行解释和判断"[②]，从而使得判断的标准再度变得抽象，并且有颠倒基本原理和具体规则之嫌。

笔者主张，在构成医疗过失竞合时，刑事责任的判断应当分为两个阶段。第一个阶段是，依客观归责的标准判断行为人是否应当负刑事责任；第二个阶段是，在确定将损害结果归责于哪些行为的前提之下，对刑事责任进行分配，分配责任时，需要判断行为对损害结果的原因力大小、注意义务违反程度的高低。

过失竞合是数个过失行为共同造成了一个损害结果，因此，第一个阶段的判断是"多因一果"的因果判断和归责。在通过医疗鉴定查明哪些行为与损害结果具有因果关系的基础上，依据客观归责的规则，确定应当将损害结果归责于全部行为还是部分行为。信赖原则和危险分配是客观归责中的重要依据，在第一阶段的判断中通常会运用这些原则。

在确定损害结果被归责于哪些医疗行为，即，确定哪些行为应当承担刑事责任之后，还要进行第二个阶段的判断，分配各行为人应当承担的刑事责任的大小，行为对结果发生的原因力和注意义务的违反程度是分配刑

[①] 参见张亚平：《竞合过失下的刑事责任分配》，载《中国刑事法杂志》，2006 (4)。

[②] 吴情树等：《竞合过失概念的再提倡——兼对〈竞合过失下的刑事责任分配〉一文的商榷与补充》，载《中国刑事法杂志》，2007 (3)。

事责任的两个要素。

首先，民事共同侵权行为中确定损害赔偿的方法为刑事责任的分配提供了重要的参照。虽然民事侵权责任和刑事责任具有本质的差异，但是，二者在责任的功能和目的上亦有一致之处。侵权责任既有填补受害人的功能，又有抑制侵权行为的作用[1]，并且损害抑制胜于损害赔偿[2]，侵权责任的抑制功能与刑罚的预防功能是一致的；刑罚不具有填补损害的功能，而是具有惩罚功能，但无论是赔偿被害人还是接受国家的惩罚，都是要求行为人对自己的行为负责，因此，无论是侵权责任还是刑事责任，决定责任的根据是相通的。最高人民法院2003年12月4日通过的《关于审理人身损害赔偿案件适用法律若干问题的解释》第3条第2款规定："二人以上没有共同故意或者共同过失，但其分别实施的数个行为间接结合发生同一损害结果的，应当根据过失大小或者原因力比例各自承担相应的赔偿责任。"该解释提出的过失程度和原因力比例的标准，同样也可以成为分配刑事责任的依据。

侵权责任和刑事责任的差异不在于责任的根据，而在于责任的承担方式。有论者为了解释和区分竞合过失与过失共同的责任，将前者类比为民事上的"按份责任"，将后者类比为民事上的"连带责任"[3]。这样的类比是不恰当的，也无法解决刑事责任的分配问题。因为无论是"连带责任"还是"按份责任"，其前提都是已经计算出一个损害赔偿的总额，"连带"和"按份"的差别仅在于加害人之间向被害人承担赔偿责任的方式不同，并且即使是"连带责任"，最终在加害人内部仍然需要划分各自的责任份额。与侵权责任相反，刑事责任中不存在数个行为人需要对国家承担的刑罚总量，罪责自负要求每个人直接为自己的行为承担责任，不存在先行的责任总量的承担，也不会产生数个行为人之间责任份额的划分。

其次，根据罪刑相适应原则和主客观相统一原则，原因力大小和过失轻重能够成为确定刑事责任大小的基本标准。

---

[1] 参见于敏：《日本侵权行为法》，34页，北京，法律出版社，1998。

[2] 参见王泽鉴：《侵权行为法》，第1册，10页，北京，中国政法大学出版社，2001。

[3] 吴情树等：《竞合过失概念的再提倡——兼对〈竞合过失下的刑事责任分配〉一文的商榷与补充》，载《中国刑事法杂志》，2007 (3)。

在以原因力大小和过失轻重作为分配刑事责任的标准时，需要注意如下问题。第一，刑事责任的分配应当以原因力为主，过失程度为辅。在侵权责任中，民法学者对于原因力和过失程度这两个因素孰主孰辅存在针锋相对的认识。① 笔者认为，在医疗犯罪刑事责任的分配中，应当以原因力要素为主，过失程度为辅。这是因为，只有重大过失才能构成医疗犯罪，当数个行为人均为重大过失时，很难再进一步判断各行为人的过失之间的微小差异，不存在民事过错中"故意—重大过失—普通过失—轻微过失"这样一种过错程度由高到低的阶次比较。原因力作为一种客观事实，更易于确定和判断。第二，在确定原因力大小时，未必能够得出精确的比例。所谓"原因力"，"是指在构成损害结果的共同原因中，每一个原因对于损害结果发生或者扩大所发挥的作用"②。在医疗损害中，事故参与度以百分比的方式直观地表明了医疗过失与损害结果之间的事实因果关系的大小，但是，当数个医疗过失竞合时，医疗鉴定未必能够单独鉴定出各个医疗行为的事故参与度。事故参与度是确定原因力大小的重要依据，当无法鉴定各个医疗行为单独的事故参与度时，应由法官按照主要原因和次要原因、直接原因和间接原因等方式区分原因力的大小。③ 第三，刑事责任的大小是相对的。竞合过失犯罪中刑事责任的分配，只能在一定的量刑基准之上通过比较来实现。由于社会科学无法达到百分之百的精确，唯有通过比较来实现相对的公平，在"公平和衡平"的基础上实现刑事责任的分配。首先，应与单个人犯罪的刑事责任进行比较。我国的罪刑规范以"单个人实施的既遂犯罪"为基本模式，因此，在其他情节相同的情况下，医疗竞合过失中各行为人的刑事责任都应当轻于一个人单独成立医疗犯罪的刑事责任。其次，应在竞合过失内部的各行为人之间进行比较，即通常情况下，对于损害结果具有较大原因力的行为人的刑事责任应当重于原因力较小的行为人的刑事责任。

---

① 参见张新宝等：《侵权法上的原因力理论研究》，载《中国法学》，2005（2）；杨立新等：《原因力的因果关系理论基础及其具体运用》，载《法学家》，2006（6）。

② 杨立新等：《原因力的因果关系理论基础及其具体运用》，载《法学家》，2006（6）。

③ 参见张新宝等：《侵权法上的原因力理论研究》，载《中国法学》，2005（2）。

第三节　医疗过失共同犯罪

一、过失共同犯罪中的共同注意义务

成立过失共同犯罪，应当具备如下要件：两个以上的行为人之间具有共同的注意义务，实施了违反共同注意义务的共同行为且导致了危害结果发生，在共同违反共同注意义务上存在共同心情。① 其中，共同注意义务是成立过失共同犯罪的核心。关于"共同注意义务"，大塚仁先生认为，只由各个共同行为人遵守是不够的，还必须要求其他共同行为人也遵守，即，存在着全体共同行为人都必须相互遵守其义务的事态。② 冯军教授认为，所谓"共同注意义务"，是指各行为人不仅要注意防止自己的行为产生危害结果，而且要促使其他的共同行为人也注意防止发生危害结果的义务，实质上是相互注意的协作义务。③

共同注意义务的判断标准是理论聚讼之所在。"平等法律地位说"认为，共同注意义务的认定标准是，根据各行为人职务行为的内容看各行为人在法律上是否处于平等的地位。④ 批评意见却尖锐地指出，"行为人在何种情况下处于法律上的平等地位，是一个相当不明确的问题。"⑤ "平等社会地位说"认为，共同注意义务的内涵之一是注意义务的内容相同，其判断的基准为"行为人处于平等的社会地位"，即行为人"在由于某一行为或者事件引起的社会关系中处于相同的地位，具有相同的权利义务"⑥。有观点对此提出了反驳，认为将"平等的社会地位"作为共同注意义务的认定标准是不科

---

① 参见冯军：《论过失共同犯罪》，载高铭暄等：《西原先生古稀祝寿文集》，166~167 页。

② 参见[日]大塚仁：《犯罪论的基本问题》，冯军译，260 页，北京，中国政法大学出版社，1993。

③ 参见冯军：《论过失共同犯罪》，载高铭暄等：《西原先生古稀祝寿文集》，166 页。

④ 参见冯军：《论过失共同犯罪》，载高铭暄等：《西原先生古稀祝寿文集》，166 页。

⑤ 张明楷：《共同过失与共同犯罪》，载《吉林大学社会科学学报》，2003 (2)。

⑥ 张亚平：《竞合过失下刑事责任的分配》，载《中国刑事法杂志》，2006 (4)。

学的。社会地位本身是一个模糊的概念，不是一个严格意义的法律术语，"平等社会地位"并不必然等同于"具有相同的权利义务"，因为在法治社会中，每个人的社会地位都是平等的，但是，平等并不意味着当事人在具体社会关系当中的权利义务就是相同的。平等的人们仍然需要通过法律规范或者一些非法律的规范的创设，并且为了构建和维护共同的法秩序，才可能形成一个紧密的注意义务共同体。① 该观点进而指出，判断共同注意义务的标准应当是各行为人"在法律规范或者非法律规范上是否处于同等的地位"或者"是否具有相同的法律地位或者相同的主体身份"②。

笔者认为，抽象是上述诸说的共性，这是理论的概括面对繁复的现实所无法避免的，并且上述诸说存在共同的疏漏，即，都没有有效地区分共同注意义务在不同社会场域中的不同判断标准。"平等法律地位说"根据行为人的职务行为的内容判断他们在法律上是否处于平等地位，但是，行为人在违反日常生活的普通注意义务时，无从产生职务行为的问题。"平等社会地位说"笼统地认为处于平等社会地位的人具有相同的权利义务，这一说法只适用于普通社会生活领域。在日常交往中，人在享有自由的同时应当尊重他人的自由，承担相同的谨慎从事的注意义务。然而，平等的人们一旦进入社会分工的领域，就拥有了各自的职业角色，就依其职业而负有不同的注意义务。"相同法律地位说或相同主体身份说"不过是"平等法律地位说"的另一种表述而已，并且"相同主体身份"亦会产生法律判断标准上的误解。③因此，应当根据行为是普通行为（非业务行为）还是业务行为来确定共同注意义务的判断标准。首先，在社会日常交往中，居于相同法律地位（具有相同责任能力）的人具有不得侵害他人权利的共同注意义务。例如，在"滚石案"中，斜坡上有两块大石头，两个人决定每人推一块石头滚下斜坡，结果有一块石头撞死了路人，但是，无法查明这块石头是谁推下的。④ 再如，在

---

① 参见吴情树等：《竞合过失概念的再提倡——兼对〈竞合过失下刑事责任的分配〉一文的商榷与补充》，载《中国刑事法杂志》，2007（3）。

② 同上文。

③ 例如，在医疗法规范中，医师和护士是具有不同身份的人；但是，在刑法中，医师和护士同属于"医务人员"，都是医疗事故罪的犯罪主体。

④ "滚石案"是瑞士联邦高等法院判决的一个案例，BGE 112 Ⅵ 58.（转引自[德]施特拉腾韦特、库伦：《刑法总论Ⅰ—犯罪论》，杨萌译，424页，北京，法律出版社，2006。）

"旅游区比试枪法案"中，甲和乙站在旅游区招待所的阳台上，选中了离阳台 8 米多远的一个瓷瓶作为目标，比试枪法。两人用同一把手枪轮流射击，各射出 3 发子弹，子弹均未打中酒瓶，其中有 1 发子弹飞到 100 米远处打死了路过的行人，但是，不能查明这发子弹是谁射出的。[①] 其次，在业务领域中，如果行为人在业务活动上处于平等的法律地位，并且具有相同地位的人之间未作分工地共同从事同一行为，那么，各行为人之间具有共同注意义务。例如，在"扔木材案"中，数名工人从处于大楼房顶的工作现场一起向楼下扔一根粗木材，扔下的这根粗木砸死了路过的行人。[②]

二、医疗共同注意义务

共同注意义务也存在于医疗领域，医疗活动中的分工和合作为确立共同注意义务奠定了基础。医疗是典型的业务行为，组织医疗是医疗的主流形态，认定共同参与组织医疗的行为人之间的共同注意义务，可以适用前述业务行为中共同注意义务的判断标准。即，根据行为人在医疗职业中是否处于相同的地位、处于相同地位的医务人员是否从事同一行为，判断他们之间是否存在共同注意义务。

首先，行为人在医疗职业中处于同一地位，是构成医疗共同注意义务的前提。现代医疗技术日益专业化和精细化，医疗职业内部存在不同性质的医疗行为的分工，医师负责诊断和治疗、护士从事观察和护理、药师进行药物调配、医疗技师提供专门的技术服务，医、护、药、技各个领域的工作由具有不同资格的人员实施，各自履行不同的职业义务。各类医务人员的职务行为的内容是不同的，各自受相应的法律规范调整，他们不具有同一的法律地位，因此，在不同类别的医务人员之间不产生共同注意义务。这是一个普遍的标准，与具体医疗活动的实施无关，例如，我们可以泛泛地说，医师和护士之间不具有共同注意义务，这是由他们的职业地位和特性所决定的。

需要特别说明的是，在医疗活动中，护士、药师、医疗技师等其他人员的行为都是围绕着医师的诊疗开展的，当共同完成某一事项时，他们在承担

---

① "旅游区比试枪法案"是重庆市九龙坡区法院判决的一个案例。（参见最高人民法院中国应用法学研究所编：《人民法院案例选·刑事卷（上）》（1992—1999 年合订本），48—53 页，北京，人民法院出版社，2000。）

② 参见［日］大塚仁：《犯罪论的基本问题》，261 页。

分工的同时必然也负有与医师相互协作、注意和提醒的义务。例如，护士虽然是医嘱的执行者，但是，《护士条例》第17条第2款规定，"护士发现医嘱违反法律、法规、规章或者诊疗技术规范规定的，应当及时向开具医嘱的医师提出"。这样的提醒义务是针对人的行为"失灵"或者技术"障碍"而设置的多项集合保障措施①，是实现医疗协同、避免差错的重要制度设计。当行为人因分工而处于不同的法律地位时，即使存在相互提醒的义务，也不构成共同注意义务，这是因为各行为人的注意义务的内容不具有同一性。大塚仁先生认为，共同注意义务包含了相互关注和相互提醒，当数人的共同行为具有容易使某种犯罪结果发生的高度危险时，社会观念上要求行为人应该相互为防止结果发生作出共同注意的事态，当共同者处于平等的法律立场共同进行某危险行为时，可以承认全体成员之间存在共同注意义务。② 因此，尽管共同注意义务蕴含了相互注意和相互提醒的内涵，但这是以共同行为者处于同一法律地位为前提，换句话说，有相互提醒义务并非就必然地存在共同注意义务。例如，在对病人实施注射时，医师由于疏忽下达了错误的医嘱，护士由于疏忽没有向医师指出错误③，因而导致了病人死亡。注射是由医师和护士共同完成的，但是，这并不等同于他们在注射这一事项上具有共同的注意义务。医师的注意义务是依照医疗规范下达医嘱，护士的注意义务是核对医嘱是否违反医疗常规并正确操作，二者注意义务的内容并不相同。有观点分析了不同分工者具有相互提醒义务并不必然产生共同注意义务，其理由是，因注意义务的内容不同导致了过失罪责的大小不同，因而不构成共同犯罪。④ 笔者认为，的确，地位不同的分工者由于注意义务的内容不同而不存在共同注意义务，但是，注意义务的内容不同不能必然推导出过失罪责的大小不同，这不是否定共同犯罪的理由。在上述情形中，不构成共同犯罪的真正原因在于，由于注意义务的内容不同，使得行为人之间无从产生懈怠

---

① 参见［德］施特拉腾韦特、库伦:《刑法总论I—犯罪论》，杨萌译，424页，北京，法律出版社，2006。

② 参见［日］大塚仁:《犯罪论的基本问题》，261页。

③ 要求护士指出医嘱的错误必须是在其能力范围之内，如明显的剂量错误，药物匹配禁忌等，护士能够指出而未指出，因而具有过失。若医嘱的错误超出了护士的能力范围，则护士不具有过失。

④ 参见刘永贵:《过失共同正犯研究》，载胡驰等主编:《刑法问题与争鸣》，第3辑，361页。

注意的共同心情，彼此之间也未助长对方的不注意、不谨慎，因而丧失了成立共同犯罪的主观基础。

其次，在医疗职业中处于同一法律地位的医务人员共同从事一项医疗行为，这是确定共同注意义务的关键。在同一医疗职业内部，通常还存在不同的行为分工，例如，手术医师和麻醉医师的分工，不同科别医师的分工，等等。若将医疗职业类别的划分视作第一次分工的话，则同一医疗职业内部的分工可以看作第二次分工。具有相同法律地位的医务人员不是必然具有共同注意义务，还需要视他们在临床医疗实践中是否从事同一行为而定，这是具体的个案性标准。因此，不能笼统地说，在诊疗活动中医师和医师具有共同的注意义务，护士和护士具有共同的注意义务。例如，在执行外科手术时，医师分为主刀、一助和二助。承担上述工作的人员都必须具有医师资格，他们处于相同的法律地位，但是，他们之间还有进一步的分工，主刀负责执行手术，一助负责划拉和缝合、二助负责传递器械等等，他们承担自己分工范围内的注意义务，不产生共同注意义务，虽然他们的行为都是手术的一部分，但他们完成的是各自的分工，没有实施共同行为。再如，同样是在风险性最大的外科手术中，同为医师的手术医师和麻醉医师各自负责手术和麻醉，他们之间也不产生共同注意义务。因此，只有具有相同医疗资格的人无分工地从事同一行为时，才产生共同注意义务。例如，外科医师和麻醉医师共同为病人制定麻醉方案，他们之间形成了根据病情和医疗常规选择正确麻醉方案的共同注意义务；再如，护士在为病人输血前必须执行两人查对的制度，因此，执行输血任务的两名护士之间存在共同的注意义务。假设护士甲想赶快为病人输完血好尽早下班，对护士乙说："咱们这次就别查对了，不会错的"，护士乙点头应允。结果由于拿错血袋为病人输错了血，导致了病人死亡。甲和乙违反了输血前查对的共同义务，成立医疗事故罪的共同犯罪。

综上所述，医疗共同注意义务的判断应当采取双重标准，只有在处于相同医疗职业地位、非分工地从事同一医疗行为的医务人员之间，才可能形成共同注意义务。医疗共同注意义务是成立医疗过失共同犯罪的核心，此外，还应当具备数行为人从事医疗共同行为，具有懈怠医疗注意义务的共同心情等要件。

三、医疗过失共同犯罪的刑事责任分配

医疗行为的参与各方是否构成医疗过失共同犯罪，这是对行为进行定性时面临的最大难点。一旦确定了数行为人构成医疗过失共同犯罪，刑事责任的分配就迎刃而解，即各医疗参与人共同承担刑事责任，适用共同犯罪中"部分行为全部责任"的刑事责任分配原理，对全部危害结果承担刑事责任。除了专属于行为人个人的刑事责任减轻或者加重事由以外，各方应当承担相同的刑事责任。

在我国实定法不承认过失共同犯罪的现状下，对于构成过失共同犯罪的案例，很多判决只是直接适用了刑法分则中个罪的罪刑规范，却没有引用刑法总则关于共同犯罪的规定①，回避了共同犯罪形态的认定问题。然而，若欠缺过失共同犯罪的定性前提，则无从证明数人的行为与损害后果的因果关联性，使得刑事责任的分配和承担丧失了根基。因此，应当在立法上将共同犯罪扩大到过失共同犯罪，这是解决客观存在的过失共同犯罪现象的唯一出路，也是刑事政策上遏制医疗事故罪乃至各类责任事故类犯罪的必然要求。

第四节 医疗行为中的监督过失

一、监督过失的概念和理论定位

监督过失理论肇始于20世纪60年代的日本，是在企业灾害事故频发的困境之中，为了解决对法益负有监督、指示职责的人的刑事责任而提出来的，目的在于避免出现"地位越高、离现场越远、越没有责任"②的刑事责任不公现象。

狭义的监督过失，是指对直接行为人负有监督义务的监督者由于没有监督直接行为人的行为，因而导致发生重大法益侵害时所存在的过失；管理过失，是指对组织体的安全体制负有管理义务的管理者由于没有建立、维护组

---

① 参见张明楷：《共同过失与共同犯罪》，载《吉林大学社会科学学报》，2003(2)。

② 林亚刚：《犯罪过失的理论分类中若干问题的探讨》，载《法学评论》，1999(3)。

织体的安全体制，因而导致发生法益侵害时所存在的过失。两者被合称为广义的监督过失或者"监督·管理过失"。

监督者与被监督者具有不同的法律地位，他们之间是单向的监督与被监督的关系，而不是双向的相互督促，由于不存在共同注意义务，因而不构成过失共犯。① 监督过失中存在监督者的过失与被监督者的过失的竞合，属于过失竞合的一种类型。但监督过失侧重于追问监督者的刑事责任及其根据，已经发展为一种独立的犯罪形态。② 监督过失理论在医疗过失案件中被普遍运用，早在1955年，德国就出现了医师由于对护士的行为存在监督过失而被定罪的案例，因此，有必要将医疗行为中的监督过失抽取出来，对其学说和判例展开专门研究。

二、医疗监督过失

在组织医疗既分工又协同的体制内部，上级医疗从业者需要监督下级医疗从业者的行为，医疗管理者有义务建立完备的人事、设备和安全制度。在组织医疗中，必须确立有效的监督机制和明确的责任人，既要构建多层次的医疗事故风险防范综合措施，又要避免医疗从业者陷入事无巨细、事必躬亲的泥淖；既要尊重医疗行为的独立性给予彼此信赖，又要防止远离现场的责任者逃避其应当承担的监督责任。

（一）刑事判例

医师是医疗行为的核心和灵魂人物，其他人员辅助医师实施治疗。通常认为，相对于护士等医疗辅助人员来说，医师处于指挥、监督的地位，负有防止事故发生的注意义务，对于因护士等医疗辅助人员的过失而产生的结果，只要认定医师对于事故是可以纠正的，就不能免除医师的责任。③ 因

---

① 我国有学者认为，监督过失的存在为论证过失共同犯罪奠定了基础。（参见陈伟：《监督过失理论及其对过失主体的限定——以法释［2007］5号为中心》，载《中国刑事法杂志》，2007（5）。）笔者认为，这一观点实质上混淆了监督过失和过失共犯。

② 日本的判例多认为，监督者的过失属于过失犯的单独正犯。（参见林干人：《监督过失的基础》，载《平野龙一先生古稀祝贺论文集》，上卷，357页，1999。转引自廖正豪：《过失犯论》，233页。）

③ 参见［日］饭田英男：《刑事医疗过误诉讼—その後の動向》，判例タイムズ，678页以下。转引自［日］中村敏昭等：《医疗纷争与法律》，增订1版，29页。

此，有观点认为，在日本的判例中，如果认定护士有刑事过失，几乎就可以说医师同样地负有刑事责任。① 但是，也出现了护士过失导致伤害，医师基于信赖免除刑事责任的判例。② 在日本，涉及监督过失而被热烈讨论的医疗刑事案例，主要有"北大电手术刀误接事件"、"抗癌制剂过剩使用事件"、"横滨市大医院弄错患者事件"。在"北大电手术刀误接事件"中，医师对护士的信赖是判决的关键点，一审、二审均认为护士构成业务上过失伤害罪，但是，执刀医师因为适用信赖原则而无罪。在"抗癌制剂过剩使用事件"中，主治医师、指导医师与耳鼻喉科科长的过失竞合是案件的重要特征，其中，科长的过失究竟是监督过失还是普通的过失竞合或者过失的共同正犯，如果是监督过失的话能否适用信赖原则，都是受到广泛关注的焦点。该案三审均判决主治医师、指导医师、科长全部构成业务上过失致死罪。在"横滨市大医院弄错患者事件"中，横滨市立大学医学部附属医院第一外科将两名需要接受不同手术的患者弄混，分别对他们做了错误的手术，导致了两名患者的身体伤害。两名执刀医师、两名麻醉医师、两名护士均被以业务上过失伤害罪起诉，一审否认了一名麻醉医师的责任，其他人均成立犯罪；二审及最高法院则认定，所有人均成立犯罪。③

德国联邦最高法院 1955 年作出了"Roux 钩遗落腹腔案"的判决，该判决嗣后成为研究监督过失责任的经典案例。在该案中，被告人为开业医师，到市立医院为某妇女作剖宫产手术，该手术另有一名专业医师担任第一助手，一名护士担任第二助手，还有一名护士在手术中担任传递器械、敷纱布、手术前准备等辅助任务。在手术过程中，承担辅助工

---

① 参见［日］中村敏昭等：《医疗纷争与法律》，增订 1 版，29 页。
② 即使护士、医师同时因医疗过失被追究刑事责任，也并非一定构成监督过失。例如，"弄错显影剂注射液案"中，对患者实施脊髓显影检查时，接受医师指示的护士由于疏忽而没有确认 Ampoule 的药种、药名，弄错了显影剂 Ivosist 的注射液 Ampoule，将止血剂 Transamin 的注射液 Ampoule 交给医师。医师未确认 Ampoule，即将止血剂注入了患者的脊椎脊髓腔内，导致了患者死亡。医师被判罚金 20 万日元，护士被判罚金 10 万日元。（花卷简略式平成 2 年 3 月 30 日判夕 770.70。转引自［日］中村敏昭等：《医疗纷争与法律》，增订 1 版，30 页。）在该案中，医师的过失直接导致了病人死亡，不属于监督过失的情形。
③ 上述案例转引自吕英杰：《监督过失归责研究》，15~16 页，清华大学博士学位论文，2008。

作的护士误将手术械具 Roux 钩掉落病人的腹腔内，医师及第一、第二助手均未发现，手术后随即进行了缝合。一个月后，病人因 Roux 钩遗留腹腔的影响患上了血栓症，最后因肺栓塞症而死亡。法院判决四名医务人员全部构成过失犯罪，被告人不服，上诉至最高法院后被驳回。联邦最高法院认为，医师对于那名将 Roux 钩掉落在病人腹腔内的护士负有指示、监督的义务，却疏于注意而未作指示，违反了监督的注意义务。详言之，被告医师明知该名护士未受过专业训练，未参加过手术中的辅助工作，却请她实施手术的辅助行为，当然能够预见到她由于无专业知识、能力和经验而有导致危险的可能，被告医师应当提高意识的紧张和注意的集中，对该名护士详细予以指示，善尽监督责任，否则，就没有履行医疗注意义务。判决还明确地指出，因从事医疗辅助工作的护士明显欠缺专业知识、能力和经验，医师不能主张基于信赖原则而免责。[①]

在我国台湾地区，2007 年判决了一起涉及医疗设备安全的管理过失案例。在"电脑断层摄影机感染案"中，甲某系台北荣民总医院放射部主任，对该部的行政和医疗负有监督和决策的责任，乙某根据甲某的指示，负责电脑断层摄影机的运作和联系，丙某是负责该电脑断层摄影机操作的医师。有下属向甲某和乙某反映该电脑断层摄影机存在安全隐患，二人未作细究，并且基于降低成本的考虑，甲某和乙某没有遵守使用该设备应当"一人一套无菌"的原则，也没有落实消毒措施，而是要求一线医师实行"上午一套，下午一套"（无菌）的操作。丙某为病人李某实施了电脑断层扫描，当时丙某已经发现李某可能染上了疟疾，依其专业知识应当自行决定更换注射器材，丙某疏于更换，继续使用同一套注射器材，导致了四名患者在使用该注射器材后感染疟疾而死亡。法院判决甲某、乙某和丙某均成立业务过失致人死亡罪。[②] 其中，甲某和乙某疏于安全管理，制定了不恰当的操作准则，构成管理过失。

---

① 参见廖正豪：《监督过失责任之研究》，载《现代刑事法与刑事责任——蔡墩铭教授六秩晋五寿诞祝寿论文集》，371~372 页，台北，台湾刑事法杂志社基金会，1997。

② 2007 年台上字第 4631 号判决。（参见许玉秀编：《新学林分科六法——刑法》，A—523 页，台北，新学林出版股份有限公司，2008。）

从上述案例可以看出，监督过失是医疗过失刑事案件中讨论的焦点，涉及医师监督过失的构成、监督过失与普通竞合过失、过失共犯的区别等等。医师对其他医疗辅助人员负有监督、指示义务，但是，并非医疗辅助人员一旦过失地实施了医疗行为，医师就必然成立监督过失，需要具体分析医师监督义务的内容，依据危险分配和业务分工的基本原理，判断护士等辅助人员的行为是否处于他们独立负责的领域，医师可否信赖他们能够正确地履行职责。日本曾经发生了一起"辅助医师误注射动脉案"，在该案中，被告医师是经营妇产科医院的医师，该医院值班的辅助医师在对患者实施静脉注射时，由于失误而注射到了动脉，造成患者右手坏死的伤害后果。法院判决认为，辅助医师因怠于履行确认注射部位的注意义务而有过失，医师对于辅助医师的注射怠于履行监督、指示义务，对于不当注射的行为有过失，因此，认定医师和辅助医师承担共同不法行为的责任。[①] 新美育文教授对这个判决提出了批评，"肯定此判决对辅助医师之监督义务，但从医师之独立性或自律性而言，并不妥当"[②]。

（二）狭义的医疗监督过失

医师对医疗辅助人员承担指示义务，相应的，护士负有正确执行医嘱的义务，药师负有按照处方调配药剂的义务，等等。一般情况下，医师可以信赖护士、药师等能够适当地执行医嘱，因而，不再对医疗辅助人员的具体操作承担监督义务。另外，根据我国《护士条例》和《执业药师资格制度暂行规定》的规定，护士和药师有核对医嘱的义务，护士和药师发现医嘱可能有错误的，应当向医师指出或者向上级报告，但是，护士和医师不得更改处方。这是医疗风险多层防范措施的一环。护士和药师享有的是建议权而不是决定权，不处于实质性地支配风险的地位，并且护士和药师也不是医师的监督者。因此，护士和药师怠于行使核对医嘱的义务，不当地执行了错误的医嘱而导致损害后果发生的，不构成监督过失，而是构成一般的过失竞合。

因此，医师（医院管理者）由于没有监督直接行为人的行为而导致了损害后果发生的，构成狭义的监督过失。从医务人员的分工和协作机制来

---

① 东京地判昭 28.12.4。转引自曾淑瑜：《医疗过失与因果关系》，下册，619页。

② 转引自曾淑瑜：《医疗过失与因果关系》，下册，619页。

看,狭义的监督过失在实践中主要表现为两种情形:医师对由其直接负责指导的实习医师、进修人员的行为的监督过失,以及医师(医院管理者)在人员选任上的监督过失。

1. 带教医师对实习医师、进修人员的行为的监督过失

所谓实习医师,是指尚未取得执业医师资格,在执业医师指导下从事医疗行为的人。实习是从医学生到执业医师的必经之路,是医师培养的重要组成部分。进修则是医疗培训制度的重要环节,是医师不断获取医疗新知、保持医疗水准的途径。

医疗法规定了实习人员、进修人员的医疗权限和带教医师制度。根据《医院工作制度》的规定,在门诊、麻醉、护理、核医学等各类具体诊疗中,实习人员和未获授权的进修人员应当在上级人员的指导下工作,不得独立执业;带教医师必须全程指导实习进修人员的工作,对其行为负有特别的监管义务。因此,若带教医师怠于行使监督、指示义务,导致实习医师(进修人员)独自完成其无权实施的医疗行为,因而发生损害后果的,带教医师就构成监督过失。由于实习医师(未获授权的进修人员)无独立的医疗权,带教医师的监督、指导义务涉及其操作的所有环节,带教医师和实习医师(进修人员)之间不存在业务分工以及基于分工而形成的信赖,因而构成监督过失的典型形态。类似地,担任指导职责的护士、药师等疏于指导实习护士、实习药师的行为,因实习人员的过失行为导致了患者损害的,居于指导地位的护士和药师同样构成监督过失。

2. 医师(医院管理者)对人员选任的监督过失

对医务人员实行职业资格准入是各国医疗制度的通例,目的在于保证从业者具备相应的知识和技能。医师和医院管理者(例如,主管业务的副院长)选任医务人员时必须确认其具备相应的资格。如果医师(医院管理者)明显违背规定,选任了不具有资格的人员承担相应的工作,就必须对其行为善尽监督义务。如果不具有资格的人员由于能力低下、严重不负责任对患者造成了重大损害,医师(医院管理者)应当对该人员的行为承担监督过失的责任。例如,在前述德国"Roux 钩遗落腹腔案"中,医师正是由于选任不具有资格的护士从事医疗辅助工作,因而成立监督过失。

(三)医疗管理过失

所谓医疗管理过失,是指医院(科室)的管理者对医院(科室)的物资、设备、机构等的不完备存在过失(即,不确立安全体制的过失),因

而导致危害结果发生的情形。医疗管理过失与狭义的医疗监督过失的区别在于，管理过失不需要以被监督者的行为作为媒介，而是直接在法益侵害上存在过失。

医疗是高风险作业，完备的工作制度是防范风险的必要措施。以《全国医院工作制度和医疗工作岗位职责征求意见稿》（第二稿）为例，直接涉及医疗行为的工作制度包括行政管理、医疗、护理、药学、医疗技术、医院感染等六大类，每个大类下又有若干小项。医院的管理者必须依据《全国医院工作制度和医疗工作岗位职责》制定本院的工作制度实施细则，并贯彻落实。若医院管理者因疏忽而未建立相应的工作制度和保障体制，导致损害结果发生的，管理者应当承担管理过失的责任。例如，医院管理者疏于组织业务人员参加培训，没有建立完善的培训学习机制，导致了严重医疗事故发生的，应当以管理过失追究管理者的刑事责任。在我国，医院管理者大多不具备国家机关工作人员的主体资格，其疏于管理的渎职行为不构成玩忽职守罪，实践中因医疗事故罪被追究刑事责任的人员，基本上都是一线操作的医师、护士、麻醉师等，因此，以管理过失为切入点，追究医院管理者对于医疗事故的刑事责任，有助于严密法网。并且，通过管理过失追究管理者的责任，督促其建立完备的安全体制，也是防范医疗事故的根本之道。

在前述日本"横滨市大医院弄错患者事件"中，有学者论证了医院没有建立完备的管理体制的过失责任。[①] 外科手术可以说是风险最大的医疗行为，其中，最严重的事故莫过于受术对象错误、手术部位错误等等，而这样的错误完全可以通过手术查对制度来避免。因此，医院管理者需要对手术查对制度的不健全承担管理过失责任。我国研究监督过失的学者结合日本判例，讨论了因医院协作体制（例如，对视网膜发生病变的早产儿的多科会诊）、联络体制（例如，交通事故患者的急救、交接班和转诊制度）和手术后监视体制（例如，对剖宫产患者的回诊）等不健全而导致的管理过失的责任。在上述案例中，医院管理者具有管理过失是可以确定的，不过，这些案件都仅被作为民事案件处理，可见，医疗法中民事责任和刑事责任的具体分野，是需要进一步探讨的问题。[②]

[①] 参见吕英杰：《监督过失归责研究》，16页，清华大学博士学位论文，2008。
[②] 参见上文。

三、医疗监督过失的刑事责任的承担

监督过失是过失竞合的一种形态,适用竞合过失的责任分配原则,即,以原因力为主、以过失程度为辅进行责任分配。在监督过失中,应当特别考虑监督者的监督地位和监督责任。监督者处于支配地位,享有支配被监督者的权利,是处于保证人地位的正犯,通常来说,监督者的过失对于损害的发生具有更大的原因力,监督过失是更严重的过失,因此,监督者应当承担更重的刑事责任。在因医疗安全体制不健全而导致损害的案件中,应当依据管理过失的原理,追究管理者对于医疗事故的刑事责任,尽可能地将责任追及至医疗组织中的高层管理者,而不得有意地回避高层管理者的责任,一般情况下,管理者的级别越高,越应当承担更重的责任。

第五节 医疗行为中的信赖原则

团队医疗是典型的多人共同参与的行为,并且医务人员之间具有明确的业务分工。医疗业务的分界划定了分工者负责的领域,分工者负责的领域又决定了分工者承担刑事过失责任的界限。如果要求医疗团队中的每位分工者都必须为整个医疗行为的所有环节负责,这在客观上是对分工者的过高要求,不但难以实现医疗行为的目的,也会使人们对于需要多人合作的工作望而却步,终将阻碍人类社会生活的发展。为了不让每位分工者负担过重的责任,必须找出责任划分的方法。适用信赖原则,使医疗分工者在尽了自己应尽的义务之后,可以信赖其他分工者拥有专业的知识与经验,能够做好分配给他们的任务。信赖原则可以使医疗分工者的责任合理化,不至于成为过重的负担,然而,如果不当地扩大信赖原则的适用,就无法保障病人的权益。因此,在肯定信赖原则适用于医疗领域的同时,必须明确该原则的适用条件。

一、信赖原则的含义

所谓"信赖原则"(Der Vertrauensgrundsatz),是指当行为人实施某种行为时,如果可以信赖被害人或者第三人能够采取相应的适当行为,那

么，由于被害人或者第三人的不当行为而导致结果发生的，行为人就不承担过失责任的原则。① 信赖原则最早被适用于道路交通案件，1954年德国联邦最高法院及刑庭联合会议决议中正式使用了"信赖原则"一词②，瑞士、奥地利也几乎在同时代形成和确立了信赖原则③，日本在二战后引进了信赖原则④，我国台湾地区在1976年以后开始运用该原则。⑤

信赖原则的产生，既是社会实践发展的客观需要，又是经由旧理论的孕育而必然形成的新理论。信赖原则之所以最早适用于道路交通事故领域，与汽车流行、道路设施完备、交通关系人法律知识普及等息息相关。信赖原则在从旧过失论发展到新过失论的理论背景下，在新过失论中被允许的危险和危险分配的法理的延长线上得以确立和发展。信赖原则为刑法理论中抽象的"被允许的危险"和"危险分配"理论提供了可供操作的具体标准⑥，能够发挥限缩过失犯成立或者缓和过失犯处罚的功能，有助于刑事责任的确定和分担。

二、信赖原则可以适用于医疗领域

（一）理论争议

从历史源流来看，信赖原则是在道路交通事故中确立和发展起来的。然而，对于信赖原则能否扩大运用到道路交通以外的其他领域，存在对立的见解。

肯定说认为，药品、医疗等领域的活动与道路交通在性质上同属于改善民众生活、提高生活质量所必需的设施或者行为，既然在交通事故中可以适用信赖原则，那么，在药品公害、医疗事故中就没有排除信赖原则适

---

① 参见［日］西原春夫：《交通事故和信赖原则》，14页，东京，成文堂，1969。转引自林亚刚：《论危险分配与信赖原则》，载《法律科学》，1999（2）。
② 参见翟唤霞：《刑事上信赖原则之理论与实用》，载（台湾）《刑事法杂志》，16卷5期。
③ 参见［日］川端博：《刑法总论二十五讲》，128~129页，余振华译，北京，中国政法大学出版社，2003。
④ 参见［日］大谷实：《刑法总论》，153页。
⑤ 参见廖正豪：《过失犯论》，202页。
⑥ 参见林亚刚：《论危险分配与信赖原则》，载《法律科学》，1999（2）。

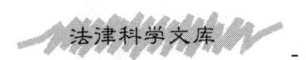

用的理由。①

否定说认为，信赖原则是针对道路交通事故的特点，经过理论和判例的长期发展而形成的特殊原则，只能适用于交通事故。药品公害和医疗事故的性质与交通事故并非全然相同，考量的重点也不一致，应当根据药品或者医疗行为的本质和社会的需要，经过理论和实践的充实，逐渐形成符合其自身属性的特殊原则。因此，应当排除信赖原则在其他领域的适用。②

肯定说和否定说都是围绕着交通事故与其他类型事故的同质性或者异质性来展开论证的，肯定说已经成为理论界的通说。③笔者赞同肯定说的主张，在现代风险社会和社会化大分工的现实情境之中，应当以信赖原则的思想根基——"可允许的风险"和"危险分配"作为立足点和出发点。尽管信赖原则是从交通领域发展而来，但是，该原则具有较大的普遍适用性。虽然尚不清楚信赖原则能够在多么广泛的程度上扩张适用到其他生活领域④，但是，人们普遍赞同将这一原则扩展到参与工作者共同作用的领域，尤其是，多名医生共同参与的组织医疗已经成为适用信赖原则的另一类典型行为。⑤

德国和日本已经出现了明确适用信赖原则的医疗刑事判例。例如，德国联邦法院的一份判决认为，在手术活动中，"参加这个手术的医生，在原则上能够信赖来自其他专业方向的同事的共同工作是没有错误的"⑥。在日本，"北大电手术刀误接事件"是运用信赖原则的重要判例。该案中，北海道大学医学部附属医院的医生给患了动脉管开存症的病人实施手术，使用电手术刀切断病人的动脉管与大动脉的分歧点。该疾病原本是可以根

---

① 参见廖正豪：《过失犯论》，210页。
② 参见廖正豪：《过失犯论》，211页。
③ 参见［日］西原春夫：《交通事故和信赖原则》，22页，东京，成文堂，1969。转引自廖正豪：《过失犯论》，211页。
④ 参见［德］施特拉腾韦特、库伦：《刑法总论Ⅰ—犯罪论》，420页。
⑤ 参见［德］克劳斯·罗克辛：《德国刑法学总论》，第1卷，718页；［日］川端博：《刑法总论二十五讲》，130页；陈朴生：《刑法专题研究》，4版，339页，台北，政治大学法律学系，1988。
⑥ BGH NJW 1980，649（650）.转引自［德］克劳斯·罗克辛：《德国刑法学总论》，第1卷，718页。

治的，然而，当时通电的电极板装在患者的右下腿部，造成了患者三度烫伤，不得已切除了患者的下肢。该手术由一名执刀医师、三名手术助手、两名麻醉医师和三名护士共同组成医疗小组。后查明，产生事故的原因是护士将电极板的电线插头与电手术刀的插头交互误接。一审认定护士成立过失伤害罪，执刀医师无罪；二审维持了一审判决。判决的主要理由是，电手术刀的电线连接是非常简单和容易的医疗辅助作业，医师信赖有经验的老护士能够正确地处理，根据当时的具体情况，这样的信赖是不无理由的……手术开始前，执刀医师信赖老练的护士，没有检查接点是否正确，依当时的情形是有理由的，并且执刀医师不能预见由于电线误接所造成的伤害事故的发生，因而未采取回避和检查的措施，这并未违反执刀医师通常的注意义务。①

（二）医疗行为中信赖关系的样态

关于信赖原则所适用的社会生活领域，德国学者认为，可以适用于道路交通、参与工作者的共同工作、鉴于他人的故意犯罪这三类领域；日本学者认为，信赖原则可以适用于"对防止危险，协力分担关系中所有分野"②；我国台湾地区学者认为，信赖原则分别适用于个人型过失（例如，交通事故）和组织型过失。③

组织医疗可以被视作参与医疗各方之间分工合作和分配风险的行为，医疗行为中的信赖表现为两种形式：其一，医方和患方之间的信赖；其二，医方内部各医疗行为参与者之间的信赖。医方对患方的信赖包括，信赖患方会如实提供有关的信息，信赖患方会遵守医嘱。若患方不如实提供既往病史、家族遗传病等与治疗相关的重大信息，或者不遵守医嘱而妄自行动，因而导致了损害结果发生的，医方对此不承担责任。④

信赖原则的作用更明显地体现在医疗团队内部的责任分担上。因分工

---

① 参见曾淑瑜：《医疗过失与因果关系》，下册，575～576页。
② ［日］川端博：《刑法总论二十五讲》，130页。
③ 参见陈朴生：《刑法专题研究》，4版，338～339页。
④ 例如，在前文第七章讨论过的"整形美容手术案"中，病人未遵守医嘱在手术前12小时禁食，并且在手术开始之前回答医师询问时隐瞒了进食的情况，医师基于对病人遵守医嘱和如实告知的信赖，按计划为她实施了全麻醉手术，手术后病人因胃内容物导致呼吸障碍而死亡，医师对此不承担责任。

而形成的信赖是合作的必要前提，分工的依据是医院的内部组织制度和临床病案中的具体约定。根据医疗参与者之间的关系，可以将医疗分工分为水平分工和垂直分工两种模式。①

所谓"水平分工"，是指医疗行为参与者处于同等地位，彼此之间没有领导与被领导的关系，包括了参与会诊的不同专科的医师、手术医师和麻醉医师、医师和其他技术人员等之间的分工。在水平分工中，医师对于其他人员不承担监督和指示的义务，每位医师在正确地完成分内的职责之后，可以信赖其他人能够恰当地履行各自的医疗义务，对于其他人员违反义务而导致的损害后果，信赖者无须承担责任。在医疗活动的组织架构中，应当划分和分配参与医疗行为的各专科医师的医疗任务和应当注意的事项的范围。对于各专科医师而言，他们不仅自己遵守医疗规范，还会形成相互的信赖，即信赖其他医疗参与者也会遵守规范②，因此，医院的内部组织制度是形成信赖的基本依据。由于医疗过程中可能会面临一些突发和复杂的状况，当既定的规章制度无法应对时，应当允许各专科医师对于医疗行为的开展和医疗任务的分配进行具体的协商和约定，这种约定可以视为形成信赖的补充依据。③手术医师和麻醉医师之间的分工是水平分工的典型样态之一。例如，麻醉医师在对病人实施了麻醉之后，指示手术医师可以开始手术，手术医师应当信赖这一指示是正当的。手术医师完全可以信赖麻醉医师采用的麻醉方式、麻醉药物种类和剂量、麻醉部位、麻醉时期等，若因麻醉事故而导致病人损害的，手术医师不承担责任。在没有制定完备的内部组织制度的中小型医疗机构中，不同专科医师的责任范围应当按照医疗法规定的专科医师制度和医疗技术规范来确定。

所谓"垂直分工"，是指参与者在医疗行为中处于不同的地位，彼此之间存在指导与被指导的关系，包括管理者组织、管理医疗活动，主诊医师领导若干下级医师组成医疗小组，主治医师指示助理医师执行医疗行

---

① 关于医疗领域的"水平分工"和"垂直分工"的概念，参见 Ulsenheimer, Arztstrafrecht in der Praxis, 2, Aufl. 1998, S. 121 ff. 转引自王皇玉：《整形美容、病人同意与医疗过失中之信赖原则——评台北地院 2002 年诉字第 730 号判决》，载（台湾）《月旦法学杂志》，2005（12）。

②③ 参见王皇玉：《整形美容、病人同意与医疗过失中之信赖原则——评台北地院 2002 年诉字第 730 号判决》，载（台湾）《月旦法学杂志》，2005（12）。

为，医师指示护士执行医嘱，医师指示药师发药等等。在垂直分工中，存在指导者和被指导者之间双向的信赖：其一，下位者对上位者的信赖。居于上位的医师拥有更丰富的医学知识和更优秀的医疗能力，居于下位接受指示的辅助者信赖医师下达的指示是正确的，应当遵守指示从事医疗活动，若因医师的指示错误而导致病人损害的，辅助者免除过失责任。例如，依医嘱开展医疗活动的护士和药剂师等，在核对之后基于信赖而执行医嘱，若因医嘱错误（该错误是医疗辅助者不应当也不能够认识到的）导致了损害后果发生的，则由下达医嘱的医师承担责任；若医疗辅助者能够认识到医嘱的错误，却未向医师指出或者未向上级报告该错误，仍然继续执行该错误医嘱的，辅助者因怠于行使其报告义务，而不得主张适用信赖原则。其二，上位者对下位者的信赖。居于上位的医疗者依医疗规范下达医嘱之后，可以信赖居于下位的被指导者能够根据医嘱及其业务范围内的操作规范来实施医疗行为，若被指导者违反医嘱擅作不当行为，违反业务范围内的技术规范，导致了损害后果发生的，指导者基于信赖而免除责任。例如，在外科手术中，主刀医师信赖护士能够正确地实施术前准备和术后善后的工作，若护士由于过失造成消毒不完、术前检查不完备或者防止感染不完善，导致了感染事故的，由于消毒是护士负责的领域，主刀医师基于信赖而免除责任。

三、信赖原则适用于医疗领域的条件

医疗活动是可以适用信赖原则的典型领域之一，但是，信赖原则的适用必须受到相当的限制，从而避免其被滥用。医方对患方的信赖适用被害人自我承担风险的基本原理。在组织医疗中，在医疗分工者之间适用信赖原则，必须符合一系列基本条件，可以分别从积极条件和消极条件两个方面加以探讨。

（一）积极条件

医疗行为必须同时符合如下条件，才可以适用信赖原则。[①]

1. 所采取的医疗行为必须是患者不可或缺的。医疗行为总是伴随着对患者身体的侵袭和风险，因此，医疗团队对病人实施的应当是治愈患者

---

① 参见曾淑瑜：《医疗过失与因果关系》，下册，568页。

所必需的医疗行为，如果实施的是不必要的过度治疗，就不得适用信赖原则。

2. 参与医疗行为的所有医务人员，均被期待在医疗活动中遵守医学规则，实施适当的行为。医务人员相互之间存在合理的期待，这是形成信赖的基础。

3. 医务人员了解诊疗当时临床医学实践的医疗水准，学习专业知识，遵守相关医疗规范，获得了适当的在职训练与管理。医学知识和医疗技术不断地发展和进步，医务人员的专业能力不能一成不变，而应当与时俱进。这一条件对医务人员的注意能力提出了要求，是信赖具有相当性的前提。

4. 医疗机构的内部制度和服务规则是具体明确的。医疗机构的内部制度是划分医务人员之间权责的根据和防范事故的保障，若缺乏明确的规定，分工和责任的范围不清晰，则无法适用信赖原则，只能就业务管理者或者监督者的客观预见可能性来认定事实。

（二）消极条件

消极条件又被称为适用信赖原则的例外情形，当具有如下条件之一时，排除信赖原则的适用，应当追究行为人的过失责任。[①]

1. 容易预见到医疗行为的参与者会采取不适当的行为。当医务人员非常容易地预见到其他人的不适当行为时，不得适用信赖原则。例如，药剂师看到医师处方中的药物剂量是正常值的 10 倍，这是一个显而易见的笔误，药剂师不得主张基于信赖就照方发药。

2. 其他医疗行为的参与者不具备合法的资格。取得执业资格是医务人员具有相应业务能力的基本标志，在明知他人不具有合法资格而予以任用的场合，任用者不得主张信赖。例如，在前述德国"Roux 钩遗落腹腔案"中，主刀医师选任不具有资格的护士承担手术的辅助工作，对于该名护士遗落异物于病人腹腔的行为，医师不得以信赖护士能够实施适当的辅助行为为理由，而主张免责。

3. 所采取的医疗行为产生医疗过失的频率比较高。产生医疗过失频率高的行为，必然是危险程度高的医疗行为。危险性越高，医师的注意义务的范围就越广，适用信赖原则的范围就相应的变窄。

---

① 参见曾淑瑜：《医疗过失与因果关系》，下册，569 页。

4. 行为人本人违反了医学规则或者临床医疗水准。在信赖者自身的行为存在过失的情况下，他是否还能主张信赖，理论上对此存在争议。一般情况下，行为人的违规行为使得其他参与人对其丧失了信赖，因而，行为人也没有理由期待其他人能够遵守共同的准则或者规则行事。但是，当违规行为不是事故发生的原因，或者不具有升高危害结果发生的危险性时，可以考虑适用信赖原则的可能性。① 因此，当危害结果或者危险的增加能够归责于行为人违反医学规则和医疗水准的行为时，行为人不得主张基于信赖而免责。

为了防范医疗事故，医学操作规程规定了若干环节的综合保障措施，若行为人的行为违反了其中的一个环节，则不得主张信赖。例如，麻醉工作制度规定，在实施麻醉时，护士接好循环式氧气筒之后，麻醉医师必须进行确认才能使用，若麻醉医师未加以确认，由于氧气管筒错误连接而导致损害的，医师不得主张信赖护士会正确连接氧气筒而免责。② 又如，在日本著名的"千叶大学采血失误事件"中，采血机器有阴极气压和阳极气压两种装置，分别具有吸引和喷射功能，医师指示护士进行连接，护士误将阴极气压作为阳极气压，医师对此未加检查、未加确认，也没有指示其他护士进行确认，就将采血针刺入了被害人的静脉之中，向被害人的静脉内注入了大量的空气，使得被害人因空气栓塞症而致脑软化症，最终在医院死亡。医师被判禁锢10个月，缓刑2年。③ 在该案中，医师因疏于检查和指示，不得主张基于对护士的信赖而免责。

综上所述，信赖原则可以适用于组织医疗，但其适用必须受到严格的限制。只有符合了适用信赖原则的所有积极条件，并且不属于任何一项消极条件所列的情形时，医疗行为参与者才可以主张基于信赖而免除注意义务，排除过失的成立，从而使得信赖者不需要对损害结果承担刑事责任，而应当由被信赖者对其直接导致损害结果的过失行为承担刑事责任。

---

① 参见林亚刚：《论危险分配与信赖原则》，载《法律科学》，1999（2）。
② 日本神户地裁尼崎支部昭和49年6月21日判决，判例时报753号111页。该案医师被判处禁锢6个月，缓刑1年，护士被判处罚金。转引自［日］中村敏昭等：《医疗纷争与法律》，增订1版，31页。
③ 千叶地裁昭和47年9月18日判决，东京高裁昭和48年5月30日判决。转引自［日］中村敏昭等：《医疗纷争与法律》，增订1版，37页。

本章小结

组织医疗是当今医疗的主流形态，医疗行为的参与者之间既有分工又有协同。医疗共同过失（竞合过失）犯罪与医疗过失共同犯罪的根本区别在于，在各行为人之间不存在共同注意义务和违反共同注意义务的共同心情。医疗竞合过失犯罪，是指医疗参与人违反了各自的注意义务，其行为共同导致了损害结果发生。医疗竞合过失犯罪不成立共同犯罪，应当先确定损害结果归责于哪些行为，再在应当归责的行为中，根据行为对损害结果的原因力大小和过错的程度分配刑事责任。医疗过失共同犯罪，是指医疗参与人违反了共同的注意义务，导致了损害结果。医疗中的共同注意义务，是处于相同的医疗职业地位、非分工地从事同一医疗行为的医务人员之间相互关注、相互提醒的义务。过失共同犯罪是客观存在的现象，立法上应当加以确认。医疗过失共同犯罪的刑事责任，适用"部分行为全部责任"的基本原理。

组织医疗中通常会涉及监督过失的刑事责任。广义的监督过失包括了狭义的监督过失和管理过失。狭义的医疗监督过失主要表现为带教医师对实习医师、进修人员的行为的监督过失，以及医师对医疗参与人的选任过失；医疗管理过失，是指医院（科室）的管理者对医院（科室）的物资、设备、机构等的不完备存在过失。医疗监督过失适用竞合过失的责任分配原则，并且应当特别考虑监督者的监督地位和监督责任。

医疗业务的分界划定了医疗分工者负责的领域，分工者负责的领域又决定了分工者承担刑事过失责任的界限，信赖原则可以使医疗分工者的责任合理化。在存在医疗分工的场合，信赖表现为水平医疗分工中的信赖和垂直医疗分工中的信赖。适用信赖原则受到积极条件和消极条件的双重严格限制，只有符合了适用信赖原则的所有积极条件，并且不属于任何一项消极条件所列的情形时，医疗行为参与者才可以主张基于信赖而免除注意义务，否定存在过失，从而排除信赖者的刑事责任。

第九章 医疗犯罪的刑罚配置

根据参与医疗过程的要素不同，广义的医疗犯罪包括临床个案医疗中的诊疗过失犯罪和涉及药品安全、医疗器械安全和医疗设施安全等的犯罪[1]；狭义的医疗犯罪，仅指临床医疗中因诊疗过失而构成的犯罪。药品安全、医疗器械安全、医疗设施安全等方面的犯罪，主要是涉及公共卫生的产品质量问题，医疗过失犯罪则与治疗行为本身的特性密不可分。下面，以狭义的医疗犯罪为中心，研究医疗事故罪的刑罚配置：首先，在立法论上检视主刑（有期徒刑）的强度和附加刑（资格刑、罚金刑）的增设；其次，在解释论上探讨缓刑的适用。

---

[1] 涉及药品安全、医疗器械安全的犯罪可能发生在药品、医疗器械的研发、生产、销售、使用、废弃等若干环节，在我国主要构成刑法分则第三章第一节规定的生产、销售假药罪，生产、销售劣药罪，生产、销售不符合标准的医用器材罪。

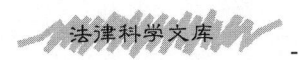

第一节　医疗事故罪中轻缓的主刑

医疗事故罪是一种典型的业务过失犯罪，研究医疗事故罪的主刑强度，可以通过两个层面的比较来展开：首先，在我国刑法内部，比较医疗事故罪与其他业务过失犯罪的刑罚强度；其次，比较我国的医疗事故罪与其他国家（地区）的过失犯罪、业务过失犯罪的刑罚强度。

一、我国刑法中业务过失犯罪的刑罚配置

所谓"业务过失"，是指从事业务的人怠于业务上的必要注意，导致发生了一定的构成要件结果。① 我国刑法典对业务过失犯罪采取分散立法的模式，除了医疗事故罪（刑法第335条）和非法行医罪、非法进行节育手术罪（刑法第336条第1款、第2款）之外，业务过失犯罪还包括：重大飞行事故罪（刑法第131条），铁路运营安全事故罪（刑法第132条），交通肇事罪（刑法第133条），重大责任事故罪（刑法第134条第1款），强令违章冒险作业事故罪（刑法第134条第2款），重大劳动安全事故罪（刑法第135条），大型群众性活动重大安全事故罪（第135条之1），危险物品肇事罪（第136条），工程重大安全事故罪（刑法第137条），教育设施重大安全事故罪（刑法第138条），消防责任事故罪（刑法第139条），签订、履行合同失职被骗罪（刑法第167条），国有公司、企业、事业单位人员失职罪（刑法第168条），出具证明文件重大失实罪（刑法第229条第1款），玩忽职守罪（刑法第397条），过失泄露国家秘密罪（刑法第398条），执行判决、裁定失职罪（刑法第399条第3款），失职致使在押人员脱逃罪（刑法第400条第2款），国家机关工作人员签订、履行合同失职被骗罪（刑法第406条），环境监管失职罪（刑法第408条），传染病防治失职罪（刑法第409条），商检失职罪（刑法第412条第2款），动植物检疫失职罪（刑法第413条第2款），失职造成珍贵文物毁损、流失罪（刑法第419条），擅离、玩忽军事职守罪（刑法第425条）。

---

① 参见廖正豪：《过失犯论》，125页。

在罪名分布上，业务过失犯罪主要集中于《刑法》分则第二章"危害公共安全罪"中的责任事故类犯罪，以及《刑法》分则第九章"渎职罪"中的玩忽职守类犯罪。在法定刑的设置上，业务过失犯罪大多数都没有配备附加刑（只有工程重大安全事故罪、出具证明文件失实罪、非法行医罪配备了罚金），主刑的配置大致有六种模式：（1）根据不同的量刑情节（或者后果），将主刑设置为两档：造成严重后果、重大伤亡事故，或者对国家利益造成重大损失的，处3年以下有期徒刑或者拘役；后果特别严重、情节特别恶劣的，或者对国家利益造成特别重大损失的，处3年以上7年以下有期徒刑。这是最通行的主刑配置模式，重大飞行事故罪等15个罪名采用了该模式。（2）根据不同的量刑情节（或者后果），将主刑设置为三档：前两档主刑幅度与第一种模式相同，只是就特定的量刑情节做了特别加重处罚的规定。采用这一模式的是交通肇事罪。（3）根据不同的损害后果，将主刑设置为两档：造成严重后果的，处3年以下有期徒刑；造成特别严重后果的，处3年以上10年以下有期徒刑。采用了这一模式的是失职致使在押人员脱逃罪。（4）根据不同的量刑情节（或者后果），将主刑设置为两档，但每一档的法定最高刑均重于第一种模式：造成重大事故的，处5年以下有期徒刑；情节特别恶劣或者后果特别严重的，处5年以上有期徒刑（强令违章冒险作业），或者5年以上10年以下有期徒刑（工程重大安全事故罪，执行判决、裁定失职罪）。（5）根据不同的情节和损害后果，将主刑设置为三档：情节严重的，处3年以下有期徒刑；严重损害就诊人健康的，处3年以上10年以下有期徒刑；造成就诊人死亡的，处10年以上有期徒刑。采用这一立法模式的是非法行医罪和非法进行节育手术罪。（6）法定性只有一档，即3年以下有期徒刑。医疗事故罪等6个罪名采用了这一模式。

关于普通过失犯罪，我国刑法第233条和第235条分别规定了过失致人死亡罪和过失致人重伤罪。普通过失致人死亡的，处3年以上7年以下有期徒刑，情节较轻的，处3年以下有期徒刑；普通过失致人重伤的，处3年以下有期徒刑或者拘役。

比较我国刑法中业务过失犯罪和普通过失犯罪的规定，刑罚配置可以分为三种类型：第一种类型是，多数业务过失犯罪的主刑配置（第一种模式）与普通过失犯罪基本保持了平衡，并且交通肇事罪除了"因逃逸致人死亡"这一加重情节的特别规定之外（第二种模式），前两档主刑幅度也与普通过失犯罪相同。第二种类型是，某些业务过失犯罪的法定刑重于普通过失犯

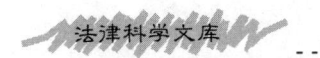

罪，具体表现为：加重情节的法定最高刑高于普通过失（第三种模式）；每一档法定刑均重于普通过失（第四种模式）；在三档量刑情节中，后两档的法定刑远高于普通过失（第五种模式）。第三种类型是，有6个罪名的主刑轻于普通过失犯罪。可见，我国刑法对于业务过失犯罪的主刑配置，依过失发生在不同的业务领域而有所不同，因此，有论者从我国立法推导出业务过失犯罪重于抑或轻于普通过失犯罪的普遍结论①，这是不成立的。

二、业务过失犯罪加重刑罚的理论争议

在对业务过失采取集中立法模式的刑法典中，业务过失犯罪的法定刑配置统一重于普通过失。例如，台湾地区"刑法"第276规定，"因过失致人死亡者，处两年以下有期徒刑、拘役或2 000元以下罚金。从事业务之人，因业务上之过失犯前项之罪者，处五年以下有期徒刑或者拘役，得并科3 000元以下罚金。"日本《刑法》第209条和第210规定，过失伤害或者过失致人死亡的，分别处30万元以下罚金（或科料）或者50万元以下罚金。第211条规定："懈怠业务上的注意，因而致人死伤的，处五年以下惩役、监禁或者50万元以下罚金；因重大过失致人死伤的，亦同。"② 然而，理论界对于业务过失是否必须加重处罚，存在肯定论和否定论的尖锐对立。

在肯定业务过失应当加重处罚的观点内部，对于业务过失加重其刑的理由，众说纷纭，莫衷一是。"特别义务说"认为，业务具有反复继续性，从事业务的人应当拥有比一般人丰富的知识和经验，拥有更高的认识或者预见结果的能力，因此，应当对其课以特别高度的注意义务，如果违反了该义务，就应当承担较重的责任。③ 台湾司法实务即采该说。④ "一般预防说"则基于刑事政策的考虑，认为从事业务的人由于其反复的工作会招致危险，为了防止其怠于履行注意义务，需要加重刑罚，唯此，才能警诫其

---

① 参见王俊平：《责任事故犯罪刑事责任之比较》，载《中国刑事法杂志》，2002 (4)。

② 《日本刑法典》，2版，78页。

③ 参见［日］大场茂马：《刑法总论》（下），756页；［日］团藤重光：《刑法纲要总论》，320页。转引自甘添贵：《业务过失与普通过失之分际》，载蔡墩铭等主编：《刑法争议问题研究》，122页。

④ 参见廖正豪：《过失犯论》，130页。

谨慎从事，从而达到一般预防的目的。①"法益重大说"认为，业务过失犯罪侵害的通常是较为重大或者较为多数的法益，因而应当处以更重的刑罚。②"违法性重大说"认为，过失犯的违法性应当同时具备法益侵害之结果无价值和行为无价值，从事业务的人具有高度的注意能力，即使与一般人违反同样的注意义务，从事业务的人的违反程度也更为显著，行为无价值更加重大，因此，应当给予较重的处罚。③"责任重大说"认为，业务者承担的业务有发生侵害结果的高度危险，其预见危险和回避危险的能力应当高于一般人，同时，规范期待业务者谨慎从事该业务行为的程度也高于对一般人的期待，若业务者因为不慎导致了结果的发生，则责任的非难性明显较为重大，因此应当加重刑罚。④

持否定论的学者认为，业务过失并非必然应该被加重刑罚，逐一反驳了肯定论者提出的较高注意义务、较高注意能力、较高的业务危险性等加重处罚的主要理由。业务大致可以分为两类，一类是从事业务的人所专属的业务，例如，医师的医疗活动；另一类是非从事业务的人专属的业务，例如，驾驶车辆。首先，就预见可能性而言，在非专属业务中，普通人和业务者实施的是同样的行为，很难认为业务者一定具有比普通人更高的预见可能性；专属业务只能由从事特定业务的人实施，普通人不能、通常也不会从事这样的工作，根本就不存在比较业务者和普通人的预见可能性的基础，进行这样的比较是无意义的和非正当的。其次，在注意义务的问题上，法律就相同的危险可以有不同程度的注意义务的要求，但是，作出这种区别的原因并不在于从事一定的业务。在非专属业务中，业务者和普通人从事业务行为时的注意义务是同等的，而在专属业务中，业务者和普通人的注意义务不具有可比性。最后，业务

---

① 参见［日］植松正：《刑法总论》，308页。转引自甘添贵：《业务过失与普通过失之分际》，载蔡墩铭等主编：《刑法争议问题研究》，123页。

② 参见［日］宫本英修：《刑法大纲》，292页。转引自甘添贵：《业务过失与普通过失之分际》，载蔡墩铭等主编：《刑法争议问题研究》，123页。

③ 参见［日］福田平：《过失之种类》，载［日］团藤重光编：《注释刑法のⅡ总则》，394页。转引自甘添贵：《业务过失与普通过失之分际》，载蔡墩铭等主编：《刑法争议问题研究》，123页。

④ 参见［日］曾根威彦：《刑法总论》，197页。转引自甘添贵：《业务过失与普通过失之分际》，载蔡墩铭等主编：《刑法争议问题研究》，124页。

行为具有较高的危险性，包括了发生损害的可能性更大和损害后果更严重两种情况，而过失犯罪的法定刑已经考虑了上述情况，因此，不必再作业务过失加重其刑的规定。①

在台湾理论界，无论是持肯定论还是持否定论，学者们都普遍认为，实务中对于业务过失的认定过于泛滥，因而主张取消业务过失加重其刑的规定，以轻率（重大）过失取代业务过失。② 有学者认为，可以针对某一业务行为提出加重刑罚的具体根据，但是，很难将所有的业务行为作为一个类型统一论证其加重刑罚的理由③；或者，对于业务过失加重处罚并不单纯是因为从事业务行为的关系，而是个案中另有特别的原因，但是，个案中出现的高度注意义务与普通注意义务的量差，未必能够达到足以需要特别作出加重刑罚的规定，因此，解决问题的根本途径在于废除业务过失。④

在我国大陆，有观点认为，1979年刑法对业务过失法定刑的规定明显低于普通过失是不合理的，1997年刑法典的修订已经对此作了一定的修正。⑤但是，仍然有学者认为，1997年刑法规定的业务过失犯罪的法定刑偏轻，提出了加大刑罚强度的立法建议。⑥ 并且，在医疗事故罪的法定刑设置上，主流观点也认为，本罪的法定刑是畸轻和不合理的，建议提高法定刑幅度。⑦ 但是，也有少数观点认为，医疗事故罪的责任人应当承担

---

① 参见黄荣坚：《从医疗疏失论过失概念》，载许玉秀主编：《刑事法之基础与界限》，270～274 页。

② 参见甘添贵：《业务过失与普通过失之分际》，载蔡墩铭等主编：《刑法争议问题研究》，124 页；黄荣坚：《从医疗疏失论过失概念》，载许玉秀主编：《刑事法之基础与界限》，274 页。

③ 参见甘添贵：《业务过失与普通过失之分际》，载蔡墩铭等主编：《刑法争议问题研究》，122 页。

④ 参见黄荣坚：《从医疗疏失论过失概念》，载许玉秀主编：《刑事法之基础与界限》，274 页。

⑤ 参见林亚刚：《犯罪过失研究》，238 页。

⑥ 例如，马长生等：《论职务过失犯罪》，载《华东政法学院学报》，2002 (1)；王俊平：《我国刑法中的责任事故犯罪立法之检视》，载《国家检察官学院学报》，2002 (3)；刘勇等：《论业务过失犯罪的刑事责任》，载《法律适用》，2005 (5)；

⑦ 参见田兴洪：《论医疗事故罪的法定刑配置及其完善》，载《甘肃政法学院学报》，2001 (6)；刘超捷：《论医疗事故罪的立法及司法解释的缺陷》，载《法律与医学杂志》，2002 (3)。

比其他业务过失犯罪更轻的刑事责任。①

笔者认为,正如前述台湾刑法学者所论证的,很难为业务过失犯罪加重刑罚找到统一的理论基础,应当依具体业务行为的类型而定②;并且在我国对业务过失犯罪采取分散立法的现行模式下,也很难对所有的业务过失犯罪都配置更重的法定刑。因此,应当充分考虑医疗行为本身的特点和医疗事故罪的犯罪构成,单独考察医疗事故罪的法定刑配置。笔者赞同现行刑法规定的医疗事故罪的主刑强度。

三、坚持医疗事故罪现有的主刑强度

我国刑法理论界关于医疗事故罪应当提高法定刑的主张,其理由不外乎是:医生具有高于普通人的注意义务和注意能力,医疗事故具有严重的损害后果,等等。

笔者认为,上述理由是不成立的。首先,在现代社会分工和对医疗职业实行严格准入制度的背景之下,医疗行为只能由医务人员实施,因此,医疗业务已经成为医务人员的专属业务。只有经过严格培养,通过国家统一考试,获得相应执业资格的人,才具有特定的注意义务和注意能力。对病人实行恰当的诊治,既是医务人员的义务,也是医务人员权利。相反,普通人并不具备医疗知识和技能。在实施诊治时,医务人员客观上的确具有高于普通人的注意义务和注意能力,但是,普通人既不享有实施医疗的权利,也不承担相应的义务,简言之,普通人根本不得从事医疗行为(非法行医是另一个问题)。因此,将医务人员的注意义务和注意能力与根本不会(或者不能)实施诊治的普通人进行比较,缺乏比较的实质前提,二者不具有可比性。将医务人员具有更高的注意义务和注意能力作为加重刑罚的理由,是站不住脚的。医疗注意义务和注意能力只有在医疗职业共同体内部才具有普遍的意义,将之与普通人不需要也不能够具备的注意义务和注意能力进行比较,认为医师具有所谓"更高"的注意义务和注意能力,这种"更高"没有任何价值。其次,医疗过失损害的是特定患者的生命或者健康,没有危及公共安全,其损害后果小于通常的业务过失。医疗

---

① 参见张爱艳等:《医疗事故罪量刑研究》,载《法学论坛》,2004(6)。
② 参见甘添贵:《业务过失与普通过失之分际》,载蔡墩铭等主编:《刑法争议问题研究》,122页。

过失发生在医生对具体患者实施诊疗的过程之中，被害人是特定的患者，并且在绝大多数情况下被害人仅有一人。与重大责任事故（例如，矿难）、大型群众性活动重大安全责任事故（例如，公共聚会中的踩踏事故）动辄造成数人、数十人、甚至数百人死亡的后果相比，医疗事故的损害后果是相对较小的。

应当对医疗过失犯罪配备较轻的主刑，根本的立论基础是医疗行为的特殊性。第一，尽管百业分工是现代社会的基本特征，但是，不同行业各有其自身的特点。医疗行为的对象是人体，人体的变化性和神秘性使得医疗具有高度的未知性和风险性。医疗行为具有向善的本质，其初衷是为了维持生命和改善健康。也许有人会认为，如果要强调医疗行业的特殊性的话，那么，每个行业（例如，教师教育学生，园丁栽培花木）都有特殊性，对这些行业的过失也要从轻处罚。这样的主张忽略了医疗与其他领域的根本差异。在各类业务中，只有医疗行为直接以挽救、恢复人的生命和健康为宗旨，将人体作为行为对象。其他业务行为的对象不是人体，不直接涉及人的生命和健康，例如，教学的内容是传道授业解惑，改变的是思想而不是身体，园丁的行为对象是花木，矿山开采的对象是煤炭等矿藏，这些行为不产生直接针对人身的危险性。对于人类来说，人体还存在许多未知的神秘领域，必须以医疗的有限去应对疾病的无限，高度的风险实乃客观必然的存在。第二，医疗领域的风险性影响到过失心理的形成。有观点认为，医疗事故罪的犯罪构成已经排除了技术事故和医疗意外，因而不得以高风险性作为降低医疗事故罪的法定刑的依据。[①] 笔者认为，在医生不具有医疗过失的前提下，排除技术事故和医疗意外的犯罪性，符合犯罪构成的基本理论。然而，即使医生具有责任过失，就过失心理的形成机制来看，也与医生长期在高风险、高强度和高压力之下工作具有内在的联系，高度的风险使得医生在心理上处于紧张状态，并可能由此引发他们实施一些明显违规的过失行为。同时，医生在实施某些情况急迫的诊治时，也会受事态影响而犯下原本不该犯的低级错误。医生需要为上述明显违规行为和低级错误承担责任，但是责任不宜过重。医生取得了相应的资格，意味着其承诺履行恰当诊治的义务，但是，医生承担的义务多，并不

[①] 参见田兴洪：《论医疗事故罪的法定刑配置及其完善》，载《甘肃政法学院学报》，2001（6）。

意味着刑事负担就必然重①，必须考虑医疗义务的风险性以及这种风险对过失心理形成的影响。第三，现代科技携带的危险源对医疗领域和其他领域产生的影响不同。② 在其他业务领域（例如，交通运输）中，现代科技是造成损害后果的危险源；相反，医疗行为通常不是造成损害后果的危险源，造成损害后果的危险源应当是疾病。医疗的目的是抗制疾病，但是，由于医疗过失使得未能实现原本所追求的目标，却发生了致患者死伤的严重后果。损害的发生往往是疾病和医疗过失行为共同作用的结果，当医疗过失的事故参与度在50％以上时，医师的行为通常构成犯罪，但是，应当承受较轻的刑事负担。

有学者在论证应当对责任事故犯罪加重刑罚时，提出了设置刑罚轻重需要考虑的因素是行为的社会危害性程度和发案率的高低。③ 笔者赞同将上述因素作为设置刑罚强度的参考标准之一，从而为主张医疗过失犯罪配置轻缓的主刑提供进一步的论据。首先，医疗事故罪的社会危害性相对较小。如前所述，与危害公共安全类的业务过失犯罪相比，医疗事故罪侵害的是个别患者的生命权和身体权，其危害性在绝大多数情况下远远小于前者。其次，医疗事故罪的发案率较低。本书第三章已经对我国大陆医疗事故刑事案件的状况进行了实证分析，医疗事故纠纷绝大多数是损害赔偿纠纷，医疗事故刑事诉讼在全体医疗事故诉讼中所占的比例仅为3％左右。可见，医疗事故罪是一类发案率较低的犯罪，不宜对之设定过高的法定刑。医疗纠纷频发、医患关系紧张是民众对我国医疗行业的普遍印象，也的确是客观存在的事实，但是，不能简单地将医疗纠纷与医疗事故、乃至医疗事故罪画上等号，更不能将这样一种非常不精准的印象作为需要提高医疗事故罪的刑罚强度的依据。④ 在医患关系紧张的社会现实下，刑法对于

---

① 参见冯军：《刑事责任论》，22页。
② 参见赵秉志等：《论医疗事故罪的构成特征》，载《法学家》，1998（5）。
③ 参见王俊平：《我国刑法中的责任事故犯罪立法之检视》，载《国家检察官学院学报》，2002（3）。但是，该文论证的对象主要是危害公共安全罪中的责任事故类犯罪，没有对医疗事故罪的刑罚配置提出具体的建议。
④ 参见田兴洪：《论医疗事故罪的法定刑配置及其完善》，载《甘肃政法学院学报》，2001（6）。该文主张，业务过失犯罪的发案率高于普通过失犯罪是提高法定刑的理由。然而，事实上，业务过失犯罪包含了诸多的罪名，与重大责任事故罪等犯罪相比，医疗事故罪的发案率是相当低的。

医疗过失的入罪化及其刑罚配置具有重要的导向作用。实现和谐医患关系的根本在于医患双方力量均衡和相互理解，这应当是设计制度和制定法律的基本诉求。① 尽管理论上始终存在医疗过失除罪化的主张，尤以医界的呼声为最②，然而，当前各国立法的通例没有明确排除医疗过失的犯罪性。因此，在医疗过失入罪化的基础上，规定相对较轻的主刑更能够体现医疗过失的特殊性，既反映了对造成严重后果的业务过失追究刑事责任的普遍性，又体现了医疗行业的特殊性；既有利于提高医生的责任心，也不至于阻碍正常的医学进步，同时，还有利于引导患者正确和理智地对待医疗事故纠纷。

以上论证针对的是狭义的医疗过失犯罪，即具有合法执业资格的医务人员的过失犯罪。然而，在广义的医疗过失犯罪中，除了狭义的医疗过失犯罪以外，还包括非法行医等犯罪。根据日本医师法和我国台湾地区"医师法"的规定，非法行医罪是行为犯，即，没有医师资格而擅自执行医疗业务的，构成非法行医。非法行医者造成患者重伤或者死亡的，依照刑法中业务过失犯罪的相关规定定罪量刑。③ 我国大陆《刑法》第336条第1款规定的非法行医罪是情节犯，情节严重的，处3年以下有期徒刑、拘役或者管制；严重损害健康或者导致死亡的，则分别规定了更高的法定刑。意大利和俄罗斯采取了与我国相同的立法模式。比较日本、我国台湾地区和大陆对造成严重损害后果的非法行医所配置的法定刑，可以发现，前者无论行为人是否具有主体资格，对医疗过失均处以相同的刑罚；后者则依行为人身份的不同，对非法行医中的过失行为处以重得多的刑罚。④ 笔者认为，应当加重非法行医罪中的医疗过失的刑事负担，原因有二：其

---

① 参见［日］松仓丰治：《怎样处理医疗纠纷》，2页。

② 参见郭正典：《医疗疏失不应以刑事处理》，载（台湾）《自由时报》，2001-12-31。

③ 日本《医师法》第32条、第17条；我国台湾地区"医师法"第28条。

④ 关于非法行医罪的主观罪过，理论上存在直接故意说、间接故意说、过失说、混合罪过说等观点。（参见马章民等：《非法行医罪的认定及立法完善》，载《河北法学》，2005（8）。）笔者认为，非法行医的基本犯是直接故意，即行为人明知自己不具有行医资格而实施医疗行为；非法行医的结果加重犯是过失，即行为人对于严重损害他人健康或者死亡的结果是过失，包括疏忽大意的过失和过于自信的过失。因此，我国刑法中医疗过失的刑事责任，针对的是医疗事故罪以及非法行医罪的加重构成。

一,非法行医不具有正当医疗行为的刑罚宽缓事由,相反,具有更大的社会危害性和主观恶性。行为人明知自己不具有合法行医资格却擅自行医,大大提高了行为的风险,并且造成了双重的法益侵害:不但损害了就诊人的生命和健康,还侵害了国家的医疗卫生管理秩序。其二,非法行医罪的发案率高。据统计,在涉及公共卫生的犯罪中,非法行医案件占据了相当大的比例。① 因此,非法行医罪的法定刑应当重于医疗事故罪,也应当重于普通过失犯罪,但是,从重的幅度要有所节制,需要与重大责任事故罪等其他业务过失犯罪保持协调和平衡。我国刑法规定非法行医罪的法定最高刑为15年有期徒刑,这是明显偏高的,应当适当调低非法行医罪的结果加重犯的法定刑。②

第二节 医疗事故罪中必要的附加刑

在医疗事故罪的刑罚配置中,主刑的强度恰当地反映了医疗过失的特点,完善法定刑的关键在于增设必要的附加刑。现行刑法对医疗事故罪仅配置了单一的自由刑,然而,不同的刑罚适用于各类不同的犯罪,这不仅表明了"立法者的勤勉与审慎",而且刑罚种类的多样化也是刑法典完善的标志之一。③ 根据医疗过失的特点和现今刑罚发展的趋势,应当在医疗事故罪中增设剥夺执业资格和罚金两类附加刑。增设必要的附加刑,其意义不仅在于优化了个罪的刑罚配置,还在于能够推动全面完善我国刑罚体系的进程。

一、增设剥夺从医资格

在我国刑法中,典型的资格刑是剥夺政治权利。该刑种具有对犯罪人

---

① 参见刘义等:《石景山区非法行医犯罪的现状、成因及对策》,载《北京人民警察学院学报》,2008 (4)。
② 参见周志荣:《非法行医罪的刑事政策分析》,载《国家检察官学院学报》,2007 (1)。
③ 参见 [英] 边沁:《立法理论——刑法典原理》,孙力等译,83~85页,北京,中国人民公安大学出版社,1993。

予以政治上的否定评价，限制或者消除犯罪人实施特定犯罪的可能性的功能，符合世界刑罚非监禁化、轻缓化的潮流。该刑种的不合理之处在于，内容设计不科学，政治色彩过于浓厚。[1] 在刑法典之外，还存在多种与犯罪有关的剥夺资格的处罚措施，包括剥夺担任公职的资格（例如，因犯罪受到刑罚处罚的，剥夺担任人民警察、法官、检察官的资格）和剥夺从事特定职业的资格（例如，因犯罪受到刑罚处罚的，剥夺担任教师、律师、会计师、执业医师等的资格）。刑法典之外的剥夺特定资格的措施，散见于《人民警察法》等规范特定职业的法律之中，虽然形式上是行政处罚措施，本质上却是"无资格刑之名，行资格刑之实"[2]。

剥夺与犯罪有关的特定资格，是各国资格刑的重要内容。例如，德国刑法典第69条和第70条规定了"剥夺驾驶许可"和"职业禁止"两项资格刑；法国刑法典第3编第1章第2目"轻罪之刑罚"第6条规定，"当处监禁刑之轻罪，得宣告一项或数项剥夺权利或限制权利之刑罚"，包括"吊销驾驶执照，禁止从事一定的职业或社会性活动"。在我国1997年刑法修订的过程中，多份修改稿都将"剥夺从事特定职业的资格"作为一项独立的刑罚加以规定，例如，1995年8月8日全国人大常委会法制工作委员会刑法修改小组制定的《中华人民共和国刑法（总则修改稿）》第55条规定，"对于利用所从事职业进行犯罪，情节严重，并有继续利用其职业进行犯罪可能的，可以独立或者附加适用剥夺从事该项职业的资格。"[3] 然而，最终出台的1997年刑法典没有规定剥夺特定职业资格这一类刑罚。理论界普遍认为，有必要对剥夺政治权利进行改造，将资格刑所剥夺的各项权利的内容分而制之，单独适用，彼此之间不发生连带关系。[4] 有观点提出，需要全面整合刑罚体系之外的剥夺资格的措施。首先，在刑罚体系中，对于利用特定资格实施的犯罪，增加剥夺从事特定职业和活动的资格；其次，分解剥夺

---

[1] 参见赵秉志：《当代中国刑罚制度改革论纲》，载《中国法学》，2008（3）。

[2] 李荣：《我国刑罚体系外资格刑的整合》，载《法学论坛》，2007（2）。

[3] 高铭暄等编：《新中国立法文献资料总览》，1064页，北京，中国人民公安大学出版社，1998。

[4] 参见储槐植：《刑罚现代化：刑法改革的价值定向》，载《法学研究》，1997（1）。

政治权利刑,将体系外的剥夺公职资格的规定纳入其中。①

医疗过失是典型的与职业资格有关的犯罪,在刑罚体系之外,我国医疗法对违法的医务人员规定了暂停执业或者吊销资格证书的处罚措施。《执业医师法》第 37 条规定:"医师在执业活动中,违反本法规定,有下列行为之一的②,由县级以上人民政府卫生行政部门给予警告或者责令暂停六个月以上一年以下执业活动;情节严重的,吊销其执业证书;构成犯罪的,依法追究刑事责任。"《执业医师法》第 16 条还规定,医师在注册后因犯罪而受到刑罚的,由卫生行政部门注销注册。《医疗事故处理条例》第 55 条第 2 款规定:"对发生医疗事故的有关医务人员,除依照前款③处罚外,卫生行政部门并可以责令暂停 6 个月以上 1 年以下执业活动;情节严重的,吊销其执业证书。"此外,《中医师、士管理办法(试行)》第 21 条、《护士条例》第 31 条也都规定了对构成医疗过失的有关人员处以中止、取消相应医疗职业注册的处罚。根据上述规定,构成医疗事故罪是剥夺医务人员的医疗职业资格的重要事由,应当整合此类行政处罚,将其中具有刑罚性质的内容分离出来,作为医疗事故罪的附加刑加以规定。有观点受限于现有的刑罚体系,认为剥夺资格的行政处罚可以起到与刑罚相同的效果。④ 然而,将剥夺从医资格作为一类独立的刑罚,与将其作为行政处罚措施具有本质的差异:首先,剥夺资格刑具有预防再犯的特殊预防功能。医疗事故罪是医务人员基于一定的资格而实施的过失犯罪,违反了医务人员应当遵守的医疗义务。犯罪人被剥夺从医资格之后,不得再从事医疗行为,从而能够有效地预防再犯。其次,剥夺资格刑具有更严厉的惩戒和警戒功能。医务人员的培养和从业资格的取得是非常不易的,但是,行为人的严重过失行为违背了职业要求、损害了职业声誉,剥夺从医资格能

---

① 参见李荣:《我国刑罚体系外资格刑的整合》,载《法学论坛》,2007 (2)。

② 本条列举了造成医疗责任事故、违规出具相关证明文件、隐匿、伪造或者擅自销毁医学文书及相关资料、使用未经批准使用的药品、器械、违规使用麻醉药品、未经许可的实验性医疗、泄露隐私、违规收受患者财物、突发事故中不服从调遣、违规不报告等 12 项具体情形。

③ 即,对负有责任的医务人员依照刑法关于医疗事故罪的规定,依法追究刑事责任;尚不够刑事处罚的,依法给予行政处分或者纪律处分。

④ 参见卢有学编著:《医疗事故罪专题整理》,61 页,北京,中国人民公安大学出版社,2007。

够对受刑人产生强烈的惩戒作用,也将更好地起到一般预防的效果。将剥夺资格刑作为一类刑罚措施,在判处刑罚时,实体上受罪刑法定原则的约束,程序上由严谨的刑事诉讼程序加以检验,既能保证惩罚的正确性,又能体现刑罚的权威性。

医疗事故罪集中反映了对剥夺从医资格这一类资格刑的需求,然而,增设剥夺从医资格这一刑种无法单独地在个罪中完成,必须通过资格刑的体系性完善方能实现。完善的基本路径是:首先,需要在刑法总则中将"剥夺从事特定职业的资格"规定为独立的刑种;其次,需要刑法分则根据个罪的特点,设计剥夺相应资格的刑罚,其中,可以在医疗事故罪中将剥夺从医资格规定为附加刑。

二、增设罚金刑

在业务过失犯罪中,只有工程重大安全事故罪、出具证明文件失实罪和非法行医罪规定了单处或者并处罚金,这与上述罪名具有明显的牟利性有关。有观点认为,业务过失犯罪应当普遍配置罚金刑[1],具体到医疗过失犯罪,通说也认为需要增设罚金刑。[2]

本书赞同在医疗事故罪中增设罚金刑,主要基于如下几点理由:首先,罚金刑能够克服短期自由刑的弊端,这是普遍设置罚金刑的根本原因。短期自由刑具有极易导致交叉感染的严重缺陷,刑罚执行的非监禁化和开放化是世界刑罚发展的潮流,运用罚金刑代替短期自由刑,既证明了刑法规范的有效性,又能有效避免短期自由刑的弊端。医务人员通常具有较小的人身危险性,尤其在被剥夺从医资格之后,更是丧失了再次实施医疗犯罪的可能性,因而存在以罚金代替监禁刑的基础。其次,在过失犯罪中普遍规定罚金刑,是很多国家刑罚配置的通行模式。过失犯罪是轻罪,其刑罚多为短期自由刑,正是基于对罚金刑和短期自由刑的利弊衡量,很

---

[1] 参见王俊平:《责任事故犯罪刑事责任之比较》,载《中国刑事法杂志》,2002(4)。

[2] 参见田兴洪:《论医疗事故罪的法定刑配置及其完善》,载《甘肃政法学院学报》,2001(6);张爱艳等:《医疗事故罪量刑研究》,载《法学论坛》,2004(6)。

多国家的刑法基本上对每一种过失犯罪都规定了单处或者并处罚金。[①] 例如，日本、德国、俄罗斯等。

虽然我国1997年刑法已经扩大了罚金刑的适用范围，但是，罚金刑主要运用于破坏社会主义市场经济秩序罪、侵犯财产罪、妨害社会管理秩序罪和贪污贿赂罪中，更多地强调罚金对贪利型犯罪的经济制裁功能。有观点从医患关系过多地沾染了金钱色彩的现实出发，认为医疗过失具有贪利的性质，从而论证了适用罚金刑惩处医疗过失犯罪的必要性。[②] 笔者认为，医疗费用是患者为获得医疗服务而支付的对价，尽管现实的医患关系出现了很多问题，但这是由于医疗体制转型、医疗机构定位混乱、不合理的以药养医制度等诸多因素造成的，在绝大多数医生和病人之间，不存在直接的经济利益关系。[③] 医疗事故是医生在医疗活动中缺乏责任心而导致的，医疗过失的本质与贪利无关。虽然医疗过失的刑事诉讼通常都会附带民事诉讼，但是，民事损害赔偿的主体是医疗机构，赔偿的是患者的损失。对构成犯罪的医务人员处以罚金，责令其向国家交付一定的金钱，根本目的在于充分发挥罚金刑的功能，同时，也符合各国过失犯罪普遍适用罚金刑的趋势。

在我国现行刑罚体系下，可以修改医疗事故罪的法定刑，直接增设罚金刑。坚持医疗事故罪现有的主刑强度，与其他过失犯罪关于罚金刑的规定保持内在的一致，当主刑的法定最高刑为3年有期徒刑时，罚金的科处宜采"得并科制"，即，在刑法第335条的法定刑部分，增加"可以单处或者并处罚金"。

三、医疗事故罪中扩大适用缓刑

坚持主刑的强度，增设必要的资格刑和罚金刑，这是从立法论的角度

[①] 参见周光权：《过失犯罪的法定刑配置研究》，载《四川大学学报（哲社版）》，1999（6）。

[②] 参见田兴洪：《论医疗事故罪的法定刑配置及其完善》，载《甘肃政法学院学报》，2001（6）。

[③] 医患关系指的是医生和病人之间的关系，医疗服务合同的当事人是医疗机构（个体行医除外）和病人之间的关系，这两种关系的内容和性质是不同的，在医生和病人之间并不存在直接的利益关系。

对医疗事故罪的刑罚配置提出的主张。然而，在实定法对医疗事故罪仅配置了单一监禁刑的现状下，可以在解释论上论证扩大适用缓刑的必要性和可行性，通过量刑制度来实现刑罚的合理运用。

在刑事政策上，缓刑被称为与刑罚、保安处分并列的"第三根支柱"①。缓刑实质上是将犯罪人留在社会中改造，是一种开放的、社会化的刑罚执行方式，能够克服短期自由刑的固有弊端。

医疗事故罪的法定最高刑是3年有期徒刑，所有构成医疗事故罪的被告人都符合适用缓刑的对象条件。医疗事故罪是过失犯罪，被告人不具有成立累犯的可能，非属于不能适用缓刑的范畴。因此，对于医疗事故罪的被告人是否适用缓刑，核心问题在于考察其是否具有再犯可能性。综合案件的主客观情况，集中考察犯罪人的人身危险性，这是判断"确实不致再危害社会"的必要的、符合立法精神的标准，也是实现正确预测的最佳途径。② 根据我国刑法第72条的规定，判断行为人的再犯可能性的基本标准是犯罪情节和悔罪表现。首先，需要根据医疗过失犯罪的特点判断行为人的再犯可能性。医疗过失发生在诊治护理过程中，损害是由于行为人不负责任的违规行为所导致的，行为人救死扶伤的初衷和过失本身的特性能够证明，行为人通常具有较小的主观恶性。医务人员大多数是受过良好教育、具有较高社会地位的人士，他们实施职业过失之外的普通犯罪的可能性非常低。行为人在医疗事故发生后被中止或者吊销了执业资格，也使其客观上丧失了再次实施医疗犯罪的可能性。相反，也可能存在一些少数情况，例如，行为人不是为了救死扶伤，而是出于其他（例如，贪图钱财）目的，明显地违反了重要的医疗技术规范，且经他人指出之后仍然一意孤行，或者，行为人曾经多次实施冒险的医疗行为而不悔改，最终酿成大祸等，诸如此类的少数特例如果证明了行为人具有较大的人身危险性，就不得适用缓刑。其次，需要从行为人个人的悔罪表现考察其再犯可能性。医疗事故发生后，行为人如果主动配合调查，积极赔偿被害患者的损失，那么，其悔悟表现反映出其人身危险性较小。相反，在少数情况下，如果行为人在犯罪之后，毁灭病历、阻止调查、怠于赔偿被害人损失，那么，说明其具有较大的人身危险性，不得适用缓刑。

---

① 林山田：《刑罚学》，207页，台北，"商务印书馆"，1992。
② 参见喻伟主编：《刑法学专题研究》，391页，武汉，武汉大学出版社，1992。

综上，通过考察行为人在医疗过失犯罪过程中的主客观情况以及罪后表现等，可以看出，由医疗行为和医务人员的特点所决定，医疗事故罪的行为人通常具有较小的人身危险性和再犯可能性。尽管在我国的审判实践中，医疗过失犯罪的缓刑适用率已经高于缓刑的平均适用率[①]，但是，正确认识缓刑的意义，准确理解医疗过失犯罪具有普遍适用缓刑的基础，尽可能地扩大缓刑在医疗事故罪中的适用，仍然是医疗事故罪的刑罚裁量需要面对的问题。

本章小结

行为人有责地违反了医疗义务、造成了严重的损害后果，就应当承受相应的刑事负担，这在立法上体现为医疗犯罪所配置的刑罚。

医疗事故罪的法定刑配置是研究的焦点。比较我国刑法内部以及各国立法对于业务过失犯罪和普通过失犯罪所配置的法定刑轻重，考察理论界关于该问题的争议，本书认为，业务过失犯罪的刑罚并非必然重于普通过失犯罪，应当依据业务领域进行个别的判断。在医疗领域，考虑到医疗行为的有限性和高风险性，医疗损害后果相对较轻，医疗事故罪的发案率很低，因此，医疗事故罪应当坚持现有的主刑强度，其主刑的配置轻于普通过失犯罪。但是，根据医疗事故罪的特点和我国刑罚体系的发展趋势，有必要在医疗事故罪中增设剥夺从医资格和罚金这两类附加刑。同时，在裁量刑罚的过程中，应当进一步扩大缓刑在医疗事故罪中的适用。

就非法行医罪来说，由于非法行医不具有正当医疗行为的刑罚宽缓事由，相反存在更大的主观恶性和社会危害性，侵害了双重法益，并且发案率较高，因此，非法行医罪的刑罚配置应当适当重于普通过失犯罪，但是，从重的幅度要有所节制。现行刑法将非法行医罪的法定最高刑规定为15年有期徒刑，这是明显偏高的，应当适度降低，从而与其他责任事故类犯罪保持协调。

---

① 参见本书第三章。

第三部分

余论

第十章 尖端医疗与医疗刑法的未来发展

医学的发展，集征服身体的疾病、探索生命的奥秘、揭示生命的意义等多重使命于一身，在这个进化的过程中，必将对生命伦理、医疗伦理形成冲击，从而要求法律以更为积极的姿态去面对和规范尖端医疗技术。尖端医疗技术与人的生命权、身体权具有最根本和最密切的联系：人工生殖决定了新生命的开始，器官移植将供体与受体两个不同的生命连接在一起……医疗法律，尤其是医疗刑法在尖端医疗领域的基本态度，影响到尖端医疗的走向和未来。刑法对尖端医疗的规制，应当是适当的和必要的，既要保障医学为提高人类福祉所作的努力，又要坚守人类尊严和伦理的底线。以下，简要地介绍和探讨医疗刑法在人工生殖、生育控制、变性手术、器官移植等领域的体现和动向。

第一节 人工生殖[①]

"繁衍后代的欲望是自然赋予生物的共同特性,血缘关系以善良用心和亲切之情把人们联系起来。"[②] 然而,人工生殖割裂了传统的婚姻、性与生育的联系,使得父母与子女之间的血缘关系不再成为必然。作为一种有别于传统自然生殖的方法,人工生殖强烈地冲击了人类的伦理观和法律观。

一、人工生殖的概念

所谓"人工生殖",是指利用非性交的人工方法达到怀孕和生育的目的。人工生殖技术的出现,使得人类在传统自然生殖方法之外有了新的选择,尤其是让不育症患者重新拥有了繁衍后代的机会,因而,被誉为一场生殖技术革命。[③] 人工生殖的方法,包括了人工授精、代孕母和无性生殖,其中,人工授精又分为人工体内授精和人工体外授精。

二、各国人工生殖的立法状况

当宪法把人的自由和尊严确定为最高价值目标时,意味着必须严格控制人工生殖这种操纵生命的技术。在法律的语境内,人工生殖涉及基本人权之一的生育权,使传统的婚姻、家庭、亲属等民事法律关系的内涵发生了深刻的变化,需要行政法对该项技术进行特别的监管和许可,并且为了惩治和预防人工生殖技术的不当使用和滥用,需要追究不当使用和滥用行

---

① 根据我国卫生部颁布的《人工辅助生殖技术管理办法》的规定,"人工生殖"的标准术语是"人工辅助生殖技术",我国有学者将之简称为"辅助生殖技术"(李善国等:《辅助生殖技术法研究》,北京,法律出版社,2005);在我国台湾地区,或者称为"人工协助生殖技术"(《人工协助生殖技术管理论纲》),或者称为"人工生殖法")。为了叙述简便,本书使用"人工生殖"一词。

② [古罗马] 西塞罗:《论义务》,王焕生译,55页,北京,中国政法大学出版社,1999。

③ 参见黄丁全:《医疗、法律与生命伦理》,修订版,410页。

为的刑事责任。因此，人工生殖的规范包含了法律体系各层面的内容，世界上已经有很多国家制定了专门的人工生殖法律。

英国是世界上第一个诞生体外授精的试管婴儿的国家，也是人工生殖立法的先驱。英国于1985年颁布了《代孕安排法》，于1990年颁布了《人类授精及胚胎法》，这两部法律对其他国家产生了重要影响。美国于1973年通过了《统一亲子法》，于1988年通过了《人工生殖子女法律地位统一法》，但是，这两部规范仅仅起到司法建议的作用，决定是否采纳这两部法律的权利掌握在各州手中。瑞典于1985年颁布了《人工授精法》，主要规范人工体内授精，并于1988年颁布了《体外授精法》。德国于1989年修改了《收养介绍法》，禁止居间介绍代孕母，于1991年颁布了《胚胎保护法》。意大利、瑞典、丹麦等国也制定了人工生殖的法律规范。与此同时，各国的法院在审理涉及人工生殖的案件时，也确立了一些先例判决。法国和日本的理论界和实务界深入地研究和讨论了人工生殖的问题，但是，这两个国家目前仍然未颁布人工生殖方面的法律。①

在我国，香港地区于2000年通过了《人工生殖科技条例》。台湾地区对人工生殖的规制大致分为三个阶段：首先是1986年之前的放任阶段，接着是1986年至1994年的纲领阶段，最后是1994年以后的行政命令阶段。② 从总体上看，台湾遵循的是一条从自由放任到严格管制的道路，此间，颁布了《人工生殖技术伦理指导纲领》、《人工协助生殖技术管理办法》。2005年11月，"行政院"首次审议"代孕人工生殖法（草案）"；2007年3月，"人工生殖法"在"立法院"三读通过，该法正式与代孕脱钩，采取单行立法的方式另行作出规制。我国大陆关于人工生殖的最早立法是卫生部2001年颁布的《人类辅助生殖技术管理办法》，此后，陆续颁布了《人类精子库管理办法》、《人类辅助生殖技术规范》、《人类精子库基本标准和技术规范》、《人类辅助生殖技术和人类精子库伦理原则》等。上述规范全部是行政规章，存在效力等级低、效力范围窄的缺陷，虽然对人

---

① 参见张燕玲：《人工生殖法律问题研究》，6页以下，北京，法律出版社，2006。

② 参见陈慧雯：《人工协助生殖管制模式之法律政策分析：以代理孕母之管制为中心》，10页，台湾大学硕士学位论文，1994。

工生殖的各种类型均有所涉及，但实践性不强。① 可以说，除了澳门之外，我国大陆、香港和台湾地区都就人工生殖问题制定了详略不等、层级不一的规范。②

综观各国（地区）立法，可以看出，各国（地区）均认可夫精体内授精的合法性，有的国家甚至认为按照普通医疗行为对待即可；对于捐精体内授精和人工体外授精，各国则制定了必要的指引和规范。例如，详细规定了手术对象、所生子女的法律地位等。③ 各国争议最大的是"代孕"的合法性问题，此外，对于"克隆人"的规制和禁止，也引起了各国的极大关注。在严格禁止"代孕"和"克隆人"的国家，通常将这两类行为作为犯罪处理。人工生殖技术在刑法领域引发的问题，主要是滥用或者不当使用人工生殖技术是否构成犯罪，以及可能成立何种罪名。

三、人工生殖的相关犯罪

各国通过立法来规范、引导和监管人工生殖技术，保证这一尖端技术作为一种不得已的情况下所必需的医疗手段而得到正确的使用。对人工生殖技术的不当使用（例如，商业化买卖精子、卵子）和滥用（例如，克隆人），构成了人工生殖领域的犯罪行为。1989年国际刑法学协会第14届大会已经通过了《关于现代生物医学技术与刑法问题的决议》，但是，各国目前尚未建立涉及人工生殖的完整的罪名体系，并且相关罪名不是规定在刑法典中，而是主要规定在涉及医学研究和医疗管制的行政法规中。④

（一）代孕

所谓"代孕"（Surrogacy），即代孕人工生殖，是指综合采用人工授精技术、体外授精技术、胚胎移植技术以及各种衍生技术，针对委托夫妻的特定生理状况，将其精子和卵子在试管中人工授精，进行人工培育形成

---

① 参见张燕玲：《人工生殖法律问题研究》，3页，北京，法律出版社，2006。
② 参见徐国栋：《体外受精胚胎的法律问题研究》，载《法制与社会发展》，2005(5)。
③ 参见张燕玲：《人工生殖法律问题研究》，72页。
④ 参见郭自力：《生物医学的法律和伦理问题》，268页，北京，北京大学出版社，2002。

胚胎后，植入代孕者子宫内，由代孕者代替完成怀孕和生产的过程。①

代孕在客观上导致了母亲职能的分解和身份的断裂，各国立法对代孕的合法性持不同态度。有学者认为，从法系的角度考察，大陆法系国家均采禁止态度，英美法系国家的态度则更为开放。② 有学者根据对代孕的管制程度，划分了三种立法模式：第一种是完全禁止模式，即一概禁止代孕人工生殖，避免了伦理上的争议以及衍生的诸多难题。采用该种模式的国家一般在人工生殖法中对禁止代孕作原则性规定，规定了严厉的"罚则"，对代孕当事人、医疗机构、中介组织和主管机关予以严惩。第二种是意思自治模式，即尊重当事人的代孕契约，依据契约使委托人成为孩子的父母。基于对子女利益的保护和对代孕技术的监管，法律一般会对代孕契约进行规范和限制，但是，介入的程度较低。第三种模式是准收养模式，法律既不禁止也不鼓励代孕，依据"分娩为母"的铁律，代孕者是代孕所生子女法律上的母亲，委托人要成为该子女的父母必须遵照收养制度行事。③ 目前，除了英国、美国的部分州和我国香港之外，大多数国家均禁止代孕，例如，中国、瑞典、德国等，并且对于以获取经济利益为目的的商业代孕，各国均不予承认。④ 值得注意的一个变化是，我国台湾地区20世纪90年代的政策和立法对于代孕是完全禁止的，2004年9月，台湾召开了"代孕公民共识会议"，会议作出了"有条件开放"代孕的结论，使得延宕了将近20年的代孕问题终于达成了初步的共识。2005年台湾首次审议"代孕人工生殖法（草案）"，该草案初步确定了"允许无偿代孕、禁止商业中介"的原则，标志着代孕的合法与否之争告一段落。⑤

在严格禁止代孕的国家，通常将代孕行为规定为犯罪；即使是有条件地允许代孕的国家，也将商业性的代孕行为规定为犯罪。例如，英国1985年《代孕协议法案》第2条规定，商业代孕行为构成犯罪，在报纸、杂志或者电信系统刊登受术夫妻征求代孕母或者招揽代孕母等关于安排代孕事项的广告，也构成犯罪。

---

① 参见杨芳等：《台湾地区代孕合法化之争》，载《台湾法研究》，2006（3）。
② 参见张燕玲：《人工生殖法律问题研究》，73页。
③ 参见杨芳等：《台湾地区代孕合法化之争》，载《台湾法研究》，2006（3）。
④ 参见张咸等：《人工生殖的基本法律问题研究》，载《社会科学》，2001（7）。
⑤ 参见杨芳等：《台湾地区代孕合法化之争》，载《台湾法研究》，2006（3）。

(二) 克隆人（无性生殖）

汉语"克隆"一词，是英语"clone"的音译，源于希腊语的"klone"，原意是用于扦插的嫩枝。在生物学上，"克隆"的原本含义是人工诱导的无性生殖。人体克隆技术，是指通过胚胎切割，细胞核转移等技术，产生基因组成上与一个已经存在或者曾经存在的人体基因组织完全一致的人类组织、器官或者完整的人体。①

1993年9月，人类基因国际组织（Human Genome Organization）伦理委员会在"关于克隆的声明"中提出，"人的克隆可以按照克隆的目标分为生殖性克隆、基础性研究和治疗性克隆。"② 生殖性克隆，是指出于生殖的目的，克隆人类胚胎，将所得胚胎植入妇女子宫，怀孕并生育完整的婴儿的人体克隆技术③；治疗性克隆，是指以治疗为目的，提取病人细胞中的遗传物质植入一个已经去除细胞核的卵细胞中，形成一个早期胚胎，胚胎干细胞经过相应的技术处理后，发育成病人需要的各种组织。④生殖性克隆和治疗性克隆的区别在于，生殖性克隆将产生一个新的完整的人体个体，而治疗性克隆只是产生人类的某些组织和器官。

对于是否允许克隆人，主要有三种立场：第一种立场是，全面禁止克隆人；第二种立场是，允许克隆人；第三种立场是，允许进行治疗性克隆，禁止生殖性克隆。⑤

国际组织就克隆人的问题制定了相关的宣言和准则。联合国教科文组织在巴黎通过了《世界人类基因组与人权宣言》，这是指导基因研究的道德准则性文件。宣言要求，禁止克隆人等"损害人类权利和尊严的科研行为"。第55届世界卫生大会通过的决议指出，运用无性繁殖技术复制人类"违背人的尊严和道德，因而必须严格禁止"。世界卫生组织认为，利用克隆技术复制人在伦理上是不能被接受的，这种试验违背了医学应当保护人

---

① 参见罗胜华：《人体克隆的法律政策与制度构建》，载《生物法律》，2003 (4)。

② HUGO Ethics Committee, "Statement on Cloning", *Eubios Journals of Asia and International Bioethics*, vol. 9, 1999, p. 70.

③ 参见罗胜华：《人体克隆的法律政策与制度构建》，载《生物法律》，2003 (4)。

④ 参见黄丁全：《医疗、法律与生命伦理》，修订版，480页。

⑤ 参见石恩林：《论克隆人的立法思考》，载《医学与哲学》，2005 (10)。

类尊严、从遗传角度保证人类安全等基本准则。[①] 2002年3月，在纽约举行的联大有关讨论和拟定《禁止生殖性克隆人国际公约》的会议上，与会各方发出了一致呼声，支持在全球范围内禁止生殖性克隆人，但是，在是否禁止以预防和治疗疾病为目的的治疗性克隆的问题上，各方出现了明显分歧。[②] 2004年10月，第59届联大法律委员会再次就"禁止克隆人国际公约"议题举行了辩论，由于各国对是否允许治疗性克隆无法达成一致，使得期望通过此次会议制定相关国际公约的愿望落空。[③]

世界上大多数国家全面禁止克隆人，但是，有少数国家允许治疗性克隆。德国、欧洲理事会成员国、美国、日本是全面禁止克隆人的国家。德国1990年《胚胎保护法》禁止对人体进行克隆；欧洲理事会14个成员国，加上澳、加、美、日和罗马教廷于1998年1月12日共同签署了禁止人体克隆的《欧洲理事会协议》，该协议于同年5月1日生效；日本参议院于2000年12月1日在全体会议上通过了《禁止克隆人和制作人和动物杂种的法律》；美国国会于2001年7月31日通过了一项"全面禁止克隆人的法案"，该法案不仅禁止克隆人，还禁止进口胚胎干细胞等源于克隆胚胎的产品。与上述国家不同，英国允许治疗性克隆。2000年12月19日，英国下议院以超过2/3的多数票通过了一项法案，允许科学家进行治疗性克隆研究，即允许克隆人类早期胚胎，并对之进行医疗研究，但是，禁止克隆完整的人类个体。

在全面禁止克隆人的国家，任何克隆人的行为均构成严重犯罪。在日本，违反《禁止克隆人和制作人和动物杂种的法律》，将被处以10年有期徒刑；澳大利亚《禁止克隆人法案》（2000年144号）在第二部分"被禁止的行为"中，一共有14个条文规定了与克隆人有关的犯罪，例如，故意克隆人类胚胎、故意将克隆的人类胚胎植入人的身体或者动物的身体、故意将克隆的人类胚胎进口到澳大利亚或者从澳大利亚出口的，最高可判

---

① 参见刘长秋等：《浅论基因犯罪及其刑法规制》，载《北京人民警察学院学报》，2004（2）。

② 参见佚名：《联合国为克隆人立法，能否医疗性克隆成焦点》，载《北京晨报》，2002-03-04。

③ 参见佚名：《两种方案引发争论，是否禁止克隆人仍无定论》，载人民网，http://www.people.com.cn/GB/keji/1059/2943793.html，访问日期：2008-12-05。

处 15 年有期徒刑。

四、我国人工生殖犯罪的立法动向

(一) 代孕

我国法律明文禁止代孕。卫生部 2003 年颁布的《人类辅助生殖技术规范》第 3 条"实施技术人员的行为守则"第 5 项规定，技术人员"禁止实施代孕技术"；《人类辅助生殖技术管理办法》第 4 章"处罚"第 27 条规定，"开展人类辅助生殖技术的医疗机构违反本办法，有下列行为之一的，由省、自治区、直辖市人民政府卫生行政部门给予警告、3 万元以下罚款，并给予有关责任人行政处分；构成犯罪的，依法追究刑事责任。"其中的第 2 项即为"实施代孕技术"。但是，仔细考察我国现行刑法的规定，医疗机构及其责任人员违法实施代孕技术的[1]，没有恰当的罪名可供适用，行政规章与刑法的脱节导致了行政规章中关于刑事责任的规定成为一条"虚置"的规定。

(二) 克隆人

我国《人类辅助生殖技术规范》第 3 条"实施技术人员的行为守则"第 15 项规定，技术人员"禁止克隆人"。然而，"禁止"究竟是全面禁止，还是仅禁止生殖性克隆，尚不明确。2002 年在纽约举行了联大讨论和拟定《禁止生殖性克隆人国际公约》的会议，在此次会议上，我国代表认为，应当区别对待生殖性克隆和治疗性克隆，"国际社会不能容许科学研究损害人类尊严的某些做法，但同时也不能因噎废食，禁止可能造福于人类的医学研究和实践；各国的国内立法对治疗性克隆有不同规定，国际社会应尊重他们在不同的历史、文化、哲学和宗教背景下做出的选择。"[2]

---

[1] 《人类辅助生殖技术管理办法》第 21 条规定了不具有开展人类辅助生殖技术资格的医疗机构和非医疗机构的法律责任，第 22 条规定了具有开展人类辅助生殖技术资格的医疗机构违反该办法的法律责任。因此，如果不具有医生资格的人员擅自实施代孕技术，情节严重的，直接按照刑法第 336 条定罪量刑；而具有相应资格的医务人员和医疗机构擅自实施代孕技术的，没有成立非法行医的空间，无法追究其刑事责任。

[2] 佚名：《联合国为克隆人立法，能否医疗性克隆成焦点》，载《北京晨报》，2002－03－04。

在此后的历次会议辩论中,我国代表始终坚持上述立场。科技部、卫生部于2003年12月联合颁布的《人胚胎干细胞研究伦理指导原则》第4条明确规定,禁止进行生殖性克隆人的任何研究。该《指导原则》第5条、第6条规定了研究用人胚胎干细胞的获得方式和研究规范。从我国官方在国际会议上的立场和《人体胚胎细胞研究伦理指导原则》可以看出,我国只是严格禁止生殖性克隆人,对治疗性克隆持保留态度。

然而,即使严格禁止生殖性克隆,我国立法也只是作了一些宣言性的规定,而没有规定任何罚则,遑论追究生殖性克隆的刑事责任。从法理学的角度看,一个完整的法律规范应当包括"假定"、"处理"和"制裁"三个要素。① 我国在禁止生殖性克隆人这一问题上,缺乏关键的"制裁"要素,使得禁止只能是一种引导性规定,缺乏实际的强制力。

(三)我国人工生殖规范规定的其他犯罪

除了代孕和克隆人之外,我国人工生殖立法中涉及刑事责任的规定还有:《人类辅助生殖技术管理办法》第四章"处罚"第27条规定,买卖配子、合子、胚胎,使用不具有《人类精子库批准证书》机构提供的精子,擅自进行性别选择,实施人类辅助生殖技术档案不健全,经指定技术评估机构检查技术质量不合格等行为,构成犯罪的,依法追究刑事责任。但是,该规定与前述关于代孕的刑事责任的规定具有同样的缺陷,即行政规章与刑法未能有效衔接。以上行为不符合现行刑法中任何罪名的构成要件,依照罪刑法定原则,不能追究上述行为的刑事责任。

《人类精子库管理办法》第四章"处罚"第24条规定,设置人类精子库的医疗机构违反管理办法,采集精液前,未按规定对供精者进行健康检查,向医疗机构提供未经检验的精子,向不具有人类辅助生殖技术批准证书的机构提供精子,擅自进行性别选择,经评估机构检查质量不合格等行为,构成犯罪的,依法追究刑事责任。在该条文涉及的各类行为中,除了某些行为可能构成刑法第335条的医疗事故罪之外,其他行为同样也陷于无恰当罪名可以适用的困境之中。

综上所述,在涉及人工生殖的相关犯罪上,我国存在着人工生殖立法与刑法脱节的严重缺陷。有的行为在人工生殖立法中要求追究刑事责任,但是刑法中没有可以适用的恰当罪名;有的行为只是在人工生殖立法中被

---

① 参见孙国华等主编:《法理学》,293页,北京,中国人民大学出版社,2004。

一般性地禁止，却没有具体的罚则。有学者认为，刑法对人工生殖的干预应当保持必要性和适度性，其价值目标是保护人格尊严、人体完整权和人的遗传特性不受非人道的改变，因此，应当禁止商业化，尊重个体自主性，保障目的正当性。① 加强人工生殖犯罪的刑法规制，需要从以下两个方面进行：首先，准确划定非法人工生殖行为的犯罪圈，在刑法中增设适当的罪名。将哪些非法的人工生殖行为进行犯罪化，这是一个应当慎之又慎的问题。对于严重危害人类基本伦理价值观、根本法益和生存基础的行为，应当作为犯罪处理，除此之外，必须给予科学研究尽可能自由的空间。不应将一切代孕行为、而是只应将商业性代孕规定为犯罪；应当将生殖性克隆进行犯罪化，依法进行的治疗性克隆则不必作为犯罪处理。其次，完善人工生殖的相关法律规范。我国目前是以部门规章的方式规范人工生殖技术，这些规章严重欠缺科学性和严谨性。作为一种法律规范，应当尽力避免只有单纯的宣言性规定却无法律责任。在规定对某一行为追究刑事责任时，必须充分考虑与刑法的衔接问题。

有学者对完善我国关于人工生殖犯罪的规定提出了具体的立法构想，认为应当规定非法转让辅助生殖技术或者资料罪，滥用辅助生殖技术罪，代孕罪，从事代孕业务罪，非法实施代孕手术罪，擅自采精罪，非法进行克隆人技术研究，开发与运用罪，非法买卖精子、卵子、受精卵或者胚胎罪等等。② 笔者认为，可以对人工生殖犯罪的罪名、犯罪构成要件和刑罚等具体规范作进一步的探索，但是，完善的基准在于遵循上述两条基本路径：保持新型人工生殖犯罪在刑法体系内部的协调，保持人工生殖法规和刑法的协调。

第二节 性别选择

一、性别选择及其危害

生儿育女，是人类的繁衍，也是大自然的选择。自然的神秘之处正在于，能够使男女的性别比例始终保持一种恰当和平衡的状态，实现世界的

---

① 参见郭自力：《生物医学的法律和伦理问题》，266页以下。
② 参见李善国等：《辅助生殖技术法研究》，159页，北京，法律出版社，2005。

和谐。然而，随着现代医学科技的发展，人工的力量能够干预和参与性别的形成和鉴定的过程，使人们随心所欲地得到自己所希望的性别的孩子成为可能。性别鉴定包括孕前鉴定和孕后鉴定。所谓"孕前鉴定"，是指通过控制使卵子受精的精子类型来控制性别；所谓"孕后鉴定"，是指对已受孕的胎儿，利用超声波、染色体、羊膜穿刺、绒毛膜取样等新兴技术，鉴定其性别。[①] 孕前鉴定主要通过人工生殖技术方面的法律来规范，因此，性别选择所面临的普遍和急迫的问题主要是，如何规范孕后鉴定。简言之，是否可以进行非医学需要的胎儿性别鉴定，胎儿性别非如其父母所愿时能否人工中止妊娠。

如果放任胎儿性别鉴定以及由性别原因导致的堕胎，必然造成男女性别比失衡，引发一系列严重的社会、伦理和法律问题。例如，男女婚配比例自然失衡，某些遗传性疾病增多，婚姻挤压，性别挤压，性犯罪增多，人口拐卖犯罪增多等等，最终危害家庭和谐和社会良性发展。

二、各国性别比的失衡状况及相关立法

所谓"出生性别比"，是指为了便于观察与比较，所定义的与每出生百名女婴相对的出生男婴数。20 世纪 50 年代中期，联合国出版的《用于总体估计的基本数据质量鉴定方法》（手册 II）中认定，出生性别比的通常值域为 102～107 之间，即每出生 100 名女婴，男婴的出生数在 102 至 107 之间即为正常。出生性别比的下限低于 102，上限高于 107 的值域则被视为异常。[②]

自 20 世纪 80 年代以来，我国的人口出生性别比开始持续偏离正常范围，现在已经达到了相当严重的程度。国家人口和计划生育委员会的资料显示，目前全国男女出生性别比为 116.9：100，大大偏离了正常值域，有的省份竟然达到了 135：100。[③] 俄罗斯是世界上男女比例失衡最严重的

---

① 参见黄丁全：《医疗、法律与生命伦理》，修订版，589 页。
② 参见睢素利：《关于平衡我国性别比的法律思考》，载《中国医学伦理学》，2007（2）。
③ 参见黄宇：《变迁与整合：医患关系的社会学视角分析》，载《中国医学伦理学》，2006（5）。

国家之一，根据最新人口普查结果，俄罗斯的男女比例为1 000：1 147，城市人口的男女比例甚至达到了1 000：1 167。俄罗斯的男性和女性的人口数分别为6 700多万和7 700多万，整整相差了1 000万。① 此外，亚洲的韩国、日本、印度、我国台湾地区等，也是人口出生性别比偏高的国家和地区。

出生人口性别比失衡的因素是多方面的，例如，环境污染的影响，但是，最根本和最直接的原因仍是非医学需要的胎儿性别鉴定以及因此导致的人工中止妊娠。因此，很多国家（地区）采取了积极的措施来规范胎儿性别鉴定，将非法胎儿性别鉴定入罪化并施以刑事制裁是其中最为严厉的措施。例如，在我国台湾地区，医院和诊所滥用现代生殖技术进行出生性别选择的，将被吊销营业执照和处以罚金。2001年，台湾地区的出生性别比下降到108.69。②《韩国刑法典》规定，发现医生使用B超鉴定胎儿性别的，处以有期徒刑3年，罚款12 500美元，违法者终身不得行医。韩国的出生性别比由1990年的116.5下降到2002年的110.0。③ 我国台湾地区和韩国的性别比失衡状况能够得到极大的缓解，这是以建立了完善的法律制度和社会保障体系为前提的，同时，动用刑罚手段也是一项非常有效的举措。与韩国和我国台湾地区相比，印度则是一个反面例证。印度明令禁止医生向夫妇透露胎儿性别的法律已经实施了12年，曾经有超过300名医生因为触犯了这项法令而被起诉，但是，最后只有4名医生被判决有罪。来自医学团体的压力妨碍了惩治实施非法性别鉴定以及选择性流产的医生。这使得印度6岁以下儿童的平均性别比从1991年的945名女童/1 000名男童下降到2001年的927名女童/1 000名男童，在个别地区，该比例甚至低于900名女童/1 000名男童。面对此种状况，印度卫生激进主义者强调，惩罚有罪的医生是唯一有效的威慑手段。④

---

① 参见任彦等：《男女比例失衡挑战人类，女多男少外嫁潮》，载人民网，http://scitech.people.com.cn/GB/1057/4298510.html，访问日期：2008-10-20。

② 参见胡峻岭等：《台湾人口性别结构的形成及发展变化》，载《南京人口管理干部学院学报》，2004（3）。

③ 参见施春景：《对韩国出生人口性别比变化的原因分析及其思考》，载《人口与计划生育》，2004（5）。

④ 参见［印］Ganapati Mudur：《印度医生因性别鉴定被起诉者仅少数获刑》，沈平虎译，载《英国医学杂志》（中文版），2006（6）。

三、我国的立法状况和非法性别鉴定入罪化的争论

禁止非医学需要的胎儿性别鉴定一直是我国医疗法关注的重点。《母婴保健法》、《人口与计划生育法》、《计划生育技术服务管理条例》等相关法律法规都明确禁止非医学需要的胎儿性别鉴定和选择性别的人工终止妊娠,并规定了相应的法律责任。国家计生委、卫生部、国家药监局于2003年联合颁布了《关于禁止非医学需要的胎儿性别鉴定和选择性别的人工终止妊娠的规定》,同时,该规定也肯定了医学需要的胎儿性别鉴定和人工终止妊娠的合法性。福建省人大常委会于1996年通过了《福建省禁止非医学需要鉴定胎儿性别的规定》,这是首次就此类事项制定的地方立法。迄今为之,我国已有29个省(市、区)在当地的"人口与计划生育条例"中禁止了非医学需要的胎儿性别鉴定和选择性别的人工终止妊娠。[①]

关于非医学需要的胎儿性别鉴定和选择性别人工终止妊娠应当承担的法律责任,《人口与计划生育法》第36条作了规定:利用超声技术和其他技术手段为他人进行非医学需要的胎儿性别鉴定或者选择性别的人工终止妊娠的,由计划生育行政部门或者卫生行政部门依据职权责令改正,给予警告,没收违法所得;违法所得1万元以上的,处违法所得2倍以上6倍以下的罚款;没有违法所得或者违法所得不足1万元的,处1万元以上3万元以下的罚款;情节严重的,由原发证机关吊销执业证书;构成犯罪的,依法追究刑事责任。《母婴保健法》也做了类似的规定。

根据《人口与计划生育法》的规定,非医学需要的胎儿性别鉴定和选择性别人工终止妊娠等行为构成犯罪的,应当追究刑事责任。但是,上述行为究竟成立我国刑法中的何种罪名?目前,我国司法实务的具体做法不一,有的按照非法行医罪定罪[②],有的对收受他人财物进行非法性别鉴定

[①] 参见吉爱军:《新形势下医院实施人文管理的思考》,载《中国医学伦理学》,2004(1)。

[②] 被告人曾文质、杨宝钗退休前分别是泉州市第一医院的医生和护士。2000年2月至2002年4月,他们在未取得《医疗机构许可证》的情况下,利用自购的两台B超声波诊断仪为怀孕妇女作胎儿性别鉴定共计41例,违法所得4 500元。福建省泉州市鲤城区人民法院以非法行医罪判处曾文质有期徒刑2年,并处罚金5万元,以非法行医罪判处杨宝钗有期徒刑1年,缓刑2年,并处罚金5 000元。该案被称为"福建省最大的一起胎儿性别鉴定案"。(参见王比学:《刑法能否打击非法性别鉴定》,载《人民日报》,2005-01-26。)

的公立医院的医生按照受贿罪定罪。① 然而，这些判决可能存在一定的问题。我国刑法第 336 条非法行医罪的主体是未取得医生执业资格的人，若实施非法胎儿性别鉴定的行为人是具有执业资格的医生，则不符合非法行医罪的主体要件；医生收受他人财物非法进行鉴定或者中止妊娠的，定为受贿罪只是评价了收受财物的行为，没有直接评价非法鉴定行为，若医生进行非法鉴定并未收受财物，则无法追究其刑事责任。因此，我国刑法在对非法胎儿性别鉴定及选择性别人工终止妊娠的规制上，存在立法空白。

针对这一立法空白，我国负责计划生育工作的重要官员和很多刑法学者都认为，应当将非医学需要的胎儿性别鉴定和性别选择人工终止妊娠等行为入罪化，并提出了若干具体立法建议。② 但是，有少数学者从刑法的谦抑主义出发，认为将这类行为犯罪化不必要、不现实、不可能、不符合刑法的宽容精神，因而，反对将这类行为规定为犯罪。③

在我国的立法实践中，立法者对该问题进行了非常慎重的研究。《刑法修正案（六）》的草案曾经将非医学需要的胎儿性别鉴定规定为犯罪。该草案规定："在刑法第 336 条后增加一条，作为第 336 条之一：违反国家规定，为他人进行非医学需要的胎儿性别鉴定导致选择性别、人工终止妊娠后果，情节严重的，处三年以下有期徒刑、拘役或者管制，并处罚金。"但是，由于各方面对此仍然存在较大分歧，2006 年 6 月 24 日，全国人大常委会第 22 次会议在第三次审议该草案时，删除了草案中关于非医学需要的胎儿性别鉴定构成犯罪的规定。虽然正式通过的《刑法修正案（六）》没有规定非法胎儿性别鉴定的罪名，但是，全国人大法律委员会建议继续研究论证该问题。

笔者认为，缓解我国性别比失衡的问题，在法律上取决于如下两个因

---

① 福建省永春县中医院医生兼 B 超室负责人林呈钱收受他人财物，为他人进行非法胎儿性别鉴定，于 2005 年 1 月 19 日被该县人民法院以受贿罪判处有期徒刑 2 年。（参见王玉生：《利用胎儿性别鉴定受贿，贪心医生判刑二年》，载《检察日报》，2005-01-25。）

② 参见赵秉志等：《试论非法行医罪的立法完善——以非法胎儿鉴定性别和性别选择人工终止妊娠行为为视角》，载《人民检察》，2005（3）（上）；陈世伟：《非医学需要鉴定胎儿性别等行为犯罪化分析》，载《中国青年政治学院学报》，2005（5）。

③ 参见储槐植、薛美琴：《刑法谦抑——由一则建议稿引发的思考》，载《云南大学学报（法学版）》，2005（3）。

素：首先，要重视配套法规的完善。"传宗接代"和"养儿防老"是我国重男轻女思想的根源，因此，应当通过法律来保障和落实妇女取得与男性在社会、经济、政治、就业等方面平等的权利，以完善的社会保障制度作为后盾，从根本上消除非法胎儿性别鉴定现象。只有在此基础上，国家动用刑罚手段打击非法胎儿性别鉴定才有其正当性，我国台湾地区和韩国的做法为我们提供了有益的经验。其次，要加强刑法的实践性和可操作性。若要将非法胎儿性别鉴定规定为犯罪，其罪刑规范必须具有实践性和可操作性，能够被有效地适用，否则，即使刑法中作了规定，也不过是一纸空文，印度的教训应当引起我们的重视。

尽管将非法胎儿性别鉴定入罪化仍然存在着证据难以取得，有关部门监管松弛等现实的困难，但是，面对居高不下的性别比失衡，面对有些地方非法胎儿性别鉴定活动职业化、团体化的趋势，面对不断出现的典型案件，谦抑的刑法早已达到了"不得不"动用的时刻，犯罪化是必然的选择。在对非法胎儿性别鉴定进行了充分调研和论证之后，建议尽快以"修正案"的方式将非医学需要的胎儿性别鉴定和人工终止妊娠行为规定为犯罪。

第三节 变性手术

所谓"变性手术"，是指以男女性征器官的切除、再造为主要内容，辅之以其他治疗方法的整形外科手术，以在个体性角色中表现出自我认知障碍性疾患的易性癖患者为手术对象。[①] 变性手术是一种非常复杂和精细的外科手术，能够代表一个国家的整形外科的总体水平。变性手术涉及医学、法学、社会学、宗教、伦理、婚姻、家庭等诸多领域，因而又被称为"变性工程"。对于变性手术涉及的伦理问题，理论界从对易性癖患者的态度、医疗价值、手术标准等方面进行了充分的研究。[②] 与变性手术有关的

[①] 广义的变性手术包括对两性人的性别确定和单纯的性别变更，前者是对生理疾病的治疗，不存在明显的法律和伦理问题，这里不作讨论。本书所称的变性手术，主要是指以外科手术的方式治疗性别认知障碍的心理疾患的方法。

[②] 参见付登礼等：《关于变性手术的伦理问题的研究综述》，载《中国医学伦理学》，2002（3）。

法律问题,在具体制度上表现为变性后身份的更改认定、婚姻缔结、继承等等,但是,这些具体制度设计必须具有一个根本的前提——变性手术本身的合法性。

一、各国变性手术的立法状况

(一) 肯定变性手术合法性的国家

瑞典是世界上最早制定变性法律、确认正当变性手术的合法性的国家。比利时、加拿大、美国、新加坡、德国、丹麦、挪威等国,都制定了关于性别变更的法律,如果全面的医疗评价表明变性手术具有积极的治疗意义,并且该手术被认真而适当地实施,符合法律规定的条件,就被认为是合法的。[1] 例如,德国《特殊情况下,关于姓名及性别变更法》(Gegetz über die Änderung der Vornamen und die Feststellung der Geschlechtszugehörigkeit in Besonderen Fällen) 规定了变性的前提条件:"由于变性欲者性格上的原因,意识到自己心理上的性别与出生登记簿上的性别不同,且至少三年以上处于一种压迫感中,强烈要求与心理上的性别一致,有下列情形之一者,法院得根据其申请,予以改变其性别:第一,患者需是德国人或者是无国籍之人、无归属地的外国人、或是受庇护者及作为外国难民受此法律适用之人;第二,认为自己属于另一性别的事实不可改变的情形;第三,患者须年满 25 岁。在申请中必须写明将来所用之姓名。"[2]

(二) 否定变性手术合法性的国家

变性手术与普通外科手术的不同之处是,变性手术切除的人体器官是健康器官,而普通外科手术切除的器官是病变器官。因此,亚洲一部分国家的刑法明确规定残害正常器官的刑事责任,违者要判 3 年到 4 年的有期徒刑。[3] 在阿根廷、葡萄牙等国家,法律禁止实施变性手术,即使患者表示了同意,该同意也被认为是患者的病态表现,属于无效的意愿,有医生因实施变性手术被判成立人身伤害罪。[4] 我国台湾地区学者认为,变性手

---

[1] 参见陈焕然等:《变性手术立法刍议》,载《科技与法律》,2002 (1)。
[2] 黄丁全:《医疗、法律与生命伦理》,修订版,746 页。
[3] 参见陈焕然等:《变性手术立法刍议》,载《科技与法律》,2002 (1)。
[4] 参见杨平等:《变性手术法律问题研究》,载《河北法学》,2007 (2)。

术切除了健康的生殖器官，损害了生殖机能，符合"刑法"上重伤的规定，手术者成立加工重伤罪。①

日本东京地方裁判所于1969年2月15日作出了一个认定实施变性手术构成犯罪的刑事判决。在该"变性手术案"中，医师为三名男性实施了变性手术，法院认为其违反了《母体保护法》、《刑法》和《麻醉药取缔法》，判处其有期徒刑两年，缓刑3年，并科40万日元罚金。该名医师及其辩护人以变性手术是正当医疗行为为由进行了辩护。该案是日本法制史上第一个关于变性手术的刑事判决，争议的焦点在于，变性手术是否得到了广泛承认，是否属于正当的医疗行为。判决中写道："变性手术……的确能够减少病人精神上的痛苦，达到身心平衡，认为这是一种医疗行为是值得考虑的。但是，不承认变性手术是医疗行为的医师也并非没有，除了引用社会相当性、伦理性作为批判理由之外，医学上认为，变性手术满足的是患者的精神欲望……很难认定为治疗，即使实施了变性手术，变性后仍然不能赋予生殖能力，无异于中性之人，在医学伦理上是难以承认的。"② 判决还引用了美国霍普金斯医学研究所规定的实施变性手术必须遵守的条件，认为本案中医师在实施手术前未履行上述条件，很难认定其行为是正当的。一审判决以行为人违反《母体保护法》和《麻醉药取缔法》为由，数罪并罚，但是，没有论及刑法上的伤害罪的问题。③ 需要注意的是，判决没有直接指出变性手术本身的违法性，而是以医师在实施手术时没有履行必要的条件作为认定犯罪的理由。换言之，如果手术符合法定的条件，应当是合法的。

二、我国变性手术的实践及立法状况

我国公开报道的首例变性手术是在1990年实施的，迄今为之，有资料显示的变性手术已经上千例。然而，我国至今尚未颁布变性手术方面的法律规范，使得这类手术事实上处于法律的盲区。自2000年以来，由于缺乏相关规范的保护，医师在选择手术对象时不得不慎之又慎。目前行业内公认的

---

① 参见蔡墩铭：《医事刑法要论》，2版，182页。
② 转引自黄丁全：《医疗、法律与生命伦理》，修订版，744页。
③ 参见黄丁全：《医疗、法律与生命伦理》，修订版，744页。

临床操作规范，来自于最新版的权威著作《整形外科学教科书》。根据该书的说明，在实施变性手术之前，除了本人申请及亲属同意之外，还必须先拿到三个证明：一是公安机关的证明，证明不是因为犯罪而要做手术，而且手术后不从事卖淫；二是单位的证明，证明将来手术后回归社会能够得到周围人群的接受；三是精神科的证明，证明经过辅导和测评，受术者没有精神病，不是心血来潮，而且性取向更朝向于要变性的性别方向。但是，上述三个证明的要求只是整形外科行业默认的行业规范，不具有法律效力。①

医学专家认为，我国在变性手术的规范方面长期存在立法空白，尽快对变性手术进行立法已成"燃眉之急"②。法律界的观点认为，允许变性是对人的性别选择权、追求幸福生活的权利等基本人权的尊重，这类手术没有伤害到他人，符合不伤害原则，因此，应当通过立法确认变性手术的合法性；并且具体设计了变性手术的适应症、操作标准、行业规制、法律条件、法律程序等等。③

2005年8月，卫生部委托有"变性大师"之称的中国科学院整形外科医师陈焕然等人起草《中国变性手术准入制》，目前该草案处于专家论证阶段。④ 2009年11月13日，卫生部发布了《变性手术技术管理规范（试行）》，从而结束了我国的变性手术无法可依的状态。从医疗刑法的角度看，符合法定条件和法定程序的变性手术将是合法的，不构成犯罪，无须动用刑法手段对变性手术进行规制。

第四节　器官移植

器官移植是一门新兴的尖端医学，被誉为21世纪的"医学之巅"⑤。

---

① 参见戴敦峰：《对变性手术进行立法已成燃眉之急》，载《南方周末》，2007-04-26。
② 同上文。
③ 参见杨平等：《变性手术法律问题研究》，载《河北法学》，2007（2）；陈焕然等：《变性手术立法刍议》，载《科技与法律》，2002（1）。
④ 参见戴敦峰：《对变性手术进行立法已成燃眉之急》，载《南方周末》，2007-04-26。
⑤ 黄丁全：《医疗、法律与生命伦理》，修订版，159页。

器官移植在延缓生命、提高人类生存质量的同时，为伦理和法律带来了很多尖锐的问题。

一、各国器官移植的立法状况

自 20 世纪 60 年代以来，世界上很多国家和地区相继制定了器官移植法，为了保障器官的供体来源，有的国家还制定了脑死亡法和遗体捐赠法。例如，美国于 1968 年在统一州法律中通过了"统一遗体捐赠法"，于 1984 年通过了《器官移植法》；德国、法国、西班牙、日本等国也对器官移植进行了专门立法。

在我国，台湾地区于 1987 年通过了"人体器官移植条例"，随后颁布了实施细则；香港地区于 1995 年制定了《人体器官移植条例》，并于 1999 年进行了修订；澳门地区于 1996 年颁布了 2/96/M 号法律《规范人体器官及组织之捐赠、摘取及移植》。在大陆，第一部与器官移植有关的立法是《上海市遗体捐赠条例》，但是，该条例不是器官移植的专门规范。2003 年深圳颁布了《深圳经济特区人体器官捐赠移植条例》，这是我国第一部真正意义上的器官移植立法，然而，该条例属于地方性立法，其效力范围十分有限。卫生部于 2006 年 3 月颁布了《人体器官移植技术临床应用管理暂行规定》，这是我国首次为器官移植制定全国性的统一规范，但是，该规定作为部门规章，主要着眼于对器官移植的临床应用的管理。国务院于 2007 年 3 月颁布了《人体器官移植条例》（本节简称《条例》），这是我国第一部关于器官移植的全国性法规，该条例全面地规定了人体器官的捐赠、移植以及法律责任等。

就世界范围来看，关于人体器官移植的法律规范主要有两种模式：一种是以美国为代表的统一立法的模式，即，制定一部统一的人体器官捐赠移植法；另一种是分别立法的模式，即，根据人体器官的不同类别，分别制定不同的器官移植法，日本曾经是分别立法模式的代表。[①] 日本于 1968 年和 1979 年分别通过了《眼角膜移植法》和《角膜与肾脏移植法》，由于分别立法的模式具有器官资源得不到有效利用、对法律未作规定的其他器官进行移植无法可依等弊端，日本最终放弃了这一模式，转而制定统一的

[①] 参见黄华清：《我国人体器官捐赠移植立法问题研究》，载《法律与医学杂志》，2000（4）。

器官移植规范。我国台湾地区也经历了类似的发展道路。因此，统一立法的模式是当前世界上器官移植立法的主流和基本的发展趋势，我国 2007 年实施的《人体器官移植条例》采取的也是这一模式。

二、器官移植的罪与非罪

在刑法领域研究器官移植这一命题，应当从两个角度分别入手——犹如硬币的两面———一方面，正当的器官移植排除犯罪性的根据；另一方面，哪些与器官移植有关的非法行为应当构成犯罪。

（一）器官移植的合法化事由

活体器官移植可能会对供体的健康造成一定的损害，形式上符合故意伤害罪的成立要件。但是，根据德日刑法理论的通说，在符合下列条件时，为了移植而摘取活体器官的行为不成立犯罪：（1）向器官的供体充分说明了器官摘除可能带来的危险；（2）器官的供体出于真实的意愿表达了同意；（3）考虑了器官的供体自身的健康状况，只有在摘取器官不会给供体带来生命危险的条件下才能实施。①

尽管器官移植是一个新兴的领域，但是，器官移植也属于治疗行为的一种，医疗法的一般法理仍然适用于器官移植。② 因此，与普通医疗行为的正当化根据一样，器官移植合法化的核心事由是权利人的同意。我国《人体器官移植条例》第 8 条第 1 款规定："捐献人体器官的公民应当具有完全民事行为能力。公民捐献其人体器官应当有书面形式的捐献意愿，对已经表示捐献其人体器官的意愿，有权予以撤销。"据此，为了否定器官移植的犯罪性，除了需要具备权利人同意的一般要件之外，还需要满足如下特殊要求：首先，同意的主体必须是完全民事行为能力人；其次，同意必须以书面形式作出；最后，同意（捐赠意愿）没有被撤销。

符合上述条件的器官移植行为，基于权利人的同意而排除其犯罪性。在以下两类情形中，由于没有形成有效的权利人同意，不能阻却犯罪性。

---

① 参见 [日] 齐藤诚二：《刑法中的生命保护》，新订版，199 页，东京，多贺出版社，1989。转引自刘明祥：《器官移植涉及的刑法问题》，载《中国法学》，2001 (6)。

② Korthals, Strafrechtliche Problem der Organtransplantation, 168, S. 12. 转引自黄丁全：《医疗、法律与生命伦理》，修订版，298 页。

第一类情形是,活体器官移植的供体是未成年人。基于对未成年人的特别保护,《条例》第 9 条规定,任何组织或者个人不得摘取未满 18 周岁公民的活体器官用于移植。并且,《条例》推定未满 18 周岁的未成年人不具备同意捐赠器官的能力,不能成为同意的主体。因此,即使未满 18 周岁的未成年人同意捐赠自己的活体器官,其同意也是无效的,不能阻却犯罪的成立。第二类情形是,死者生前作出了拒绝捐赠的意思表示。尽管移植尸体器官不影响供体的健康法益,但是,涉及死者的尊严。《条例》对于死者是否同意捐赠采"广义的承诺意思表示方式"①,死者生前的意思表示是阻却犯罪成立的关键要素。若死者生前表示了不同意摘取其器官的,任何人不得摘取,否则构成犯罪。若死者生前对器官捐赠未作出任何表示,其配偶、父母等关系人共同以书面方式同意捐赠的,则摘除尸体的器官用于移植是正当的,此时,可以将关系人的同意推定为权利人的同意,从而阻却犯罪的成立。

(二) 器官移植犯罪的基本类型

未获得权利人的同意却施行了器官的摘除和移植,或者违背了器官移植的监管规范,可能构成相应的犯罪。与器官移植有关的犯罪,主要有以下几类:

1. 侵害公民知情权和自我决定权的犯罪

器官移植以自愿为原则,公民对与器官移植有关的所有问题享有知情权,并在知情的基础上作出自我决定。权利人同意是器官移植正当化的核心事由,因此,没有取得权利人的有效同意,以强制、胁迫、欺骗等手段摘取人体器官进行移植的,构成故意伤害等犯罪。

2. 人体器官移植监管方面的犯罪

器官移植涉及人类重要的伦理和价值观念,是具有高度专业性、技术性和风险性的医疗行为,因而,各国严格地监管器官移植的各个方面和环节。监管人员没有正确履行监管职责,造成了严重后果的,构成相关渎职犯罪。

3. 非法实施人体器官移植手术的犯罪

我国对器官移植手术实行准入制,即,医疗机构只有在省级卫生主管部门进行了人体器官移植诊疗科目登记,才能实施器官移植手术。未经登记、不具备特定资格的组织和人员,擅自实施人体器官移植手术的,构成

---

① 刘明祥:《器官移植涉及的刑法问题》,载《中国法学》,2001 (6)。

非法实施人体器官移植手术方面的犯罪。

4. 非法人体器官交易犯罪

人体器官交易彻底颠覆了人类基本的价值观念，会使器官移植这一原本为人类带来福祉的技术演变为一场灾难，影响受体的生命安全并引发其他严重犯罪，因此，国际社会旗帜鲜明地反对商业性买卖人体器官。世界卫生组织1989年第42届大会通过的"防止购买和销售人体器官决议"（WHA42.5号决议）指出，"人体器官交易不符合人类的基本价值观念，违反了世界人权宣言和该组织的最高准则，对于带有商业性质的器官转让行为，对于有偿移植或者转让而为自己或者他人制作或者发送广告的行为，对于医疗机构未经合法授权而进行人体器官存储以牟利的行为……均应当作为犯罪论处。"① 据此，广义的人体器官交易包括了买卖人体器官，走私人体器官，签订人体器官买卖契约，制作、发布人体器官买卖广告，商业性存储人体器官等行为。

三、我国《人体器官移植条例》与刑法的衔接

《人体器官移植条例》是我国首部专门规范人体器官移植的行政法规，《条例》与刑法的有机衔接，是对非法器官移植进行有效刑事规制的基础。上述与人体器官移植相关的典型犯罪，有的在《条例》中明确规定为依照刑法追究刑事责任，有的在《条例》中规定为依照其他法律进行追究，有的在《条例》中仅仅规定了行政责任。但是，最终只有通过《条例》和刑法的有机衔接，才能完成对这些行为的定罪和量刑。

（一）《条例》明确规定依照刑法追究刑事责任的行为

《条例》第25条和第31条明确规定，对侵犯公民知情同意权的行为和监管机构的渎职行为依照刑法追究刑事责任。

未经公民本人同意摘取活体器官，或者摘取未满18周岁公民的活体器官的，可能构成我国《刑法》第234条规定的故意伤害罪。故意伤害罪，是指故意非法地损害他人身体健康的行为。根据《人体重伤鉴定标准》，重伤是指使人肢体残废、毁人容貌、丧失听觉、丧失视觉、丧失其他器官功能或者其他对于人身健康有重大伤害的损伤。根据《条例》第2

---

① 转引自郭自力：《生物医学的法律和伦理问题》，144~145页。

条的规定，《条例》所称的"器官"是指具有特定功能的心脏、肾脏或者胰腺等不可再生器官，不包括细胞、血液等可再生器官。因此，非法摘除他人的不可再生器官，依照《人体重伤鉴定标准》已经构成重伤，应当以故意伤害罪追究刑事责任。

公民生前已经表示了不同意捐赠，但是，其死后尸体的器官仍然被摘取的，摘取尸体器官的行为是否构成犯罪？如果尸体处于亲属的控制之下，或者已经被埋葬，其他人摘取该尸体的器官的，无疑成立盗窃尸体罪。① 然而，实践中更可能发生的情况是，医生为了实施器官移植手术，擅自摘取了暂时放置于医院的尸体的器官。② 医生的此类行为是否构成犯罪，在我国刑法理论界存在争议。有学者认为，医生为了实施移植手术，在公民生前表示不同意的情况下仍然摘取其尸体器官的，一般不构成犯罪。其主要论据是，医生摘取的是放置于医院（未交予家属处理）的尸体的器官，由于尸体处于医院或者医生的控制之下，不能成为自己窃取的对象，因而，不构成盗窃尸体罪；侮辱尸体需要具备使尸体的亲属蒙羞的恶意，医生为了移植而摘取尸体的器官显然不具有侮辱的故意，因而，不构成侮辱尸体罪。因此，此类行为只能作为一般违法来处理。③

笔者认为，上述观点值得商榷，其关键在于如何理解尸体的器官的性质，如何理解盗窃、侮辱尸体罪所保护的法益，以及如何理解盗窃、侮辱行为的本质。对于尸体是否为"物"，理论上存在肯定和否定的对立。在肯定尸体为"物"的观点的内部，又存在着在尸体上是否成立所有权的分歧。④ 笔者认为，对于尸体的性质，应当从社会、死者、亲属三个角度进行全方位的考察：对尸体的支配形成的权利是一种体现社会公共利益，首先托付给死者的生前意志支配，其次托付给亲属等身份上的利害关系人"善管"的职权，它以民法上的物权或者所有权为"体"，但无私人经济利

---

① 参见刘明祥：《器官移植涉及的刑法问题》，载《中国法学》，2001（6）。

② 此类案件在实践中多次发生。例如，在英国利物浦一家名叫阿德尔黑的儿童医院中，医师Veltzen在长达7年的行医生涯中，从上千名儿童的尸体上非法擅自摘取了人体器官。该案被曝光后，成为英国国家医疗保健系统近几年出现的最严重的丑闻。在我国，也曾经发生过医生擅自摘取尸体的眼角膜的案件。

③ 参见刘明祥：《器官移植涉及的刑法问题》，载《中国法学》，2001（6）。

④ 参见宗绪志：《论尸体权属》，载《人民司法》，1999（9）。

益之"用"①。器官捐赠中的自愿原则,体现的正是对死者生前意愿的尊重,在死者生前无表示的情况下,则体现了对亲属意愿的尊重。盗窃、侮辱尸体罪保护的法益是社会公共秩序、死者的尊严和亲属的感情。因此,认为医生擅自摘取放置于医院的尸体的器官不构成犯罪,其理由并不成立:其一,尸体的所有权由亲属享有,即使放置于医院并处于医生控制之下,医生也不具有处分权,其秘密摘取尸体的器官的行为类似于"监守自盗",符合盗窃行为的特征;其二,医生在明知死者不愿意捐赠的情况下仍然摘取尸体的器官,伤害了死者的尊严、亲属的感情和社会的公益,其主观方面具有"侮辱"的故意。即使医师擅自摘取尸体的器官是为了其他病人的利益,但是,"为了其他病人的利益"只是犯罪动机,而动机并不改变行为的性质,仅仅可能影响量刑。综上,医生擅自摘取暂时放置于医院的尸体的器官的,构成盗窃、侮辱尸体罪。尽管我国目前面临着供体器官严重不足的困境,但是,困境的缓解只能通过改变大众的观念和完善器官捐赠制度来实现,而不能置死者的意愿于不顾,擅自摘取尸体的器官,即使是医生出于治疗的目的也绝不允许。相反,只有对死者给予充分的尊重,才更能让生者萌发死后捐赠的意愿。

此外,《条例》第31条规定:"国家机关工作人员在人体器官移植监督管理工作中滥用职权、玩忽职守、徇私舞弊,构成犯罪的,依法追究刑事责任;尚不构成犯罪的,依法给予处分。"医疗卫生行政主管部门是人体器官移植的监管机构,负责人体器官移植的登记、公布、评估、撤销等等,因此,如果医疗卫生行政主管部门的工作人员在监管器官移植的过程中滥用职权、玩忽职守,造成了重大损失的,成立刑法第397条规定的滥用职权罪和玩忽职守罪。

(二)《条例》规定依照其他法律处理的、可能构成犯罪的行为

《条例》第27条规定,医疗机构未经登记擅自从事器官移植、医务人员违反条例导致接受人因器官移植手术感染疾病、医务人员泄漏移植手术相关人员资料的,分别按照《医疗机构管理条例》、《医疗事故处理条例》和《执业医师法》进行处罚。其中,医务人员违反《条例》导致接受人因器官移植手术感染疾病的,若构成医疗事故,则依照《医疗事故处理条例》追究责任,包括追究刑事责任。

---

① 张力:《论尸体器官捐赠自愿性原则》,载《法律与医学》,2003(4)。

根据《条例》第 16 条的规定，医务人员未对人体器官捐献人进行医学检查或者未采取措施，导致接受人因人体器官移植手术而感染疾病的，构成医疗事故，依照《医疗事故处理条例》的规定予以处罚。《医疗事故处理条例》第 55 条规定：医疗机构发生医疗事故的，对负有责任的医务人员依照刑法关于医疗事故罪的规定，依法追究刑事责任。《刑法》第 335 条规定："医务人员由于严重不负责任，造成就诊人死亡或者严重损害就诊人身体健康的，处三年以下有期徒刑或者拘役。"

因此，如果实施人体器官移植手术的医务人员违反《条例》的规定，严重不负责任，未对器官捐赠人进行医学检查或者采取措施，具有重大过失，导致接受人感染疾病，身体健康受到严重损害或者死亡的，符合医疗事故罪的成立要件，构成医疗事故罪。

（三）《条例》仅规定了行政责任的严重危害行为——非法器官交易

1. 非法器官交易的犯罪性

禁止器官交易，建立在人类身体无价的根本理念之上。世界卫生组织、国际移植学会等机构都明确规定器官买卖构成犯罪，世界上大多数国家（地区）的立法也作了相应的规定。

非法人体器官交易包括若干行为形式。首先，买卖人体器官是器官交易的常见形式，例如，美国 1968 年《统一遗体捐赠法》规定，买卖人体器官构成重罪，处 5 万美元以下罚金和 5 年以下监禁。其次，订立人体器官买卖契约是器官交易的附属行为，有些国家（地区）将其规定为独立的犯罪，例如，我国香港地区。再次，对有偿人体器官交易进行宣传的，在有的国家（地区）构成犯罪。例如，我国澳门地区。再次，走私人体器官是人体器官交易的扩大化，具有更严重的社会危害性，是一种严重犯罪，例如，香港《人体器官移植条例》作了明确规定，在香港非法进出口器官即属犯罪。最后，与器官交易关联的其他行为。例如，以牟利为目的存储人体器官的，在有的国家被规定为专门的犯罪。例如，津巴布韦。①

2.《条例》对人体器官买卖的禁止与刑法中的空白

禁止器官买卖是《条例》的基本原则之一。《条例》第 3 条规定："任何组织或者个人不得以任何形式买卖人体器官，不得从事与买卖人体器官

---

① 参见刘长秋：《器官移植法研究》，84 页。

有关的活动。"违反该规定所产生的法律责任由《条例》第 26 条作出规定，该条规定了有关人员和机构的一系列行政责任。然而，就《条例》本身的规定来看，对非法人体器官买卖只是追究行政责任，没有涉及刑事责任。

笔者认为，非法器官买卖是器官移植领域的典型犯罪，对社会造成了严重的危害，其危害的长远性和深层性远远超过了当前在器官移植领域已经作出规定的某些犯罪，就世界器官移植立法的主流和《条例》的精神来看，将其犯罪化是我国刑法的必然选择。《条例》之所以没有规定对此类行为追究刑事责任，主要有如下两点原因：首先，人体器官买卖不符合我国现行刑法规定的任何犯罪的构成要件，即，我国现行刑法中没有一个罪名可以适用于非法人体器官买卖。因此，《条例》无法明确地作出"非法人体器官交易构成犯罪的，依法追究刑事责任"这样的指引性规定，即使作了类似的规定，由于刑法中没有可以适用的罪名，也只能是一条"虚置"的规定。其次，《条例》不能直接规定犯罪和刑罚。根据我国《立法法》的规定，犯罪和刑罚只能由全国人大颁布的法律进行规定，国务院颁布的行政法规无权规定某一类行为构成犯罪。因此，《条例》不能直接规定非法人体器官交易的刑事责任，否则，即构成越权立法。因此，《条例》对非法器官买卖行为仅追究行政责任，这一规定本身不存在任何缺陷，这是国务院恪守其立法权限和保证立法科学性的必然选择。现行刑法在这一问题上的立法空白，是无法追究非法器官交易的刑事责任的根源。

3. 我国刑法规制人体器官交易的立法选择

应当对非法人体器官交易进行犯罪化，这在我国已经达成了基本共识，但是，在具体立法设计上仍然存在争议。有学者建议，在现行刑法分则第六章"妨害社会管理秩序罪"中增设"器官移植罪"一节，具体规定"非法买卖人体器官罪"、"走私人体器官罪"、"偷取他人人体器官罪"、"骗取他人身体器官罪"、"强制采摘他人身体器官罪"等若干罪名。[1] 有学者认为，在"危害公共卫生罪"中增加非法人体器官交易罪，具体罪名包括非法购买人体器官罪、非法组织人体器官交易罪、非法销售人体器官

---

[1] 参见刘长秋：《器官移植法研究》，89 页。

罪、强迫出卖器官罪、非法持有器官罪、为非法人体器官交易提供便利罪等。[①]

笔者认为，要将非法人体器官交易纳入现行刑法典之中，应当以维持整个刑法体系的和谐和完整作为出发点。首先，本类犯罪违反了禁止器官买卖的基本原则，侵犯了社会公共卫生管理秩序，应当将其置于刑法分则第六章第五节"危害公共卫生罪"之中。其次，具体罪名的设计应当与其他已有的罪名相协调，尽量避免立法重复和立法空白。例如，非法摘取器官完全符合故意伤害罪和侮辱尸体罪的构成要件，不宜再规定单独的罪名。因此，增加"走私、销售、购买人体器官罪"一个罪名，即足以对人体器官交易进行整体和全面的规制，其他关联行为可以借助犯罪的未完成形态理论和共犯理论等加以解决，从而既保持具体个罪与总则的协调，又实现立法的简明，使之更具操作性。例如，签订人体器官买卖契约的，是销售（购买）人体器官的预备行为；组织人体器官交易的，构成销售人体器官罪的共同犯罪中的组织行为；强迫出卖器官的，构成出卖人体器官罪的加重情节等等，因此，不必再对此类情节规定单独的罪名。至于"走私、销售、购买人体器官罪"的构成要件和刑罚配置，可以作更深入的论证和研究。

（四）其他违反《条例》的非法人体器官移植行为的规制

其他违反《条例》的非法人体器官移植行为，在有的国家（地区）构成犯罪，例如，医务人员泄漏移植手术相关人员信息的，在我国台湾地区构成"无故泄漏业务上秘密罪"。《条例》仅规定了此类行为的行政责任，但是，根据我国《刑法修正案（七）》的规定，可能构成"出售、非法提供公民个人信息罪"[②]。

此外，某些非法器官移植行为完全符合刑法中某一罪名的构成要件，即使《条例》没有明文规定追究这类行为的刑事责任，也可以直接运用刑法加以调整。例如，不具有医生资格的人擅自从事器官移植手术，情节严重的，构成刑法第336条第二款规定的非法行医罪。

---

① 参见刘俊森等：《非法人体器官交易的刑事立法研究》，载《医学与哲学》，2006（1）。

② 《条例》颁布在前，《刑法修正案（七）》颁布在后，因此，《条例》中只作了行政责任的规定是正确的。

本章小结

本书以概要介绍医疗刑法在尖端医疗领域的体现和发展作为余论，昭示了医疗刑法的基本动向。医疗刑法理论未来研究的重点是，如何对人工生殖、性别选择、变性手术、器官移植等尖端医疗领域的非法行为进行恰当的刑事规制。

不当运用和滥用人工生殖技术的行为主要涉及代孕和克隆人。我国医疗法规范严格禁止代孕，但是，由于行政规章与刑法的脱节，刑法中没有恰当的罪名可供适用，使得行政规章中关于代孕的刑事责任的规定被虚置。我国在克隆人问题上坚持严格禁止生殖性克隆的基本立场，但是，立法中仅有一些宣言性的规定，而没有规定任何罚则。

禁止非医学需要的胎儿性别鉴定一直是我国医疗法规范关注的重点。我国刑法对于非法胎儿性别鉴定及选择性别人工终止妊娠的规制，目前存在立法空白，但该问题近年来一直是刑法修正所关注的焦点之一。

对于变性手术的合法性，世界各国存在肯定和否定两种做法。我国在变性手术的规范方面长期存在立法空白，法律界的观点认为，允许变性是对人的性别选择权、追求幸福生活的权利等基本人权的尊重，这类手术没有伤害到他人，符合不伤害原则，应当通过立法确认变性手术的合法性。

与器官移植有关的犯罪，涉及侵犯公民知情权和决定权、器官移植监管、非法手术、人体器官交易等方面。《人体器官移植条例》是我国首部专门规范人体器官移植的行政法规，其与刑法的有机衔接，是对非法器官移植进行有效刑事规制的基础。为了打击非法人体器官交易，有必要增加"走私、销售、购买人体器官罪"。

在坚持人类基本伦理的前提之下，应当赋予尖端医疗较为宽松的法律环境。首先，必须制定尖端医疗的基本规范；其次，刑法应当以尖端医疗的基本规范为基础，通过修正案的形式，将商业化代孕母、生殖性克隆人、非医学需要的胎儿性别鉴定和胎儿性别选择终止妊娠、走私、销售、购买人体器官等行为规定为犯罪，从而实现基本医疗法规范与刑法的有机衔接、新增罪名与现有刑法体系的融合协调。

代结语
——我国医疗犯罪的立法完善

通过系统研讨医疗刑法的一般理论，借鉴各国关于医疗问题的刑事立法，结合我国医疗案件刑事审判的实况，本书的研究最终回归中国问题——这是中国刑法学应当始终具有的知识品格和实践能力——从立法论的角度，研究我国医疗刑法的完善。完善将在两个层面展开：其一，改进已有医疗犯罪的罪刑规范；其二，填补刑法在尖端医疗领域的空白。

一、改进已有医疗犯罪的罪刑规范

刑法第335条医疗事故罪和第336条非法行医罪、非法进行节育手术罪，共同归属于刑法分则第六章第五节"危害公共卫生罪"。理论上对于医疗犯罪的客体是简单客体还是复杂客体、孰为主要客体众说纷纭。[①] 笔者认为，医疗犯罪的

---

① 参见卢有学编著：《医疗事故罪专题整理》，20～23页。

客体是复杂客体，侵犯了公民的人身权利、公共卫生秩序等。尽管不同的罪名所侵犯的主要客体有所差异，但是，立法者将罪刑规范置于刑法分则的特定位置，有其现实的立法价值选择和立法技术考量。为医疗过失规定独立罪名是我国医疗刑法的重要特点，现行刑法将医疗事故罪、非法行医罪和非法进行节育手术罪规定于"危害公共卫生罪"一节，是将公共卫生秩序视作本类犯罪的主要客体，在当前单一刑法典的立法模式下，能够集中凸显医疗犯罪的共同特征。因此，可以保持已有医疗犯罪在现行刑法中的位置，同样地，基于医疗犯罪集中立法的考虑，尖端医疗领域所涉及的相关罪名，也应当纳入本节。

　　坚持医疗犯罪在刑法典中的位置不变的前提下，完善已有的医疗犯罪规范，重点在于医疗事故罪的罪名、罪状、法定刑，非法行医罪和非法进行节育手术罪的主体、法定刑等。

（一）医疗事故罪的完善

1. 重构罪名

　　医疗事故罪是1997年刑法新增的犯罪，该罪名由最高人民法院1997年12月16日颁布的《关于执行〈中华人民共和国刑法〉确定罪名的规定》所明确。但是，这一罪名未能体现本罪的特征，其最大的问题在于，极易引起如此误解——只要发生了医疗事故，就构成犯罪。笔者认为，应当将刑法第335条归纳为"重大医疗责任事故罪"，在罪名中准确限定成立犯罪的医疗事故的程度和性质。

　　首先，在程度上，构成犯罪的医疗事故必须是重大事故。《医疗事故处理条例》第2条规定，医疗事故是指医疗机构及其医务人员在医疗活动中，违反医疗卫生管理法律、行政法规、部门规章和诊疗护理规范、常规，过失造成患者人身损害的事故。根据该定义，轻微人身损害也可能构成医疗事故。但是，刑法第335条规定的本罪的损害后果是"死亡"或者"严重损害就诊人身体健康"。因此，为了划清医疗事故中罪与非罪的界限，应当明确医疗事故的程度，构成犯罪的医疗事故必须是"重大"的。

　　其次，在性质上，构成犯罪的医疗事故应当是责任事故。国务院1987年颁布的《医疗事故处理办法》和卫生部1988年发布的《医疗事故分级标准（试行草案）》，将医疗事故区分为责任事故和技术事故；国务院2002年颁布的《医疗事故处理条例》和卫生部于其后颁布的《医疗事故分级标准（试行）》，不再区分医疗事故的性质，只是将医疗事故分为"四级十等"。尽管医疗法规范不再区分事故的性质,但是,医生对于因技术风险、疾病自然转归等所导致的人身损害,不存在过失,不符合犯罪的成立要件。因此,为了避免不必要的误解,罪名中最好明确刑法第335条所称的医疗事故的性质,直接排除技术事故等的犯罪性。

最后,在我国的罪名体系中,其他类似罪名为概括刑法第335条的罪名提供了重要参考。在危害公共安全的责任事故类犯罪中,很多罪名都体现了事故的程度和性质,例如,刑法第137条的罪名是"工程重大安全事故罪"。

2. 增加罪状

立法将本罪罪状简单表述为"严重不负责任",理论上有的将此理解为行为人的主观心态,有的理解为"严重不负责任的行为",实务中对该要件也采取了不同的表述和认定方式。本书解析了医疗犯罪的客观不作为和主观过失,认为"严重不负责任"强调的是行为人严重违反注意义务的过失心态。但是,该主观心态必然反映于具体的客观行为,罪状中同样需要将客观的行为表现描述出来。

刑法中责任事故类犯罪的罪状基本上都表述为"违反……规章制度",参考这一立法模式,本罪应当在"严重不负责任"之后,增加"违反医疗规章制度和诊疗护理常规"作为犯罪的行为要件。一旦罪状完整地表述犯罪的主客观方面,认定时就必须运用证据来充足该客观方面的要件,进而印证行为人主观上的重大过失。

此外,本罪的危害结果之一"严重损害就诊人身体健康"是医疗犯罪中特有的表述,如前文所分析,若能够以司法解释的形式明确界定该损害后果的实质内涵和形式标准,则可以在立法中继续沿用该表述。

3. 重新配置法定刑

前文已经详细分析了医疗事故罪的法定刑配置,完善的重点在于,增设剥夺从医资格和罚金刑这两类附加刑。

综上,重新设计刑法第335条如下:

第335条(重大医疗责任事故罪) 医务人员严重不负责任,违反医疗规章制度和诊疗护理常规,造成就诊人死亡或者严重损害就诊人身体健康的,处三年以下有期徒刑或者拘役,可以并处或者单处罚金,附加剥夺从医资格。

(二)非法行医罪的完善

1. 重新界定犯罪主体

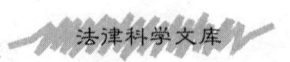

根据刑法第336条第1款的规定，非法行医罪的主体是"未取得医生执业资格的人"，如何确定其内涵并划定其外延，是司法实务中最大的难题。

最高人民法院2008年4月29日发布的《关于审理非法行医刑事案件具体应用法律若干问题的解释》（法释〔2008〕5号）第1条列举了"未取得医生执业资格的人非法行医"的五类情形，该解释尽管在一定程度上平息了实务争议，但是，所列举的各类情形并未一致地体现出"未取得医生执业资格"的内涵：有的理解为"医师资格"，例如，"未取得或者以非法手段取得医师资格从事医疗活动的"；有的理解为"医疗机构执业许可证"，例如，"个人未取得《医疗机构执业许可证》开办医疗机构的"；还有的理解为"医师执业证书"，例如，"被依法吊销医师执业证书期间从事医疗活动的；未取得乡村医生执业证书，从事乡村医疗活动的"等等。可见，司法解释回避了阐明本罪主体的内涵，仅仅通过简单列举来应对实践难题。然而，列举本身是无法穷尽的，当列举的各类情形没有一致内涵时更是如此。

因此，必须通过修改立法重构本罪主体，反映非法行医之"非法"的本质特征。出于管理公共卫生秩序的需要，合法行医应当同时具备两方面的合法性：其一，行医者的合法性，这是对行医者知识、技术、能力的要求；其二，行医者所处医疗机构的合法性，这是对医疗活动所需要的硬件设施、人员配备的要求。行医者的合法性，要求行医者具有医生资格，并且取得了医生执业证书。医生资格意味着医生获得了资格确认或者通过了国家考试，医生执业证书则体现了国家对医生实施统一管理，保证医业独占地位的执业注册制度。具有医生资格是取得执业证书的必要前提；医疗机构的合法性，体现了国家对于医疗机构的审批和管理，是医疗行业正常有序发展的保障。可见，合法行医必须同时具备三个证书，即医生资格证书；医生执业证书；医疗机构执业许可证。欠缺其中任何一个证书，医疗活动的实施者即构成非法行医。①

---

① 具有执业资格的医生，其注册的执业地点肯定是合法医疗机构。但是，有的具有执业注册资格的医生也可能到其注册的执业地点以外的其他医疗机构行医（特殊情况或者获得批准的除外）。若其他医疗机构具有《医疗机构执业许可证》，则不属于本罪的"非法行医"（这种所谓的"超地点行医"，至多产生行政责任）；若行为人明知该医疗机构未取得《医疗机构执业许可证》，则其在该医疗机构的活动也属于非法行医。

以上认识在卫生部答复最高人民法院的复函中曾经予以明确。最高人民法院2001年4月29日向卫生部发出了《关于非法行医罪犯罪主体条件征询意见函》（法函[2001]23号），卫生部2001年8月8日作出了《关于对非法行医罪犯罪主体条件征询意见函的复函》（卫法监函[2001]122号），复函中认为，执业医生资格，是"取得执业医师资格并经卫生行政部门注册的医学专业人员"，具有医生执业资格的人在"未被批准行医的场所"行医属非法行医，"未被批准行医的场所"是指没有取得卫生行政部门核发的《医疗机构执业许可证》的场所。据此，对"执业资格"作"三证齐全"的理解，符合医疗法规范的规定和精神。

除了理解"执业资格"的含义以外，还需要明确"医生"的范围。在司法解释（包括卫生部的复函）中，都将"医生"与"医师"做同一理解，但是，从事医疗活动的人并不限于医师，还包括药剂人员、护理人员、医技人员等。对于医师以外的其他医务人员，我国也已经建立起完备的职业资格考试和执业注册制度。不具有医师执业资格的人（可能具备其他医疗业务资格，例如，护士、药师）从事只有医师才能实施的诊疗活动的，构成非法行医；同样地，不具有护士、药师等资格的人从事护理、药剂等医疗活动，也应当构成非法行医。这是基于对"医疗"和"医生"的广义理解得出的当然结论。例如，香港地区的制定法针对不具备特定执业资格的人非法从事医疗活动，分别规定了不同的罪名。《医师注册条例》、《助产士注册条例》、《护士注册条例》、《辅助医疗业条例》规定，不具备特定资格的人非法使用医师、助产士、护士、放射等名衔或者未经注册而执业的，各自成立相应的犯罪。

因此，通过释明"未取得执业资格"和"医生"的内涵，可以将非法行医罪的主体详细表述为："未取得从事相应医疗业务的执业证书，或者在未取得医疗机构执业许可证的场所从事医疗活动的人"。

2. 降低主刑强度

与医疗事故罪相比，非法行医罪是一种发案率较高的犯罪，并且非法行医不具有正当医疗行为的刑罚宽缓事由，相反具有更大的社会危害性和主观恶性。因此，非法行医罪的法定刑应当重于医疗事故罪，也应当重于普通过失犯罪，但是，应当节制从重的幅度。根据现行刑法规定，非法行医罪的法定最高刑为15年有期徒刑，是业务过失犯罪中法定刑最重的罪名，这是明显偏高的。非法行医罪配置的法定刑，应当与重大责任事故罪等其他业务过失犯罪保持协调和平衡，因此，需要调低非法行医罪的结果加重犯的法定刑。

根据犯罪情节和损害后果，可以将非法行医罪的主刑分为三档，分别为 3 年以下有期徒刑、拘役或者管制；3 年以上 7 年以下有期徒刑；7 年以上 10 年以下有期徒刑。

综上，重新设计刑法第 336 条第 1 款如下：

第 336 条（非法行医罪）　未取得从事相应医疗业务的执业证书，或者在未取得医疗机构执业许可证的场所从事医疗活动的人，非法行医，情节严重的，处三年以下有期徒刑、拘役或者管制，并处或者单处罚金；严重损害就诊人身体健康的，处三年以上七年以下有期徒刑，并处罚金；造成就诊人死亡的，处七年以上十年以下有期徒刑，并处罚金。

（三）非法进行节育手术的完善

1. 扩大犯罪主体的范围

理论上通常将刑法第 336 条第 2 款非法进行节育手术罪视作非法行医罪的特别规定。然而，从罪状表述和立法目的来看，本罪侵犯的首要法益是国家的计划生育管理秩序，"非法"的本质在于违反了人口与计划生育的法律法规，与"非法行医罪"中主体资格的非法性没有必然联系。实践中，违反计划生育法律法规的节育手术大多是由具有医生执业资格的人实施的，其行为同样破坏了国家的计划生育制度。将具有执业资格的医生排除在本罪主体范围之外，使其成为刑法调控的盲点，既不利于保护本罪的首要法益，也有违刑法平等原则。因此，应当将本罪主体的范围扩大至一般主体。

2. 叙明罪状

本罪的"非法"强调的是行为的非法性，现行立法用"擅自"来统领四种节育手术的共同特征。然而，"擅自"是一种模糊的表述，没有体现本罪的"非法"所违反的究竟是何"法"。本罪是基于国家一定时期人口政策的需要，在特殊的社会和历史背景下所规定的犯罪，具有鲜明的法定犯特征，因而有必要阐明，构成本罪的前提是"违反人口与计划生育法的规定"。

3. 调整刑罚配置

基于与降低非法行医罪的刑罚强度相同的理由，也应当调整本罪的法定刑。同时，与扩大犯罪主体的范围相适应，对于具有执业资格的人实施本罪的，增设资格刑。

4. 以专条设置本罪

非法行医罪和非法进行节育手术罪在实定法中同属刑法第336条，然而，以上的分析已经表明了，二者侵犯的首要法益是不同的：前者侵犯的是医疗行业的管理秩序，后者侵犯的是计划生育管理秩序；同时，二者的主体范围也应当有所差异。为了彰显本罪法益的重要地位，突出本条罪刑规范的保护重点，宜将本罪从刑法第336条分离出来，以专门的一条（刑法第337条）单独进行规定。

综上，重新设计刑法第336条第2款如下：

第337条（非法进行节育手术罪）　违反人口与计划生育法的规定，为他人进行节育复通手术、假节育手术、终止妊娠手术或者摘取宫内节育器，情节严重的，处三年以下有期徒刑、拘役或者管制，并处或者单处罚金，可以附加剥夺从医资格；严重损害就诊人身体健康的，处三年以上七年以下有期徒刑，并处罚金，可以附加剥夺从医资格；造成就诊人死亡的，处七年以上十年以下有期徒刑，并处罚金，可以附加剥夺从医资格。

二、填补刑法在尖端医疗领域的空白

本书第十章阐述了将尖端医疗领域的不当行为进行犯罪化的问题，然而，我国刑法中至今尚无直接规制尖端医疗的专门条文。对尖端医疗领域进行恰当的刑法规制，是医疗刑法未来发展的方向，如何设计此类犯罪的罪名和罪刑规范，还需要长期深入的研究。本书不揣浅陋，主要参考外国刑法的规定，尝试设计相关条文，以作引玉之用。

基于医疗犯罪集中立法的考虑，可以将尖端医疗领域的犯罪纳入刑法分则第六章第五节"危害公共卫生罪"。至于新增条文在刑法中的顺序，我国现行的刑法修正模式通常是将新增条文放在相似犯罪之后，作为该条"之一，之二……"。因此，本书尝试设计的尖端医疗领域四个典型罪名的罪刑规范，宜增加在刑法第337条之后[①]，分别作为"刑法第337条之一，

[①] 在现行刑法典中，这些新增条文的顺序是刑法第336条之一，之二……若将刑法第336条第2款独立出来，成为第337条（以下条文顺延），则新增条文可以规定为刑法第337条之一，之二……当然，在将刑法第336条第2款独立规定为第337条时，就已经打乱了刑法条文的顺序，新增条文也可以加入其中，重新排序成为第338条、第339条……本书关注医疗犯罪集中立法以及罪名之间的相对位置，因而，在条文排序上使用了折中的第二类模式。

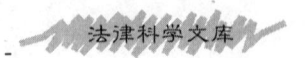

之二，之三，之四"。

（一）商业性代孕罪

刑法应当只禁止商业性代孕，无偿代孕是被允许的，因此，本罪着重强调主观方面需要"以牟利为目的"。

第 337 条之一（商业性代孕罪）　以牟利为目的，为他人提供商业性代孕的，处三年以下有期徒刑或者拘役，可以并处罚金。

以牟利为目的，提供商业性代孕母安排，或者实施商业性代孕手术的，依照前款的规定处罚。

（二）生殖性克隆人罪

在制定生殖性克隆人的罪刑规范时，需要充分理解该新兴技术的含义，精准地表述罪状；应当准确认识此类行为的社会危害性，科学地配置法定刑。本书主要参考英国克隆人法案（Human Reproductive Cloning Act 2001）和澳大利亚禁止克隆人法案（Prohibition of Human Cloning Act 2002），设计本罪条文如下：

第 337 条之二（生殖性克隆人罪）　将非经受精产生的人类胚胎植入人类或者动物体内的，处三年以上十年以下有期徒刑，并处罚金。

（三）非法胎儿性别鉴定罪

《刑法修正案（六）》的草案曾经规定了，"为他人进行非医学需要的胎儿性别鉴定导致选择性别、人工终止妊娠后果，情节严重的，处三年以下有期徒刑、拘役或者管制，并处罚金。"全国人大常委会第 22 次会议在第 3 次审议该草案时，删除了该条规定。

欠缺可操作性是上述规定的根本缺陷。根据该条文，非医学需要的胎儿性别鉴定与人工终止妊娠之间必须具有直接对应的因果联系。然而，在刑事诉讼中，该因果关系具有难以克服的证明障碍，很难获得充分的证据。实践中发生的与非法胎儿性别鉴定有关的案件中，以其他罪名追究刑事责任时，判决关注的焦点也仅在于非法鉴定胎儿性别这一行为本身，而不在于证明因此导致的人工终止妊娠。

并非每一次非法胎儿性别鉴定都必然引起人工终止妊娠，但是，当获知胎儿性别非常容易且成为一种常态时，必然爆发因性别选择的人工终止妊娠所导致的性别比失衡。因此，非法胎儿性别鉴定是性别比失衡的源头，应当将刑法规制的重点置于非法的胎儿性别鉴定，因为这种行为本身蕴含了公共和社会的风险。因此，本罪不宜规定为结果犯，将导致人工终止妊娠作为唯一的犯罪构成要件性结果，而是应当将本罪规定为情节犯，情节严重的即构成本罪。"情节严重"包括长期、多次实施非法胎儿性别鉴定、以牟利为目的实施非法胎儿性别鉴定、造成他人伤害等，当然，也包括了导致人工终止妊娠的情形。将"情节严重"作为本罪的成立要件，一方面扩大了本罪的成立范围，能够全方位地规制非法胎儿性别鉴定；另一方面降低了证明要求，保证了本罪的可操作性。

第337条之三（非法胎儿性别鉴定罪） 为他人进行非医学需要的胎儿性别鉴定，情节严重的，处三年以下有期徒刑、拘役或者管制，并处罚金，可以附加剥夺从医资格。

(四) 走私、销售、购买人体器官罪

涉及人体器官的犯罪有多种行为表现，在我国现行刑法规范体系中，只需要增加"走私、销售、购买人体器官罪"一罪，即足以对非法人体器官交易进行整体和全面的规制。

第337条之四（走私、销售、购买人体器官罪） 违反人体器官移植法的规定，走私、销售、购买人体器官的，处三年以下有期徒刑或者拘役，可以并处罚金；情节严重的，处三年以上十年以下有期徒刑，并处罚金。

综上所述，建议在刑法分则第六章第五节"危害公共卫生罪"中，集中规定如下医疗犯罪：

第335条（重大医疗责任事故罪） 医务人员严重不负责任，违反医疗规章制度和诊疗护理常规，造成就诊人死亡或者严重损害就诊人身体健康，处三年以下有期徒刑或者拘役，可以并处或者单处罚金，附加剥夺从医资格。

第336条（非法行医罪） 未取得从事相应医疗业务的执业证书，或者在未取得医疗机构执业许可证的场所从事医疗活动的人，非法行医，情节严重的，处三年以下有期徒刑、拘役或者管制，并处或者单处罚金；严重损害就诊人身体健康的，处三年以上七年以下有期徒刑，并处罚金；造成就诊人死亡的，处七年以上十年以下有期徒刑，并处罚金。

第337条（非法进行节育手术罪） 违反人口与计划生育法的规定，为他人进行节育复通手术、假节育手术、终止妊娠手术或者摘取宫内节育器，情节严重的，处三年以下有期徒刑、拘役或者管制，并处或者单处罚金，可以附加剥夺从医资格；严重损害就诊人身体健康的，处三年以上七年以下有期徒刑，并处罚金，可以附加剥夺从医资格；造成就诊人死亡的，处七年以上十年以下有期徒刑，并处罚金，可以附加剥夺从医资格。

第337条之一（商业性代孕罪）　以牟利为目的，为他人提供商业性代孕的，处三年以下有期徒刑或者拘役，可以并处罚金。

以牟利为目的，提供商业性代孕母安排，或者实施商业性代孕手术的，依照前款的规定处罚。

第337条之二（生殖性克隆人罪）　将非经受精产生的人类胚胎植入人类或者动物体内的，处三年以上十年以下有期徒刑，并处罚金。

第337条之三（非法胎儿性别鉴定罪）　为他人进行非医学需要的胎儿性别鉴定，情节严重的，处三年以下有期徒刑、拘役或者管制，并处罚金，可以附加剥夺从医资格。

第337条之四（走私、销售、购买人体器官罪）　违反人体器官移植法的规定，走私、销售、购买人体器官的，处三年以下有期徒刑或者拘役，可以并处罚金；情节严重的，处三年以上十年以下有期徒刑，并处罚金。

案例索引

A

阿道马克案　28

B

Benjamin 案　49
Bolam v. Friern Hospital Management Committee　124
Bolitho v. City and Hackney Health Authority　133
Bly v. Rhoads　176
北大电手术刀误接事件　44，115，238，245
百岁老人鼻插管治疗案　205
变性手术案　287

C

Canterbury v. Spence　176
成爱光医疗事故案　64
擦里米刀米德案　151

陈瑞雪诉武警上海市总队医院损害赔偿案　　107
陈月兰非法行医案　　75

D

Dewes v. Indian Health Service　　198
电脑断层摄影机感染案　　239
东京新宿日赤医院婴儿集团患结核病案　　155
丁洁医疗事故案　　100
断指案　　172

F

Feda Mulhenm 案　　50
范某某医疗事故案　　64
飞明扬医疗事故案　　64
富山骨痛病案　　152
辅助医师误注射动脉案　　240

G

肝癌误诊事件　　163
过量注射戒毒药物致死案　　165
骨髓癌截肢案　　168，204
滚石案　　232
郭云娜非法行医案　　76

H

Helling v. Carey　　136
Hiral Hazari 案　　50
横滨市大医院弄错患者事件　　238，242
霍洛威案　　28

J

精神病福利院医生遗弃精神病人案　　97

K

Klvana 案　　49
抗癌制剂过剩使用事件　　238

柯蓝医师案　　88

L

赖某某医疗事故案　　64
李明后非法行医案　　74
李秀明医疗事故案　　64
吕某某医疗事故案　　64
旅游区比试枪法案　　233

M

Mcpherson v. Ellis　　176
Mohr v. Williams　　205
马偕医院肩难产案　　108，178
孟广超医疗事故案　　64

N

Natanson v. Kline　　176
南江医院抛弃无名氏患者案　　97
内诊造成处女膜破裂案　　202
弄错显影剂注射液案　　238

P

People v. Einaugler　　48

Q

千叶大伤寒菌案　　152
千叶大学采血失误事件　　250
乔山清医疗事故案　　63

R

Raeburn案　　50
Roe v. Ministry of Health　　128
Roger v. Whitaker　　133，138
Rolater v. Strain　　205
Roux钩遗落腹腔案　　238，241，249
仁爱医院人球案　　92，100

扔酒瓶案　225
扔木材案　233

S

Salgo v. Leland Standford　176
Schloendorff v. Society of New York Hospital　176，205
Scott v. Bradford　176
Sidway v. Bethlehem Royal Hospital Governor　125
Simpon v. Dickson　177
赛车手翻车致同乘教练死亡案　187
纱布残留病人体内案　131
射频热凝法治疗案　92
兽医系学生为患者实施治疗案　193
四日市栓塞症案　152

T

台湾"最高法院"2005年第2676号判决　108

W

Wall v. Brim　205
Wooley v. Henderson　176
王念三医疗事故案　63
未签署同意书的抽脂手术案　192

X

肖志军拒签事件　179，209，216~220
新潟水俣病案　152
熊本水俣病案　151，152
学徒案　28

Y

牙医案　163
牙医师遵从病人的非理智决定成立伤害罪案　189
药剂师案　158
耶和华见证人教派的信徒拒绝输血案　185

余守仁非法行医案　　74,76

Z

张兆明医疗事故案　　63
整形美容手术案　　164
智障少女子宫切除案　　182
左乳房切除案　　177

参考文献

一、中文文献

1. 高铭暄，马克昌．中国刑法解释．北京：中国社会科学文献出版社，2005
2. 高铭暄．刑法专论．北京：高等教育出版社，2006
3. 马克昌．比较刑法原理——外国刑法学总论．武汉：武汉大学出版社，2002
4. 张明楷．外国刑法纲要．北京：清华大学出版社，2007
5. 张明楷．刑法分则的解释原理．北京：中国人民大学出版社，2004
6. 张明楷．刑法的基本立场．北京：中国法制出版社，2002
7. 陈兴良．本体刑法学．北京：商务印书馆，2001

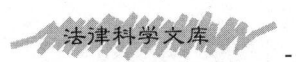

8. 陈兴良．刑法哲学．北京：中国政法大学出版社，1997
9. 卢建平．刑事政策与刑法．北京：中国人民公安大学出版社，2003
10. 冯军．刑事责任论．北京：法律出版社，1996
11. 高铭暄，赵秉志．过失犯罪的基础理论．北京：法律出版社，2002
12. 林亚刚．犯罪过失研究．武汉：武汉大学出版社，2000
13. 张绍谦．刑法因果关系研究．北京：中国检察出版社，2004
14. 黄丁全．医疗、法律与生命伦理．修订版．北京：法律出版社，2007
15. 黄丁全．医事法．北京：中国政法大学出版社，2003
16. 卢有学．医疗事故罪专题整理．北京：中国人民公安大学出版社，2007
17. 臧冬斌．医疗犯罪比较研究．北京：中国人民公安大学出版社，2005
18. 田兴洪等．医疗事故的认定及法律责任研究．北京：中国经济出版社，2004
19. 冯卫国．医疗事故罪的认定与处理．北京：人民法院出版社，2003
20. 杨立新．医疗侵权与法律适用．北京：法律出版社，2008
21. 高也陶，吕略钧，陈进清．中美医疗纠纷法律法规及专业规范比较研究．南京：南京大学出版社，2003
22. 龚赛红．医疗损害赔偿立法研究．北京：法律出版社，2001
23. 林学文．医疗纠纷解决机制研究．北京：法律出版社，2008
24. 邢学毅．医疗纠纷处理现状分析报告．北京：中国人民公安大学出版社，2008
25. 张燕玲．人工生殖法律问题研究．北京：法律出版社，2006
26. 刘长秋．器官移植法研究．北京：法律出版社，2005
27. 李善国，倪正茂，刘长秋．辅助生殖技术法研究．北京：法律出版社，2005
28. 刘长秋，刘迎霜．基因技术法研究．北京：法律出版社，2005
29. ［美］斯特科·伯里斯，申卫星主编．中国卫生法前沿问题研究．北京：北京大学出版社，2005

30. 姜柏生. 医疗事故法律责任研究. 南京：南京大学出版社，2005

31. 张赞宁. 医事法学研究及典型案例评析. 南京：东南大学出版社，2003

32. 陈平安. 中国典型医疗事故纠纷法律分析. 北京：法律出版社，2002

33. 高绍安. 中国最新医疗纠纷典型案例评析. 北京：中国民主法制出版社，2001

34. 刘振华，王吉善. 医患纠纷预防处理学. 北京：人民法院出版社，2007

35. 赵敏，邓虹. 医疗事故争议与法律处理. 武汉：武汉大学出版社，2007

36. 朱勇，崔玉明. 新医疗处遇的法律问题与研究. 北京：中国经济出版社，2005

37. 颜厥安. 鼠肝与虫臂的管制——法理学与生命伦理探究. 北京：北京大学出版社，2002

38. 许志伟. 生命伦理对当代生命科技的道德评估. 北京：中国社会科学出版社，2006

39. 邱仁宗. 对医学的本质和价值的探索. 北京：知识出版社，1986

40. 吴革. 中国影响性诉讼2006. 北京：中国检察出版社，2007

41. 中国人民大学刑事法律科学研究中心. 海峡两岸医疗刑法问题学术研讨会论文集. 2007

42. 张芳英. 医疗过失罪责研究. 武汉：武汉大学博士学位论文，2006

43. 许玉秀. 主观与客观之间——主观理论与客观归责. 北京：法律出版社，2008

44. 许玉秀. 当代刑法思潮. 北京：中国民主法制出版社，2005

45. 林山田. 刑法通论. 台北：台湾大学法学院，2006

46. 许福生. 刑事政策学. 北京：中国民主法制出版社，2006

47. 黄荣坚. 基础刑法学. 台北：台湾元照出版公司，2003

48. 甘添贵. 体系刑法各论. 台北：作者发行，2001

49. 黄荣坚. 刑法问题与利益思考. 台北：台湾月旦出版社，1995

50. 林钰雄. 新刑法总则. 台北：台湾元照出版公司，2006

51. 柯耀程．变动中的刑法思想．北京：中国政法大学出版社，2003

52. 高仰止．刑法总则之理论与实用．台北：五南图书出版公司，1986

53. 廖正豪．过失犯论．台北：三民书局，1993

54. 蔡墩铭．医事刑法要论．台北：翰芦图书出版有限公司，2005

55. 蔡墩铭．医疗纠纷裁判选集（刑事篇）．台北：景泰文化事业有限公司，1994

56. 吴旭洲．医疗纠纷终结手册．台北：合记图书出版社，2005

57. 蔡振修．医事过失犯罪专论．台北：作者发行，2005

58. 曾淑瑜．医疗过失与因果关系．台北：翰芦图书出版有限公司，1998

59. 汪绍铭．医疗纠纷与损害赔偿．台北：翰芦图书出版有限公司，2004

60. 廖詹明义．医疗疏失的真相．台北：安立出版社，2004

61. ［日］中村敏昭等．医疗纷争与法律．台北：文笙书局，2004

62. 林东茂．医疗上病患承诺的刑法问题．月旦法学杂志，2008（6）

63. 王皇玉．论医疗行为与业务上正当行为．台湾大学法学论丛，2007（6）

64. 王皇玉．医师未尽说明义务之法律效果——简评2005年台上字第2676号判决．台湾本土法学杂志，2005（10）

65. 杨秀仪．论病人自主权——"我国"法上"告知后同意"之请求权基础探讨．台湾大学法学论丛，2007（6）

66. 杨秀仪．美国告知后同意法则之考察分析．月旦法学杂志，2006（6）

67. 杨秀仪．当法律遇见医疗——台、英、美医疗法学专著之评析比较．律师杂志，2005（5）

68. 杨秀仪．病人、家属、社会：论基因年代病患自主权可能之发展．政大法学论丛，2002（9）

69. 甘添贵．专断医疗与承诺．月旦法学教室，2004（3）

70. 甘添贵．缓和医疗行为之适法性．月旦法学杂志，1998（7）

71. 吴志正．存活机会之丧失——医疗损害之迷思．月旦法学杂志，2007（11）

72. 陈志龙. 非麻醉医师处理麻醉医疗行为之刑责. 月旦法学杂志, 2002（3）

73. 谢瑞智. 医疗行为与刑事责任. 法令月刊, 2000（10）

74. 陈自强等. "我国"医疗事故损害赔偿问题的现况与展望研讨会（一）. 本土法学杂志, 2002（10）

二、译文文献

1. ［德］施特拉腾韦特，库伦. 刑法总论 I－犯罪论. 杨萌译. 北京：法律出版社, 2006
2. ［德］克劳斯·罗克辛. 德国刑法学总论. 第1卷. 王世洲译. 北京：法律出版社, 2005
3. ［德］耶赛克，魏根特. 德国刑法教科书. 徐久生译. 北京：中国法制出版社, 2001
4. ［德］弗兰茨·冯·李斯特. 德国刑法教科书. 徐久生译. 北京：法律出版社, 2000
5. ［德］京特·雅科布斯. 规范·人格体·社会：法哲学前思. 冯军译. 北京：法律出版社, 2001
6. ［德］格吕恩特·雅科布斯. 行为 责任 刑法. 冯军译. 北京：中国政法大学出版社, 1997
7. ［德］考夫曼. 法律哲学. 刘幸义等译. 北京：法律出版社, 2004
8. ［德］黑格尔. 法哲学原理. 范扬，张企泰译. 北京：商务印书馆, 1982
9. ［德］茨威格特·克茨. 比较法总论. 潘汉典等译. 北京：法律出版社, 2003
10. ［德］康德. 纯粹理性批判. 邓晓芒译. 北京：人民出版社, 2004
11. ［德］康德. 法的形而上学原理：权利的科学. 沈叔平译. 北京：商务印书馆, 1991
12. ［日］大塚仁. 犯罪论的基本问题. 冯军译. 北京：中国政法大学出版社, 1993

13. ［日］大塚仁．刑法概说（总论）．3版．冯军译．北京：中国人民大学出版社，2003

14. ［日］大塚仁．刑法概说（各论）．3版．冯军译．北京：中国人民大学出版社，2003

15. ［日］西田典之．日本刑法总论．刘明祥等译．北京：中国人民大学出版社，2007

16. ［日］川端博．刑法总论二十五讲．余振华译．北京：中国政法大学出版社，2003

17. ［日］西原春夫．犯罪实行行为论．戴波等译．北京：北京大学出版社，2006

18. ［日］西原春夫．刑法的根基与哲学．顾肖荣等译．北京：法律出版社，2004

19. ［日］曾根威彦．刑法学基础．黎宏译．北京：法律出版社，2005

20. ［日］大谷实．刑法总论．黎宏译．北京：法律出版社，2003

21. ［日］泷川幸辰．犯罪论序说．王泰译．北京：法律出版社，2005

22. ［日］植木哲．医疗法律学．冷罗生等译．北京：法律出版社，2006

23. ［日］中山研一．器官移植与脑死亡——日本法的特色与背景．丁相顺译．北京：中国方正出版社，2003

24. ［日］松仓丰治．怎样处理医疗纠纷．郑严译．北京：法律出版社，1982

25. ［日］和田仁孝等．医疗纠纷处理与实例解说．陈虹桦译．台北：合记图书出版社，2003

26. ［美］乔治·P·弗莱彻．刑法的基本概念．蔡爱惠等译．北京：中国政法大学出版社，2004

27. ［美］H．T．恩格尔哈特．生命伦理学基础．2版．范瑞平译．北京：北京大学出版社，2006

28. ［美］威廉·科克汉姆．医学社会学．杨辉等译．北京：华夏出版社，2000

29. ［英］丹宁勋爵．法律的训诫．杨百揆等译．北京：法律出版

社，1999

30. ［英］J.C. 史密斯，B. 霍根. 英国刑法. 李贵方等译. 北京：法律出版社，2000

31. ［法］卡斯东·斯特法尼等. 法国刑法总论精义. 罗结珍译. 北京：中国政法大学出版社，1998

32. ［意］杜里奥·帕多瓦尼. 意大利刑法学原理. 陈忠林译. 北京：法律出版社，1998

三、外文文献

1. ［日］米田泰邦. 医療行為と刑法. 东京：一粒社，1985
2. ［日］大谷實. いのちの法律学. 东京：筑摩書房，1985
3. ［日］大谷實. 医療行為と法. 新版補正版. 东京：弘文堂，1997
4. ［日］齊藤誠二. 医事刑法の基礎理論. 东京：多賀出版株式会社，1997
5. ［日］小林公夫. 治療行為の正当化原理. 东京：日本評論社，2007
6. Alasdair MacLean. *Briefcase on Medical Law*（影印版）. 武汉：武汉大学出版社，2004
7. Michael A. Jones. *Medical Negligence*. Sweet & Maxwell，2003
8. J. K. Mason. *Law and Medical Ethics*. LexisNexis, 6th ed.，2002
9. Andrew Hockton. *The Law of Consent to Medical Treatment*. Sweet & Max-well, 2002
10. Michael Faure. *Cases on Medical Malpractice in a Comparative Perspective*. Springer，2001
11. Rodney Nelson-Jones. *Medical Negligence Case Law*. Butterworths，1995
12. Margaret C. Jasper. *The Law of Medical Malpractice*. Oceana Publications，2001
13. Alan Merry, Alexander McCall Smith. *Errors, Medicine and the Law*. Cambridge University Press，2001

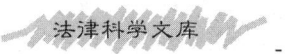

14. Ian Kennedy. *Medical law*. 3rd ed. , Butterworth, 2000

15. Richard S. Harper. *Medical Treatment and the Law*. Jordan Publishing Limited, 1999

16. John Healy. *Medical Negligence: Common Law Perspectives*. Sweet & Maxwell, 1999

17. Michale Davis. *Medical Law*. Blackstone Press Limited, 2nd edn, 1998

18. Denis Carey. *Medical Negligence Litigation*. CLT Professional Publishing, 1998

19. Andrew Fulton Phllips. *Medical Negligence Law: Seeking a Balance*. Aldershot Hant, 1997

20. Dieter Giesen. *International Medical Malpractice Law: a Comparative Law Study of Civil Liability Arising from Medical Care*. J. C. B. Mohr, 1988

21. Margaret Fordham. Doctor does not always Know Best. *Singapore Journal of Legal Studies*, 2007

22. Kenneth E. Thorpe. The Medical Malpractice 'Crisis': Recent Trend and Impact of State Tort Reforms. *Health Tracking*, January, 2004

23. Jon Holbrook. The Criminalization of Fatal Medical Mistakes. *British Medical Journal*, Nov. 15, 2003

24. Clare Dyer. Doctors Face Trial for Manslaughter as Criminal Charges against Doctors Continue to Rise. *British Medical Journal*, Jul. 13, 2002

25. Megan Cleary. Malpractice & Negligence: State Supreme Court Limit Therapists'Duties to Third Parties. *the Journal of Medicine, Law and Ethics*, Summer, 1999

26. Roger. N. Braden. Medical Malpractice: Understanding the Revolution-Rebuking the Evolution. *New York Law Review*, vol. 25, 1997—1998

27. Erwin. Deutsch. Professional Negligence: a Comparative view. *Victoria and Wellington Law Review*, vol. 20, 1989

28. Andy Khan. Medical Negligence: Some Recent Trends. *Anglo-American Law Review*, vol. 14, 1985

29. Allan H. McCoid. A Reappraisal of Liability for Unauthorized Medical Treatment. *Minnesota Law Review*, vol. 41, 1957

后　记

　　第一次将目光投向不曾关注过的医疗领域，耳闻无数庸医误人贻命的悲惨，眼见职业"医闹"将医院变成自家灵堂的荒诞，心惊医生不堪"医闹"之"闹"而自尽的无奈，心中产生一种从未有过的震撼，不禁困惑：我们的医疗、我们的医患关系为何陷入了这般境地？我试图以一种刑法学的视域和思维去解析这些问题。比较法的考察，似乎让我感受到些许的释然——释然于这样的困惑并非我们所独有，而是世界各国都在面对的难题，无论这个国家富裕，还是贫穷；但是，些许的释然，却无法掩盖莫大的遗憾——遗憾于我们在医疗刑法研究领域中的远远落后，无论理论，还是实务。释然，并未让我漠视选题的价值；遗憾，让我坚定了选题的信心。

　　冲破人为的自我封闭和专业藩篱，是刑法真正进入社会生活各个领域的必经之径。选择医疗刑法作为研究论题，使我必须将陌生的医疗问题纳入熟悉的刑法学领域展开思考。尽管医学知识的贫乏使得我常怀惴惴之心，但是，倚凭法律人应有的敏锐以及汲取和学习不同领域信息的热情，我义无反顾地踏上了求索之路。

这一路，我不是孤独的，许许多多的人，给予我最大的鼓励和帮助。

本书从选题到构思，从观点到文字，无一不浸润着恩师冯军教授的心血，当论文以现在的面目呈现时，我自知与恩师的期许仍然存在相当的距离，心中无限愧疚和不安。博士论文虽已完成，然而，回望三年前恩师向我提出的博士学习期间的规划和要求，不过只实现了大半，由于自己的愚钝和拖沓，无法在恩师的亲自指导下完成未尽的研究，每念至此，耿耿于怀。难忘恩师提醒我雕琢文字的精确和优美，期待我们年青一代能够有更大的作为，叮嘱我认真工作快乐生活，恩师热情和真诚的目光，总有一种直达人心的力量，让我浮躁的心境归于平和，从治学之路的困顿中重新振奋。

难忘本科、硕士到博士十余年来在人大法学院的学习经历，其间，硕士导师赵秉志教授引领我走上了刑法学研究的道路，予我以细致的指导。高铭暄、王作富、赫兴旺、黄京平、韩玉胜、谢望原、刘明祥、戴玉忠、肖中华等诸位教授予我以谆谆教诲。感谢博士论文评阅人屈学武教授、黄芳教授为我提出了中肯的意见，感谢答辩主席陈兴良教授、答辩委员单民教授、张泗汉教授在答辩中对我的启发、鼓励和支持。

我的父母、公婆、丈夫和兄姐，予我以精神上的支持和生活上的照顾，为我营造了宁静温馨的家的港湾，让我有健康的身体和乐观的心态面对生活、面对学业。陪伴我一路走来的朋友予我以思想上的沟通和学业上的帮助，谭淦师兄远在德国牵挂我的博士论文写作，为我提供了丰富的德文文献，毛乃纯弟为我翻译了部分日文资料；博士期间结识的贾剑非、张雅、张婧、黄皓、赵剑、张果、季理华等诸位好友，让我们一起学习的日子充满了欢乐；与十五名硕士同学一起经历过的快乐和悲伤成为我人生中永远无法磨灭的印迹，特别感谢吴情树为论文提出了非常中肯的建议，钦佩他的学术热情让我们的争论碰撞出思想的火花，感谢沃晓静在生活上对我的关心和体贴。

本书在同名博士论文的基础上修改完成，尽管已经竭尽心力，但是囿于才思，观点和文字仍然有许多可推敲之处。博士论文只是治学之路的起点，医疗刑法学宛如一个等待开采的富矿，需要我用一生的精力去不断探索和挖掘。

又记：2009年5月22日，博士论文顺利通过答辩。此后不久，现实中连番出现重大医患事件：6月，福建省南平市发生医务人员静坐抗议事件。抗议源起于，一名患者在该市第一医院住院期间死亡，患者家属组织大批人员围攻医院，挟持医生，双方发生暴力对抗，一名医生被捅成重伤。最终，以医院支付高额补偿、双方互不追究责任平息纠纷。当地医务人员不服这样的结果，到市政府门前静坐抗议，要求依法处理医患纠纷、依法惩处打伤医生、冲击医院的罪犯，保障医生人身安全。8月，重庆再现"拒签门"事件，丈夫拒绝医生提出的给产后大出血的妻子输血的处置措施，在输血同意书上写下了"不输血"三个大字，其理由是"女人生个娃娃，哪有不流点血的"，直至医院强行输血方挽回了病人的生命。

上述事件，再度激起了我的关注和反思。"南平事件"是医患关系恶化的极端上演，大有从普通纠纷走向群体性政治事件的危险；而重庆此番"拒签门"，几近"肖志军拒签事件"的翻版，所幸，结果是迥异的。可见，如何以恰当的制度设计寻求解决医患纠纷的出口，如何平衡医患双方的风险和利益，医疗刑法仍然任重道远。

杨丹

2010年1月28日谨记于珠海暨南园

图书在版编目（CIP）数据

医疗刑法研究/杨丹著.
北京：中国人民大学出版社，2010
（法律科学文库/曾宪义总主编）
"十一五"国家重点图书出版规划
ISBN 978-7-300-11666-2

Ⅰ.①医…
Ⅱ.①杨…
Ⅲ.①医疗事故—刑事犯罪—刑法—研究—中国
Ⅳ.①D924.393.4

中国版本图书馆 CIP 数据核字（2010）第 034179 号

"十一五"国家重点图书出版规划
法律科学文库
总主编　曾宪义
医疗刑法研究
杨　丹　著
Yiliao Xingfa Yanjiu

出版发行	中国人民大学出版社		
社　　址	北京中关村大街 31 号	邮政编码	100080
电　　话	010-62511242（总编室）	010-62511398（质管部）	
	010-82501766（邮购部）	010-62514148（门市部）	
	010-62515195（发行公司）	010-62515275（盗版举报）	
网　　址	http://www.crup.com.cn		
	http://www.ttrnet.com（人大教研网）		
经　　销	新华书店		
印　　刷	北京山润国际印务有限公司		
规　　格	170mm×228mm　16 开本	版　次	2010 年 3 月第 1 版
印　　张	21.5 插页 2	印　次	2010 年 3 月第 1 次印刷
字　　数	348 000	定　价	49.00 元

版权所有　　侵权必究　　印装差错　　负责调换